W0221759

021ge Foto: mk

Marlies Kriegenherdt
Georgien

Ein Gast wurde von Gott gesandt!

Georgisches Sprichwort

Impressum

Marlies Kriegenherdt
Georgien

erschienen im
Reise Know-How Verlag, Bielefeld
Osnabrücker Str. 79
33649 Bielefeld

© Peter Rump
1. Auflage 2008

Alle Rechte vorbehalten.

Gestaltung
Umschlag: G. Pawlak, P. Rump (Layout);
Caroline Tiemann (Realisierung)
Inhalt: Günter Pawlak (Layout);
Caroline Tiemann (Realisierung)
Fotos: die Autorin
Titelfoto: die Autorin
Karten: Catherine Raisin, world mapping project (Atlas)
Bildbearbeitung: der Verlag

Lektorat: Caroline Tiemann

Druck und Bindung:
Media Print, Paderborn

ISBN 978-3-8317-1681-4
Printed in Germany

Dieses Buch ist erhältlich in jeder Buchhandlung Deutschlands, der Schweiz, Österreichs, Belgiens und der Niederlande.
Bitte informieren Sie Ihren Buchhändler über folgende Bezugsadressen:

Deutschland
Prolit GmbH, Postfach 9, D-35461 Fernwald (Annerod)
sowie alle Barsortimente

Schweiz
AVA-buch 2000
Postfach, CH-8910 Affoltern

Österreich
Mohr Morawa Buchvertrieb GmbH
Sulzengasse 2, A-1230 Wien

Niederlande, Belgien
Willems Adventure
www.willemsadventure.nl

Wer im Buchhandel trotzdem kein Glück hat, bekommt unsere Bücher auch über unseren **Büchershop im Internet: www.reise-know-how.de**

Wir freuen uns über Kritik, Kommentare und Verbesserungsvorschläge.

Alle Informationen in diesem Buch sind von der Autorin mit größter Sorgfalt gesammelt und vom Lektorat des Verlages gewissenhaft bearbeitet und überprüft worden.

Da inhaltliche und sachliche Fehler nicht ausgeschlossen werden können, erklärt der Verlag, dass alle Angaben im Sinne der Produkthaftung ohne Garantie erfolgen und dass Verlag wie Autorin keinerlei Verantwortung und Haftung für inhaltliche und sachliche Fehler übernehmen.

Die Nennung von Firmen und ihren Produkten und ihre Reihenfolge sind als Beispiel ohne Wertung gegenüber anderen anzusehen.
Qualitäts- und Quantitätsangaben sind rein subjektive Einschätzungen der Autorin und dienen keinesfalls der Bewerbung von Firmen oder Produkten.

Marlies Kriegenherdt

Georgien

020ge Foto: mk

Reise Know-How im Internet

Aktuelle Reisetipps und Neuigkeiten
Ergänzungen nach Redaktionsschluss
Büchershop und Sonderangebote

www.reise-know-how.de
info@reise-know-how.de

Wir freuen uns über Anregung und Kritik.

Vorwort

Warum ausgerechnet Georgien? Das Land am östlichen Rand Europas war bis etwa 1990 ein begehrtes Touristenziel und vor allem in den Ländern Osteuropas das Ziel aller Wünsche. In der DDR war Georgien - zu dieser Zeit noch Grusinische Sowjetrepublik - so beliebt, dass die damalige Pop-Gruppe Kreis sogar einen Schlager mit dem Titel „Grusinischer Tee" herausbrachte, der zum Hit wurde.

Im Herzen des Kaukasus und an der Ostküste des Schwarzen Meeres gelegen, findet der Tourist in Georgien einige der höchsten Berge Europas mit immer von Schnee bedeckten Gipfeln, palmengesäumte Strände mit subtropischer Flora, Weinhänge im ältesten Weinanbaugebiet der Welt, zahlreiche Heilquellen, eine abwechslungsreiche Küche und vor allem sehr gastfreundliche Menschen.

Georgien war das reichste Land der ehemaligen Sowjetunion. Dann erklärte es sich im Jahre 1991 für unabhängig, woraufhin die Wirtschaft zusammenbrach. Lieferanten und Absatzmärkte der Sowjetunion brachen quasi über Nacht weg, das Produktionsvolumen sank auf etwa ein Viertel des Niveaus von 1989. Verzweifelt verließen etwa zwanzig Prozent der Bevölkerung das Land. Aber damit nicht genug: Die Georgischen Provinzen Abchasien, Adscharien und Südossetien erklärten sich nun ihrerseits für unabhängig und der vor allem in Abchasien einsetzende Bürgerkrieg schwemmte eine viertel Million Vertriebener ins Land. Damit war das kleine Georgien mit seinen mehr als fünf Millionen Einwohnern überfordert. Keine andere der fünfzehn ehemaligen Sowjetrepubliken erlebte einen so tiefen Fall!

Doch in den letzten Jahren stabilisiert sich die Situation. Es bildet sich eine gute Basis für Investitionen heraus und die Wirtschaft erholt sich langsam. Davon profitiert natürlich auch der Tourismus. In vielen Regionen, allen voran an der herrlichen Schwarzmeerküste, setzt der Wiederaufbau ein, wenn auch zunächst in kleinen Schritten. Dies macht jedoch einen besonderen Reiz aus. Georgien sei daher vor allem Reisenden empfohlen, die ein lohnenswertes Ziel abseits vom Massentourismus suchen.

Umfangreiche Hintergrundinformationen zu Geschichte, Kultur, Natur und Traditionen machen diesen Reiseführer zu einem profunden landeskundlichen Werk. Mit zahlreichen praktischen Tipps und Anregungen soll das Buch dem Reisenden helfen, das Land trotz seiner noch in den Kinderschuhen steckenden touristischen Infrastruktur zu entdecken und erleben. Die große Herzlichkeit der Bewohner macht viele kleine Mühen und Unannehmlichkeiten des Reisealltags wett. Georgien kann wieder problemlos, auch auf eigene Faust, bereist werden – und es lohnt sich! Mit diesem Reisehandbuch möchte ich dafür die nötige Hilfestellung geben und den Leser mit meiner Begeisterung für dieses Land anstecken!

Marlies Kriegenherdt

Inhalt

Karten

Exkurse

Hinweise zur Benutzung

Zu Sprache und Schrift

Georgisch ist die offizielle Amtssprache Georgiens und wird von den meisten Menschen gesprochen. Daneben kommt dem Russischen nach wie vor eine große Bedeutung zu, was auch dem Reisenden, der ein bisschen Russisch spricht, eine große Hilfe ist. In die Ortsbeschreibungen wurden auch Kontakte aufgenommen, die Georgisch- oder Russischkenntnisse voraussetzen. Hat man diese nicht, ist es meist möglich, mit Hilfe des Hotels oder anderer Personen Kontakt aufzunehmen. Die Georgier sind sehr hilfsbereit und irgendwie kommt man immer weiter.

Das Georgische hat seine eigene Schrift, es wird nicht in kyrillischen Buchstaben notiert. Die Übertragung in unsere lateinische Schrift orientiert sich in diesem Buch an der Aussprache im Deutschen, damit der Reisende Ortsnamen und Ähnliches möglichst korrekt ausspricht. Häufig wird für die georgische Schrift jedoch eine Transliteration verwendet, die sich von der Aussprache her eher ans Englische anlehnt. Auch im Kartenatlas am Ende dieses Buches, wie in den meisten Karten, findet sich diese Schreibweise. Dabei spricht man z.B. die Buchstabenfolge „ch" englisch aus, also „tsch", während „kh" dem deutschen „Ach-Laut" entspricht.

Letztlich sollte man sich als Reisender mit beiden Systemen vertraut machen, weil man immer wieder auf unterschiedliche Schreibweisen stoßen wird. Im Anhang findet sich eine Liste von Orts- und Straßennamen, die jeweils die englische und deutsche Transkription gegenüberstellt.

Aktualität

Mehr noch als bei anderen Ländern steht ein Reiseführer Georgien in der Gefahr, dass die genannten Preise im Moment der Drucklegung schon wieder überholt sind. Georgien ist ein Land im Umbruch, in dem sich die Dinge, mit denen der Reisende konfrontiert ist – vor allem Telefonnummern, Preise und Öffnungszeiten – sehr schnell ändern. Die hier angegebenen Preise und Öffnungszeiten dienen daher nur als Anhaltspunkt. Stimmen sie nicht mehr, mag der Leser dies bitte entschuldigen.

Atlasverweise in den Überschriften

In den Ortsbeschreibungen wird in den Überschriften mit einem **Pfeil ⬀** auf den Kartenatlas am Ende des Buches verwiesen, damit sich der Ort auf der Karte schnell finden lässt, z.B. **⬀ XII/A2.** Dabei verweist die römische Zahl auf die Seite im Atlas, Buchstaben und arabische Ziffern geben das Planquadrat an.

Häufig verwendete georgische und russische Begriffe

Platz	moedani	ploschadj
Straße	kutscha	uliza
Allee	gamziri	prospekt
Anstieg/Steig	agmarti	podjom
Brücke	chidi	most
Busbahnhof	awtowoksal	awtowoksal
Bahnhof	sadguri	woksal

Was man unbedingt wissen sollte

Anreise

Tbilisi ist auf dem **Luftweg** von Düsseldorf, Frankfurt, München und Wien per Nonstop-Verbindung erreichbar.

Eine Anreise mit der **Bahn** besteht mit der Fahrt über Odessa an der ukrainischen Schwarzmeerküste und der Weiterreise mit der Fähre nach Poti bzw. Batumi. Zur Türkei gibt es keine Bahnverbindungen mehr.

Visum

Reisende mit EU-Pass und aus der Schweiz können sich bis zu 90 Tagen **ohne Visum** in Georgien aufhalten.

Das Land im Überblick

- **Name:** Georgien (dt.), Sakartwelo (georg.)
- **Lage:** zwischen Schwarzem und Kaspischem Meer im Kaukasus. Im Norden grenzt es an Russland, im Süden an die Türkei, an Armenien und Aserbaidschan.
- **Hauptstadt:** Tbilisi (Tiflis)
- **Staatsform:** Republik
- **Präsident:** Michail Saakaschwili
- **Premierminister:** Zurab Noghaideli
- **Fläche:** 69.700 km²
- **Einwohner:** 4,7 Millionen
- **Bevölkerungsdichte:** 67 Einwohner/km²
- **Amtssprache:** Georgisch
- **Unabhängigkeit:** seit 9. April 1991
- **Nationalhymne:** Tawisubleiba
- **Währung:** Lari (GEL)
- **Kfz-Kennzeichen:** GE
- **Internet-TLD:** .ge
- **Vorwahl:** +995
- **Zeitzone:** MEZ +2 Std. (Sommer: +3 Std.)

Organisiert oder auf eigene Faust?

Touren kann man bei spezialisierten Anbietern in Europa oder über Reisebüros in Tbilisi buchen. Es ist aber auch ohne weiteres möglich, auf eigene Faust und mit öffentlichen Verkehrsmitteln das Land zu erkunden.

Reisebeschränkungen

Durch die aktuelle politische Situation wird von Reisen ins Autonome Gebiet **Südossetien** dringend abgeraten. Auch nach **Abchasien** sollte man nur nach gründlicher vorheriger Abklärung der aktuellen politischen Entwicklung reisen. Das **Grenzgebiet zu Russland** einschließlich Pankisi-Tal sollte ebenfalls gemieden werden.

Bürokratie

Schikanöse Personen-, Ausweis- und Gepäckkontrollen sind weder bei der Einreise noch bei der Ausreise zu erwarten. Auch die besonders Anfang der 1990er Jahre üblichen „Strafen“ oder „Computergebühren“ sind nach der Reform der Polizei und der Anhebung ihrer Gehälter nicht mehr üblich.

Armut

Georgien ist nach der Abspaltung von der Sowjetunion und zahlreichen Bürgerkriegen bzw. militärischen Auseinandersetzungen stark verarmt. Trotz des drastisch gefallenen Lebensstandards trifft man weder auf aggressives Betteln noch auf in anderen Ländern hinlänglich bekannte, selbsternannte Guides oder aufdringliche Händler. Bettler sitzen oft vor Kirchen und erwarten schweigend eine kleine Hilfe.

Man kann davon ausgehen, dass die Bedürftigkeit nicht vorgetäuscht ist.

Unterkunft

Luxusunterkünfte und Hotels der **gehobenen Kategorie** findet man bislang vor allem in Tbilisi und Batumi. In den meisten Städten sind die Unterkünfte in **Hotels eher bescheiden.** Überraschend gute und meist sehr preisgünstige Zimmer kann man bei **Familien** mieten. Solche Unterkünfte haben oft schon Pensionscharakter und bieten Familienanschluss.

Essen und Trinken

Die georgische Küche wird zu Recht als eine der besten im Kaukasus angesehen. Der georgische **Weinbau** hat eine uralte Tradition, man sollte getrost einige Weine probieren.

Sicherheit

Im Großen und Ganzen ist Georgien ein **sicheres Reiseland.** Dennoch sollte man auf Bahnhöfen oder Busbahnhöfen (wie in jedem anderen Land auch) besondere Vorsichtsmaßnahmen treffen, um **Taschendieben** das Leben schwer zu machen. Auch das nächtliche Spazieren durch **dunkle Parks und Gassen** ist nicht ratsam. Wer in abgelegenen **Gebirgsregionen** reist, kann, wenn auch selten, von Einheimischen aufgefordert werden, erst am nächsten Tag weiterzureisen oder eine andere Strecke zu nehmen. Dem sollte man Folge leisten und darauf vertrauen, dass der Rat ehrlich gemeint ist. In den Gebirgsregionen herrschen andere Gesetze, von denen der Reisende allerdings sehr selten tangiert wird. Es empfiehlt sich, auf konservative Kleidung zu achten.

Transportmittel

Man kann Georgien per Flugzeug, Bus, Marschrutka, Bahn oder Taxi bereisen. Auch per Motorrad oder Fahrrad sind Erkundungen möglich, wobei vor allem Letzteres durch die gebirgige Oberfläche und die Straßenverhältnisse eine Herausforderung darstellt.

Reisebüros

Nach Erlangung der Unabhängigkeit sind zahlreiche **private Reisebüros** entstanden, die jedoch zuweilen nicht halten, was sie versprechen. Man merkt es meist schon daran, dass E-Mails in Englisch nicht beantwortet werden, obwohl die Website auch oder nur in englischer Sprache abgefasst ist. In Tbilisi gibt es auch auf deutschsprachige Reisende spezialisierte Reisebüros.

Kommunikation

In allen größeren Orten findet man mittlerweile **Internetcafés,** wenn auch weit spärlicher als beispielsweise in südostasiatischen Ländern. Auch viele Hotels und sogar Privatvermieter bieten zum Teil kostenlosen Internetzugang. Anschlussmöglichkeiten für den privaten Laptop (WLAN, oft WiFi genannt) haben oft sogar die Zimmer in Mittelklassehotels.

Geld

Die Bezahlung in georgischen **Lari (GEL)** ist im gesamten Land möglich, auch in Hotels, die ihre Preise in US-Dollar angeben. In abgelegenen Gegenden sollte man genügend Lari bei sich haben, da es noch nicht überall Geldautomaten gibt. In touristischen Gegenden befinden sich zahllose **Wechselstuben,** der Euro erzielt den besten Kurs. Mastercard und VISA sind die beliebtesten **Kreditkarten,** mit denen man allerdings vorerst nur in einigen Geschäften und in Hotels zahlen kann.

Geldautomaten befinden sich vor allem in Tbilisi und in den größeren Orten. Diese akzeptieren auch die Maestro-(EC-)Karte. Die Anzeige erfolgt auch in Englisch. **Reiseschecks** kann man in Banken einlösen, generell ist aber von der umständlichen Prozedur abzuraten. Wer dringend Geld braucht, kann es sich über Western Union überweisen lassen.

Georgien ist für mitteleuropäische Verhältnisse ein **sehr günstiges Reiseland,** vor allem, wenn man auf eigene Faust unterwegs ist.

Gastfreundschaft

Die Wärme und Hilfsbereitschaft der Georgier lassen den Urlaub zu einem unvergesslichen Erlebnis werden. Die Gastfreundschaft ist sprichwörtlich und für manchen Mitteleuropäer, der in wirtschaftlich weit besseren Verhältnissen lebt, ein Grund zum Nachdenken. Eile ist hier unbekannt und für ein Schwätzchen haben die meisten Leute gern Zeit.

Verständigung

Russisch ist nach wie vor die Lingua franca, wobei es aufgrund der momentanen politischen Spannungen mit Russland hilfreich sein kann, sein jeweiliges Heimatland zu nennen, wenn man auf Russisch kommuniziert. Aggressionen wird man wegen des Gebrauchs der russischen Sprache jedoch nicht erleben. Überraschend viele Menschen haben in der Schule **Deutsch** gelernt, scheuen sich jedoch oft, Deutsch zu sprechen. Jüngere Menschen, auch Kinder, lernen heute **Englisch** in der Schule oder Universität. Ist man erst mal warm miteinander geworden, wird dem Reisenden eine große Herzlichkeit entgegengebracht.

Einige georgische Worte können aber trotzdem sehr hilfreich sein. Hierfür ist der bei Reise Know-How in der Reihe Kauderwelsch erschienene Sprechführer „Georgisch – Wort für Wort" zu empfehlen (s. Literaturtipps im Anhang).

Reisezeit

Reisen nach Georgien sind im Prinzip ganzjährig möglich, die beste Reisezeit sind aber das **Frühjahr** und der **Herbst.** Im Hochsommer kann es in Tbilisi und Umgebung sehr heiß werden, gepaart mit einer hohen Luftfeuchtigkeit. Dann ist es in den Nationalparks in den Bergen wiederum sehr angenehm. An den Küsten des Schwarzen Meeres mit ihrem subtropischen Klima ist im Sommer Hochsaison.

Routenvorschläge

Georgien ist kaum größer als Bayern und mit Ausnahme des Höhlenklosters Dawit Garedscha verkehrsmäßig gut erschlossen, auch wenn der Reisekomfort nicht dem uns Gewohnten entspricht. Es ist daher problemlos möglich, **von Tbilisi aus sternförmige Touren** zu unternehmen. In der Regel kann man sein Gepäck im Hotel in Tbilisi zur Aufbewahrung geben und mit dem Tagesrucksack unterwegs sein. Im Folgenden seien einige Touren mit unterschiedlicher Reisedauer vorgeschlagen.

3 Tage

Eine gute Gelegenheit, **Tbilisi** zu erkunden, inklusive einem Bad in den Schwefelbädern von Abanotubani, dem historischen Bäderviertel von Tbilisi, und einem Abend im Theater oder in der Fashion Bar auf dem Rustaweli-Boulevard. Für einen Halbtagesausflug nach **Mzcheta oder Gori** bleibt auch noch genügend Zeit.

1 Woche

Neben der Erkundung der Hauptstadt hat man Zeit für einen zweitägigen Ausflug nach Kasbegi an der **Georgischen Heerstraße** oder in die Perle Kachetiens, nach **Signagi.** Alternativ könnte man das **Höhlenkloster Wardzia** an der türkischen Grenze erkunden, verbunden mit einer Übernachtung in **Bordshomi oder Achalziche.**

2 Wochen

Nach einer Einstimmung in Tbilisi bietet sich eine Fahrt nach **Kutaisi** an, um die Stadt und ihre Umgebung in Kolchis zu erkunden. Kutaisi ist ein guter Ausgangspunkt für eine Weiterreise nach **Sugdidi,** von wo aus man mit der Marschrutka nach **Mestia** in Swanetien gelangt. Nach der Rückkehr nach Sugdidi nimmt man die Marschrutka nach **Poti** und von dort nach **Batumi am Schwarzen Meer.** Nach ein paar Tagen reist man mit dem Schlafwagenzug nach Tbilisi zurück und spart so die Kosten für eine Übernachtung. Es sollte immer noch Zeit bleiben für **Kachetien,** um z.B. Telawi und seine herrliche Umgebung sowie Signagi erkunden zu können.

Danksagung

Dieser Reiseführer hätte nicht in vorliegender Form entstehen können ohne die Hilfe von Freunden aus Tbilisi, die unermüdlich meine Fragen beantwortet haben und mir Hilfe zuteil werden ließen. Mein Dank gilt im besonderen *Tea Tabagari* und *Ira Saridi* aus Tbilisi sowie dem Team des Tbilisi Tourist Center. Auch unterstützte mich ein Schweizer Eisenbahnfreund aus Basel. Nicht vergessen sei ein hervorragender, namenloser Taxifahrer aus Kutaisi, der umsichtig und dennoch im Hintergrund agierte und so meine Recherchen unterstützte. Besonderer Dank geht auch an *Andreas* und *Marco,* die meine defekte Computer-Software und damit das Script gerettet haben.

018ge Foto: mk

Vor der Reise

025ge Foto: mk

012ge Foto: mk

Beschauliches Alltagsleben in der Stadt ...

... und auf dem Land

Touristeninformation in Bakuriani - eine von bisher sehr wenigen

Georgien im Internet

Wer Informationen im Internet sucht, sollte „Georgien Kaukasus“ oder „Georgia Caucasus“ eingeben, um nicht eine Vielzahl von Homepages aus dem gleichnamigen US-Bundesstaat angezeigt zu bekommen. Zum gegenwärtigen Zeitpunkt ist die Anzahl aussagekräftiger Homepages noch sehr überschaubar, vor allem auch die Informationen zu Regionen, Orten und Sehenswürdigkeiten. Informationen mit touristischem Inhalt sind entweder noch gar nicht oder mit sehr begrenzter Aussagekraft vorhanden. Hin und wieder findet man scheinbar eine geeignete Webseite, die jedoch in der Zwischenzeit weiterverkauft wurde und nun einen völlig sachfremden Inhalt aufweist.

Einige Internetseiten von allgemeinem touristischen Interesse seien hier aufgeführt:

- **www.mfa.gov.ge:** Homepage des Außenministeriums in Englisch, u.a. mit konsularischen und touristischen Informationen.
- **www.tedsnet.de:** Homepage des in Deutschland lebenden Georgiers *Dr. Tedo Tavkheli* mit umfangreichen touristischen und geografischen Informationen.
- **www.sakartvelo.de:** Informationen über Georgien in deutscher Sprache (auch über Fernsehsender, Paketversand).
- **www.dgz-gelsenkirchen.de:** Homepage des „Deutsch-Georgischen Zentrums für internationale Beziehungen zur Förderung der freundschaftlichen Beziehungen zwischen Gelsenkirchen und Kutaisi“ mit touristischen Informationen.
- **www.kaukasische-post.de:** Zweimonatlich erscheinende deutschsprachige Zeitung in Georgien, Wochenzeitschrift für deutsche Immigranten bis 1922. 1994 durch den deutschen Journalisten *Udo Hirsch* wiederbelebt. Ende des 19. Jh. hatte Tbilisi an die 200.000 Einwohner, darunter 2000 Deutsche.
- **www.georgischekunst.de:** *Hans Uwe Franzen* gibt Künstlern hier ein Forum zur Präsentation ihrer Werke.
- **www.georgien-art.de:** Stellt georgische Künstler vor, deren Gemälde und Gobelins auch käuflich erworben werden können, Annahme von Auftragswerken.
- **www.georgien.bilder-album.com:** Bildergalerie mit Fotos aus allen Landesteilen und aktuelle Informationen über das Land.
- **www.ethnologie-kaukasus.de:** ethnologische Kaukasusforschung der Uni Hamburg.
- **www.geokulturforum.de:** Informationen aller Art über die Kulturszene in Georgien von Popstars bis Sprachgeschichte.
- **www.georgien-news.de:** Unregelmäßig erscheinendes Magazin mit Artikeln zu Politik, Wirtschaft und Kultur.
- **www.parliament.ge:** Homepage in englischer Sprache über die verschiedenen Ministerien, das Parlament und dessen Mitglieder, Kommissionen usw.
- **www.eurasianet.org:** Informationen in Englisch über die Entwicklung in Politik, Wirtschaft, Umwelt und Gesellschaft in den Ländern des Kaukasus und Zentralasiens.
- **www.adjara.gov.net:** Englische Homepage der Regierung der Autonomen Republik Adscharien mit einigen touristischen Informationen.
- **www.georgienseite.de:** Infos über Georgien und deutschsprachiges Forum.
- **www.eurokaukasia.de:** Reisen und Wissenstransfer, für Touristen und Wirtschaft gleichermaßen interessant.

Internetcafé in einem Hinterhof in der Hauptstadt Tbilisi

Diplomatische Vertretungen

Wer sich intensiver mit Georgien beschäftigen will oder spezielle Fragen hat, kann sich an die Botschaften wenden:

- **Georgische Botschaft in Deutschland,** Heinrich-Mann-Str. 32, 13156 Berlin, Tel. 030/484 90 70, Fax 48 49 07 20, www.botschaftvongeorgien.de.
- **Georgische Botschaft in Österreich,** Konsularabteilung, Marokkanergasse 16, 1030 Wien, Tel. 01/710 36 11, Fax 710 36 10.
- **Georgische Botschaft in der Schweiz,** Rue Richard Wagner 1, 1202 Genf, Tel. 022/919 10 10, Fax 733 90 33.

Heimatvertretungen in Georgien

- **Deutsche Botschaft,** c/o Sheraton Metechi Palace Hotel, Telawi 20, Tbilisi (Metro: 300 Aragweli), Tel. 032/44 73 00 und in dringenden Notfällen per Mobiltelefon 899 58 61 91 (Anwahl mit deutscher SIM 00995/99 58 61 91), www.tiflis.diplo.de.
- **Österreichisches Honorarkonsulat,** Doesi 26, Tbilisi, Tel. 032/77 24 75.
- **Schweizer Botschaft,** Krtsanissi 11, Tbilisi (Stadtteil Ortatschala), Tel. 032/75 30 0-01 oder -02, www.eda.admin.ch.

014ge Foto: mk

Informationsstellen

Ein Fremdenverkehrsamt für Georgien gibt es in Europa nicht. Man kann sich jedoch für Informationen direkt an die **Tourismusbehörde** wenden:

- **Departments of Tourism and Resorts,** Kasbegi 12A, 0160 Tbilisi, Tel. 032/38 15 54, Fax 29 40 52, www.tourism.gov.ge/geo, georgia@tourism.gov.ge.

Ein- und Ausreisebestimmungen

Die im Folgenden genannten Einreisebestimmungen sind **Stand März 2008.** Man sollte sich vor der Reise bei der georgischen Botschaft erkundigen, ob sie noch gelten.

Gegenwärtig benötigen Bürger der EU und der Schweiz bei der Einreise nach Georgien bis zu 90 Tagen kein Visum, unabhängig vom Aufenthaltszweck. Es genügt der Reisepass. Der Kinderausweis sowie der Eintrag im Reisepass eines Elternteils werden anerkannt. Wenn ein minderjähriges Kind mit einem eigenen Pass zusammen mit seinen Eltern nach Georgien einreist, sollte eine Geburtsurkunde mit beglaubigter Übersetzung mitgeführt werden. Reist das Kind nur mit einem Elternteil oder mit einer fremden Person, so ist eine Vollmacht des anderen Elternteils bzw. der Eltern erforderlich. Diese Vollmacht ist von der Konsularabteilung der georgischen Botschaft beglaubigen zu lassen.

Visa für längere Aufenthalte erteilt die georgische Botschaft. Sie können ohne persönliche Vorsprache auf dem Postweg beantragt werden. Hierfür ist ein Reisepass erforderlich, der bei Einreise noch mindestens sechs Monate gültig sein muss. Soll der Aufenthalt 90 Tage überschreiten, bedarf es der rechtzeitigen (mindestens 30 Tage vor Ablauf der 90-tägigen Aufenthaltsdauer) Beantragung einer **vorübergehenden Aufenthaltsgenehmigung** beim Justizministerium von Georgien. Die beiden zuständigen Stellen befinden sich in der Abaschidse-Str. 68 (in Wake) und in der Budapeschti-Str. 2 (in Saburtalo). Die einschlägigen Vorschriften sind die Artikel 18, 19, 22 und 23 des georgischen Ausländergesetzes, das in deutscher Übersetzung auf der Internetseite der Deutschen Botschaft in Tbilisi eingestellt ist (www.tiflis.di plo.de).

Die **Einreise aus der Russischen Föderation** nach Georgien ist zurzeit **nicht möglich,** das Gleiche gilt für den umgekehrten Weg.

Zollbestimmungen

Mit Ausnahme der international üblichen Einfuhrverbote bestehen **keine Einfuhrbeschränkungen,** auch nicht für größere Geldsummen. Wer humanitäre Hilfsgüter in größeren Mengen mitbringt, sollte den Empfänger veranlassen, alle Zollfragen vor Ankunft zu klären.

Die **Ausfuhr von Teppichen** und handelsüblichen **Antiquitäten** erfordert eine Genehmigung des Kulturministeriums, die mit Hilfe der Verkäufer meist in kurzer Zeit erhältlich ist. Besonders wertvolle Antiquitäten und andere bedeutende Kulturgüter unterliegen einem Ausfuhrverbot. Vor Geschäftsabschluss sollte sich der Käufer unbedingt über mögliche Ausfuhrbeschränkungen informieren.

Bei der **Rückeinreise** gibt es auch auf europäischer Seite Freigrenzen, Verbote und Einschränkungen, die man beachten sollte, um eine böse Überraschung am Zoll zu vermeiden. Folgende **Freimengen** darf man zollfrei einführen:

- **Tabakwaren** (über 17-Jährige in EU-Länder und in die Schweiz): 200 Zigaretten oder 100 Zigarillos oder 50 Zigarren oder 250 g Tabak.
- **Alkohol** (über 17-Jährige in EU-Länder): 1 l über 22 % Vol. oder 2 l bis 22 % Vol. und zusätzlich 2 l nicht-schäumende Weine; in die Schweiz: 2 l bis 15 % Vol. und 1 l über 15 % Vol.
- **Andere Waren für den persönlichen Gebrauch** (über 15-Jährige): nach Deutschland 500 g Kaffee, nach Österreich zusätzlich 100 g Tee; ohne Altersbeschränkung: 50 g Parfüm und 0,25 l Eau de Toilette sowie Waren bis zu 175 €. In die Schweiz Waren bis zu einem Gesamtwert von 300 SFr p. Person.

Wird der Warenwert von 175 € bzw. 300 SFr überschritten, sind **Einfuhrabgaben** auf den Gesamtwert der Ware zu zahlen und nicht nur auf den die Freigrenze übersteigenden Anteil. Die Berechnung erfolgt entweder pauschal oder nach dem Tarif jeder einzelnen Ware zuzüglich sonstiger Steuern.

Einfuhrbeschränkungen bestehen u.a. für Tiere, Pflanzen, Arzneimittel, Betäubungsmittel, Feuerwerkskörper, Lebensmittel, Raubkopien, verfassungswidrige Schriften, Pornografie, Waffen und Munition; in Österreich auch für Rohgold und in der Schweiz auch für CB-Funkgeräte.

Nähere Informationen:

- **Deutschland:** www.zoll.de oder beim Zoll-Infocenter, Tel. 069/46 99 76-00.
- **Österreich:** www.bmf.gv.at oder beim Zollamt Villach, Tel. 04242/332 33.
- **Schweiz:** www.ezv.admin.ch oder bei der Zollkreisdirektion Basel, Tel. 061/287 11 11.

Einreise mit eigenem Fahrzeug

Hier gelten seit Kurzem besondere Zollbestimmungen. Diese sehen eine maximale **Verweildauer von 20 Tagen** (bei Transitreisen 10 Tagen) für das Kraftfahrzeug im Lande vor. Können diese Fristen nicht eingehalten werden, muss eine Ummeldung des KFZ erfolgen oder ein Antrag auf Fristverlängerung gestellt werden. Bei Überschreitung dieser Fristen drohen empfindliche Geldbußen.

Bei der Einreise nach Georgien wird der **Grenzübergang** in die Zollpapiere eingetragen, über den man eingereist ist und über den man auszureisen beabsichtigt. Dieser Grenzübergang muss dann auch zur Ausreise genommen werden!

Anreise

Flug

Nonstop-Verbindungen nach Tbilisi gibt es ab Düsseldorf mit Air Berlin, ab München mit Lufthansa, ab Wien mit Austrian Airlines und ab Frankfurt sowie Wien mit Georgian Airways (Air Zena). Die Flugzeit z.B. von Frankfurt/Main nach Tbilisi beträgt etwa vier Stunden.

Daneben gibt es eine Reihe von **Umsteigeverbindungen** nach Tbilisi, die zwar billiger sein können als die Nonstop-Flüge, bei denen man aber auch eine längere Flugdauer einkalkulieren muss. Diese sind mit den oben genannten Fluggesellschaften von anderen Flughäfen im deutschsprachigen Raum möglich, aber auch z.B. mit Air Baltic über Riga, mit Czech Airlines über Prag, mit Turkish Airlines über Istanbul und mit Ukraine International Airlines über Kiew.

Die wichtigsten Fluggesellschaften mit Verbindungen nach Tbilisi sind:

- **Lufthansa,** www.lufthansa.com, von München (MUC) nonstop nach Tbilisi (TBS), von fast allen deutschen und österreichischen Flughäfen sowie von Basel (BSL), Genf (GVA) und Zürich (ZRH) mit Anschlussflügen nach München (MUC).
- **Austrian Airlines**, www.aua.com, von Wien (VIE) nach Tbilisi mehrmals wöchentlich nonstop oder Anschlussflüge nach München (LH) von vielen österreichischen und Schweizer Flughäfen. Austrian Airlines fliegt auch nach Odessa, von wo aus der Weiterflug (falls nicht mit Fähre nach Poti) nach Jerewan (EVN) mit Armenian Airlines (donnerstags) möglich ist und von da aus die Weiterreise nach Tbilisi.

●**Swiss Air,** www.swiss.com, von Schweizer Flughäfen ebenfalls mit Anschlussflügen nach München (LH).

●**Georgian Airways** (Air Zena), www.airzena.ge, ab Frankfurt und Wien nonstop nach Tbilisi.

●**Ryan Air,** www.ryanair.com, täglich ab Frankfurt-Hahn (HHN) und Bremen (BRE) nach Riga (RIX), von dort weiter mit Air Baltic (www.airbaltic.com) nach Tbilisi (TBS), Baku (GYD), ab Mai 2008 auch nach Jerewan (EVN), Gabelflüge möglich. Dies kann eine sehr preisgünstige Alternative sein, wenn man flexibel ist. Air Baltic fliegt auch von Zürich nach Riga und im Sommer von Riga nach Odessa.

●**Turkish Airlines,** www.thy.com, über Istanbul nach Trabzon, von dort weiter mit Dolmusch nach Hopa/Sarpi (Grenze), von dort mit der Marschrutka (so heißt der Dolmusch in Georgien) nach Batumi. Turkish Airlines fliegt auch mehrmals wöchentlich über Istanbul nach Batumi.

015ge Foto: mk

Reisebüro mit Flugticketverkauf

Folgende Fluggesellschaften bieten Anflugmöglichkeiten zu Orten mit interessanten Weiterreisemöglichkeiten nach Georgien:

●**Aeroflot,** www.aeroflot.de, täglich ab Frankfurt und Berlin nach Moskau, Flughafen Scheremetjewo-2, mit Umsteigen zum Terminal Scheremetjewo-1 nach Tbilisi oder Baku. Preisgünstig, aber umständlich, da genügend Umsteigezeit vorhanden sein muss, wenn man Gepäck aufgegeben hat (mindestens zwei Stunden). Hinweise zum kostenlosen Transfer auf der angegebenen Homepage unter Passagierinformation.

Ein am besten vorher beantragtes **Transitvisum** ermöglicht eine zusätzliche Stippvisite in Moskau. Falls in Moskau eine Transitübernachtung für Passagiere **ohne Visum** erforderlich wird, so kann man zu erheblich ermäßigten Preisen im Novotel am Flughafen (zu empfehlen) oder im preisgünstigeren, einfachen Hotel Sojus (ca. 45 Minuten Busfahrt) übernachten, wenn man dies vor Antritt des Fluges im Heimatland im Büro der Aeroflot gebucht hat. Diese Fluggäste melden sich ebenfalls am Transitschalter und warten geduldig auf die Hinweise der Mitarbeiter des Flughafens. Man kann zwar ein Transitvisum bei Ankunft am Terminal-2 erhalten, sollte aber bedenken, dass der visaerteilende Offizier in der Regel nicht vor 8 Uhr seinen Dienst beginnt.

●**Malev,** www.malev.com, die ungarische Malev fliegt im Sommer mehrmals wöchentlich nach Odessa über Budapest von vielen Flughäfen in Deutschland, Österreich und der Schweiz.

●**Azerbaijan Airlines,** www.azal.az, fliegt samstags von Odessa nach Baku (Aserbaidschan).

Flugpreise

Ein **Economy-Ticket** von Deutschland, Österreich und der Schweiz hin und zurück nach Tbilisi bekommt man je nach Jahreszeit und Aufenthaltsdauer ab 500 € (einschl. aller Steuern, Gebühren und Entgelte). Am teuersten ist es in der Hauptsaison von April bis Oktober, in der die Preise für Flüge in den Sommerferien besonders hoch sind und bis etwa 1000 € betragen können.

Preisgünstigere Flüge sind meist mit den **Jugend- und Studententickets** (je nach Airline alle jungen Leute bis 25 Jahre und Studenten bis 34 Jahre) möglich. Dann gibt es einen Flug z.B. von Frankfurt nach Tbilisi und zurück ab etwa 400 Euro.

Indirekt sparen kann man als Mitglied eines **Vielflieger-Programms** wie www.star-alliance.com (Mitglieder u.a. Austrian Airlines, Lufthansa) oder www.skyteam.com (Mitglieder u.a. Czech Airlines). Die Mitgliedschaft ist kostenlos und mit den gesammelten Meilen von Flügen bei Fluggesellschaften innerhalb eines Verbundes reichen die gesammelten Flugmeilen dann vielleicht schon für einen Freiflug bei einer der Partnergesellschaften beim nächsten Flugurlaub. Bei Einlösung eines Gratisfluges ist langfristige Vorausplanung nötig.

Buchung

Für die Tickets der Linien-Airlines kann man bei folgenden zuverlässigen **Reisebüros** meistens günstigere Preise als bei vielen anderen finden:

- **Jet-Travel,** Buchholzstr. 35, 53127 Bonn, Tel. 0228/28 43 15, Fax 28 40 86, info@jet-travel.de, www.jet-travel.de. Auch für Jugend- und Studententickets. Sonderangebote auf der Website unter „Schnäppchenflüge".
- **Globetrotter Travel Service,** Löwenstr. 61, 8023 Zürich, Tel. 044/228 66 66, www.globetrotter.ch. Weitere Filialen, siehe Website.

Check-in

Nicht vergessen: Ohne einen gültigen **Reisepass** kommt man nicht an Bord. Bei innereuropäischen Flügen muss man mindestens **eine Stunde vor Abflug** am Schalter der Airline eingecheckt haben. Viele Airlines neigen zum Überbuchen, d.h., sie buchen mehr Passagiere ein, als Sitze im Flugzeug vorhanden sind, und wer zuletzt kommt, hat dann möglicherweise das Nachsehen.

Gepäck

In der Economy-Class darf man in der Regel nur Gepäck **bis zu 20 kg** pro Person einchecken und zusätzlich ein Handgepäck von 7 kg in die Kabine mitnehmen, welches eine Größe von 55 x 40 x 23 cm nicht überschreiten darf. In der Business Class sind es meist 30 kg pro Person und zwei Handgepäckstücke, die insgesamt nicht mehr als 12 kg wiegen dürfen. Man sollte sich beim Kauf des Tickets über die Bestimmungen der Airline informieren.

Seit November 2006 dürfen Fluggäste **Flüssigkeiten** oder vergleichbare Gegenstände in ähnlicher Konsistenz (z.B. Getränke, Gels, Sprays, Shampoos, Cremes, Zahnpasta, Suppen) nur noch in der Höchstmenge von jeweils 0,1 l als Handgepäck mit ins Flugzeug nehmen. Die Flüssigkeiten müssen in einem durchsichtigen, wiederverschließbaren Plastikbeutel transportiert werden, der maximal einen Liter Fassungsvermögen hat. Da sich diese Regelungen jedoch ständig ändern, sollte man sich beim Reisebüro oder bei der Fluggesellschaft nach den aktuellen Regelungen erkundigen.

Aus Sicherheitsgründen dürfen **Taschenmesser, Nagelfeilen, Nagelscheren,** sonstige Scheren und Ähnliches nicht mehr im Handgepäck untergebracht werden. Man sollte sie unbedingt im aufzugebenden Gepäck verstauen, sonst werden diese Gegenstände bei der Sicherheitskontrolle einfach weggeworfen. Darüber hinaus gilt, dass Feuerwerke, leicht entzündliche Gase (in Sprühdosen, Campinggas), entflammbare Stoffe (in Benzinfeuerzeugen, Feuerzeugfüllung) etc. nichts im Passagiergepäck zu suchen haben.

Buchtipps

- *Frank Littek:* „Fliegen ohne Angst" und *Erich Witschi:* „Clever buchen - besser fliegen", beide erschienen in der Reihe Praxis, Reise Know-How Verlag, Bielefeld.

Anreise mit der Bahn

Tbilisi kann momentan nicht mit dem Zug erreicht werden, da die landschaftlich schöne Strecke über Abchasien zurzeit nicht befahren werden kann. Eine andere reizvolle Möglichkeit ist der **durchgehende Zug nach Odessa** an der ukrainischen Schwarzmeerküste ab Berlin-Lichtenberg mit anschließender **Weiterfahrt per Fähre** nach Poti bzw. Batumi.

Dieser platzkartenpflichtige Zug sei hier exemplarisch näher betrachtet, wobei die Preise nur Richtwerte darstellen, Preiserhöhungen und Fahrplanänderungen vorbehalten. Der Zug fährt zwei- bis dreimal pro Woche um 21.47 Uhr in **Berlin-Lichtenberg** ab und erreicht Odessa am übernächsten Tag um 11.16 Uhr, Fahrtdauer 36½ Stunden. Zurück geht es ab Odessa um 18.15 Uhr, Ankunft in Berlin-Lichtenberg um 7.09 Uhr, Fahrtdauer 38 Stunden. In der 1. Klasse Schlafwagen kostet die Fahrt 155 € einfach inkl. 24 € Reservierungsgebühr für die Bettkarte, 2. Klasse: 96 € inkl. 24 € Bettkarte. Bitte beachten, dass man ohne Platzkarte den Zug nicht betreten kann, Nachlösen beim Schaffner ist nicht möglich!

Zurzeit gibt es keinen durchgehenden Zug ab Österreich und der Schweiz. Die Verbindung ab Wien nach Odessa über Budapest oder Bratislava ist mit mehrfachem Umsteigen verbunden und dauert mindestens 38 Stunden. Die momentan günstigste Verbindung geht ab **Wien** 13.52 Uhr und endet am übernächsten Tag um 5.17 Uhr in Odessa mit Umsteigen in Budapest-Keleti pu. (Ostbahnhof) und Winniza. Nicht besser sieht es von den Schweizer Stationen aus. Es empfiehlt sich daher, über Basel nach Berlin zu reisen und dort den oben genannten durchgehenden Zug nach Odessa zu nehmen.

Die Weiterfahrt mit der Fähre von Iljitschewsk bei Odessa nach Poti wird unter „Anreise mit dem eigenen Fahrzeug“ beschrieben.

Reservierungen von West nach Ost können bis zu 90 Tage im Voraus getätigt werden. In Gegenrichtung ist die Vorbuchungsfrist nur 45 Tage und es ist nicht möglich, sie z.B. am heimatlichen Bahnhof gleich mitzunehmen. Gute Bahn-Agenturen (z.B. Gleisnost, s.u.) bieten jedoch den Service, die Platzkarten bei den entsprechenden Reservierungszentralen zu bestellen und sie gegebenenfalls, wenn die Zeit sonst nicht reicht, auch an eine Adresse in der Ukraine oder in Georgien zu schicken.

Vor allem im Sommer ist bei kurzfristiger Buchung kaum eine Chance auf einen Platz in dem durchgehenden Schlafwagen ab Berlin. Deshalb sollte möglichst langfristig gebucht werden, auch für die Inanspruchnahme von Ermäßigungen wie Sparpreis 25 oder 50 oder Gruppenermäßigungen.

Für die Anreise bis Berlin bestehen ab allen Bahnhöfen Deutschlands, Österreichs und der Schweiz hervorragende und schnelle Verbindungen. Auch hier gilt: Wer ein finanzielles Schnäppchen machen will, sollte frühzeitig buchen und die Beratung von Fachleuten in Anspruch nehmen. Wer sich nicht selbst durch den Dschungel der Bahntarife und Fahrpläne schlagen und trotzdem Geld sparen will, erhält bei folgenden spezialisierten Reisebüros kompetente Beratung und auf Wunsch die Tickets ins Haus geschickt:

- **Gleisnost am Stadttheater,** Bertoldstr. 44, 79098 Freiburg, Tel. 0761/38 30 31.
- **Gleisnost im Bahnhof Littenweiler,** Lindenmattenstr. 18, 79117 Freiburg, Tel. 0761/620 37, www.gleisnost.de.

Anreise mit eigenem Fahrzeug und Fähre

Auch hier gibt es naturgemäß mehrere Routen, wobei entdeckungsfreudige Reisende sicher die neuen Möglichkeiten über Osteuropa erkunden werden.

Über Italien, Griechenland, Türkei

Die traditionelle Route führt nach **Ancona** in Italien und von dort mit der **Fähre nach Igoumenitsa** auf dem griechischen Festland. Fahrpläne und Buchungsmöglichkeiten entweder im Reisebüro oder über www.richtigschiffen.de bzw. www.anek.gr. Tipp: Nach saisonabhängigen Ermäßigungen oder Familienangeboten *(familiy specials)* schauen, um die Kosten im Rahmen zu halten. Exemplarisch sei hier der Fahrplan mit Anek aufgeführt, der jedoch in jedem Fall vor Reiseantritt zu überprüfen ist: Ancona ab 16 Uhr, Igoumenitsa an 8 Uhr (Folgetag); Igoumenitsa ab 22.30 Uhr, Ancona an 12.30 Uhr (Folgetag). PKW ab 68 €, in der Hauptsaison 106 € einfache Fahrt. Deckpassage pro Person ab 50 €, Hauptsaison 70 € einfache Fahrt. Ein Bett in einer Doppelkabine ab 154 €, in der Hauptsaison 235 € pro Person. Es gibt 30 % Ermäßigung bei gleichzeitiger Buchung der Hin- und Rückfahrt.

Von Igoumenitsa geht es über Ioanina und **Thessaloniki** nach Ipsala zur

016ge Foto: mk

Taxen in Sarpi am Grenzübergang zur Türkei

türkischen Grenze und weiter nach **Istanbul.** Tipp: An der OPED-Tankstelle hinter Istanbul ist ein bewachter Parkplatz, der auch von Fernfahrern benutzt wird. Dort ist kostenloses Übernachten im eigenen Fahrzeug möglich. Die Weiterfahrt führt dann durch die nördliche Türkei über Samsun und **Trabzon** bis Hopa/Sarpi (Grenze zu Georgien). Nach 15 km ist man schon in Batumi.

In der Türkei sollte man sich wie in jedem Land unbedingt an die vorgeschriebene Geschwindigkeit halten, da die Polizei gern „Strafen" kassiert. Fühlt man sich ungerecht behandelt, empfiehlt es sich, von den kontrollierenden Polizisten den Dienstausweis zu verlangen und das Kennzeichen des Polizeiautos zu notieren, was in vielen Fällen schon hilft. Ohne Quittung nicht zahlen!

Über Bulgarien

Eine weitere Variante ist die Fahrt nach **Varna** an der bulgarischen Schwarzmeerküste und von dort weiter mit der **Fähre nach Poti.** Informationen über Fahrplan und Preise bietet die Fährgesellschaft Navibulgar unter www.navbul.com. Die Zentrale befindet sich in Varna, Primorski Blvd. 1, Tel. +359/526 33-100. Auskünfte im deutschsprachigen Raum sind zu bekommen über die Hamburger Agentur, Tel. 040/22 70 12-0, info@bbssham.de. Kosten für ein Auto belaufen sich auf ca. 170 € plus 35 € Hafengebühr, pro Person ca. 120 €, Kinder ermäßigt.

Über die Ukraine

Über Polen oder Tschechien und die Slowakei gelangt man in die Ukraine nach Odessa am Schwarzen Meer. Die Strecke von der deutsch-polnischen bis zur **polnisch-ukrainischen Grenze** beträgt kaum 800 km und kann an einem Tag geschafft werden. Hier bietet sich eine Übernachtung im schönen **Lemberg** (ukr. L'viv) an.

Seit 2005 muss das Fahrzeug in der Ukraine nicht mehr registriert werden, erforderlich sind ein noch sechs Monate über das beabsichtigte Ende der Reise hinaus gültiger Reisepass, eine in der Ukraine anerkannte Auslandskrankenversicherung und die Grüne Versicherungskarte (siehe dazu auch www.ukraine-versicherung.de bzw. www.ukraine-krankenversicherung.de).

Die Straßen sind auf den „Rennstrecken" durchweg gut, in der Ukraine hat man viel in Autobahnen investiert. Auf Nebenstrecken sind sie jedoch nicht überall ausgebaut, es gibt Schlaglöcher, Tiere überqueren häufig die Straßen. Auch ist es möglich, dass gut ausgebaute Straßen in Kopfsteinpflaster übergehen, sobald man in einen Ort fährt. Für Autos deutscher Herkunft gibt es eine relativ gut funktionierende Ersatzteilversorgung.

Bleifreies Benzin ist kein Problem mehr. Es gibt zwei Arten von Tankstellen. An den alten muss erst bezahlt und dann die freigeschaltete Menge Benzin gezapft werden. Das Verfahren an den neuen Tankstellen entspricht dem in Mitteleuropa gebräuchlichen, Bezahlung mit Maestro-(EC-)Karte, Mastercard oder Visacard ist in der Regel möglich.

Die Fahrt über **Tschechien und die Slowakei** verläuft fast vollständig über meist mautpflichtige Autobahnen. Bleifreies Benzin ist auch hier kein Problem.

Schließlich kommt man nach **Odessa,** einer Stadt mit 1.100.000 Einwohnern und 290 Sonnentagen im Jahr. Hier gibt es einen einfachen Campingplatz (Mückenschutz nicht vergessen) und ein Backpacker-Hostel (Buchungen unter www.hostelz.com/l/hostel/57129-Black-Sea-Backpackers). Es ist preisgünstiger, in Odessa ein Apartment zu mieten als ein Hotel. Wer nicht viel Geld investieren möchte, kann sich auch vorm Bahnhof an vorwiegend ältere Frauen wenden, die ein handgeschriebenes Schild vor der Brust tragen und Quartier anbieten (in der Sommersaison). Einige Vermittler von Apartments: www.kvartira.ru, www.odessahotels.ru, www.athenaapartments.com (auf Englisch). Informationen über Odessa (inkl. Flugplan) unter www.odessaonline.com.ua.

Fähre Odessa – Poti

Etwa 6 km westlich von Odessa liegt **Iljitschewsk** (englisch: Ilyichevsk), von wo aus die Fähren von Ukrferry nach Poti mit Weiterfahrmöglichkeit nach Batumi abfahren. Informationen über Preise und Fahrplan unter www.ukr

ferry.com. Jeden Dienstagabend fährt die „Greifswald" nach Poti, wo sie am Donnerstagmittag ankommt. Abfahrt von Poti ist jeden Samstagabend, Ankunft in Iljitschewsk Montagmittag. Die Kosten für eine Semiluxkabine für zwei Personen betragen für eine Strecke um die 125 €, Kinder ermäßigt. In der Semiluxkabine kann eine dritte Person auf einem Sofa untergebracht werden, was noch einmal ca. 90 € kostet. Es gibt auch einfache Kabinen mit Doppelstockbett, Dusche und WC, die ca. 110 € (einfache Fahrt) in der Zweibettkabine kosten. Die Preise verstehen sich pro Person und beinhalten drei Mahlzeiten. Das Belegen einer Kabine von einer Person erfordert die Bezahlung der gesamten Kabine. Für einen PKW, Jeep oder Minibus muss man 280–325 € inklusive Hafengebühr rechnen, je nach Länge des Fahrzeugs. Motorräder ab 125 € (jeweils einfache Strecke), Wohnmobile kosten an die 65 € plus ca. 50 € Hafengebühr. Auch diese Preise sollen nur als Richtwert gelten.

Die „Greifswald" wurde 1988 in Deutschland gebaut und kann 100 Passagiere in 50 Kabinen befördern. Weiterhin werden PKW, LKW, Eisenbahnwaggons und Fracht befördert. Ein Restaurant mit 100 Plätzen und separatem Nichtraucherbereich verpflegt die Gäste. Außerdem gibt es einen Billardsalon, eine Videobar, Kinderspielraum, Konferenzraum und, gegen Bezahlung, Sauna und überdachtes Schwimmbecken.

Die Fährtickets können in Odessa im Büro von Subsidiary Company Ukrferry-Tour (Odessa 18, Uliza Schepkina, Büro 01, 1. Stock) im Vorverkauf erworben werden. Das Büro befindet sich an der Kreuzung Uliza Schepkina / Uliza Preobraschenskaja, etwa zehn Gehminuten von der Deribasowskaja Uliza oder 20 Autominuten vom Bahnhof entfernt. Im Erdgeschoss ist der Standort an einer Bank namens „Pivdennyi" zu erkennen. Kontakt: welcome@ukrferry-tour.com (in Englisch möglich, Herr Tarasenko ist sehr hilfsbereit), Tel. +38/048/234 79 95 und 234 67 08, Fax +38/048/784 12 18. Die Mitarbeiter sprechen Englisch (Herr Wladlen Tarasenko und Herr Alexej Kusow).

Geldfragen

Seit 1995 gilt in Georgien der **Lari (GEL).** Ein Lar besteht aus 100 Tetri, die man aber eher selten zu Gesicht bekommt.

Der **Geldwechsel** ist unkompliziert, wenn man Euros oder US-Dollars in bar mit sich führt. In touristischen Gegenden befinden sich zahllose legale **Wechselstuben,** die an einem einfachen Schild vor der Tür oder an der Wand, welches den Wechselkurs in großen Zahlen anzeigt, erkennbar sind. Der **Euro** erzielt den besten Wechselkurs.

Auch gibt es seit 2006/2007 in fast jedem touristisch relevanten Ort einen oder mehrere **Geldautomaten,** deren Bedienung dem Nutzer in Georgisch, Russisch und Englisch erläutert wird.

Wechselkurse

- 1 Euro = 2,78 GEL, 1 GEL = 0,36 Euro
- 1 SFr = 1,79 GEL, 1 GEL = 0,56 SFr
- 1 US$ = 1,77 GEL, 1 GEL = 0,57 US$

(Stand März 2008)

Eine Ausnahme bildet zurzeit noch Kasbegi, wo sich weder ein Geldautomat noch eine Wechselstube befinden. Die Automaten akzeptieren die **Maestro-(EC-)Karte.** Meist kann man auch US-Dollars abheben. Für die Barabhebung vom Geldautomaten mit der Maestro-Karte wird je nach Hausbank pro Abhebung eine Gebühr von ca. 1,30–4 € bzw. 4–6 SFr berechnet. Für Barabhebungen per **Kreditkarte** kann das Kreditkartenkonto je nach ausstellender Bank mit einer Gebühr von bis zu 5,5 % belastet werden, aber für das bargeldlose Zahlen werden nur ca. 1–2 % für den Auslandseinsatz berechnet. Also am besten wenn möglich bargeldlos bezahlen und bei Bargeldabhebung gleich größere Summen mit der Maestro-Karte nehmen.

Mastercard und VISA sind die beliebtesten Kreditkarten, mit denen man allerdings vorerst nur in einigen wenigen teuren Geschäften und in Hotels zahlen kann.

Tipp: Bargeld, Kreditkarte und Maestro-Karte mitnehmen, die natürlich getrennt aufzubewahren sind. So ist man sowohl gegen Diebstahl als auch gegen mechanische Beschädigung besser gewappnet. Nicht vergessen: Vor der Reise überprüfen, ob man die PIN noch im Kopf hat, und die Notrufnummern (Sperrnummern) notieren. Siehe unter „Notfälle", falls die Geldkarte oder Reiseschecks gestohlen wurden bzw. verloren gingen.

Viele Reisende bevorzugen **Travellerschecks.** Diese können natürlich auch in georgischen Banken eingetauscht werden, aber wer einmal das umständliche, eher von Hilflosigkeit geprägte Verfahren durchlitten hat, wird es kein zweites Mal tun.

Wer dringend Geld braucht, kann es sich über **Western Union** umgehend überweisen lassen (siehe Telefonbuch oder unter www.westernunion.com für eine örtliche Vertretung).

Die Bezahlung in Lari ist im gesamten Land möglich, auch in Hotels, die ihre **Preise in US-Dollar** angeben. In abgelegenen Gegenden sollte man genügend Lari bei sich haben.

Georgien ist für Mitteleuropäer ein **sehr günstiges Reiseland,** vor allem, wenn man auf eigene Faust unterwegs ist.

Die beste Reisezeit

Die beste Reisezeit sind **Frühjahr und Herbst,** wenn die klimatisch sehr unterschiedlich über das Land verteilten Bedingungen eine umfangreiche Erkundung des Landes erlauben. In den heißen Sommermonaten hält man es am besten an der Küste des Schwarzen Meeres aus, sollte jedoch berücksichtigen, dass das subtropische Klima mit feucht-heißen Sommern nicht jedermanns Sache ist. Auch ist hier dann gerade Hochsaison. Unerträglich heiß ist es in Tbilisi ab Ende Juni bis etwa Mitte September.

Die **Sommermonate** sind jedoch die einzige Zeit, in der die interessanten Orte im Hochkaukasus bereist werden können, da sie oft schon ab Oktober von der Außenwelt abgeschnitten sind. So ist es erst ab Juni möglich, die abgeschiedenen Orte in Chewsuretien (Schatili) zu besuchen, ab Oktober ist damit schon wieder Schluss. Während man es in Tbilisi ohne Klimaanlage kaum aushält, liegt auf den höchsten Gipfeln des Kaukasus noch Schnee oder Tauwetter verwandelt die unbefestigten Straßen in tiefen Morast. Die Straßen sind dann auch für Allradfahrzeuge unpassierbar.

Wintersportfreunde, die die lange Anreise nicht scheuen und Skigebiete suchen, in denen Schlangestehen am Skilift unbekannt ist, können im Kaukasus ihrer Leidenschaft frönen.

Ausrüstung und Kleidung

Als Faustregel gilt: so wenig Kleidung wie möglich und so viel **Understatement** wie möglich! Wer individuell durch Georgien reisen und dabei die preisgünstigen öffentlichen Verkehrsmittel nutzen möchte, tut gut daran, sein Gepäck auf ein **Minimum** zu beschränken. In den Marschrutki ist kein Platz für große Koffer, also bietet sich ein Tagesrucksack an. Während man sich in Tbilisi ganz europäisch kleiden kann – wobei man auf teuren Schmuck oder protzige Uhren besser verzichtet –, sollte man sich in den etwas abgelegeneren Gegenden äußerste Zurückhaltung auferlegen. **Konservative Kleidung** (also keine Trägertops oder kurze Röcke bzw. Hosen) ist genau richtig.

Die Kleidung richtet sich natürlich auch nach den Reiseinteressen. So benötigt man am Schwarzen Meer oder in den Städten nicht unbedingt bergtaugliche Schuhe oder eine warme Jacke. In den Bergen jedoch wird es tagsüber sehr heiß, aber sobald die Sonne verschwindet, greift man unwillkürlich zu einem warmen Pulli oder einer Jacke. Kleidung und Schuhe sollten unempfindlich und robust sein, es ist absolut unnötig, sich für Modenschauen auszurüsten. In den meisten Hotels kann man etwas zum Waschen abgeben, aber es sollte unempfindlich sein, andernfalls kann das Gewebe einlaufen oder anderweitig Schaden nehmen.

Wichtig ist die Mitnahme von **Sonnenschutzmitteln** und einer **Taschenlampe.** Es sei außerdem dringend auf die Mitnahme einer **Reiseapotheke** und auf benötigte Medikamente hingewiesen (s.u.).

Auf den Gipfeln des Großen Kaukasus im Norden des Landes liegt das ganze Jahr über Schnee

017ge Foto: mk

Landkarten

Im world mapping project des Reise Know-How Verlages ist eine **Kaukasus-Karte** im Maßstab 1:650.000 erschienen. Sie umfasst die Länder Armenien, Aserbaidschan und Georgien und zeigt farbige Höhenschichten sowie die wichtigsten Sehenswürdigkeiten. Auf wasser- und reißfestem Material gedruckt, ist sie ein praktischer Helfer unterwegs. Größere Orte sind auch in Landesschrift(en) wiedergegeben. Der Atlas am Ende des Buches zeigt Ausschnitte aus dieser Karte.

Wer an alten **sowjetischen Militärkarten** von Georgien (damals Grusinische SSR) interessiert ist, kann diese im Internet einsehen: //mapy.mk.cvut.cz/list. Der tschechische Link bietet Messtischblätter an.

Gesundheitsvorsorge

Siehe auch „Reise-Gesundheits-Informationen Georgien" im Anhang sowie die Stichpunkte „Hygiene" und „Medizinische Versorgung" im Kapitel „Reisetipps A–Z".

Spezielle **Impfungen** werden für Georgien zurzeit nicht empfohlen. Dennoch sollte jeder Reisende überprüfen, ob sein Standardimpfschutz noch wirksam ist.

Vor einer Reise nach Georgien sollte man eine **Auslandskrankenversicherung** abgeschlossen haben, die auch den Rücktransport ins Herkunftsland einschließt (s.u.: „Versicherungen").

Aids (georgisch: *schidßi,* russisch: *SPID*) ist in Georgien weit verbreitet, also gegebenenfalls Kondome einstecken.

Unerlässlich ist das Mitnehmen von Medikamenten, die täglich eingenommen werden müssen. Man sollte auch nicht vergessen, die üblichen Mittel einer **Reiseapotheke** einzupacken. Dazu gehören Medikamente gegen Durchfall, Erkältung und Schmerzen sowie Sonnenschutzmittel mit hohem Lichtschutzfaktor und Mittel gegen Insektenstiche.

Reiseveranstalter

- **Achitours,** www.achitours.de, Fauler Str. 2, D-79098 Freiburg, Tel. 0761/383 68 50, *Archil Tsintadze* ist staatlich geprüfter Bergführer und organisiert Skitouren am Kasbeg (5047 m) sowie Trekking-, Mountainbike- und Raftingtouren und andere Arten des Aktivurlaubs. Interessant: Kulturradtouren!
- **Aeroskireisen,** Dr. Erben GmbH, www.aeroski.com, Im Banngarten 15, D-61273 Wehrheim/Ts., 06081/20 82, der Name ist Programm.
- **Alpin Travel GmbH,** www.alpintravel.ch, Seestrasse 60, PF 14, CH-8880 Wallenstadt, 081/720 22 12, Trekking-, Mountainbike-, Berg- und Erlebnisreisen.
- **Erka-Reisen** aus Bruchsal (www.erka-reisen.de) war als erster Veranstalter vor Ort, sehr umfangreiches Programm vom Kochkurs über Ferien auf dem Bauernhof bis Kanu- und Wildwasserrafting, auch Skiferien im Familien-Winterparadies Bakuriani.
- **Explore Georgia,** www.exploregeorgia.ge, Barnow-Str. 1, 0108 Tbilisi, Tel./Fax +995 32/92 19 11. Der Veranstalter bietet von Raftingtouren über Reiterferien bis zu Wochenendtrips zu kulturell interessanten Orten alles, was das Herz begehrt. *Nick Erkomanischwili* ist zertifizierter Bergführer. Einer der noch wenigen, der Wander- und Skiausrüstung vermietet (Bsp. Ski- und Snowboardausrüs-

tung 15 € pro Tag, Bergstiefel 3 € pro Tag, Mountainbike 10 € pro Tag).

- **Ernst Garhammer-Skitours,** www.garhammer-skitours.de, Forellenweg 1, D-82272 Moorenweis, Tel. 08146/15 56, Heliski und Helisnowboarding.
- **Kaukasus-Reisen,** www.kaukasus-reisen.de, *Hans Heiner Buhr* lebt mit seiner georgischen Frau vor Ort und organisiert so ziemlich alles, von Familienurlaub in Brtvissi bis Apartmentvermittlung, selbstverständlich deutschsprachig. Auch ausgefallene Touren für Kleingruppen, z.B. zum herbstlichen Viehtrieb in Tuschetien in Nordgeorgien oder botanische Wanderungen durch den Kleinen Kaukasus.
- **Travelfox,** www.travelfox.ch, Schalterweg 11, CH-8200 Schaffhausen, Tel. 05 26 25 88 69.
- **Ventus Reisen,** www.ventus.com, Krefelder Str. 8, 10555 Berlin, Tel. 030/39 10 03-32, Skitouren, Heliski und Helisnowboarding.
- **Volker Maas Sport- und Erlebnisreisen,** www.volker-maas.de, Tannenweg 2a, 51503 Rösrath, Tel. 02205/90 69 68, Ski- und Heliskireisen nach Gudauri.

Behinderte auf Reisen

Behinderte führen in Georgien ein schweres Leben, es gibt praktisch keine Maßnahmen zur Integration und auch im Bewusstsein der Menschen wurde noch keine Sensibilität für ihre Probleme geweckt. So wird man keine Gehbehinderten sehen, die in Rollstühlen durch die Stadt fahren, oder Ampeln, die auf die Belange von Blinden eingehen. Die Benutzung öffentlicher Verkehrsmittel ist unmöglich, da weder die Fahrzeuge noch die Bahn- und Bussteige, sofern überhaupt vorhanden, dafür eingerichtet sind. In der Tbilisier Metro gibt es zwar Rolltreppen, aber keinen Fahrstuhl.

Behinderte Familienmitglieder werden von ihren Familien versteckt, die schwer an der materiellen Last tragen müssen. So darf es nicht wundern, dass es für Behinderte praktisch unmöglich ist, in Georgien zu reisen, vor allem Gehbehinderte stehen vor einem Wald von Barrieren.

Erst am 6.12.2004 wurde von Privatpersonen die **Allianz der georgischen Behinderten** gegründet, die sich als nichtstaatliche Organisation für die Belange Behinderter einsetzt. In den Wirren der politischen Umgestaltung verloren die Behinderten noch jenen bescheidenen Anspruch auf soziale Betreuung, den sie vorher hatten.

Lernen und Arbeiten

Georgien sucht den Anschluss an Europa und hat sich **Hilfsorganisationen** geöffnet. Daher gibt es auch unterschiedliche Möglichkeiten zu Praktika oder sozialem Engagement. Hier sei eine Auswahl an Adressen aufgeführt, die Interessenten kontaktieren können. Einsatzmöglichkeiten hängen natürlich davon ab, ob gerade zum Anfragezeitpunkt ein Projekt läuft.

Wirtschaft und wirtschaftliche Zusammenarbeit

- **Deutsche Gesellschaft für Technische Zusammenarbeit (GTZ),** www.gtz.de.
- **Kreditanstalt für Wiederaufbau (KfW),** www.kfw-entwicklungsbank.de.

Umwelt- und Naturschutz

- **World Wide Fund For Nature (WWF),** www.wwf.de, ist im Kaukasus sehr aktiv.

Kultur und Bildung

- **Deutscher Akademischer Austauschdienst (DAAD),** www.daad.de, mit Infos über Praktika und Stellenangebote.
- **Österreichischer Akademischer Austauschdienst,** www.oead.ac.at.
- **Goetheinstitute,** www.goethe.de, Einsatzmöglichkeiten als Deutschlehrer.
- **Kaukasische Post,** www.kaukasische-post.pressguide.de, Praktikumsplätze als Volontär möglich.

Soziales Engagement

- **CVJM,** www.cvjm.de, engagiert sich mit einem Heim für Flüchtlingskinder in Telawi/Kachetien. Ansprechpartner für die Integrative Schule: Herr Lutz Kunze, Integrative Schule Frankfurt/Main, Platanenstr. 75, 60431 Frankfurt, Tel. 069/57 50 15, isfrankfurt@t-online.de. Informationen dazu auch über die Agentur Achenbach, www.agenturachenbach.de.
- **SOS-Kinderdoerfer,** www.sos-kinderdoerfer.de, die Organisation unterhält zurzeit zwei Kinderdörfer, je eins in Tbilisi und in Kutaisi.
- **Deutscher Bund für Kriegsgräberfürsorge,** www.volksbund.de, bietet jungen Menschen eine Möglichkeit, sich zugleich mit georgischer wie auch deutscher Geschichte zu beschäftigen.

Versicherungen

Für alle abgeschlossenen Versicherungen sollte man die **Notfallnummern** notieren und mit der **Policenummer** gut aufheben! Bei Eintreten eines Notfalls sollte die Versicherungsgesellschaft sofort telefonisch verständigt werden!

Auslandskrankenversicherung

Die Kosten für eine ärztliche Behandlung in Georgien werden von den gesetzlichen Krankenversicherungen in Deutschland und Österreich nicht übernommen, daher ist der Abschluss einer privaten **Auslandskrankenversicherung unverzichtbar.** Bei Abschluss der Versicherung – die es

019ge Foto: mk

Dörfliche Idylle in einfachen Verhältnissen: Ushguli, Swanetien mit bis zu einem Jahr Gültigkeit gibt – sollte auf einige Punkte geachtet werden. Zunächst sollte ein **Vollschutz ohne Summenbeschränkung** bestehen, im Falle einer schweren Krankheit oder eines Unfalls sollte auch der **Rücktransport** übernommen werden. Wichtig ist, dass im Krankheitsfall der Versicherungsschutz über die vorher festgelegte Zeit hinaus automatisch verlängert wird, wenn die Rückreise nicht möglich ist.

Schweizer sollten bei ihrer Krankenversicherungsgesellschaft nachfragen, ob die Auslandsdeckung für Georgien inbegriffen ist. Sofern man keine Auslandsdeckung hat, kann man sich kostenlos bei Soliswiss (Gutenbergstr. 6, 3011 Bern, Tel. 031/381 04 94, info@soliswiss.ch, www.soliswiss.ch) über mögliche Krankenversicherer informieren.

Zur Erstattung der Kosten benötigt man ausführliche **Quittungen** (mit Datum, Namen, Bericht über Art und Umfang der Behandlung, Kosten der Behandlung und Medikamente).

Der Abschluss einer **Jahresversicherung** ist in der Regel kostengünstiger als mehrere Einzelversicherungen. Günstiger ist auch die **Versicherung als Familie** statt als Einzelpersonen. Hier sollte man nur die Definition von „Familie" genau prüfen.

Andere Versicherungen

Ist man mit einem Fahrzeug unterwegs, ist der **Europaschutzbrief** eines Automobilclubs eine Überlegung wert, der in vielen Ländern auf dem Weg nach Georgien von Nutzen ist.

Ob es sich lohnt, weitere Versicherungen abzuschließen wie Reiserücktrittsversicherung, Reisegepäckversicherung, Reisehaftpflichtversicherung oder Reiseunfallversicherung, ist individuell abzuklären. Gerade diese Versicherungen enthalten viele Ausschlussklauseln, sodass sie nicht immer Sinn machen.

Die **Reiserücktrittsversicherung** für 35–80 € lohnt sich nur für teure Reisen und für den Fall, dass man vor der Abreise einen schweren Unfall hat, schwer erkrankt, schwanger wird, gekündigt wird oder nach Arbeitslosigkeit einen neuen Arbeitsplatz bekommt, die Wohnung abgebrannt ist u.Ä. Es gelten hingegen nicht: Terroranschlag, Streik, Naturkatastrophe etc.

Die **Reisegepäckversicherung** lohnt sich seltener, da z.B. bei Flugreisen verlorenes Gepäck oft nur nach Kilopreis und auch sonst nur der Zeitwert nach Vorlage der Rechnung ersetzt wird. Wurde eine Wertsache nicht im Safe aufbewahrt, gibt es bei Diebstahl keinen Ersatz. Kameraausrüstung und Laptop dürfen beim Flug nicht als Gepäck aufgegeben worden sein. Gepäck im unbeaufsichtigt abgestellten Fahrzeug ist ebenfalls nicht versichert. Die Liste der Ausschlussgründe ist endlos. Überdies deckt häufig die Hausratversicherung schon Einbruch, Raub und Beschädigung von Eigentum auch im Ausland. Für den Fall, dass etwas passiert ist, muss der Versicherung als Schadensnachweis ein Polizeiprotokoll vorgelegt werden.

004ge Foto: mk

Praktische Reisetipps A–Z

024ge Foto: mk

013ge Foto: mk

Englischsprachige Ausschilderungen sind noch selten

Einladung ins Kabarett Nabadi

Metro an der Station Didube in Tbilisi

Auto- und Motorradfahren

Wer mit dem Auto nach Georgien fahren möchte, sollte ein wirklich guter Fahrer sein und über entsprechende Erfahrungen in anderen Ländern verfügen. Nicht nur unterscheiden sich die Straßen erheblich von den aus Mitteleuropa bekannten, auch der Fahrstil der Georgier ist für uns gewöhnungsbedürftig.

Die **Ost-West-Transversale M1** ist eine gut ausgebaute Straße, ebenso die **Straße entlang der Küste** von Poti nach Sarpi an der türkischen Grenze. Auch die Georgische Heerstraße ist erstaunlich gut ausgebaut. Es gibt **zweisprachige Wegweiser,** entlang der M1 sogar dreisprachig (man verzichtet nicht auf den Hinweis auf Sochumi in Abchasien, diesen Hinweis gibt es sogar in Russisch). Allerdings: Mittellinien, Straßenbegrenzungslinien oder gar Leitplanken wird man vergeblich suchen. Auf Nebenstrecken, die auch gänzlich unbefestigt sein können, hat man alle Chancen, sich das Auto zu ruinieren.

In den **Bergen** (z.B. Chewsuretien, Tuschetien, Swanetien) herrschen besondere Bedingungen. Hier ist es generell nur vier bis sechs Monate im Jahr möglich zu fahren. In der übrigen Zeit liegt Schnee oder sind die unbefestigten Wege von Lawinen verschüttet, die Pässe gesperrt. Ohne Allradantrieb ist die Fahrt sowieso nicht ratsam. Es gibt auch keinerlei Schutz vor Steinschlag.

Eine weitere Herausforderung sind **Tiere,** die auf den Straßen herumspazieren oder liegen (und auch oft nicht aufstehen, da sie von einheimischen Fahrern umfahren werden). Generell sollte man **Nachtfahrten vermeiden!** Durch Tiere, plötzlich auftretende Schlaglöcher und oft mangelnde Fahrpraxis kommt es zu einem Fahrstil der Einheimischen, der sich grundsätzlich von dem in Mitteleuropa üblichen unterscheidet.

In Georgien fahren übrigens nur Männer Auto. In Batumi sah ich eine weibliche Fahrschülerin, die mit Grinsen und abschätzigen Blicken von Männern *und* Frauen bedacht wurde. Dies mag ältere Leser an die Situation in den 1960er Jahren in Deutschland erinnern.

In Tbilisi und den größeren Städten findet man moderne **Tankstellen,** die auch bleifreies Benzin (Russisch: *njeetilisirowannij bensin*) anbieten. In abgelegenen Orten findet man hin und wieder eine Tankstelle „Marke Eigenbau", oder eine den Ortsansässigen bekannte Familie verkauft Benzin aus Flaschen oder Fässern auf ihrem Grundstück. Wer plötzlich kein Benzin mehr hat, sollte daher fragen. Wie bei uns unterscheiden sich die Preise von Tankstelle zu Tankstelle und variieren entsprechend der Weltmarktsituation. Einige Tankstellen weisen ihre Benzinsorten nur in georgischer Sprache aus.

Da viele Georgier am Existenzminimum leben, ein Auto aber ein wichtiges Statussymbol ist, borgen einige sich das Geld für ein oft schon sehr klappriges Gebrauchtfahrzeug, für den Abschluss einer **Versicherung** reicht das Geld aber nicht. Sollte ein Unfallgegner tatsächlich über eine Haftpflichtversicherung verfügen (man rechne besser nicht damit), dann ist die Deckungssumme mit Sicherheit wesentlich geringer, als man es etwa aus Deutschland gewöhnt ist.

Mietwagenfirmen sind im Kapitel Tbilisi aufgeführt.

Einige Verkehrsregeln und Strafen

- Es gilt die **0,0-Promillegrenze,** andernfalls werden Strafen von 150 bis 200 GEL fällig.
- Auf allen Fernstraßen, auf denen 80 km/h gefahren werden darf, herrscht **Gurtpflicht,** es drohen 20 GEL Bußgeld.
- Bei Personen- oder Sachschaden infolge von **Geschwindigkeitsübertretung** wird der Führerschein für ein Jahr eingezogen, Ausländer müssen 300 GEL Bußgeld zahlen.
- Bei Nichtbeachten von **Parkverbotsschildern** drohen 40 GEL Bußgeld.

Motorradfahren

Motorradfahrern sei empfohlen, keine schwere Maschine, sondern ein **geländegängiges Modell** zu wählen. Das Krad sollte auch tolerant gegenüber etwaigen Qualitätsunterschieden des Benzins sein. Ansonsten kann der Katalysator nach der Reise Schaden genommen haben.

Wichtig für Kradfahrer, die nach **Aserbaidschan** weiterreisen wollen: Bei der Einreise nach Aserbaidschan müssen 60 Prozent des Zeitwertes als **Kaution** hinterlegt werden (wie dieser Zeitwert ermittelt wird, konnte im Rahmen der Recherche nicht ermittelt werden). Diese Kautions-Regelung gilt nicht für PKW und nicht für Kräder im Transitverkehr. Bei der Ausreise aus Aserbaidschan wird dann die Kaution erstattet.

Gute Reiseberichte, Tipps und Tricks sowie schöne Fotos findet man auf der Homepage: http://hothaus.de/gregtour.

Reisetipps A–Z

001ge Foto: mk

An schwierige Straßenverhälnisse muss man sich gewöhnen, wenn man in Swanetien und anderen Bergregionen unterwegs ist

Entfernungsangaben

Im Folgenden einige Entfernungsangaben, die als **Richtwerte** zu verstehen sind. Sie können bei der Planung einer Tour behilflich sein. Es ist unbedingt zu beachten, dass die Straßensituation ein weit langsameres Vorwärtskommen als etwa in Deutschland, Österreich oder der Schweiz ermöglicht!

- **Ambrolauri** - Oni: 35 km
- Ambrolauri - Schowi über Oni: 65 km
- **Batumi** - Osurgeti: 50 km
- Batumi - Sarpi: 15 km
- **Bordshomi** - Bakuriani: 30 km
- **Kasbegi** - Grenzübergang Darjal (Russland): 15 km
- **Kutaisi** - Ambrolauri: 105 km
- Kutaisi - Poti über Senaki: 105 km
- Kutaisi - Sugdidi: 110 km
- Kutaisi - Tschiaturi: 80 km
- **Lentechi** - Ushguli: 130 km
- **Mestia** - Ushguli: 50 km
- **Oni** - Schowi: 30 km
- **Sugdidi** - Batumi via Senaki und Poti: 145 km
- Sugdidi - Mestia: 145 km
- **Schatili** - Omalo über Tbilisi, Gurdshaani, Telawi - 425 km
- **Tbilisi** - Achalkalaki über Gori, Chaschuri und Achalziche: 293 km
- Tbilisi - Bolnisi: 55 km
- Tbilisi - Bordshomi: 170 km
- Tbilisi - Gagra: 565 km
- Tbilisi - Gori: 98 km
- Tbilisi - Grenzübergang Bawra (Armenien) über Bordshomi, Achalziche, Achalkalaki: 335 km
- Tbilisi - Grenzübergang Krasnij Most/ Rote Brücke (Aserbaidschan): 60 km
- Tbilisi - Grenzübergang Lagodechi (Aserbaidschan): 120 km
- Tbilisi - Gudauri: 110 km
- Tbilisi - Kasbegi: 150 km
- Tbilisi - Kutaisi: 255 km
- Tbilisi - Schatili: 150 km
- Tbilisi - Suchumi: 470 km
- Tbilisi - Zchinwali: 35 km

Einkaufen und Souvenirs

Inzwischen kann man in Georgien problemlos fast alles kaufen, was man benötigt. Das Angebot ist natürlich in Tbilisi am besten und vielfältigsten. Hier gibt es Supermärkte, die auch deutsche Waren anbieten. Schlecht ist das Angebot in den Bergregionen, mangels Kaufkraft und aufgrund der weitgehenden Selbstversorgung. Das sollte man vor der Reise in diese Regionen berücksichtigen und sich dementsprechend eindecken. Das betrifft übrigens auch Bargeld, da es oft weder Wechselstuben noch Geldautomaten gibt.

Selbstversorger sollten beachten, dass - anders als etwa in Deutschland - Lebensmittel auf **Märkten** weit billiger sind als in Supermärkten oder Geschäften.

Preisbeispiele (in Geschäften)

- 0,5 l **Mineralwasser:** 0,50–1 GEL
- 0,5 l **Limonade:** 0,70 GEL
- 500 g abgepacktes **Weißbrot:** 0,40–0,50 GEL
- 2 **Tomaten:** 1 GEL
- **gefüllte Gebäckstücke** an Bäckereikiosken: 0,30–1 GEL, je nach Füllung (Käse, Fleisch, Obst, Marmelade)
- **Flasche Wein:** ab 2 GEL (im Restaurant: 9–40 GEL)
- **Zahnpasta** (je nach Sorte): 0,70–5 GEL

Straßenverkauf in Sugdidi

Souvenirs

Auch für Souvenirs ist das Angebot in Tbilisi am größten, zum Beispiel in den Läden um die Leselidse-Straße. Zu empfehlen sind folgende Souvenirs:

- Musikkassetten bzw. CDs/DVDs mit **georgischer Musik** bzw. Aufzeichnungen von Tanzensembles, etwa der „Georgian Legend" des Erisioni-Musik- und Tanzensembles
- **Puppen** in georgischen Nationaltrachten, die je nach Region variieren
- georgischer **Wein**
- **Trinkhörner** *(Kanzi)* aus Ziegen- oder Widderhorn, deren Spitzen und Mundstücke kunstvoll mit Metallarbeiten verziert sind
- **Kleidungsstücke und Kappen,** die den georgischen Trachten nachempfunden sind
- handgefertigte **Dolche und Messer** (nicht ins Handgepäck!)
- der georgische **Branntwein** *(Tschatscha)*
- **Bücher** in deutscher Sprache, beispielsweise Kochbücher, erstanden an Straßenständen oder dem kleinen Laden an der Hauptpost auf dem Rustaweli-Boulevard in Tbilisi

002ge Foto: mk

Elektrizität und Stromversorgung

In Georgien werden wie bei uns 220 V, 50 Hz Wechselstrom verwendet. Leider kommt es ab und zu noch zu **Stromabschaltungen** (siehe auch „Wirtschaft" im Kapitel „Land und Leute"), daher verfügen viele Hotels in den mittleren und oberen Preisklassen über Generatoren.

Die meisten **Steckdosen** sind wie in Deutschland zweipolig und können problemlos benutzt werden. Pech kann man haben, wenn der Abstand zwischen beiden Polen geringer ausfällt als genormt. Meist hat dann schon jemand die Plastikabdeckung der Steckdose gewaltsam passgerecht gemacht.

Essen und Trinken

Georgische Küche

Die georgische Küche zeichnet sich durch eine große Vielfalt aus, begünstigt durch das Klima und viele Einflüsse der ehemaligen Invasoren. Sie kann daher zu einer richtigen Entdeckungsreise werden. Eine Vielzahl bei uns unbekannter Gemüse-, Fleisch- und Fischgerichte sowie raffinierte Soßen sind ein echter Gaumenschmaus. Vegetarier sind in Georgien gut dran, nicht aber Veganer, da in vielen Speisen Milchprodukte verwendet werden. Immer wird zusätzlich Brot gereicht. Einige **typische Speisen,** die man unbedingt probieren sollte:

- **Adschika:** Peperonipaste (gut zum Dippen von *M'zwadi*)
- **Badridschani:** Auberginen mit Walnusspaste (beliebte Vorspeise)
- **Chinkali:** mit Fleisch gefüllte Teigtaschen (man bestellt meist fünf Stück, sie werden ohne Beilage gegessen)
- **Chatschapuri:** etwa pizzagroßer Teig mit Käsebelag, in Adscharien wird noch ein rohes Ei daraufgeschlagen
- **Chartscho:** Hühnersuppe mit Walnüssen
- **Katmis Tabaka:** Hähnchen mit viel Knoblauch
- **Lawasch:** georgisches Weißbrot, an der heißen Innenwand eines Ofens gebacken
- **Lobio:** Eintopf aus Kidneybohnen
- **M'zwadi:** Schaschlik aus Rind-, Lamm- oder Schweinefleisch, serviert in einem Tontopf oder -teller, also nicht am Spieß, dazu passen Salat und Kartoffelstücke
- **Odschachuri:** *M'zwadi* mit Kartoffeln, in einer Pfanne serviert
- **Pchali:** Gemüsepüree mit Walnüssen
- **Tkemali-Soße:** Soße aus wilden Pflaumen, unbedingt zu *M'zwadi* bestellen
- **Tschachochbili:** Hähncheneintopf mit Tomaten-Zwiebelsoße
- **Tschanachi:** Hammeleintopf mit Auberginen
- **Tschurtschkella:** lange, braune Süßigkeiten aus dickem Traubensirup und Walnüssen, werden oft am Straßenrand angeboten
- **Saziwi:** Eintopf mit Kräutern, Knoblauch, Walnüssen und Eiern, z.B. mit Hähnchenfleisch
- **Sulguni:** typisch georgischer Käse

Gaststätten

Es existieren spezialisierte Gaststätten, die man nach einigen Tagen Aufenthalt durchaus erkennt (und nach denen man fragen kann): **Sasadilo,** Imbissstuben mit einfachen Gerichten, die in die Richtung *Chatschapuri* oder Würstchen gehen, **Sasinkle** bieten *Chinkali,* **Sachatschapure** verkaufen *Chatschapuri,* **Salobie** bieten Bohnengerichte (unbedingt probieren!); außerdem gibt es die **Kawachana** (Kaffeehaus) bzw. die **Tschaichana** (Teehaus), wo neben den namensgebenden Getränken auch Gebäck und Kuchen verkauft werden.

In vielen **Restaurants** mit einer gemischten Speisekarte, wie wir sie kennen, muss man mit etwa 10–16 GEL einschließlich Getränken rechnen. Das gilt natürlich nicht für die **Hotelrestaurants** im Hochpreissektor. In Tbilisi ist es generell etwas teurer.

Trinkgeld (10–15 %) wird gern genommen, aber der schleppende **Service** rechtfertigt das selten, auch nicht im Marriot oder Sheraton. Es ist zum Beispiel (noch) nicht üblich, dass die Bedienung nach einer Weile fragt, ob der Gast noch etwas wünscht! Im Gegenteil, man muss sich oft lange, zum Teil sehr lange bemühen, die Aufmerksamkeit des Kellners zu ergattern, der rauchend und schwatzend mit seinen Kollegen am Tresen lümmelt und sich langweilt. Männliche Gäste werden generell von der Bedienung bevorzugt!

Hat man das Essen an einem Schalter bestellt, wird dort ohne Trinkgeld bezahlt, ansonsten erfolgt die **Bezahlung** am Tisch.

Ein Tipp noch zu Restaurantbesuchen **mit Taxifahrern:** Teilen sich zum Beispiel zwei Reisende ein Taxi für eine Tagestour, so laden sie in der Regel den Fahrer zum Mittagessen ein. Bestellt man nun drei verschiedene Gerichte, so werden meist sechs Portionen serviert! Dadurch kann schnell der ausgehandelte Fahrpreis unbeabsichtigt in die Höhe schnellen, also bei beschränktem Budget besser alle das

Gleiche essen und eine Portion weniger bestellen.

Eine Hürde kann die **Speisekarte** sein, die entweder gar nicht oder nur in Form einer georgischen Preisliste vorhanden ist. Auch stellt sich die Frage: Was gehört zusammen, welches Gericht sollte zu welchem Gang gewählt werden? Zum Glück ist das nicht wirklich ein Problem, denn in Georgien ist man flexibel. Man wählt einige Gemüse-, Käse-, Fleisch- und/oder Fischgerichte aus und isst diese in einer beliebigen Reihenfolge oder nimmt etwas davon und etwas davon. Zu fast jedem Mahl wird **Brot** gereicht. Wer das nicht will, muss es deutlich sagen (russ. *bes chleba*). Anders als in Mitteleuropa gibt es **keine festgelegten Gänge.** Nicht unerwähnt bleiben darf der touristenfreundliche Einfluss der zahlreichen Hilfsorganisationen, deren Mitarbeiter offenbar eine Nachfrage nach englischen bzw. mehrsprachigen Speisekarten geschaffen hat. Hier handelt es sich keineswegs immer um teure Touristenfallen, auch einfachere Gaststätten bemühen sich. Falls die Speisekarte mal nur in Georgisch oder Russisch ist – Fragen hilft immer. Dabei kann auch gleich der Preis notiert werden. Es wäre übrigens ein Fehler, aus Unkenntnis auf scheinbar europäische Gerichte auszuweichen, denn oft sind sie mit ihren Namensvettern nicht wirklich vergleichbar. Einen echten georgischen *M'zwadi,* der unter der russischen Bezeichnung *Schaschlik* einen weltweiten Siegeszug angetreten hat, gibt es nur in Georgien!

Man kann das Essen in Restaurants oder an Marktständen im Allgemeinen bedenkenlos verzehren.

Tischsitten

Eine Besonderheit stellt die georgische **Festtafel** *(Supra)* dar, die unter der Leitung eines *Tamada* steht. Dieser **Tischleiter** sorgt für einen geordneten und auch ritualisierten Ablauf des Festessens, bringt Trinksprüche aus und lässt Lieder singen. Zu den Ritualen gehört es, dass ein Glas auf die Verstorbenen, die Frauen, die Freunde, das Land der Gäste usw. geleert wird. Diese Reihenfolge, die leicht variieren kann, wird auch dann eingehalten, wenn man unterwegs zu „einem Gläschen" eingeladen wird.

Es ist übrigens trotz eines unglaublichen Weingenusses absolut verpönt, seine Trunkenheit zu zeigen! Und es ist ein Gerücht, dass man gezwungen wird zu trinken. Immer wieder kann man feststellen, dass Autofahrer ein Glas zum Schein mittrinken. Frauen haben sowieso mehr Freiheiten bei Tisch, und wer absolut nicht trinken mag, tut so, als ob er trinkt, und kann darauf hinweisen, dass er eine Medizin einnimmt, die sich nicht mit Alkohol verträgt.

Sollte man als Tourist zu einer Festtafel eingeladen werden, kann man den Tamada in Aktion erleben. Allerdings steht man als Ausländer immer im Mittelpunkt, was auf Dauer entweder anstrengend oder peinlich oder beides werden kann. Hier muss jeder seine eigenen Erfahrungen sammeln.

Getränke

Typisch georgische Getränke gibt es eigentlich nicht. Es wird Wein, Bier, Limonade oder Mineralwasser getrunken, außerdem natürlich Kaffee und Tee. *Tschatscha* ist ein Schnaps aus gebranntem Wein.

Deutsch	Georgisch	Russisch
Bier	ludi	piwo
Limonade	limonati	limonad
Mineralwasser	mineraluri z'qali	mineralnaja woda
Fruchtsaft	z'weni	sok
Kaffee	qawa	kofe
Tee	tschai	tschai

Georgischer Wein

Ein Restaurantbesuch sollte immer genutzt werden, um die **hervorragenden georgischen Weine** zu kosten. In der Fußgängerzone der Leselidse-Straße und am Gagarin-Platz in Tbilisi findet man auch gut sortierte Weinhandlungen (siehe Ortskapitel Tbilisi).

Weltweit soll es an die 4000 Rebsorten geben, mindestens ein Viertel davon wird seit Jahrtausenden in Georgien angebaut, besonders im ostgeorgischen **Kachetien.** Klima und Bodenbeschaffenheit sind hier geradezu ideal für vorzügliche Weine. Man geht davon aus, dass das Wort Wein sogar georgischen Ursprungs ist. Schon im 9. Jh. lehrte man an der Akademie von Ikalto in Kachetien neben Fächern wie Astronomie, Philosophie, Mathematik und der griechischen und lateinischen Sprache das Fach Weinbau. Im Laufe der Jahrhunderte entwickelten sich in Kachetien, Imeretien und Kartlien unterschiedliche Methoden, Wein herzustellen. Im 17. Jh. berichtete der französische Reisende *Jean Chardin,* dass er kein Land kenne, das mehr Weinsorten von so guter Qualität wie Georgien herstellt.

Außer in den genannten Regionen wächst guter Wein auch in Ratscha und Letschchumi. Der Name des Weins lässt immer auf sein Anbaugebiet schließen. Folgende Rebsorten werden in den Winzereien Georgiens u.a. verarbeitet: Saperawi, Odschaleschi, Rkatsiteli, Mtswane, Chichwi, Zolikouri, Zizka, Aladasturi, Alexandrouli, Usachelauri, Tschchaweri, Krachuna. Jede georgische Winzerei stellt Weine aus diesen Trauben her, einige Winzereien produzieren jedoch unter verschiedenen Namen. Die Winzerei GWS produziert ein Sortiment mit dem Namen „Tamada" und „Old Tbilisi".

In Georgien werden weiße, rote und Rosé-Weine hergestellt, es gibt sie als Schaumwein, trockenen, halbtrockenen und halbsüßen Wein. Die Klassifikation unterscheidet Tafel-, Spitzen- und Sammlerwein. Im Folgenden seien einige **bekannte Weine** aufgeführt (in Klammern die englische Schreibweise):

- **Chwantschkara** (Khvanchkara): halbsüßer Rotwein, schmeckt leicht nach Himbeeren, harmonischer, samtiger Geschmack, Region Ratscha
- **Gurdshaani** (Gurjaani): trockener Weißwein, harmonisches und frisches Bouquet mit leichtem Fruchtaroma, Region Gurdshaani in Kachetien
- **Kindsmarauli** (Kindzmarauli): halbsüßer oder trockener Rotwein, fruchtiger, harmonischer Geschmack mit gefälliger Süße, Region Kachetien

- **Manawi** (Manavi): trockener Weißwein, ausgewogenes, fruchtiges Bouquet mit unterschiedlichen Aromen, Region Manawi in Kachetien
- **Mukusani** (Mukuzani): trockener Rotwein, ausgesprochen samtiger Geschmack mit leicht unterschiedlichem Bouquet und Aroma, Region Mukusani in Kachetien
- **Napareuli** (Napareuli): trockener Rotwein, exquisites, fruchtiges Aroma mit ausgewogenem, samtigem Geschmack, Region Napareuli in Kachetien
- **Odschaleschi** (Ojaleshi): halbsüßer Rotwein mit sanftem Bouquet und Aroma, harmonischer, fruchtiger Geschmack, Region Letschchumi
- **Usachelauri** (Usakhelauri): halbsüßer Rotwein, delikates, harmonisches Bouquet mit gefälliger Süße und leichtem Geschmack nach wilden Erdbeeren, Region Letschchumi
- **Zinandali** (Tsinandali): trockener Weißwein, harmonischer, milder und frischer Geschmack mit exquisitem, fruchtigem Aroma, Region Zinandali in Kachetien
- **Zizka** (Tsitska): trockener Weißwein, harmonischer, gefälliger und frischer Geschmack, Region Imeretien
- **Zolikouri** (Tsolikouri): trockener Weißwein, harmonischer, gefälliger und frischer Geschmack, raffiniertes, starkes Aroma mit fruchtiger Restsüße, Region Imeretien
- **Zwischi** (Tsvishi): halbsüßer Weißwein, belebendes Bouquet, lieblich, Region Letschchumi

Die Kelterei Kindzmarauli in Kwareli kann besucht werden

Feste und Feiertage

- **1. Januar:** Neujahrstag
- **7. Januar:** orthodoxes Weihnachtsfest
- **19. Januar:** Epiphanias (orthodoxes Fest, Taufe Jesu)
- **3. März:** Muttertag
- **8. März:** Internationaler Frauentag
- **9. April:** Tag der Wiederherstellung der Unabhängigkeit Georgiens
- **April/Mai:** Ostern nach orthodoxem Kalender
- **12. Mai:** St. Andreastag
- **26. Mai:** Nationalfeiertag (Unabhängigkeitserklärung der Ersten Georgischen Republik am 26.5.1918)
- **28. August:** Mariamoba, Mariä Empfängnis nach orthodoxem Kalender
- **23. November:** Giorgioba, St. Georgstag

Neben den genannten Feiertagen gibt es **Stadtfeste** (in den Ortskapiteln aufgeführt). Besonders hervorzuheben sind **Tbilisoba,** das Stadtfest von Tbilisi am letzten Sonntag im Oktober, sowie **Swetizchowloba,** das Fest der Kleinstadt Mzcheta am 14. Oktober.

Fotografieren

Es gibt in allen größeren Städten **Fotoläden,** in denen man Filme, Batterien und Speicherkarten kaufen kann, fast alle brennen auch CDs. Wer den Fotoapparat verloren hat, kann hier ein modernes Modell erwerben. Auch in Georgien gilt: militärische Objekte dürfen nicht fotografiert werden.

Hygiene

Öffentliche **Toiletten** sind, sofern überhaupt vorhanden, meist schmutzig und riechen übel. Es empfiehlt sich daher, Restaurants aufzusuchen. In westlichen Restaurants der großen Städte hat sich einiges getan. Man sollte trotzdem sicherheitshalber ein paar Tempos einstecken. In kleinen Landgaststätten gibt es nur eine Toilette, die sowohl von Männern als auch von Frauen benutzt wird. Tipp: Weibliche Gäste fragen leise die Kellnerin, männliche den Kellner. „Wo ist bitte die Toilette?" heißt auf Georgisch: „Bodischi, ßadaa ak tualeti?" oder: „Sad aris sapirfaresho?", auf Russisch: „Skashite poschaluista, gde tualet?"

Die in Restaurants, Imbissstuben und Geschäften angebotenen **Lebensmittel** kann man im Allgemeinen bedenkenlos essen. Allerdings benötigt der Magen unter Umständen ein paar Tage zur Umstellung auf das neue Essen, welches oft wesentlich fettreicher zubereitet wird, als man es in Mitteleuropa gewohnt ist. Daher kann der Reisende vor allem im Sommer mit Durchfallerkrankungen konfrontiert werden, die aber gewöhnlich nach ein paar Tagen wieder vergehen. Weiterhin sollte man entweder **abgekochtes Wasser oder Mineralwasser** trinken, das überall kostengünstig in Flaschen abgefüllt erhältlich ist. Leitungswasser sollte unabgekocht nicht als Trinkwasser verwendet werden, auch wenn Einheimische das tun.

Wer ein Picknick auf dem Lande beabsichtigt oder in einem der zahlreichen Gartenlokale essen möchte, könnte von **Insekten** gestochen werden, die von dem weit verbreiteten Süßgebäck angezogen werden.

Internetcafés

Internetcafés, deren Anzahl sich noch in Grenzen hält, sind im jeweiligen Ortskapitel erwähnt. Große Teile der Bevölkerung kennen das Internet noch gar nicht.

Mit Kindern unterwegs

Kinder sind in Georgien sehr beliebt und werden ziemlich verhätschelt. Trotzdem bringen sie ihren Eltern und überhaupt älteren Menschen einen großen Respekt entgegen. In den Supermärkten Tbilisis findet man Kindernahrung, Windeln, Babykosmetik, zum Teil aus Deutschland importiert. Wer in abgelegene Gegenden fährt, sollte sich vorher damit eindecken. Ein besonderes Kapitel könnte die Reise mit Kindern in der Marschrutka oder den sehr langsamen Zügen werden. Entweder nehmen es die Kinder als Abenteuer oder fangen ob des mangelnden Komforts an zu quengeln. Funparks als besondere Attraktion für Kinder gibt es nur in Tbilisi, Batumi und Kobuleti.

An Apotheken herrscht in den Städten kein Mangel

Medizinische Versorgung

Wer einen **Arzt** für „kleine Wehwehchen" sucht, kann sich getrost einem georgischen Arzt anvertrauen, die Behandlung ist sofort zu bezahlen. Es empfiehlt sich, mit seiner Krankenkasse vor Reiseantritt abzuklären, ob gegebenenfalls Kosten erstattet werden und welche Unterlagen dafür einzureichen sind (s. „Vor der Reise: Versicherungen"). Für dringende Behandlungen, die größere Eingriffe erfordern, sollte man die Botschaft kontaktieren (siehe „Notfälle"). Zu beachten ist, dass in abgelegenen Orten oft keinerlei Versorgung möglich ist! Siehe dazu auch die Webseite der Botschaft des Heimatlandes, also beispielsweise die Homepage der deutschen Botschaft in Tbilisi.

Inzwischen befindet sich in Tbilisi, aber auch in den meisten größeren Orten an fast jeder Ecke eine **Apotheke** der Aversi- oder PSP-Kette, die im übrigen wesentlich preisgünstiger sind als bei uns.

Nachtleben

Ein Nachtleben gibt es eigentlich nur in **Tbilisi** sowie während der Saison in **Batumi** und vor allem für jugendliche Traveller in der Discomeile in **Kobuleti** (siehe jeweilige Ortskapitel).

005ge Foto: mk

Notfälle

Verlust von Geldkarten

Bei Verlust oder Diebstahl der Kredit- oder Maestro-(EC-)Karte sollte man diese umgehend sperren lassen. Für deutsche Maestro- und Kreditkarten gibt es die einheitliche **Sperrnummer 0049/11 61 16** und im Ausland zusätzlich 0049/30/40 50 40 50. Für österreichische und schweizerische Karten gelten:

- **Maestro-(EC-)Karte,** (A)-Tel. 0043/1/204 88 00; (CH)-Tel. 0041/44/271 22 30, UBS: 0041/800/88 86 01, Credit Suisse: 0041/800 80 04 88.
- **MasterCard/VISA,** (A)-Tel. 0043/1/717 01 45 00 (MasterCard) bzw. Tel. 0043/1/71 11 17 70 (VISA); (CH)-Tel. 0041/58/958 83 83 für alle Banken außer Credit Suisse, Corner Bank Lugano und UBS.
- **American Express,** (A)-Tel. 0043/69/97 97 10 00; (CH)-Tel. 0041/44/659 63 33.
- **Diners Club,** (A)-Tel. 0043/1/501 35 14; (CH)-Tel. 0041/44/8 35 45 45.

Verlust von Reiseschecks

Nur wenn man den Kaufbeleg mit den Seriennummern der Reiseschecks sowie den Polizeibericht vorlegen kann, wird der Geldbetrag von einer größeren Bank vor Ort innerhalb von 24 Stunden zurückerstattet. Also muss der Verlust oder Diebstahl umgehend bei der örtlichen Polizei und auch bei American Express bzw. Travelex/Thomas Cook gemeldet werden. Die Rufnummer steht auf der Notrufkarte, die man mit den Reiseschecks bekommt.

Ausweisverlust / dringender Notfall

Wird der Reisepass oder Personalausweis im Ausland gestohlen, muss man dies bei der örtlichen Polizei melden. Darüber hinaus sollte man sich an die nächste diplomatische Vertretung (siehe „Vor der Reise: Diplomatische Vertretungen“) seines Landes wenden, damit man einen Ersatz-Reiseausweis zur Rückkehr ausgestellt bekommt (ohne kommt man nicht an Bord eines Flugzeugs!).

Auch in dringenden Notfällen, z.B. medizinischer oder rechtlicher Art, Vermisstensuche, Hilfe bei Todesfällen, Häftlingsbetreuung o.Ä. sind die Botschaften bemüht vermittelnd zu helfen.

Medizinischer Notfall

Wer im Notfall einen **deutschsprachigen Arzt** konsultieren möchte, kann sich an die **Deutsche Botschaft** wenden (Notrufnummer mobil: 899-58 61 91). Generell empfiehlt die deutsche Botschaft die Konsultation eines englischsprachigen Arztes vom MediClub Georgia in der Tschawtschawadse-Straße 5 in Tbilisi, Tel. 25 19 91 bzw. mobil 899-58 19 91 rund um die Uhr. Wer jedoch nicht in Tbilisi ist oder sich verständlich machen kann, eventuell mit Hilfe des Hotels, kann auch bedenkenlos einen georgischen Arzt konsultieren.

Polizei und Rettungsdienst

Wie in jedem Land kann es auch in Georgien erforderlich werden, die Hilfe der Polizei in Anspruch zu nehmen, etwa bei Diebstahlsmeldungen für die Versicherung oder bei Verkehrsunfällen. Weiterhin könnte die Inanspruchnahme eines ärztlichen Rettungsdiens-

006ge Foto: mk

tes nötig sein. Versuchen Sie, mit Hilfe Ihres Hotels die sprachlichen Hürden zu überwinden und nehmen Sie auch sonst Hilfe an.

Notrufnummern

- **Polizei:** 02
- **Feuerwehr:** 01 oder 22 56 36
- **Ambulanz:** 03
- **ARDI** (privater medizinischer Rettungsdienst): 901
- **Rettungsdienst:** 09
- **Rettungsdienst** (englischsprachig): 009
- **Polizeihotline in Tbilisi:** 99 93 35

Autopanne/-unfall

Hilfe ist z.B. für ADACPlus-Mitglieder oder ÖAMTC-Mitglieder in einigen Ländern auf dem Weg nach Georgien teilweise kostenlos. Hier die Kontaktdaten der drei größten **Automobilklubs** für Deutschland, Österreich und die Schweiz:

- **ADAC,** (D)-Tel. 089/22 22 22, unter (D)-Tel. 089/76 76 76 gibt es Adressen von deutschsprachigen Ärzten in der Nähe des Urlaubsortes (Liste auch vorab anforderbar).
- **ÖAMTC,** (A)-Tel. 01/251 20 00 oder (A)-Tel. 01/251 20 20 für medizinische Notfälle.
- **TCS,** (CH)-Tel. 022/417 22 20.

Dreisprachiges Straßenschild – noch die Ausnahme

Öffnungszeiten

In Georgien erwacht der Tag wesentlich später als etwa in Deutschland. So öffnen die **Geschäfte** kaum vor 10 Uhr. Lebensmittelläden sind aber viel länger geöffnet, oft auch am Samstag oder Sonntag. **Banken** öffnen von 9.30 bis 17.30 Uhr, mit einer bis zwei Stunden Mittagspause. **Telegrafenämter** sind täglich 24 Stunden geöffnet, die **Briefpost** von 10 bis 18 Uhr, mit oder ohne Mittagspause (abhängig von der Größe des Ortes). Behörden und Polizei öffnen meist montags bis samstags von 9 bis 18 Uhr.

Orientierung

Innerhalb kürzester Zeit ist es gelungen, auch das kleinste Dorf mit einem **zweisprachigen Ortseingangsschild** zu versehen, d.h. in georgischer Schrift und Sprache sowie in lateinischer Schrift und englischer Sprache. Innerorts fehlen aber noch weitgehend Straßenbeschilderungen (auch auf Georgisch). Hinzu kommt, dass selbst Anwohner oft nicht sagen können, wie ihre Straße momentan heißt, ein Ergebnis der radikalen **Straßenumbenennungen** in den letzten Jahren. Außerdem gibt es praktisch noch kaum Vorwegweiser, die auf touristisch interessante Plätze oder etwas abgelegene Hotels hinweisen. Wenn nötig, sind die Adressen in diesem Buch daher um Wegbeschreibungen ergänzt.

Post

Briefe und Karten nach Deutschland, Österreich oder in die Schweiz kosten einheitlich 2,40 GEL und kommen nach 10 bis 14 Tagen an. Anders verhält es sich bei Briefen nach Georgien, die bis zu sechs Wochen unterwegs sein können. Es empfiehlt sich zurzeit nicht, **Päckchen und Pakete** mit der normalen Post nach Georgien zu versenden, hier sollte man auf Spezialversender ausweichen, auch wenn diese teurer sind. So kommt das Paket wenigstens an. In den Provinzstädten passiert es, dass die Postangestellten weder den aktuellen Tarif kennen noch Wechselgeld herausgeben können – ein Zeichen dafür, dass nur noch wenige Postdienste in Anspruch genommen werden können.

Radfahren

Georgien ist, wie der gesamte Kaukasus, ideal für **Mountainbiker,** viele Reiseveranstalter bieten dies sogar explizit an. Aber nicht nur die bergige Landschaft ist eine Herausforderung, es sollte beachtet werden, dass die oft eigenwillige Fahrweise der motorisierten Verkehrsteilnehmer eine erhöhte Aufmerksamkeit erfordert. Die **Straßen** sind nicht überall in einem Zustand, der es Gelegenheitsfahrern leicht macht. Besondere Aufmerksamkeit sollte in **Tunneln** gelten, z.B. im Rikoti-Tunnel durch das Surami-Gebirge. Ein englischer Traveller wurde durch den Luftzug eines schnell vorbeifahrenden Fahrzeugs so gegen die Mauer geschleudert, dass er sich mehrere Wochen in Tbilisi kurieren musste.

Radfahren ist eine besonders gute Möglichkeit, mit der örtlichen Bevölkerung in Kontakt zu kommen, ihre Aufmerksamkeit ist gewiss. Gängiges **Werkzeug** sollte man selbst mitnehmen, denn die Wahrscheinlichkeit, es vor Ort zu bekommen, ist eher gering.

Sicherheit

Grundsätzlich ist Georgien ein sicheres Reiseland. Was die **Kriminalität** angeht, sind in allen größeren Städten die gleichen Sicherheitsvorkehrungen zu treffen, die auch in Metropolen anderswo angewandt werden. In Tbilisi besteht eine erhöhte Gefahr durch Raubüberfälle besonders in den von Ausländern bevorzugten Stadtteilen Wake, Wera und Saburtalo bzw. in Parks und Naherholungsgebieten. Man sollte auf keinen Fall auffälligen Schmuck oder teure Uhren tragen. Bei Dunkelheit sollte man sich nicht allein auf der Straße aufhalten und einsame Strecken generell meiden.

Besondere Verhaltensmaßregeln gelten für **Swanetien:** Den in der Vergangenheit vorgekommenen Raubüberfällen wurde durch intensive polizeiliche Maßnahmen begegnet. Dennoch wird von Erkundungen auf eigene Faust weiter dringend abgeraten. Insbesondere sollte man nach Swanetien keine Wertsachen, keine größeren Mengen Bargeld und Reisedokumente möglichst nur in Kopie mitnehmen.

Es sollten unbedingt die Hinweise des **Auswärtigen Amtes** für bestimmte Gebiete beachtet werden. Die Lage ist insgesamt ruhig, aber nicht in allen Landesteilen stabil, was auf die regionalen Konflikte in Abchasien und Südossetien zurückzuführen ist. Aktuelle Reisehinweise, auch zu den Transitländern, neben Hinweisen zur allgemeinen Sicherheitslage erteilen:

- **Deutschland:** www.auswaertiges-amt.de und www.diplo.de/sicherreisen (Länder- und Reiseinformationen), Tel. 030/50 00-0, Fax 50 00-34 02.
- **Österreich:** www.bmaa.gv.at (Bürgerservice), Tel. 05/011 50-44 11, Fax 05/011 59-0.
- **Schweiz:** www.dfae.admin.ch (Reisehinweise), Tel. 031/323 84 84.

Es wird von Reisen in die folgenden Landesteile abgeraten:

Abchasien

Die Sicherheitslage ist prekär. In mehreren Gebieten gibt es teils nicht gekennzeichnete **Minenfelder.** Abchasien ist zurzeit nicht für den internationalen Reiseverkehr geeignet. Es gehört völkerrechtlich weiterhin zu Georgien, unterliegt aber nicht dem Einfluss der Regierung in Tbilisi. Wer über die russisch-abchasische Grenze am Psou einreist, wird von den georgischen Grenzbeamten als illegal Einreisender behandelt. Bei anschließender Weiterreise über die Waffenstillstandslinie am Inguri-Fluss bei Sugdidi in benachbarte georgische Landesteile bzw. beim Ausreiseversuch über reguläre georgische Grenzübergänge drohen daher Festnahme und Strafen.

Das **Obere Kodori-Tal** in Ober-Abchasien steht zwar unter Kontrolle der georgischen Regierung, aber erst im Juli 2006 kam es zu bewaffneten Übergriffen durch unbekannte Kräfte.

Westmingrelien (Umgebung von Sugdidi)

Aufgrund der hohen Zahl von Vertriebenen aus dem nahen Abchasien und der damit verbundenen sozialen Spannungen besteht ein erhöhtes Risiko von **gewaltsamen Übergriffen.**

Südossetien

Die Sicherheit von Reisenden ist nicht gewährleistet, da es immer wieder zu **gewaltsamen Auseinandersetzungen** und Schießereien kommt.

Pankisi-Tal

Nahe der **tschetschenischen Grenze** leben ca. 1500 tschetschenische Flüchtlinge. Nach mehreren Sicherheitsoperationen seit August 2002 haben die georgischen Sicherheitskräfte die Kontrolle zumindest über den besiedelten, unteren Teil des Tales wiedererlangt. Insgesamt bleibt die Sicherheitslage aber angespannt.

Buchtipp

- **„Schutz vor Gewalt und Kriminalität unterwegs“**, Praxis-Reihe, Reise Know-How Verlag.

Sport und Erholung

Reisende, die nach Georgien kommen, erwartet ein vielfältiges Angebot an sportlichen Betätigungsmöglichkeiten. Dazu gehören **Wildwasserrafting** und der Besuch von **Höhlen und Schluchten,** z.B. die Höhle in Sataplia. **Canyoning** ist noch relativ neu, ebenso die Möglichkeiten des **Paraglidings.** Verbreiteter sind **Skilaufen und Snowboarding,** zum Beispiel in Gudauri und Bakuriani. Auch an **Ökotourismus** Interessierte finden in Georgien ein reiches Betätigungsfeld. Es gibt eine faszinierende Flora und Fauna und keinen Massentourismus. Dazu gehört auch die Beobachtung von Vögeln, da viele Vogelfluglinien über das Territorium des Landes führen (siehe dazu www.birding-georgia.com). Weitere Angebote finden sich unter „Reiseveranstalter", zum Thema Radfahren siehe eigenen Stichpunkt.

Sprache und Schrift

Der Kaukasus wurde schon im Altertum als „Berg der Sprachen" bezeichnet, da hier etwa 40 Sprachen beheimatet sind. Diese gehören im Wesentlichen zu drei großen Sprachfamilien, dem Abchasisch-Adygeischen, dem Dagestanischen und dem Kartwelischen. Sie gehören weder zur indogermanischen noch zur semitischen (arabischen) Sprachfamilie. Die Bezeichnung Kaukasische Sprache ist eine rein geografische.

Unter den **Kartwelischen Sprachen** werden die Allgemeinen Georgischen San-Sprachen und das Swanische zusammengefasst, wobei zum Allgemeinen Georgischen San das **Georgische** und die San-Sprachen gehören. Die San-Sprachen untergliedern sich wiederum in das Mingrelische und das Lasische.

Georgische Schrift

Die Geschichte der georgischen Literatursprache lässt sich 1500 Jahre zurückverfolgen. Unklar ist die Herkunft der georgischen Schrift. In Georgien nimmt man an, dass sie auf König Parnawas um 300 v.u.Z. zurückgeht. Es sind drei Formen der Schrift bekannt. Die erste Großbuchstabenschrift wird Assomtawruli genannt. Aus dieser entstand etwa im 9. Jh. die Nußchuri, eine Kleinbuchstabenschrift. Beide Schriftformen werden auch unter Chuzuri (Priesterschrift) zusammengefasst. Diese Schriften wurden vorwiegend in Klöstern und Kirchen verwendet. Erst im 11. Jh. entstand die heute weitgehend verwendete **Mchedruli,** Reiterschrift – auch Kriegerschrift – genannt. Sie besteht nur aus Kleinbuchstaben und wird von links nach rechts geschrieben. In der achten Klasse lernen Schüler auch das Assomtawruli, das vor allem zu dekorativen Zwecken eingesetzt wird.

Verständigung

Der REISE KNOW-HOW Verlag gibt in der Reihe Kauderwelsch das Büchlein **„Georgisch – Wort für Wort"** heraus. Der handliche Sprechführer bietet eine auf das Wesentliche reduzierte Grammatik und viele Beispielsätze für den Reisealltag und hilft auch, sich mit etwas Übung durch die Schrift zu hangeln. Dazu gibt es den **Aussprache-Trainer** auf Audio-CD.

Wer **Russisch** kann, ist klar im Vorteil, wobei es aufgrund der momentanen politischen Spannungen mit Russland hilfreich sein kann, sein jeweiliges Heimatland zu nennen, wenn man auf Russisch kommuniziert. Aggressionen wird man wegen des Gebrauchs der russischen Sprache jedoch nicht erleben. Überraschend viele Menschen haben in der Schule **Deutsch** gelernt, scheuen sich jedoch oft, Deutsch zu sprechen. Jüngere Menschen, auch Kinder, lernen heute **Englisch** in der Schule oder Universität. Ist man erst mal warm miteinander geworden, wird dem Reisenden eine große Herzlichkeit entgegengebracht.

Telefonieren

Beim Telefonieren in und nach Georgien ist zu berücksichtigen, dass die Ortsnetze jeweils eine andere **Vorwahl** haben, wenn man aus dem Ausland anruft oder innergeorgisch telefoniert. Zu allem Überfluss gibt es noch eine dritte Vorwahl, wenn man aus Russland anruft, die hier aber nicht berücksichtigt wird. Für die wichtigsten Orte ist in diesem Buch jeweils die Ortsvorwahl aus dem Ausland und aus dem Inland angegeben.

Da sich das Festnetz in einem verbesserungswürdigen Zustand befindet, wird man kaum einen Georgier treffen, der kein **Handy** hat. In diesem Reiseführer sind mehrheitlich **Mobilnummern** angegeben, da sie weiter verbreitet sind als die Nummern des maroden Festnetzes.

Das eigene Mobiltelefon lässt sich in Georgien problemlos nutzen, denn die meisten Mobilfunkgesellschaften haben Roamingverträge mit den georgischen Gesellschaften Geocell (GSM 900/1800 MHz und 3G) oder Magti (GSM 900/1800 MHz). Wegen hoher Gebühren sollte man bei seinem Anbieter nachfragen oder auf dessen Webseite nachschauen, welcher der Roamingpartner günstig ist und diesen per manueller Netzauswahl voreinstellen. Nicht zu vergessen sind die passiven Kosten, wenn man von zu Hause angerufen wird (Mailbox abstellen!).

Simkarten

Jeder Reisende, der keinen Wert darauf legt, in ein Postamt zu gehen, um ein Ferngespräch zu führen, bei dem auch noch jeder zuhören kann, sollte sich vor Ort eine Simkarte von Geocell (www.geocell.ge) oder Magti (www.magti.com.ge) für sein Handy kaufen. In Hotels von der Mittelklasse an aufwärts gibt es selbstverständlich internationale Direktwahltelefone, die aber wie überall auf der Welt kräftig bezahlt werden müssen. Überall in Georgien in Geschäften mit einem großen Telefon als Kennzeichen kann man diese Simkarten erwerben oder wieder aufladen lassen, wobei der Pass verlangt wird.

007ge Foto: mk

- **Magti,** Vorwahlen: 898, **899,** 895; mobil zu mobil 0,28 GEL/Min., Karten können wieder aufgeladen werden um jeweils 5, 10, 15, 30 und 60 GEL.
- **Geocell,** Vorwahlen: 877 oder **893** (die Vorwahlen in Fettdruck sind am weitesten verbreitet).

Eine prüfenswerte Alternative wäre www.travelsimshops.com oder www.globalsim.net. Diese Travel-Simkarten werden im Prepaid- oder Vertragsmodus verkauft und funktionieren in immer mehr Ländern. Nach dem Aufladen mit der Kreditkarte können sie ins Handy gesteckt und weltweit benutzt werden.

Das nicht mehr ganz moderne, rote Telefon auf weißem Grund signalisiert: Ferngespräche hier möglich

Vorwahlen

• **Georgien:**	00995

Von Georgien nach:

• Deutschland	0049
• Österreich	0043
• Schweiz	0041

Einige praktische Beispiele mit der fiktiven Nummer 123 45:

- Festnetznummer in Tbilisi mit Anruf aus dem Ausland: +995 32 123 45
- Anruf Festnetz aus dem Inland: 832 123 45
- Anruf Festnetz zu Festnetz im gleichen Ort: 123 45

- Anruf Festnetz vom Handy: 822 123 45
- Anruf mit Magti-Simcard-Handy auf Geocell-Simcard-Handy: 893 123 45
- Anruf Geocell-Simcard-Handy auf Magti-Simcard-Handy: 899 123 45
- Anruf Geocell zu Geocell: 123 45
- Anruf Magti zu Magti: 123 45
- Batumi hat momentan noch eigene Regeln: Festnetzgespräch: 888 222 123 45
- Auskunft: 09 (nur in Georgisch oder Russisch)

Buchtipp

- Viele nützliche und Geld sparende Tipps zum mobilen Telefonieren bietet das Buch **„Handy global – mit dem Handy ins Ausland"** aus der Praxis-Reihe des Reise Know-How Verlages.

Unterkunft

Die Unterkunftssituation in Georgien verbessert sich im gleichen Maße, wie sich die politische Lage stabilisiert. Es existieren aber nach wie vor Orte, in denen es keine Hotels mehr gibt, oft auch keine Restaurants mehr bzw. noch nicht wieder. Die mangelnde Kaufkraft, die Emigration von etwa 20 % der Bevölkerung und die große Anzahl an Vertriebenen aus Abchasien und Südossetien hinterlassen ihre Spuren.

Wer **Backpackerunterkünfte** in anderen Ländern als kleine, billige Hotels, Pensionen, YMCAs (CVJM-Heime) oder Jugendherbergen kennt, wird diese in Georgien noch vergebens suchen. Dennoch gibt es inzwischen zahlreiche Möglichkeiten, preiswert unterzukommen. Grundsätzlich muss man zwischen Tbilisi, Adscharien und dem Rest des Landes unterscheiden. Während es in **Tbilisi** mittlerweile problemlos möglich ist, Hotels in verschiedenen Preislagen zu finden, ist die Ausstattung mit preiswerten Backpackerunterkünften dort noch als dürftig einzuschätzen. Ein erster Anfang ist vor allem um die Metrostation Mardshanaschwili zu bemerken.

Unter Backpackerunterkünften muss man sich **Zimmer in privaten Haushalten** vorstellen, die aus wirtschaftlicher Notwendigkeit oder auch aus Interesse an Kontakten mit ausländischen Gästen Zimmer vermieten. Zumeist handelt es sich um separate, oft erstaunlich geräumige Zimmer mit sehr unterschiedlicher Ausstattung. Dazu gehört Bad- und gelegentlich Küchenbenutzung. Der Preis versteht sich pro Person.

Außerhalb Tbilisis bieten die Vermieter, die meist über riesige Wohnungen verfügen, Doppel- oder Mehrbettzimmer an. Oft ist das Bad separat und von mehreren Zimmern gemeinsam zu nutzen. Frühstück oder Halbpension ist meist inbegriffen oder kann vereinbart werden. Dazu gehören oft ein oder zwei Aufenthaltsräume mit Fernsehgerät, manchmal mit Sat-TV. Und da wir uns im Süden befinden, verwöhnt meist ein großer Balkon oder eine riesige Terrasse mit einem herrlichen Ausblick oder dient als Treffpunkt für lange Abende. Wer hier Unterkunft sucht, kann sicher sein, dass sein Geld unmittelbar dem örtlichen Vermieter zugute kommt. Gleichzeitig bietet der herzliche Kontakt eine wunderbare Möglichkeit, etwas über Land und Leute zu erfahren. Es sei nicht verschwiegen, dass die Kochkünste der georgischen Hausfrauen und der georgische Wein jede Diätabsicht ad absurdum führen.

Unterkünfte in Tbilisi sind in der Regel etwas teurer, für Reisende aus Mitteleuropa jedoch meist immer noch günstig. Da die Budgetunterkünfte nicht ausgeschildert sind, wird in diesem Buch neben der Adresse eine genauere Beschreibung zum Auffinden der Unterkunft gegeben.

In **Adscharien** am Schwarzen Meer gibt es traditionell mehr Möglichkeiten, privat oder in Hotels unterschiedlicher Preisklassen unterzukommen, da diese Gebiete schon zu Sowjetzeiten zu den begehrtesten Urlaubsregionen der ehemaligen Sowjetunion und den Ländern des ehemaligen Ostblocks gehörten.

Hotels mit einer Homepage sind generell teurer als solche ohne, und nicht alles, was sich Budgethotel nennt, ist auch ein solches nach unserem Verständnis. Hotels mit westlicher Ausstattung finden sich vor allem in Tbilisi und hier vor allem in gehobeneren Preisklassen.

Preise

Backpackerunterkünfte berechnen den Gästen in Tbilisi ab 20 GEL ohne Verpflegung, außerhalb der Hauptstadt meist ab 15 GEL, das Doppelte mit Halb- oder Vollpension. Hier versteht sich der Preis pro Person. Oft ist die angebotene Verpflegung ratsam, da es nicht überall Restaurants gibt. In

008ge Foto: mk

Hotels mit Pensionscharakter kann man ab etwa 40 GEL mit oder ohne Frühstück übernachten. Neuere Hotels verlangen ab 50 US$ (bzw. den Gegenwert in GEL) inkl. Frühstück. Die Preise verstehen sich in der Regel als Zimmerpreise. Die Filialen **internationaler Ketten** in Tbilisi berechnen ab 200 US$, oft sogar ohne Frühstück.

Buchung

Bei der Buchung sollte darauf geachtet werden, ob sich der Preis pro Zimmer oder pro Person versteht und ob die 20 % Steuer inbegriffen ist, was auf den Homepages gern vergessen wird. Es lohnt sich fast immer, nach Rabatten (russ. *Skidka,* engl. *Discount*) zu fragen. Die Hotels Georgiens sind nur in Ausnahmefällen an internationale Buchungsmaschinen angeschlossen und nur ganz wenige werden in den Katalogen der deutschen Reiseunternehmen angeboten, vorrangig solche aus dem Hochpreissegment.

Eine zentrale Zimmervermittlung gibt es in Georgien noch nicht, lokale Touristikunternehmen antworten auf E-Mails oft genauso wenig wie angemailte Hotels, da die Bedeutung von Mund-zu-Mund-Propaganda vielen Unternehmen noch immer nicht klar ist. Davon sollte man sich aber nicht beirren lassen und einfach ein anderes Hotel versuchen. Hotels mit Homepage haben fast immer einen Mitarbeiter, der Englisch oder auch Deutsch spricht. Hier hilft also auch ein Anruf. Ein Hinweis in dieser Sache: Die Buchungsmasken einiger Homepages scheinen nicht zu funktionieren. Es ist daher immer besser, die meist unter „Kontakt" genannte E-Mail-Adresse anzumailen. Eine weitere Unwägbarkeit ist die Homepage als solche, da einige Hotels immer wieder den Provider wechseln und sich damit die Webseite ändert.

Generell kann man jedoch sagen, dass das noch geringe Touristenaufkommen in Georgien eine **Voranmeldung eigentlich unnötig** macht. Es findet sich immer etwas in fast jeder Preisklasse. Hotels der großen Ketten wie Marriot oder Sheraton antworten selbstverständlich auf Reservierungsmails und sind auch über die gängigen Buchungsmaschinen buchbar, ebenso über renommierte deutsche Reiseunternehmen. Vor Ort finden sich auch deutsche Reiseunternehmen (siehe „Reiseveranstalter"), die zuverlässig Zimmer buchen können.

Zu beachten ist weiterhin, dass Unterkünfte in abgelegenen Regionen, deren Preis auf den ersten Blick etwas höher auszufallen scheint, oft nicht nur Frühstück, sondern **Halbpension oder sogar Vollpension** einschließen, Hauswein inklusive! Also genau prüfen, was man bucht.

Hotel Ipari in Tbilisi

Camping

In Georgien gibt es **keine Campingplätze.** Zwar befindet sich in Mzcheta neben der Festungsruine Bebrisziche am Ufer der Aragwi ein Gelände, das als Campingplatz ausgeschildert ist, aber außer dem Schild gibt es nichts weiter. Man wird auch Stellplätze für Wohnwagen vergeblich suchen.

Verhaltenstipps

Im Großen und Ganzen gibt es keine speziellen Verhaltensregeln, die sich grundsätzlich vom mitteleuropäischen Verhaltenskodex unterscheiden würden. Da die Georgier sehr gastfreundlich sind, sind sie auch sehr **tolerant.** Bleibt die Frage, ob sich jeder Gast als solcher benimmt? Ich war einmal mit Travellern unterwegs, einer Zufallsbekanntschaft. Wir wurden von einer sehr netten, uns unbekannten Familie eingeladen (der Tisch bog sich unter der Last der herrlichen Speisen!) und der junge Mann aus Nordeuropa hatte nichts Besseres zu tun, als unsere Gastgeber über das verwerfliche Tun Stalins aufzuklären, und war nicht zu einem Themenwechsel zu bewegen. Eine peinliche Situation.

Es kann nicht schaden, ein paar **Gastgeschenke** mitzunehmen, die allerdings den Gastgeber nicht in Verlegenheit bringen sollten. Für Kinder sind Süßigkeiten immer geeignet, auch ein paar Ansichtskarten oder gut illustrierte Bildreiseführer aus der Heimat nehmen wenig Platz weg im Gepäck. Bitte beachten, dass es nicht üblich ist, das Geschenk auszupacken.

Und wer am Schwarzen Meer baden gehen möchte: Es gibt **keine FKK-Strände,** und „oben ohne" ist nicht üblich. Ein Wort noch an die Herren: Das Urinieren in der Öffentlichkeit wirkt genauso schockierend wie in Deutschland.

Frauen unterwegs

Eins vorab: Georgische Frauen reisen nicht allein! Dies sollte man sich verdeutlichen, um die eine oder andere Reaktion besser zu verstehen. Alleinreisende Frauen können sich sicher im Lande bewegen, müssen aber mit **Neugier und Unverständnis** rechnen. Dies gilt umso mehr, je abgelegener die Gegend ist und je weniger Touristen auftauchen. Hier ist auch das äußere Erscheinungsbild nicht unwichtig (siehe „Vor der Reise: Ausrüstung und Kleidung"). Es wäre sinnvoll, über die Inanspruchnahme eines Reiseveranstalters nachzudenken, wenn man allein in abgelegene Gebirgsgegenden reisen möchte.

Oft wird man unter die Fittiche der Marschrutka-Fahrer genommen, die auch schon mal Fahrgäste vom Beifahrersitz wegschicken und Frauen nach vorn bitten. Oder man erhält kleine Geschenke – ganz ohne Hintergedanken. Ganz vereinzelt kommt es auch mal zum „Wangentätscheln" von vorwiegend älteren Männern.

Buchtipp

- **„Als Frau allein unterwegs",** Reihe Praxis, Reise Know-How Verlag, Bielefeld.

009ge Foto: mk

Verkehrsmittel

Die gängigsten öffentlichen Verkehrsmittel sind Marschrutka, Taxi, Zug und Bus.

Marschrutki

Hierbei handelt es sich um meist aus Deutschland importierte VW- oder Ford-Kleinbusse, oft noch mit der originalen Aufschrift des Vorbesitzers, mit **16 Plätzen.** Sie dienen sowohl innerorts als auch für den **Nah- und Fernverkehr** als Transportmittel. Innerorts steht der Fahrpreis (meist 40 oder 50 Tetri) auf einem Pappschild im Frontbereich.

Die Marschrutki sind nur auf Georgisch beschriftet, was vor allem am Anfang der Reise irritieren kann. Fragen hilft immer. Sie halten unterwegs da an, wo es der Fahrgast wünscht. Einfach vernehmlich „Gaadscheret" rufen und der Fahrer hält an. Übrigens auch, wenn man unterwegs irgendwo mal aussteigen und ein Foto machen möchte (am besten vorher ankündigen, damit er nicht weiterfährt). Der Gepäckraum ist begrenzt. Marschrutki fahren immer von und zu den **Busbahnhöfen** *(Awtowoksal).*

Das **Einsteigen** am Abfahrtsbahnhof garantiert einen Sitzplatz. Unterwegs

Tankstelle in Passanauri an der Georgischen Heerstraße – kein gut ausgestattetes Servicecenter, aber das Wesentliche ist vorhanden

stellt man sich einfach an die Straße und winkt, dabei die flache Hand mit der Handfläche so nach unten bewegen, als würde man einen Ball auf die Straße schlagen. Trotz freier Plätze hält nicht jeder Fahrer an, ein System ist hier nicht zu erkennen. Auffällig: Frauen setzen sich zu Frauen, Männer suchen einen Platz neben einem männlichen Fahrgast! Das trifft natürlich nicht zu, wenn Familienangehörige zusammen reisen.

Taxis

Sowohl innerorts als auch für Fahrten durch das Land eignen sich Taxis. Der Preis versteht sich pro Fahrt, nicht pro Person, auch wenn der eine oder andere Fahrer zu tricksen versucht. Jeder kann als Taxifahrer arbeiten, einen Taxischein muss niemand machen. Auch gibt es keinen TÜV und der Versuch, als Taxifahrer seinen Lebensunterhalt zu verdienen, sagt nichts über die Fahrpraxis oder Streckenkenntnis!

Taxipreise Tbilisi: Flughafen – Zentrum: 25 GEL, Altstadt – Saburtalo: 5–6 GEL, quer durch Tbilisi: 8–10 GEL, kurze Strecken: 2–4 GEL.

Wer beispielsweise auf dem Awtowoksal Didube (Metrostation) eine Marschrutka sucht, wird auch Taxis sehen, die in Reih und Glied dastehen, ein Pappschild hinter die Windschutzscheibe geklemmt haben mit der georgischen Aufschrift des Fahrtziels und auf Kunden warten. Das kann eine bequeme Alternative zur Marschrutka sein, zumal der Fahrer unterwegs für einen Fotostopp überall anhält, wo es der Fahrgast wünscht. Fahrpreis vorher aushandeln und am besten schon mal im Hotel erfragen, damit man einen Richtwert hat!

Gelegentlich wird man auch von Taxifahrern angesprochen, ob man eine **Fernfahrt** wünscht. Das kann gut gehen, aber auch nicht so verlaufen, wie man es sich vorgestellt hat. Viele Fahrer haben einfach kein Geld, um mehr als ein paar Liter Benzin zu kaufen, und so führt der erste Weg häufig zur Tankstelle. Der Kunde bezahlt, allerdings wird das Geld meistens verrechnet. Der nächste Halt kann durchaus in einer Werkstatt sein – muss aber nicht.

Bahn

Das kleine Streckennetz der georgischen Eisenbahn und die sehr langsamen Züge sind kaum ein Anreiz, mit dem Zug zu fahren, obwohl die Fahrpreise außerordentlich günstig sind. Tipp: Wer von Tbilisi nach Batumi oder zurück will, kann getrost den **Nachtzug** nehmen, so spart man eine Übernachtung ein. Der moderne Zug bietet Vierbettabteile, erste oder zweite Klasse. Auch der Nachtzug nach Baku in Aserbaidschan (Visum vorher beschaffen!) bietet sich an.

Webseite der Georgian Railways: www.railway.ge. Unglücklicherweise ist der **Fahrplan** mit den Zwischenstationen nur auf Georgisch, was sich hoffentlich bald ändern wird. Im **Anhang** dieses Buches findet sich ein Fahrplan der georgischen Eisenbahn.

Der **Fahrkartenkauf** schließt die Reservierung ein, nicht jedoch in Elektritschki (Nahverkehrszüge). Diese führen keine Platzkartenwagen. Außerhalb der Saison kann die Fahrkarte problemlos am gleichen Tag erworben werden. Während der Sommermonate (Juni bis September) ist die Strecke Batumi - Tbilisi stark frequentiert, Fahrkarten sollten dann mindestens eine Woche vorher gekauft werden. In allen Zügen ist es möglich, das Ticket beim Schaffner zu lösen. Fahrkarten nach Jerewan oder Baku sollte man am besten immer einen Tag vorher besorgen und dabei gleich die Abfahrtszeit erfragen. Trotz Fahrplan kann es zu unvorhergesehenen Änderungen kommen.

Busse

Innerorts fahren Busse mit georgischer Angabe des Fahrtziels. Die Fahrzeuge sind oft eine Spende von Partnerstädten, manchmal noch mit der alten Aufschrift versehen. Der Fahrer hält selten da, wo es für den Fahrgast bequem wäre auszusteigen, etwa am Bordstein. Auch auf Behinderte oder ältere Menschen wird selten Rücksicht genommen.

Es gibt nur noch wenige Fernstrecken, die von Bussen bedient werden. Sie sind in den Ortskapiteln vermerkt. Meist sind die Busse sehr betagt. Inzwischen sorgen Investitionen von Privatleuten für eine Verbesserung der Situation.

Innerorts kauft man das **Ticket** im Bus. Bei Fernbussen ist eine Reservierung bzw. der Kauf des Fahrscheins vorab nur für internationale Strecken oder für die Route Tbilisi - Batumi während der Sommersaison nötig. Die Sitzplatznummer ist auf dem Fahrschein aufgedruckt. Am Abfahrtsbusbahnhof *(Awtowoksal)* kauft man am Schalter, unterwegs beim Schaffner.

Zeitverschiebung

In Georgien gilt die Mitteleuropäische Zeit (MEZ) plus zwei Stunden, d.h. wenn es in Wien oder München 12 Uhr mittags ist, ist es in Tbilisi 14 Uhr. Die Sommerzeit wurde auch in Georgien eingeführt, aber wieder abgeschafft, da sie sich nicht als sinnvoll erwies. Daher gilt während der mitteleuropäischen Sommerzeit: MEZ plus drei Stunden.

010ge Foto: mk

Bus in Tbilisi - modern, aber das Ziel ist nur auf Georgisch angegeben

011ge Foto: mk

Land und Leute

022ge Foto: mk

023ge Foto: mk

Alltag auf dem Rustaweli-Boulevard, der Flaniermeile im Zentrum von Tbilisi

Priester in Gelati

Restaurant Bereg in Batumi

Geografie

Georgien erfuhr in seiner Geschichte eine Zuordnung zu Europa, zum Nahen Osten und zu Asien, wozu es häufig gerechnet wird. Obwohl dies letztlich nicht eindeutig zu klären ist, spricht vieles dafür, Georgien als Teil von **Europa** anzusehen, was auch die meisten Georgier tun. Georgien ist Teil **Transkaukasiens,** das heißt gemeinsam mit Armenien und Aserbaidschan bildet es den Landkorridor zwischen dem Schwarzen und dem Kaspischen Meer.

Georgiens Fläche beläuft sich auf 69.700 km², wobei 87 % von Gebirgen und Vorgebirgen bedeckt werden. Im Norden des Landes befindet sich der Große Kaukasus, im Süden der Westausläufer des Kleinen Kaukasus. Wie in einem Becken liegen dazwischen im Westen die Kolchische Tiefebene und im Osten die Transkaukasische Senke.

Gebirge

Der **Große Kaukasus** schirmt die Landfläche auf einer Länge von 1100 km und einer Breite von 180 km gegen Norden ab. Als Ganzes kann er in drei Abschnitte unterteilt werden: Den ersten bilden die etwa 440 km vom Schwarzen Meer bis zum Elbrus (5642 m), den zweiten der Zentralkaukasus, dessen 180 km sich vom Elbrus bis zum Kasbeg erstrecken. Dieser Abschnitt ist mit nur 60 km Breite nicht nur der schmalste, hier befinden sich auch die imposanten 5000-er Gipfel. Der östliche Abschnitt verläuft vom Kasbeg bis zur Halbinsel Apscheron bei Baku am Kaspischen Meer.

Heute bildet der Große Kaukasus die natürliche **Grenze Georgiens zu Russland.** Er ist ein junges Gebirge, da er vor nicht einmal zwei Millionen Jahren entstand. Seine Gipfel sind mit ewigem Eis und mächtigen Gletscherkappen bedeckt. Der höchste Kaukasusgipfel ist mit 5642 m Höhe der **Elbrus,** der in Russland liegt. Der Große Kaukasus ist ein Faltengebirge mit einigen Vulkankegeln, darunter der Kasbeg. Er besteht hauptsächlich aus Graniten und Gneisen und beherbergt **Erdöl- und Erdgaslagerstätten.**

Schaut man von Norden nach Süden, so liegt die Kette der bewaldeten Schwarzen Berge mit etwa 600 m Höhe am nördlichsten. Südlich von dieser Kette folgt der Weidekamm mit etwa 1200 bis 1500 m Höhe und schließlich der Felsenkamm, der bis zu 3600 m verläuft.

Der **Kleine Kaukasus** ist wesentlich älter, entstand er doch schon vor etwa 150 Millionen Jahren. Er bildet die natürliche Grenze zu den südlichen Nachbarländern Georgiens: **Armenien und Aserbaidschan.** Er ist eigentlich kein eigenständiges Gebirge, sondern gehört zum nordanatolisch-nordiranischen Kettengebirge mit vielen jungen Vulkanen. Der Kleine Kaukasus liegt etwa 100 km südlich vom Großen Kaukasus.

Zwei in Nord-Südrichtung verlaufende Gebirge, nämlich das **Surami-Gebirge** und das **Adscharo-Imeretische Gebirge,** verbinden den Großen mit dem Kleinen Kaukasus und unterteilen

026ge Foto: mk

Georgien in einen westlichen und einen östlichen Teil. Gleichzeitig bilden sie eine Wasserscheide, denn alle Flüsse Westgeorgiens fließen ins Schwarze Meer, alle Flüsse Ostgeorgiens ins Kaspische Meer.

Die höchsten Berge Georgiens sind der **Schchara** (5068 m) in Swanetien und der **Kasbeg** (5047 m) im Zentralkaukasus. Es gibt aber noch weitere Berge um 5000 m Höhe, zum Beispiel den **Rustaweli** (4860 m) und den **Uschba** (4737 m). Ungefähr ein Fünftel des Landes ist von Bergen bedeckt, die höher sind als 2000 m.

Der „Berg des Prometheus“ bei Kasbegi und die Zminda-Sameba-Kirche

Gebirgspässe

Es ist nicht verwunderlich, dass man in einem so gebirgigen Land wie Georgien zahlreiche Pässe passieren kann. Hier seien einige von ihnen aufgeführt:

- **Abano-Pass:** 2926 m, zwischen Telawi und Omalo, gilt als höchste „Straße“ des Landes
- **Goderdschi-Pass:** 2025 m, zwischen Batumi und Achalziche auf der A306
- **Gombori-Pass:** 1839 m, zwischen Tbilisi und Telawi
- **Gudamarkari-Pass:** 2374 m, zwischen dem Dorf Sno und Passanauri
- **Kreuzbärenpass (Datwi-Dshwari-Pass):** 2676 m, zwischen Gudani und Schatili, etwa beim Ort Chachmati
- **Kreuzpass (Dshwari-Pass):** 2834 m, Georgische Heerstraße, nördlich von Gudauri
- **Nakerala-Pass:** 1217 m, zwischen der Bergwerksstadt Tkibuli und dem Schaori-See
- **Rikoti-Pass:** 997 m, im Surami-Gebirge zwischen Tbilisi und Kutaisi, etwa in Höhe nördlich von Chaschuri

Deutsche Forscher im Kaukasus

Ab etwa 1770 bis Mitte des 19. Jh. reisten einige namhafte deutsche Wissenschaftler nach Georgien, um das Land in vielfältigster Weise zu erkunden und zu beschreiben. **Johann August Güldenstädt** bereiste im Auftrag des russischen Zaren in den Jahren 1768 bis 1775 den Nordkaukasus und Georgien, offiziell beauftragt von der Russischen Kaiserlichen Akademie der Wissenschaften in St. Petersburg (der damaligen Hauptstadt Russlands). Er wurde sogar von König *Irakli II.* von Ostgeorgien und König *Solomon I.* von Imeretien empfangen. Er hinterließ nicht nur zahlreiche Tagebücher und Landkarten, sondern auch botanische und zoologische Studien, ebenso wie eine Aufstellung über Kranke, die ihn als Arzt konsultierten, gegliedert nach gesellschaftlicher Stellung und Krankheit. Er beschrieb die Stände des Landes und das gemeine Volk, die Bauart der Wohnhäuser, den Bergbau und das Gewerbe, aber auch Münzen, Maße und Gewichte. Weiterhin befasste er sich mit der Rechtspflege der zaristischen Beamten, untersuchte das Wirken des Klerus und schrieb eine Abstammungslehre des Herrschergeschlechts derer von *Bagrationi.* Im Geheimen untersuchte er im Auftrag der Akademie von St. Petersburg auch die Erzvorkommen in Georgien.

Es gab eine Gruppe von Wissenschaftlern, die vor allem aus Neugierde und Forscherdrang reisten. Zu ihnen gehörte **Jacob Reinegg,** der in Konstantinopel den Gesandten König Iraklis II. traf, welcher ihn nach Georgien eingeladen hatte. Reinegg war in den Jahren 1778 bis 1781 Gast König Iraklis II. Neben zahlreichen wissenschaftlichen Untersuchungen auf dem Gebiet des Bergbaus und des Gießereiwesens wurde er politisch tätig. Er fuhr 1781 zurück, wurde aber von Fürst *Potemkin* als Kommissionär an den georgischen Hof gesandt, da er mit den Verhältnissen im Lande vertraut war und außerdem Georgisch sprach. Er wirkte mit an der Gestaltung des Traktats von Georgijewsk, das 1783 zwischen König Irakli II. und *Katharina der Großen* abgeschlossen wurde. Seine Rolle dabei wird von Historikern oft unterschätzt oder er wird einfach als russischer Spion bezeichnet.

Nach der Okkupation Georgiens durch das zaristische Russland entsandte die Kaiserliche Akademie in St. Petersburg erneut Wissenschaftler nach Georgien. Zu ihnen gehörte **Julius von Klaproth,** der 1807/08 Forschungen auf dem Gebiet der Philologie, Ethnografie und Geschichte durchführte. Er überprüfte als Orientalist und Linguist weiterhin die früher durchgeführten Untersuchungen auf ihre Richtigkeit und Vollständigkeit. Seine Forschungsergebnisse wurden 1812/14 in Halle und Berlin unter dem Titel „Reise in den Kaukasus und nach Georgien" veröffentlicht. Er untersuchte auch die russisch-georgischen Beziehungen.

Eduard Eichwald reiste von April bis Juli 1825 im Auftrag der Universität von Kasan nach Georgien und veröffentlichte seine Forschungsergebnisse 1834 und 1837 in Stuttgart und Tübingen unter dem Titel „Reise auf dem Caspischen Meere und in den Kaukasus". Eichwald untersuchte nicht nur die soziale Lage des georgischen Volkes vor und nach der russischen Annexion, sondern auch die eigenständigen Wurzeln der georgischen Sprache und die nationale Vielfalt. Darüber hinaus beschäftigte er sich erstmals mit Sitten und Gebräuchen, beschrieb Krankheiten sowie das von den Russen aufgebaute Gesundheitssystem. Er verwendete große Aufmerksamkeit auf die Beschreibung der Handelswege von Persien nach Tbilisi und von Odessa bis Leipzig. Neu dürfte auch gewesen sein, dass er die Aufstände gegen die Russen in Imeretien, Kachetien und Abchasien beschrieb, ebenso die Kriege Russlands gegen die Türken, Abchasen, Lesghier und Perser.

Als Privatmann war **Moritz Wagner** von 1843 bis 1846 in der Türkei, in Georgien, Armenien und Persien unterwegs. Obwohl er von Haus aus Geograf und Naturwissenschaftler war, beschrieb er sehr detailliert Aussehen, Kleidung und Schmuck der Frauen sowie den damals üblichen Frauenhandel. 1850 veröffentlichte er seine Forschungen in Leipzig unter dem Titel „Reise nach Kolchis und nach den deutschen Kolonien jenseits des Kaukasus". Unter Kolonien sind Dörfer wie Katharinenfeld, Marienfeld, Helenendorf, Alexanderdorf und Annenfeld zu verstehen, wo deutsche Siedler (Schwaben) eine neue Heimat suchten.

Das Leben in diesen Kolonien genannten Siedlungen beschrieb auch **A. von Haxthausen,** ein Agrarhistoriker und Volksliedsammler. Im Auftrag von Zar *Nikolaus I.* untersuchte er die Lage der Bauern und reiste daher 1843 für zwei Monate nach Georgien. Auffällig in seinen Berichten ist sein kritischer Blick auf die Rolle Russlands und der russischen Okkupationsarmee. Die schlechte wirtschaftliche Lage, die hohe Gewaltbereitschaft und Korruption als Folge der russischen Besetzung beschreibt er in seinem 1856 in Leipzig erschienenen Buch „Transkaukasia, Andeutungen über das Familien- und Gemeindeleben und die socialen Verhältnisse einiger Völker zwischen dem Schwarzen und Kaspischen Meer".

- **Roschka-Pass:** 3056 m, zwischen Djuta und Gudani in Chewsuretien
- **Sagar-Pass:** 2623 m, südlich von Ushguli auf dem Weg nach Lentechi
- **Sekari-Pass:** 2182 m, nördlich von Abastumani auf dem Weg nach Kutaisi

Flüsse und Seen

Der längste Fluss ist die 1364 km lange **Mtkwari** (russisch Kura), die Georgien von Süden nach Osten auf 351 km durchfließt. Sie entspringt auf dem Territorium der Türkei, fließt bei Wardzia ostwärts über die Grenze durch Kartlien und Tbilisi bis nach Aserbaidschan, wo sie ins Kaspische Meer mündet.

In Westgeorgien ist der **Rioni** (327 km) der längste Fluss, der aus dem Ratscha durch Kutaisi ins Schwarze Meer fließt. Weitere Flüsse sind der **Alasani** (351 km) und der **Inguri** (213 km). Der größte See ist der **Parawani,** der sich in einer Höhenlage von 2073 m auf 37,5 km^2 ausdehnt.

Quellen und Höhlen

Auf georgischem Territorium befinden sich etwa 2000 **Mineralquellen,** auch mit Thermalwasser, von denen bislang die wenigsten genutzt werden. Ungefähr 15 % der Landfläche besteht aus Kalkstein und daher nimmt es nicht Wunder, dass wir sehr viele **Höhlen** finden, von denen aber die wenigsten touristisch erschlossen sind. In der Nähe des heilklimatischen Kurortes Zqaltubo (russ. Zchaltubo) befindet sich zum Beispiel die Gumistawi-Höhle, eine der tiefsten Höhlen der Welt (ca. 1540 m tief).

Verwaltungsgliederung

Die jetzige territoriale Gliederung stammt im Wesentlichen noch aus der Sowjetzeit, da laut Verfassung die endgültige Gliederung erst festgelegt werden kann, wenn die schwelenden Konflikte mit Abchasien und Südossetien beigelegt sind. Zurzeit gibt es die beiden Autonomen Republiken Abchasien und Adscharien sowie das Autonome Gebiet Südossetien, dessen Autonomiestatus formell aufgehoben wurde. Das Land gliedert sich weiterhin in zehn Regionen, die wiederum in 55 Landkreise unterteilt sind.

Steckbriefe der Regionen

Abchasien

- **Bevölkerung:** 223.000 Einwohner, davon 125.000 Abchasen (45 %), 60.000 Armenier (18 %), 40.000 Georgier (13 %); 1989: über 500.000 Einwohner, davon 48 % Georgier und 17 % Abchasen
- **Hauptstadt:** Sochumi (abchas. Aqwa, russ. Suchumi)
- **Fläche:** 8600 km²
- **Monatliches Durchschnittseinkommen:** keine Angaben
- **Wirtschaft:** Tourismus, Landwirtschaft (vorwiegend Zitrusfruchtanbau)
- **Minderheiten:** 22.000 Russen und 6000 Esten
- **Geschichte:** Von den Griechen gegründete Handelsplätze lockten die Römer, später

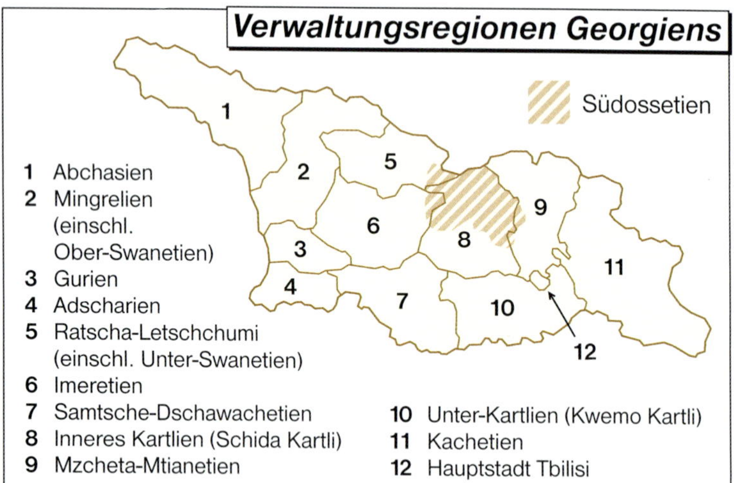

die Byzantiner an. Es folgten die Osmanen, die Russen und wieder die Osmanen, bis schließlich Anfang des 20. Jh. die Bolschewisten die Macht übernahmen.
- **Sehenswert:** Schwarzmeerküste als Riviera bekannt und zu Recht beliebt (Sochumi, Gagra, Achali Atoni, Pizunda, Riza-See).

Adscharien

- **Bevölkerung:** 371.000 Einwohner
- **Hauptstadt:** Batumi
- **Fläche:** 2900 km²
- **Monatliches Durchschnittseinkommen:** 130 GEL
- **Wirtschaft:** Tourismus, Landwirtschaft (vorw. Zitrusfruchtanbau), Hafen von Batumi
- **Minderheiten:** weniger als 30 % sind muslimische Georgier, kleine russische und armenische Minderheiten in Batumi
- **Geschichte:** Adscharien war über 300 Jahre lang Teil des Osmanischen Reiches, woraus die verbliebenen Muslime resultieren. 1878 fiel es an Russland und wurde nach dem Ersten Weltkrieg wieder an die Türkei angegliedert. Nach dem Zusammenbruch der Sowjetunion errichtete *Aslan Abaschidse* sein kleines privates Fürstentum, das im Mai 2004 zusammenbrach.
- **Sehenswert:** Schwarzmeerküste.

Gurien

- **Bevölkerung:** 160.000 Einwohner
- **Hauptstadt:** Osurgeti
- **Fläche:** 2000 km²
- **Monatliches Durchschnittseinkommen:** 73 GEL
- **Wirtschaft:** Teeanbau, subtropische Landwirtschaft, Schrottverarbeitung, Hafen von Poti
- **Minderheiten:** 5 % Russen, 1 % Armenier
- **Geschichte:** Obwohl Gurien immer von anderen Kulturen beeinflusst wurde (griechische, türkische und russische Einflüsse), konnte es seine eigene Kultur weitgehend bewahren. In Osurgeti wurde Ende des 19. Jh. die erste Druckerei eröffnet, in dem Dorf Aketi die erste Bibliothek (1892). Seit dem Ende der Sowjetunion eines der ärmsten Gebiete Georgiens.
- **Sehenswert:** Wiederaufbau des Kurtourismus in Ureki (magnetithaltiger Strand).

Imeretien

- **Bevölkerung:** 407.200 Einwohner
- **Hauptstadt:** Kutaisi
- **Fläche:** 6600 km²
- **Monatliches Durchschnittseinkommen:** 95 GEL
- **Wirtschaft:** Fahrzeugbau, Metallverarbeitung, Holzverarbeitung, Textilindustrie, Landwirtschaft
- **Minderheiten:** Unter 2% Armenier und Russen
- **Geschichte:** Imeretien war einst Teil des antiken Königreichs Kolchis. Es war von 978 bis 1122 die Hauptstadt des Vereinigten Georgischen Königreichs. Nach dessen Zusammenbruch fiel es unter türkische Herrschaft. König Solomon stellte das Gebiet 1804 unter russischen Schutz. Unter sowjetischer Ägide ein industrielles Zentrum Georgiens mit Fahrzeugbau und Metallverarbeitung.
- **Sehenswert:** Kathedrale von Bagrati, Kloster und Akademie von Gelati.

Kachetien

- **Bevölkerung:** 447.00 Einwohner
- **Hauptstadt:** Telawi
- **Fläche:** 11.340 km²
- **Monatliches Durchschnittseinkommen:** 75 GEL
- **Wirtschaft:** Weinbau, Landwirtschaft, Schrottverarbeitung
- **Minderheiten:** 7 % Aserbaidschaner, weiterhin Russen, Tschetschenen (Flüchtlinge im Pankisi-Tal), Armenier
- **Geschichte:** Kachetien war Teil von Persien, Teil des Osmanischen Reiches und von Russland. Gemeinsam mit seinem östlichen Nachbarn Kartlien bildete es das Königreich Kartlien-Kachetien. Als Russland 1801 Ostgeorgien annektierte und die Monarchie abschaffte, verlor Kachetien seine regionalen Herrscher. Nach der Abspaltung Georgiens von der Sowjetunion verloren die Weinbauern ihren Hauptabnehmer.
- **Sehenswert:** Unter den etwa 5000 erhaltenen Denkmälern dürfte Dawit Garedscha

das herausragendste sein, weiterhin die Kathedrale von Alawerdi und das Museum von Alexander Tschawtschawadse.

Unter-Kartlien (Kwemo Kartli)

- **Bevölkerung:** 494.300 Einwohner
- **Hauptstadt:** Rustawi
- **Fläche:** 6528 km²
- **Monatliches Durchschnittseinkommen:** 131 GEL
- **Wirtschaft:** Weizenanbau, Tierzucht, Chemische Düngemittel, Goldminen
- **Minderheiten:** Besonders an den Grenzen zu Armenien und Aserbaidschan ungefähr 45 % Aserbaidschaner und 6–7 % Armenier, außerdem Griechen, Russen, Ukrainer
- **Geschichte:** Unter-Kartlien musste sich im Verlauf seiner Geschichte von vielen Invasoren befreien. Es war Ziel der mongolischen Eroberungen im 13. Jh. Im 17. Jh. kamen die Perser unter Schah *Abbas,* die bis zum 18. Jh. blieben. 1783 wurde das Traktat von Georgijewsk unterzeichnet, das ganz Georgien und damit auch Unter-Kartlien unter russische Herrschaft stellte.
- **Sehenswert:** In der Sioni-Kirche von Bolnisi wird eines der ältesten erhaltenen Schriftstücke Georgiens aufbewahrt, das man auf das 5. Jh. datiert. Hier befinden sich auch die archäologischen Ausgrabungsstätten von Dmanisi mit den ältesten menschlichen Knochenfunden Eurasiens, die zugleich die ältesten Zeugnisse menschlichen Lebens außerhalb Afrikas darstellen.

Inneres Kartlien (Schida Kartli)

- **Bevölkerung:** 309.000 Einwohner
- **Hauptstadt:** Gori
- **Fläche:** 4808 km² inkl. Gebiet von Südossetien
- **Monatliches Durchschnittseinkommen:** 85 GEL (ohne Südossetien)
- **Wirtschaft:** Landwirtschaft (Subsistenzwirtschaft)
- **Minderheiten:** Armenier, Russen
- **Geschichte:** Der Feldzug des römischen Feldherrn *Pompejus* im Jahre 66 v. Chr. führte zur Errichtung des östlichsten Außenpostens des Römischen Reiches auf dem Gebiet Kartliens. Auch die Perser brachten das Land an sich, im Jahre 1795 kam es zur fast völligen Zerstörung Tbilisis durch Schah *Mohammed.* Nach nur sechs Jahren persischer Herrschaft übernahm das zaristische Russland die Macht. 1991 brach ein Bürgerkrieg mit Südossetien aus; seit 1992 herrscht Waffenstillstand mit häufigen Schusswechseln.
- **Sehenswert:** Gori ist der Geburtsort *Stalins,* hier ist wohl eins der letzten Stalindenkmäler auf georgischem Territorium erhalten geblieben. Mzcheta, die alte georgische Hauptstadt, heute kaum mehr als ein Dorf, gilt mit seinen Kirchen und Klöstern als Highlight.

Mingrelien (einschl. Ober-Swanetien)

- **Bevölkerung:** 407.000 Einwohner
- **Hauptstadt:** Sugdidi
- **Fläche:** 7505 km²
- **Monatliches Durchschnittseinkommen:** 128 GEL
- **Wirtschaft:** Zitrusfrucht-, Tee- und Haselnussanbau
- **Minderheiten:** etwa 1,5 % Russen, Abchasen, Armenier, Ukrainer, Osseten, Aserbaidschaner, Griechen
- **Geschichte:** Samegrelo (georgischer Name für Mingrelien) war im 9.–6. Jh. v.u.Z. Teil des sagenhaften Königreichs Kolchis, im 11. Jh. Teil des Vereinigten Georgischen Königreichs, 1803 fiel es an Russland. Die Einwohner sind Mingrelier, die Mingrelisch sprechen, eine Untergruppe der südkaukasischen Sprachfamilie. Der erste frei gewählte Präsident Georgiens nach Erlangung der Unabhängigkeit 1991 *Swiad Gamsachurdia* kam aus Mingrelien. Nach seiner Absetzung kam es in Mingrelien von 1991 bis 1993 zu bürgerkriegsähnlichen Auseinandersetzungen durch seine Anhänger, die Aswiadisten. Die Stabilität Mingreliens wurde erneut auf eine ernste Probe gestellt, als Abchasien seine Unabhängigkeit erklärte und ethnische Georgier Abchasien verlassen mussten. Besonders Sugdidi war von Flüchtlingen regelrecht überflutet.
- **Sehenswert:** Im neugotischen Palast der Fürsten von Dadiani in Sugdidi kann man eine der Totenmasken Napoleons besichtigen.

Einige Kilometer westlich von Sugdidi befindet sich die Inguri-Brücke, die De-facto-Grenze zu Abchasien.

Mzcheta-Mtianetien

- **Bevölkerung:** 138.000 Einwohner
- **Hauptstadt:** Mzcheta
- **Fläche:** 6800 km²
- **Monatliches Durchschnittseinkommen:** 90 GEL
- **Wirtschaft:** vorwiegend Landwirtschaft (Subsistenzwirtschaft), vor allem Gemüseanbau und Schafzucht
- **Minderheiten:** 2 % Russen, unter 4 % Osseten
- **Geschichte:** Mzcheta wurde ab dem 3. Jahrtausend v. Chr. besiedelt, es ist als heidnisches Zentrum nachweisbar. Im 4. Jh. n. Chr. erklärten Königin *Nana* und König *Mirian III.* hier das Christentum zur Staatsreligion. Mzcheta war bis zum 6. Jh. Hauptstadt Iberiens und ist noch heute ein religiöses Zentrum Georgiens.
- **Sehenswert:** Dschwari-Kirche (Weltkulturerbe) und Sweti-Zchoweli-Kirche in Mzcheta, Höhlensiedlung Uplisziche bei Gori, Stalinmuseum in Gori. Chewsuretien und die Georgische Heerstraße liegen in Mzcheta-Mtianetien.

Ratscha-Letschchumi (einschl. Unter-Swanetien)

- **Bevölkerung:** 55.000 Einwohner
- **Hauptstadt:** Ambrolauri
- **Fläche:** 4900 km²
- **Monatliches Durchschnittseinkommen:** 84 GEL
- **Wirtschaft:** Weinbau, Viehzucht
- **Minderheiten:** Bis in die frühen 1980er Jahre jüdische Minderheit, die jedoch das Land verlassen hat
- **Geschichte:** Ratscha wurde als administrative Einheit erstmals im 10. Jh. erwähnt, war aber meist Teil Imeretiens. Nach mehreren Kriegen, die von lokalen Fürsten angezettelt wurden, um das Königreich Ratscha wieder erstehen zu lassen, wurde es 1789 als eigenständige Region aufgelöst. 1810 wurde es gemeinsam mit Imeretien dem Russischen Reich angeschlossen.
- **Sehenswert:** In Ratscha befinden sich zahlreiche historische Gebäude und architektonische Kleinode, darunter die Kirchen von Nikorzminda. Hier gibt es etwa 25 verschiedene Mineralquellen und eine herrliche Flora und Fauna.

Samtsche-Dschawachetien

- **Bevölkerung:** 204.000 Einwohner
- **Hauptstadt:** Achalziche
- **Fläche:** 6413 km²
- **Monatliches Durchschnittseinkommen:** 83 GEL
- **Wirtschaft:** Ackerbau und Viehzucht
- **Minderheiten:** Armenier bilden ca. 55 % der Bevölkerung, Georgier 43 %, weiterhin Russen, Griechen, Osseten, Ukrainer
- **Geschichte:** In dieser Region lebten Meßcheten, die auf Veranlassung Stalins 1944 nach Mittelasien zwangsumgesiedelt wurden. Ihre Rückkehr verläuft nur schleppend, ist aber Voraussetzung für die Aufnahme Georgiens in die EU. Während des Kalten Krieges war die Region eine Hochsicherheitszone.
- **Sehenswert:** Mineralquellen der Zaren in Bordshomi sowie der Sommer- und Winterkurort Bakuriani, Nationalpark Bordshomi-Charagauli, Höhlenkloster Wardzia.

Klima

Wegen der vielfältigen Oberflächenstruktur Georgiens gibt es im Land kein einheitliches Klima. Am Schwarzen Meer herrscht subtropisch-feuchtes Klima mit relativ hohen Niederschlägen (bis zu 3000 mm), im Osten gemäßigtes, trockenes Kontinentalklima mit geringen Niederschlägen (ca. 400 mm). Der Frühling ist kurz und geht in einen heißen, oft schwülen (Tbilisi) Sommer über und die Winter sind schneearm.

Klimatabelle

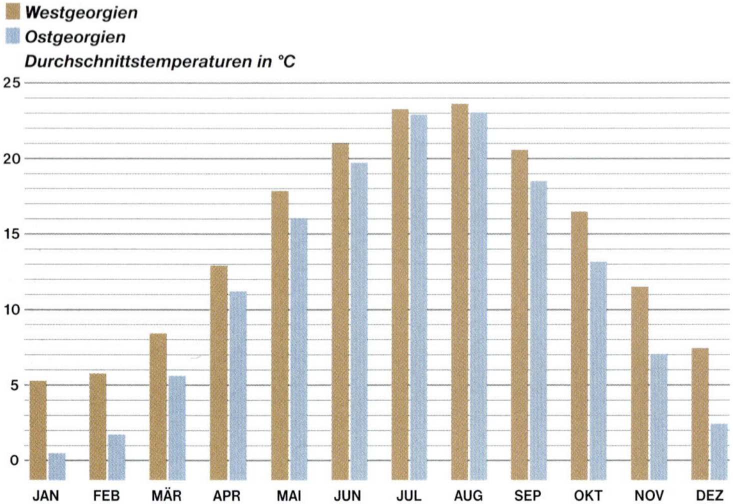

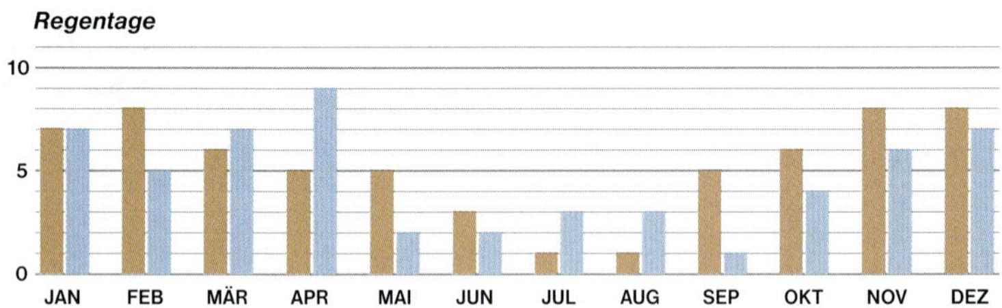

In den Bergen hängt das Klima naturgemäß auch von der Höhenlage ab. So kann es im Mai in Lagen um die 1500 m tagsüber schon sehr heiß werden, über 2000 m taut der Schnee bis Ende Juni. Der Kaukasus ist eine Klimascheide zwischen dem nördlichen, gemäßigten und dem südlichen, subtropischen Klima. Das Surami-Gebirge trennt das feuchte Einzugsgebiet der Rioni-Niederung vom trockenen Gebiet der Mtkwari.

Flora und Fauna

Pflanzenwelt

Die unterschiedlichen Klimazonen bringen eine große Artenvielfalt hervor. Ungefähr 44 % des Landes sind mit Wäldern bedeckt, davon sind wiederum 5 % Urwald. Viele Gegenden sind sehr dünn besiedelt und begünstigen dadurch die Entwicklung von endemischen, d.h. nur an diesem Ort vorkommenden, Arten. Es gibt über 6000 Pflanzenarten, davon gelten etwa 1600 als endemisch.

Man findet in Georgien etwa 400 verschiedene Baum- und Straucharten, wovon an die 60 endemisch sind und weitere 60 auf der Roten Liste stehen, da sie als weltweit bedroht gelten.

Georgien kann in zwei biogeografische Hauptregionen unterteilt werden, nämlich die **kolchidischen und kaukasischen Bergregionen** mit ihren Wäldern, wo sowohl eine Vielzahl autochthoner Pflanzen und Tiere als auch mittel- und osteuropäische Spezies zu finden sind. Als zweite Region kann das **Bergland des Kleinen Kaukasus und die Mtkwari-Region** angesehen werden, wo Spezies aus dem Nahen Osten einschließlich der ariden (trockenen) und semi-ariden Gebiete des Turan (südlich des Kaspischen Meeres im Iran) anzutreffen sind.

Das kolchidische Gebiet umfasst fast ganz Westgeorgien, also die Region zwischen dem Schwarzen Meer, dem Meßchetischen Bergrücken, dem Surami-Sattel und dem Großen Kaukasus. Das Klima ist mild und feucht, es gibt mehr als 1000 mm jährliche Niederschläge und Fröste sind selten. Hier wachsen **subtropische Wälder** und immergrünes Unterholz. Auch **Reliktenpflanzen** aus dem Tertiär wie Kirschlorbeer (Laurocerasus Officinalis), Stechpalme (Ilex aquifolium) und Pontischer Rhododendron (Rhododendron ponticum) sind anzutreffen.

Die Wälder der Kolchis-Niederung bestehen hauptsächlich aus Eichen, Kastanien und Linden. In höher gelegenen Regionen wachsen Buchen, Tannen und Fichten mit immergrünem Unterwuchs. Weiterhin findet man Kiefern, Hainbuchen, Wacholder, Kolchisbuchsbaum, Kirschlorbeer, Stechpalmen, die Kolchische Haselnuss, Rhododendronarten, Ebereschen, die kleinblättrige Ulme und die außerordentlich seltene Art des Erdbeerbaums (Arbutus andrachne).

Die **kaukasische Bergregion** im Norden des Landes liegt höher als 2000 m. Das Klima ist rau und es fällt mehr als 1000 mm Niederschlag pro Jahr. Hier kann man die abwechslungsreichsten **Nadel- und Laubwälder** Eurasiens mit subalpinen Buchenwäldern, dunklen Nadelwäldern, Kriechstammwäldern, alpine und subnivale Pflanzengemeinschaften bis hin zu reinem nivalen (also durch Schnee dominiertem) Bewuchs finden. In den südlichen Ausläufern und den unteren mittleren Höhenlagen des Großen Kaukasus findet man dichten Laubwald, an den Südwesthängen als gemäßigter Regenwald bezeichnet. Etwas höher, also etwa in Höhenlagen von 1250 bis 2300 m, wachsen Laubmischwälder. Typische Vertreter sind Birken, Zwergebereschen und einige Rhododendronarten. Selbst stark duftende **Orchideen** und Schmetterlingsorchideen gedeihen in dieser Lage.

In dem Gebiet um Mestia beispielsweise kann der botanisch Interessierte die große rosafarbene Lichtnelke, Nieswurz, Bilsenkraut, Fingerhut, das gelbe Fingerkraut, aber auch Wilderdbeeren und -stachelbeeren finden.

In Höhen zwischen 1800 und 2400 m, also über der Baumgrenze, findet man – in westlicher Richtung – sehr üppige **subalpine Wiesen** mit zahlreichen Heilpflanzen, Lilienarten, Akelei und Rittersporn, Ranunkel, Glockenblumen, Lichtnelken, Wicken, Stiefmütterchen, Kornblumen und Skabiose. In noch höheren Lagen wächst Rhododendron und auf **alpinen Wiesen** höher als 3000 m sind winterharte Stauden beheimatet, die Kissen oder Pflanzenrosetten bilden.

Das Plateau des **Kleinen Kaukasus** ist mehrheitlich baumloses Grasland mit entweder subalpinen Wiesen oder **Bergsteppen.** Es gibt aber auch Wald und semi-aride Steppen. Hier herrscht Kontinentalklima mit jährlichen Niederschlägen von nur 400 bis 800 mm.

Die Mtkwari-Region mit ihren ariden und semi-ariden Steppen umfasst große Teile Kachetiens und Kartliens. Hier überwiegen turanische Spezies. Entlang der Mtkwari, wo warmes Klima (selten unter -5 °C) sowie etwa 44 mm Niederschlag vorherrschen, findet sich auch Baumbewuchs.

Die Übergänge zwischen beiden Regionen sind fließend und gehören zu den biologisch interessantesten Gebieten Georgiens. Als erstes von insgesamt drei Übergangszonen kann das Gebiet nördlich von Tbilisi bis zur Bordshomi-Schlucht genannt werden. Dessen gemäßigtes Klima mit Niederschlägen von 400 bis 800 mm jährlich sorgt für eine kaukasische Flora und Fauna von geringer Biodiversität, jedoch sind einige turanische und kolchidische Einflüsse unverkennbar. Das zweite Übergangsgebiet stellen die ostgeorgischen Wälder dar, die einen größeren turanischen Einfluss aufweisen. Hier herrscht subtropisch mildes Klima mit etwa 400 bis 600 mm jährlichem Niederschlag. Das kleinste, aber vielleicht interessanteste Übergangsgebiet findet man in der **Bordshomi-Schlucht,** wo Spezies aus ganz Georgien zu finden sind. Die Bordshomi-Schlucht ist quasi die Trennlinie zwischen dem feuchten Westen und dem trockenen Osten und ein Mittelding zwischen der turanischen und Mittelmeerfauna. Ein gemäßigtes, mildes Klima und jährliche Niederschläge von 800 bis 1200 mm sind die Charakteristika.

Etwa 2000 Spezies werden wirtschaftlich genutzt, etwa als Obstbäume, zur Öl- und Farbstoffgewinnung, als Heil- und Futterpflanzen und schließlich zur Holzgewinnung. Geschätzte 150 Pilzarten sind essbar.

Die zahlreichen **botanischen Gärten** Georgiens können für den Interessierten eine wahre Fundgrube sein, wenngleich auch die Auszeichnung der Pflanzen nicht mehr immer gegeben ist.

Eine Sonderstellung nimmt die Vegetation an der **abchasischen Küste** ein, wo sich trotz der geografischen Lage dank des vor kalten Winden schützenden Bergkamms des westlichen Großen Kaukasus und des warmen Wassers des Schwarzen Meeres ein subtropisches Klima mit Niederschlägen von 1100 bis 1500 mm und Jahresdurchschnittstemperaturen von 15 °C herausgebildet hat. Vertreter üppigster **subtropischer Vegetation** sind Agaven, Bambus, Bananenstauden (Bananen reifen jedoch nicht, da „nur" 200 Sonnentage im Jahr), Datteln, Eibenarten, Eukalyptus, Feigen, Götterbäume, Himalajazedern, Hovenien, Kampferlorbeer, Kirschlorbeer, Kokos- und Fächerpalmen, Mandarinen- und Zitronenbäume, Oleander, Pampasgras, Pizundakiefer (stark gefährdet), Rhododendron, Tabak- und Teepflanzen, Wasserlilien und Zypressen.

Die Bestände vieler einheimischer Pflanzenarten leiden unter dem **illegalen Handel.** Die wirtschaftliche Not veranlasst viele Menschen, Pflanzen, obwohl sie auf der **Roten Liste der bedrohten Arten** stehen, auszugraben und an türkische Händler weiterzuverkaufen, die sie dann auf westeuropäischen Märkten anbieten. Besonders betroffen sind Schneeglöckchenzwiebeln (Galanthus ikaria) und das Alpenveilchen (Cyclamen spp).

Hans Heiner Buhr führt mit seiner Firma Kaukasus-Reisen qualifizierte botanische Wanderungen für einschlägig interessierte Reisende durch (Adresse siehe Kapitel „Vor der Reise: Reiseveranstalter").

Tierwelt

In Georgien gibt es wahrscheinlich die größte Anzahl von Säugetieren in ganz Europa, etwa geschätzte 110 Arten. Darüber hinaus finden sich 320 Arten von Vögeln (etwa 250 Nestbauer), ca. 50 Reptilien- und 13 Amphibienarten, 160 Fischarten, Tausende von Wirbellosen, 150 Homoptera (Gleichflügler, also Insekten) und acht Schmetterlingsarten. Leider gelten 21 Säugetierarten, 33 Vogel-, 10 Reptilien- und Amphibienarten inzwischen als selten, bedroht oder **gefährdet.** Dazu gehören beispielsweise die **Persische Gazelle** (wahrscheinlich sogar ausgestorben), die **Gestreifte Hyäne** und der **Kaukasische Leopard.** Eventuell gibt es in den ariden Steppen Südostgeorgiens noch einige. Fast ausschließlich im Großen Kaukasus findet man Säugetierarten wie den Kaukasusmaral, Bären, Wölfe, Luchse, Schakale, Steinböcke, Bergziegen und Mufflons.

Säugetiere

Bemerkenswert sind vor allem die Westkaukasische Ziege, die Dagestanische Ziege, die Bezoarziege und die Gemse. Leider werden diese stark bejagt und so in ihrem Bestand dezimiert. So ist die **Westkaukasische Ziege** (Capra caucasica), eine endemische Art, in ihrem Bestand bereits gefährdet. Auch der **Bärenbestand** leidet unter dem Schmuggel der Galle und Felle der Bären in die Türkei.

Zu den mittelgroßen Säugetieren gehören die Baum- und Steinmarder, der Tigeriltis, die Wildkatze, der Fuchs

027ge Foto: mk

und der Feldhase sowie das Wiesel. Zu den gefährdeten Arten zählen die **Rohrkatze,** der **Europäische Otter,** der **Kaukasische Nerz** und schließlich der **Goldene Schakal.** Die europäischen Eichhörnchen verdrängen mehr und mehr das einheimische **Persische Eichhörnchen.**

Überweidung und Vergrößerung der landwirtschaftlichen Nutzfläche bedrohen die Bestände vieler kleiner Säugetiere, von deren gefährdeten Arten hier folgende genannt seien: die **Rotwangige Wühlmaus,** der **Kaukasische Goldhamster,** der **Grauhamster** und die **Prometheuswühlmaus** (Prometheomys shaposhnikowi).

Schäfer bei Wardzia im Kleinen Kaukasus

Vögel

Die Flugrouten zahlreicher **Zugvögel** führen auf ihrem Weg von den Brutplätzen in Sibirien zu ihren Winterquartieren nach Nordeuropa über Georgien. Daher sind weit weniger als ein Prozent Endemiker. Zu den bedrohten Vogelarten gehören der **Lämmergeier,** der **Mönchsgeier,** der **Gänsegeier** sowie der **Wanderfalke.** Viele Raubvögel nisten in den Bergen, können jedoch in der Halbwüste um Dawit Garedscha bei der Jagd beobachtet werden. Dazu gehört das **Kaspische Königshuhn** und das **Kaukasische Birkhuhn** – möglicherweise ein Reliktenvogel.

Es gibt auch eine kleine Population eigentlich in Mittelasien beheimateter

Berggimpel. Der von Schweden bis Japan vorkommende Karmingimpel überfliegt Georgien auf dem Weg zu seinem Winterquartier zwischen dem Iran und China.

An der Schneegrenze der Gebirge lebt eine endemische Unterart des **Alpensteinhuhns** (Alectoris graecea). Im Großen Kaukasus sind folgende Vogelarten zu Hause: der Riesenrotschwanz, die Schwarzkehlbraunelle, der Rotköpfige Girlitz, die Zaunammer, die Zipammer und der Eichelhäher.

In den Wüstengebieten leben der Rotflügelgimpel, der Heckensänger, das Chukarhuhn, die Großtrappe und die Zwergtrappe. Von besonderem Interesse ist auch das Sumpfland am Schwarzen Meer, wo man den **Löffler** und die **Rothalsgans** beobachten kann, weiterhin den Rothalstaucher, den Rosa Pelikan sowie den Krauskopfpelikan, den Seidenreiher, den Braunen Sichler, die Rostgans und die Moorente. Leider wird von einigen Hotels die Jagd auf diese Vögel, zum Beispiel auf dem Paliostomi-See südlich von Poti, angeboten, als banales Touristenvergnügen.

Reptilien

Von den 52 Reptilienarten (die Zählung der Arten ist umstritten) sind etwa 25 % Endemiker. Zu den bedrohten Arten zählen die **Glattechse** (Eumeces schneideri), die **Lidlose Glattechse** (Ablepharus pannonicus), die **Kletternatter** (Elaphe situla), die **Halsbandzwergnatter** (Elaphe collaris), die **Transkaukasische Kletternatter** (Elaphe hohenackerii) und die **Kaukasische Viper** (Vipera kaznakovi). Die am weitesten verbreitete Eidechse ist die Lacerta praticola.

Giftschlangen (Kaukasische Vipern) kommen eigentlich nur in der Halbwüste um Dawit Garedscha und in der heißen, trockenen Halbwüste Schirak vor. Gegen den Biss gibt es ein Gegenmittel, aber geschlossenes Schuhwerk ist immer noch der beste Schutz!

Amphibien

In Georgien kann man vier Arten von **Salamandern** finden, wovon der Kaukasische Salamander (Mertensiella caucasica) ebenso bedroht ist wie von den neun Frosch- und Krötenarten die Spezies Bufo verrucosissimus, Hyla arborea shelkownikowi und Rana camerani. Weitere Amphibienarten sind der Bandmolch, der Teichmolch und der Kammmolch. Alle Arten sind in ihrem Bestand gefährdet.

Waltiere (Zetazeen)

Im Schwarzen Meer wurden, obwohl noch nicht genügend erforscht, **Große Tümmler, Schweinswale** und gemeine **Delfine** gesichtet.

Fische

Etwa ein Viertel der bekannten 160 Fischarten sind Endemiker. In georgischen Seen ausgesetzte osteuropäische Fischarten bedrohen heimische Spezies; die Karausche (Carassius carassius) bedroht sogar die Molchpopulation.

Umwelt- und Naturschutz

Für den Umweltschutz wurde in Georgien noch nicht das in den mitteleuropäischen Ländern übliche Verständnis entwickelt. Zwar gibt es immerhin **elf staatliche Naturschutzgebiete,** wovon das größte der Bordshomi-Charagauli-Naturschutzpark ist, der mit Hilfe Deutschlands und des WWF angelegt wurde (siehe dazu Kapitel „Samtsche-Dschawachetien"). Doch gibt es eine Reihe ungelöster Probleme, zum Beispiel die starke Verschmutzung des Schwarzen Meeres bei Batumi und Poti und die **Wasserverschmutzung** der Mtkwari, aber auch anderer Gewässer. So bauen Bergbewohner ihre Toilettenhäuschen über Bäche und füllen ein paar Kilometer tiefer aus dem gleichen Gewässer „reines Quellwasser" in Flaschen ab. Es fehlt das Bewusstsein für den Wert einer gesunden Umwelt an sich. Bei den beliebten Picknicks in Wäldern wird der **Müll** meist einfach liegen gelassen. Geordnete Mülldeponien sind noch nicht verbreitet, Giftmüll wird einfach irgendwo abgeladen mit all den bekannten Folgen auch für das Trinkwasser.

Natürlich spielt daneben auch die wirtschaftliche Lage des Landes eine Rolle. Die Bauern verstehen nicht, dass sie ein Landschaftsschutzgebiet nicht mehr wie bisher landwirtschaftlich nutzen dürfen, obwohl das doch „schon immer" möglich war.

Geschichte

Die Geschichte Georgiens reicht weit zurück. Noahs Sohn Thargamos soll sich im Land von Japhet angesiedelt haben, irgendwo zwischen den Bergen des Kaukasus und dem Ararat. Der Legende nach stammt das georgische Volk von seinem Ururenkel Karthlos ab und nennt sich daher Volk der Karthier oder Kartwelebi und sein Land Sakartwelo.

Älteste Funde aus der Stein- bis Bronzezeit

Sucht man Spuren menschlichen Lebens auf dem Territorium des heutigen Georgien, so belegen Funde, dass im Gebiet Transkaukasiens schon in der **Altsteinzeit** Menschen siedelten. Die deutsche Archäologin *Dr. Antje Justus* vom Römisch-Germanischen Zentralmuseum in Mainz fand 1992 bei Ausgrabungen in der Nähe des Ortes Dmanisi einen etwa 1,5 bis 1,6 Millionen Jahre alten Kieferknochen. Bei den weitergehenden Grabungen wurde 1998 ein etwa gleichaltriger Schädel entdeckt. Diese Funde sind die bislang **ältesten Nachweise menschlichen Lebens im eurasischen Gebiet** und genauso alt wie die in Afrika getätigten Funde von Knochen eines Homo Erectus.

Funde aus der frühen Kupferzeit belegen das Vorhandensein einer **hohen Agrarkultur** auf ostgeorgischem Gebiet. Schon ca. 2000 Jahre vor der Zeitenwende bildeten Stämme eine Art **Staatswesen.** In den 1970er Jahren wurden bei Ausgrabungen in Ostgeorgien (Imiris-Gora) Funde aus der Bronzezeit zutage gefördert, die auf das 5. Jh. v.u.Z. zurückdatiert werden.

Griechen und Römer

Um 600 v. Chr. fällt die Gründung des **Königreichs Kolchis** in den Tiefebenen Westgeorgiens und die Errichtung **griechischer Handelsposten** an den Küsten des Schwarzen Meeres. Laut griechischer Mythologie kamen Jason und seine Argonauten hierher, um das Goldene Vlies, ein Schaffell voller Gold, zu rauben (s. Exkurs im Kapitel „Imeretien").

Nur 200 Jahre später, also etwa 400 v. Chr., wurde in Ostgeorgien das **Königreich Kartlien** gegründet, das die Griechen Iberien (auch Iweria) nannten. Es fiel für kurze Zeit unter die Herrschaft von *Alexander dem Großen* und ab dem ersten Jahrhundert v. Chr. gehörte es als östlichster Außenposten zum **Römischen Reich.** Kartlien wurde von König *Mithridates IV.* regiert, der sich nicht nur gegen Rom wandte, sondern auch Kolchis eroberte. Allerdings musste er sich im Jahre 65 v. Chr. dem Heer unter *Pompejus Magnus* geschlagen geben. Der römische Konsul sorgte dafür, dass Kolchis auch fortan zum Römischen Reich gehörte, und zwar bis zum Jahre 298 n. Chr. In diesem Jahr wurde zwischen dem Römischen und dem Persischen Reich ein Abkommen unterzeichnet, in dem König *Mirian III.,* ein ethnischer Perser und Begründer der Dynastie der Chosroiden, als König von Iberien anerkannt wurde. Im 4. und 5. Jh. n. Chr. fiel Kolchis, das sich damals Lasika nannte, unter **persische Herrschaft.**

Christentum wird Staatsreligion

Nino, eine Syrerin, brachte im Jahr 337 n. Chr. das Christentum nach Georgien. In diesem Jahr konvertierte König *Mirian III.* zum Christentum und folgte damit seiner Frau, Königin *Nana,* die schon vorher von der später zur Heiligen ernannten Nino vom Christentum begeistert wurde. Das Jahr 337 bedeutet eine wichtige Zäsur, denn das Christentum wurde zur Staatsreligion erklärt.

Gegen Ende des 5. Jh. regierte König *Wachtang Gorgassali* (446–502) einen Feudalstaat, der Abchasien, Ossetien und Teile Armeniens einschloss. Er verlegte die Hauptstadt von Kartlien (Iberien) von Mzcheta nach Tbilisi und gewährte der Kirche **Autokephalie** (Eigenständigkeit). Dies bedeutet für die orthodoxen Kirchen, dass sie weder einem Patriarchen, Metropoliten oder Erzbischof noch einer Synode unterstehen und dass sie ihr Oberhaupt ausschließlich selbst wählen.

In der Mitte des 6. Jh. fielen erneut die **Perser** ein und rissen die Macht an sich, gefolgt von den **Byzantinern.** Schließlich eroberten in der Mitte des 7. Jh. die **Araber** Georgien. Letztere ließen jedoch den jeweils herrschenden Königen ihren Thron, so lange diese die Oberhoheit der Araber anerkannten. Sie sollten 200 Jahre bleiben.

Gegen Ende des 8. Jh. standen **armenische Truppen** der Bagratiden-Dynastie an den Grenzen Georgiens. *Ashot Bagratian* wurde zum Kammer-

Zeittafel

- **3000–1500 v.u.Z.:** Kura-Araxes- und Trialeti-Kultur
- **6. Jh. v.u.Z.:** Georgische Königreiche Kolchis im Westen und Iberien im Osten
- **65 v.u.Z.:** *Pompejus Magnus* erobert Georgien, römische Herrschaft
- **3. Jh.:** Die Sassaniden drängen die Römer aus dem Kaukasus zurück
- **337:** Christentum wird Staatsreligion
- **446–502:** Regierungszeit von König *Wachtang Gorgassali,* Tiflis wird Hauptstadt, Autokephalie (Eigenständigkeit) der georgischen Kirche
- **5.–6. Jh.:** Kämpfe zwischen Byzanz und Persien um die Vorherrschaft in Georgien
- **2. Hälfte des 8. Jh.:** Entstehung der georgischen Königreiche Abchasien, Tao-Klardschetien und Kachetien
- **bis 975:** Herrschaft der Araber über georgische Kleinstaaten
- **1008:** *Bagrat III.* vereint West- mit Ostgeorgien, Kutaisi wird Hauptstadt
- **1074–1080:** Seldschuken ziehen plündernd durch Georgien
- **1089–1125:** *Dawit IV. der Erbauer,* Befreiung Georgiens von den Seldschuken, Beginn der Blütezeit des mittelalterlichen Georgien, Aufstieg zum christlichen Großreich
- **1122:** Einnahme des Emirats Tbilisi, Tbilisi löst Kutaisi als Reichszentrum ab
- **1184–1213:** Königin *Tamar:* Höhepunkt und Ausklang der georgischen Blütezeit. Nie wieder wird Georgien territorial größer sein als 1213
- **seit 1220:** Mongolische Einfälle
- **16.–18. Jh.:** Osmanen und Perser kämpfen um die Vorherrschaft in Georgien
- **1783:** Der von Persien und dem Osmanischen Reich bedrängte König *Irakli II.* unterstellt sich in Georgijewsk der Schutzherrschaft der russischen Zarin *Katharina II.*
- **1801:** Tod des letzten Bagratidenkönigs *Georg XII.,* Ende der georgischen Monarchie und Autokephalie, Annexion Georgiens durch Russland
- **1917:** Nach der Oktoberrevolution bilden Georgien, Armenien und Aserbaidschan eine transkaukasische Vereinigung, das Deutsche Kaiserreich unterstützt die Bildung eines Kaukasusblocks mit Georgien als Zentrum und entsendet 3000 Soldaten
- **26.05.1918:** Unabhängigkeitserklärung Georgiens, im Oktober 1918 Rückzug der deutschen Truppen
- **25.02.1921:** Rote Armee besetzt Georgien; Ende der Unabhängigkeit, Transkaukasische SSR aus Georgien, Armenien und Aserbaidschan
- **1936:** Georgien wird eigene Unionsrepublik (Grusinische SSR)
- **1930er–40er Jahre:** Weitere Säuberungsaktionen schalten reformwillige, aber auch völlig unpolitische Georgier aus
- **5.3.1953:** *Josef Stalins* Tod in Moskau löst Massenhysterie aus
- **1956:** *Nikita Chrustschow* entlarvt auf dem 20. Kongress der Kommunistischen Partei Russlands die Verbrechen und den Personenkult Stalins. Demonstrationen vor dem Hauptpostamt in Tbilisi gegen die vermeintliche Verunglimpfung Georgiens auf dem Kongress, wobei 17 Menschen zu Tode kommen
- **1972:** *Eduard Schewardnadse* wird Erster Parteisekretär in Georgien
- **1978:** Russisch soll als Amtssprache in der georgischen Verfassung festgeschrieben werden, was Oppositionelle unter *Swiad Gamsachurdia* zu Widerstand veranlasst. Rücknahme des Beschlusses
- **März 1989:** Demonstrationen gegen die Kommunistische Partei (KP), die Niederschlagung einer Demo in Tbilisi mit 19 Toten im April führt zur Ablösung des KP-Chefs *Patiaschwili*
- **9.4.1989:** Russische Fallschirmspringer setzen Giftgas gegen friedliche Demonstranten auf dem Rustaweli-Boulevard in Tbilisi ein
- **23.11.1989:** Beginn der Unabhängigkeitsbestrebung von Südossetien

- **28.10.1990:** Wahlen zum Obersten Sowjet Georgiens, Block „Runder Tisch" *Gamsachurdias* erhält Mehrheit, Ministerpräsident *Sigua* (erste nicht-kommunistische Regierung)
- **09.04.1991:** Unabhängigkeitserklärung
- **26.05.1991:** *Swiad Gamsachurdia* wird Präsident
- **22.12.1991:** Beginn des Aufstands gegen Gamsachurdia
- **25.12.1991:** Georgien erlangt mit Auflösung der UdSSR die staatliche Unabhängigkeit
- **06.01.1992:** Sieg von *Sigua* und *Kitowani,* Präsident *Gamsachurdia* flieht nach Grosny
- **05.03.1992:** Einsetzung eines Staatsrates unter *Eduard Schewardnadse*
- **23.07.1992:** Abchasien erklärt sich für unabhängig
- **14.08.1992:** Einmarsch georgischer Truppen in Abchasien, Beginn des Krieges
- **11.10.1992:** *Eduard Schewardnadse* wird Staatspräsident
- **30.09.1993:** Niederlage der georgischen Truppen in Abchasien
- **08.10.1993:** Beitritt Georgiens zur GUS
- **07.11.1993:** Mit russischer Hilfe Niederschlagung des Aufstands der Anhänger Gamsachurdias gegen Schewardnadse
- **14.05.1994:** Waffenstillstand in Abchasien
- **24.08.1995:** Georgisches Parlament verabschiedet demokratische Verfassung
- **05.11.1995:** Erste demokratische Parlaments- und Präsidentschaftswahlen bestätigen Schewardnadse im Amt des Präsidenten
- **Mai 1998:** Schwere Zusammenstöße im Bezirk Gali in Abchasien, 40.000 Georgier werden vertrieben
- **31.10.1999:** Zweite demokratische Präsidentschaftswahlen
- **09.04.2000:** Wiederwahl Schewardnadses zum Präsidenten
- **02.11.2003:** Dritte Parlamentswahlen von Wahlfälschungen überschattet
- **22.11.2003:** Demonstrationen unter Führung von *Saakaschwili, Burdschanadse* und *Schwania* drängen Schewardnadse aus dem Amt
- **22./23.11.2003:** In Tbilisi und mehreren Landesteilen demonstrieren Hunderttausende friedlich gegen Schewardnadse
- **23.11.2003:** Staatspräsident Schewardnadse tritt zurück, Parlamentssprecherin Burdschanadse wird amtierende Staatspräsidentin
- **04.01.2004:** *Michail Saakaschwili* wird mit überwältigender Mehrheit zum Staatspräsidenten gewählt, Amtseinführung am 25.01.2004
- **28.03.2004:** Wiederholung der gescheiterten Parlamentswahlen vom 2.11.2003 mit Sieg des Regierungsblocks Nationalbewegung-Demokraten
- **06.05.2004:** Rücktritt und Ausreise *Aslan Abaschidses* nach Moskau, Reintegration Adschariens in verfassungsgemäße Ordnung, Wahlen zum regionalen Parlament
- **Juli 2006:** Operation georgischer Sicherheitskräfte bringt das obere Kodori-Tal (Ober-Abchasien) wieder unter georgische Kontrolle der Tbilisier Regierung
- **September 2006:** NATO nimmt Georgien in das Programm „Intensivierter Dialog/ID" auf
- **14.11.2006:** Europäische Nachbarschaftspolitik/ENP – Aktionsplan Georgien tritt in Kraft
- **2.–8. November 2007:** Demonstrationen gegen Saakaschwilis autoritäre Machtausübung mit dem Ergebnis vorgezogener Neuwahlen
- **5.1.2008:** Saakaschwili gewinnt mit knapper Mehrheit die vorgezogenen Präsidentschaftswahlen. Die Opposition beschuldigt ihn des Wahlbetrugs, internationale Wahlbeobachter bestätigen jedoch den weitgehend ordnungsgemäßen Verlauf der Wahlen

herren des byzantinischen Kaisers ernannt, wodurch die Bagratiden zu den eigentlichen Herrschern von Kartlien wurden. Die **Bagratiden-Dynastie** herrschte fast 1100 Jahre, nämlich bis das zaristische Russland die Macht übernahm. *Bagrat III.* wurde 975 zum König von Kartlien gekrönt. Ihm gelang es 1008, Ost- und Westgeorgien zu vereinen.

Im Jahre 1068 kamen **seldschukische Stämme** aus Mittelasien und besiegten 1071 in der Schlacht bei Manzikert die Truppen des Byzantinischen Reiches. Die Seldschuken waren eine muslimische Fürstendynastie (1038–1194) turkmenischer Abstammung, die aus Mittelasien und Nahost kam und den Islam nach Anatolien brachte. Auch unter den Seldschuken behielten wohlgefällige Könige ihre Krone.

Goldenes Zeitalter

Im Jahre 1073 wurde der spätere König *Dawit* geboren, der 1089 als 16-Jähriger die Macht von seinem Vater *Georgi II.* übernahm und als **König Dawit IV.** gekrönt wurde. Er sollte später als *Dawit Agmaschenebeli* („Dawit der Erbauer") in die Geschichte eingehen. Er reformierte 1103 auf einer Synode die Kirche und vergab Ämter und damit verbundene Privilegien und Ländereien nicht mehr per se an Adelige, sondern an dafür geeignete Kandidaten. Im Jahre 1105 annektierte er **Kachetien** und warf 1121 die Seldschuken aus dem Lande. Die Schlacht bei Didgori war die letzte große Schlacht gegen die Seldschuken. Sage und schreibe 300.000 seldschukische Krieger unterlagen einer nur 60.000 Mann starken georgischen Armee in einer unzugänglichen Bergregion. Noch unfassbarer: Diese Schlacht soll nur drei Stunden gedauert haben. Dawit warf die Seldschuken auch aus Tbilisi hinaus, wohin er ein Jahr später die Hauptstadt zurückverlegte.

Er hatte sich den Beinamen „Erbauer" redlich verdient, denn unter seiner Herrschaft stieg Georgien nicht nur zum wirtschaftlich stärksten Land in Transkaukasien auf, sondern es entstand auch eine bis dahin nie gekannte **Hochkultur.** *Dawit IV.* errichtete Klöster und Kathedralen, gründete Akademien und ließ Straßen und Brücken bauen. Als er 1125 mit nur 52 Jahren starb, hinterließ er seinen Söhnen und Nachfolgern *Demeter I.* (regierte 1125–56) und später *Georgi III.* (1156–84) ein blühendes Reich.

Dawits Sohn *Georgi III.* wurde 1154 die Tochter *Tamar* geboren, die als bis heute sehr verehrte **Königin Tamar** *(Tamar Mepe)* zunächst an der Seite ihres Vaters und nach dessen Tod im Jahr 1184 bis 1213 als Alleinherrscherin regierte. Ihre erste, im Jahr 1185 mit *Georgi Bogoljubow,* Prinz von Susdal (Kleinstadt bei Moskau), geschlossene Ehe musste nach zwei Jahren wegen Kinderlosigkeit geschieden werden. Georgi soll eher dem Wodka und jungen Männern zugetan gewesen sein. So heiratete sie ein zweites Mal, nämlich den ossetischen Prinzen *David Soslan,* der sich als Heerführer bewährte.

Unter Königin Tamar erstreckte sich das Georgische Reich von den Küsten des Schwarzen Meeres **bis ans Kaspische Meer.** Ihr gelang es, die Türken in den Schlachten von Shamchori (1195) und Basiani (1202) aus dem Land zu vertreiben. Belegt ist auch, dass sie die Todesstrafe und die Verstümmelung von Straftätern abschaffte und eine **Gerichtsreform** durchführte. Sie schuf auf lokaler Ebene Gerichte, gegen deren Urteile Widerspruch beim Obersten Gericht eingelegt werden konnte. Sie vertraute auch dem Obersten Rat (Darbasi), mit dem sie Entscheidungen abstimmte. Der vierte Kreuzzug führte zur Plünderung von Konstantinopel und so konnte Tamar 1204 das Byzantinische Reich mit Trapezunt als Hauptstadt (heute Trabzon/Türkei) wieder entstehen lassen.

Nie wieder sollte Georgien eine solche territoriale Ausdehnung und wirtschaftliche und kulturelle Blüte wie unter König Dawit IV. und Königin Tamar erreichen. Die Zeit ihrer beider Regentschaft ging als das Goldene Zeitalter in die Geschichte ein.

Mongolische Horden, Osmanen und Perser

Die folgenden Jahrhunderte brachten Georgien eine lange Periode des Niedergangs. Im Jahr 1220 fiel **Dschinghis Khan** mit seiner mongolischen Reiterarmee in Georgien ein. Die Mongolen suchten Weideplätze für ihre Tiere. Die mongolischen Heere konnten zunächst mehrmals zurückgedrängt werden. Im Jahre 1225 schafften sie es aber, Tbilisi einzunehmen, wobei sie Tausende von Menschen umbrachten und sich dabei durch besondere Grausamkeit hervortaten.

Im Jahre 1386 folgte *Tamerlan (Timur Lenk),* ein durch Heirat weitläufiger Verwandter von Dschinghis Khan. Allein zwischen 1386 und 1403 führte er acht Feldzüge gegen Georgien, 1403 kam es zu einem Vertrag zwischen Tamerlan und König *Georgi VII.*

Nach dem Tod von König *Alexander I.* (1412–43) wurde Georgien unter seinen drei Söhnen aufgeteilt. Adelsgeschlechter in verschiedenen Landesteilen nutzen die Gelegenheit, um ihre eigenen Fürstentümer zu gründen, darunter das Geschlecht der *Dadianis* in Mingrelien, der *Gelovanis* in Swanetien und der *Gurelies* in Gurien. 1490 beschloss der Rat (Darbasi) des Königreichs Kartlien die Aufteilung Georgiens in die drei **Königreiche Kartlien, Kachetien und Imeretien** sowie im Süden das **Fürstentum Samtsche.**

Sowohl die Perser als auch die Osmanen kämpften um die Vormachtstellung in Georgien. 1520 fiel Schah *Ismail von Persien* in Kartlien ein, zwischen 1541 und 1554 führte Schah *Tamas* vier Feldzüge nach Kartlien an. Immer wieder kam es jedoch zu Aufständen gegen die persischen und osmanischen Besatzer, das Land fand keinen Frieden. 1614–17 führte Schah *Abbas I.* von Persien erneut vier Feldzüge gegen Kartlien.

Georgien als Teil des Russischen Reiches

Im 18. Jh. trat eine neue Macht auf den Plan: Russland. Unter *Peter I., der Große* genannt, begann 1722 die Eroberung des Nordkaukasus. Ein Jahr später floh König *Wachtang VI.* von Kartlien nach Russland, denn die Osmanen nahmen Ostgeorgien ein und besetzten es bis 1735. Die osmanische Dynastie herrschte von ca. 1299 bis 1923, sie war die entscheidende Macht in Kleinasien, Nahost, auf dem Balkan und der Krim. 1737 übernahmen die Perser die Macht, die bis 1747 blieben. **Irakli II.** (auch *Erekle II.* genannt) wurde 1744 zunächst zum König von Kachetien gekrönt, übernahm aber nach dem Tod seines Vaters auch die Krone von Kartlien. Da er der persischen Vormachtstellung nicht Herr werden konnte, rief er das orthodoxe, also christliche Russland zu Hilfe. 1768 begann der erste **Russisch-Türkische Krieg** und schon ein Jahr später stieß das russische Heer unter General *Todtleben* bis Tbilisi und Kutaisi vor.

1783 musste Irakli II. erneut um russische Hilfe nachsuchen, da Schah *Murad Ali* von **Persien** nach Georgien strebte. So kam es am 14. Juli 1783 zum Abschluss des **Traktats von Georgijewsk,** in dem Russland Georgien Schutz zusicherte und Georgien seinerseits als Gegenleistung Russland die Bereitstellung von Truppen versprach. Aber Papier war schon damals geduldig. 1785 wurde Herzog *Paul Potemkin,* der Cousin von *Grigorij Potemkin,* einem Liebhaber *Katharinas der Großen,* zum Vizekönig von Tbilisi ernannt. Da sich im gleichen Jahr die Tschetschenen, ein nordkaukasisches Volk, gegen Russland erhoben, zog Russland seine Truppen aus Tbilisi ab, weshalb der persische Schah *Aga Khan Mohammed* ein leichtes Spiel hatte, Tbilisi zehn Jahre später wieder einzunehmen und dem Erdboden gleichzumachen. Chroniken berichten, dass etwa 22.000 Georgier in die Sklaverei verschleppt wurden.

Trotz des Traktats von Georgijewsk entsandte **Katharina die Große** keine Truppen, um der Stadt zu Hilfe zu kommen. Nach ihrem Tod im Jahr 1796 wurden die russischen Truppen sogar an den nordkaukasischen Terek zurückgezogen. 1801 kam **Zar Alexander I.** auf den russischen Thron und erklärte Georgien gleich in seinem ersten Jahr zum **russischen Protektorat.** Am 12.9.1801 erließ er ein „Manifest über die Auflösung des Königreiches Kartlien-Kachetien und die Gründung der Verwaltung Georgiens". Das bedeutete die Angliederung an Russland.

Damit war der georgische Adel plötzlich Teil des russischen Adels geworden und die **Russifizierung** des Landes setzte unwiderruflich ein. Hier half es auch nicht, dass 1802 in Kachetien Unruhen ausbrachen und kachetische Adelige den Sohn König Iraklis II. *Julona* zum König ernannten und einen Bittbrief an Zar Alexander sandten, in dem sie ihn um Anerkennung des neuen Königs baten. Gleichzeitig mit der einsetzenden Russifizierung

Festung Ananuri an der Georgischen Heerstraße. Die Trasse wurde schon zu römischer Zeit als Karawanenweg zur Durchquerung des Großen Kaukasus genutzt

wurde die georgische Kirche dem russischen Patriarchat unterstellt. *Georgi II.* war der letzte König des Bagratidengeschlechts. Als er 1811 starb, bedeutete das auch das **Ende des georgischen Königtums,** Georgien war endgültig zum Vasallen Russlands geworden.

In Imeretien herrschte zwar noch König *Solomon I.,* aber er musste gezwungenermaßen Imeretien in Westgeorgien 1804 unter russische Vorherrschaft stellen. Die Söhne Iraklis II., *Julona* und *Parnaos,* wurden zur Erziehung nach Russland geschickt. Solomon I. erhob sich 1810 gegen die russische Vorherrschaft, was jedoch die Einnahme Imeretiens zur Folge hatte. Auch das Fürstentum Abchasien fiel nun an Russland.

Obwohl Russland zu Beginn des 19. Jh. Kriege gegen Persien (1804–1813) und die Türkei (1807–12) führte und *Napoleons* Grande Armée in Richtung Moskau marschierte, fand Russland die Kraft, Aufstände in Imeretien und Kachetien niederzuschlagen. Zar Alexander I. ernannte den Prinzen *Alexander Paskewitsch* zum Vizekönig. 1825 scheiterte in Russland der **Dekabristenaufstand** und missliebige oder der Sympathie oder gar Teilnahme Verdächtige russische Intellektuelle und Adelige wurden **in den Kaukasus verbannt.** Ihr Gedankengut, ihre neuen Ideen nahmen sie dorthin mit. Der Friedensschluss mit Persien 1828 verschaffte Russland freie Hand für einen erneuten Krieg mit der Türkei, wobei Paskewitsch die Städte Kars, Achalzi-

028ge Foto: mk

che, Erzurum und Poti einnahm. 1829 wurde in der türkischen Stadt Adrianopel (heute Edirne) ein Vertrag zwischen beiden kriegführenden Parteien geschlossen, wonach Kars und Erzurum der Türkei, das Gebiet Gurien Georgien zugeschlagen wurden.

1829 reiste der junge **Alexander Puschkin** freiwillig über Tbilisi nach Arsrum (Bezeichnung für Erzurum in seinem Buch „Die Reise nach Arsrum während des Feldzuges im Jahre 1829"), da er die Atmosphäre der Verdächtigungen und politischen Gesinnungsschnüffelei in Russland nicht mehr ertragen konnte.

Das Ende des **Krimkrieges** zwischen Russland, England, Frankreich und Piemont-Sardinien wurde 1856 mit dem Friedensschluss von Paris besiegelt. 1859 wurden in Transkaukasien die Gesetze des Zarenreiches eingeführt und lösten damit die von König Wachtang erlassenen Gesetzestafeln ab. Danach wurde Fürst *Alexander Barjatinski* zum Vizekönig ernannt, er eroberte nun auch Swanetien und Mingrelien. 1865 wurde Abchasien, das bereits unter russischer Vorherrschaft stand, endgültig an Russland angeschlossen. *Michail Scherwaschidse,* der letzte Fürst von Abchasien, wurde abgesetzt und nach Woronjesch in Russland verbannt. Batumi und die Stadt Kars (heute Türkei) wurden als Ergebnis des Russisch-Türkischen Krieges von der Türkei zurückerobert.

Ende der 1860er Jahre führte man umfangreiche **Reformen des Kirchen- und Verwaltungsrechts** sowie der Gerichtsbarkeit durch, um es dem in Russland gültigen Recht anzupassen. Es begann aber auch ein gewisser **wirtschaftlicher Aufschwung** Georgiens. 1870/71 wurde die Leibeigenschaft in großen Teilen des Landes per Gesetz abgeschafft.

Widerstand gegen die Zarenherrschaft

Die fortschreitende Russifizierung hatte jedoch auch andere Folgen. Viele Adelige sandten ihre Söhne zur Ausbildung nach Russland, wo sie mit revolutionärem Gedankengut in Berührung kamen. Auch in Georgien erwachte ein **Nationalbewusstsein** und sozialreformerische Gedanken griffen mehr und mehr Raum. Fürst *Ilja Tschawtschawadse,* der in St. Petersburg Jura studiert hatte, bis er aus politischen Gründen relegiert wurde, gründete mit Gleichgesinnten die „Gesellschaft zur Verbreitung der Lese- und Schreibkunde unter den Georgiern" und war Mitglied des sozialreformerischen Schriftstellerverbandes „Tergdaleulni". Georgische Intellektuelle, darunter Tschawtschawadse, gründeten **georgische Zeitungen** und Theater und gaben erste georgische Bücher heraus.

Die Fertigstellung der **Eisenbahnlinien** Tbilisi – Poti (1872) und Tbilisi – Baku (1883) beförderte den wirtschaftlichen Aufschwung, von dem allerdings die einheimische Bevölkerung nur wenig profitierte. Gegen Ende des 19. Jh. kehrte die nächste Generation der in Russland Ausgebildeten zurück, unter ihnen *Noe Shordania,* der 1918 Premierminister der Ersten Republik werden sollte. Nicht nur in Russland, sondern auch in Georgien kam es immer häufiger zu **politischen Unruhen.** Die 1866 von *Zereteli* und *Meßchi* gegründete Zeitung „Droeba" wurde 1885 von der Regierung verboten und Ilja Tschawtschawadse wurde 1907 während einer Reise ermordet, offiziell von Straßenräubern. Für den Mord wurden sowohl die zaristische Geheimpolizei Ochrana (russ. „Schutz") als auch kommunistische Agenten verantwortlich gemacht.

Im Januar 1905 kam es in St. Petersburg zu **Demonstrationen** gegen die autokratische und erzkonservative Zarenherrschaft. Zehntausende Arbeiter marschierten unbewaffnet zum Winterpalais, um dort unter Führung eines Priesters eine Bittschrift zu überreichen. Sie forderten u.a. die Einführung eines Parlaments und Maßnahmen gegen die hohe Arbeitslosigkeit. Völlig überraschend und in Panik ließ Zar *Nikolaus I.* auf die Demonstranten schießen. Dieser Tag ging als **Blutsonntag** in die Geschichte Russlands ein. Es kam im ganzen Land zu Arbeiterstreiks, Enteignungen von Ländereien auf den Dörfern und Meutereien in der Flotte, so z.B. im Juni 1905 zur Meuterei auf dem Panzerkreuzer Potemkin in Odessa (in dem berühmten Stummfilm „Panzerkreuzer Potemkin" von *Sergej Eisenstein* verfilmt).

Lenin setzte sich für einen bedingungslosen Kampf gegen den Zaren ein. Dieser richtete zwar ein Parlament (Duma) ein, behielt aber ein Vetorecht gegen alle getroffenen Entscheidungen, sodass von einem Scheinparlament gesprochen werden muss. Er gewann durch die Spaltung der Opposition langsam wieder die Oberhand, die Revolution scheiterte. Diese Ereignisse konnten natürlich nicht ohne Auswirkungen auf Georgien bleiben. Hier kam es 1905 zu einem **Bauernaufstand.** Da es in Georgien praktisch keine Arbeiterschaft gab, war das Entstehen einer kommunistischen Bewegung wenig aussichtsreich.

Erste Georgische Republik 1918–21

Nachdem 1917 die **Februarrevolution** in Russland den Zaren gestürzt hatte, bildeten die drei kaukasischen Republiken Aserbaidschan, Armenien und Georgien das Besondere Transkaukasische Komitee (russ. *Osobij Sakawkaskij Komitet*). Georgien verließ jedoch diese Transkaukasische Föderation und erklärte sich am 26. Mai 1918 als **Demokratische Republik Georgien** für unabhängig. *Noe Shordania* wurde zum sozialdemokratischen Premierminister gewählt. Das Land gab sich eine Verfassung nach dem Vorbild der Schweiz. Als erster ausländischer Staat überhaupt erkannte das Deutsche Kaiserreich den neuen Staat am 28.5.1918 an, der als die Erste Georgische Republik in die Geschichte einging.

Unterstützung durch das Deutsche Kaiserreich

Durch den Rückzug der russischen Truppen bestand die reale Gefahr, dass türkische Truppen dieses Machtvakuum ausnutzen und nachrücken würden. Die Georgische Nationalversammlung (Dampudsnebeli Kreba)

Die sowjetischen Geheimdienste und ihre Gulags

Staatsterror als Herrschaftsprinzip

Georgien als Teil des zaristischen Imperiums und später in fast nahtlosem Übergang als Teil der Sowjetunion war ebenso Repressionen ausgesetzt wie alle anderen ehemaligen Sowjetrepubliken. Auffällig war die Paranoia der jeweiligen Machthaber, das Misstrauen gegen ihre eigenen Bürger, denen sie doch ein Leben in Wohlstand und Gerechtigkeit versprochen hatten.

Kennzeichnend für ein Unrechtssystem ist die Tatsache, dass keineswegs nur Menschen, die ein anderes Leben wollten, umgebracht wurden. **Jeder** konnte **jederzeit** verdächtigt, denunziert, eingekerkert, in Arbeitslager deportiert oder umgebracht werden. Es bedurfte nur eines Nachbarn oder Kollegen, dem die Nase des Bezichtigten nicht passte, der eifersüchtig war auf was auch immer. Auch völlig unpolitische Personen waren keineswegs vor Verfolgung sicher.

Grundlage für viele Verhaftungen war der berüchtigte „Kaugummiparagraf" §58. Er umfasste praktisch alle möglichen oder unmöglichen Arten von Verbrechen, auch nur beabsichtigte Verbrechen. Es lag im Ermessen des Staatsanwaltes zu bestimmen, ob jemand ein Verbrechen beabsichtigte oder nicht. *Alexander Solschenizyn* beschreibt in seinem „Archipel Gulag" den berüchtigten Paragrafen näher: „Ohne Prozess oder in Schauprozessen, also in Prozessen ohne rechtsstaatliche Grundlage, wurden die Beschuldigten zu jahrelanger oder lebenslanger Haft, Arbeitslager (Gulag) oder zum Tode verurteilt."

Chronologie des Staatsterrors

Georgien wurde 1801 vom zaristischen Russland annektiert. Daher soll die folgende Übersicht mit diesem Zeitpunkt beginnen:

- 1802: Zar *Alexander I.* gründet ein **Ministerium für innere Angelegenheiten,** zuständig für Polizei, Wachmannschaften und Aufsicht der Regierungsbehörden, Gefängniswesen, Klerus, Postwesen, Brandbekämpfung, Bauwesen, Medizinalwesen etc.
- Mitte 19. Jh.: Mit dem Anwachsen anarchischer und sozialistischer Bewegungen musste eine **eigenständige Behörde** her
- 1881-1917: Wahrnehmung geheimdienstlicher Aufgaben durch die **Ochrana** („Schutz"), die noch heute im Verdacht steht, den georgischen Fürsten *Ilja Tschawtschawadse* 1907 ermordet zu haben. *Josef Roth* (1894-1939) beschreibt in seinem Roman „Beichte eines Mörders, erzählt in einer Nacht" die Willkür der zaristischen Geheimpolizei
- 20.12.1917: *Felix Dszerschinsky* gründet auf Beschluss der Partei die **Tscheka** („Außerordentliche Kommission"). Die Bolschewisten bezeichneten die Tscheka als „bewaffneten Arm der Diktatur des Proletariats", zuständig für ausländische Geheimdienstaktivitäten, hauptsächlich aber zur Bekämpfung der Opposition, der sogenannten Konterrevolution
- Beginn des Ersten Weltkrieges: Gründung eines weithin unbekannten Geheimdienstes der Streitkräfte namens **GRU** (*Glawnoje Raswedywatelnoje Uprawlenije,* „Hauptaufklärungsverwaltung")
- 1922: Umbenennung der Tscheka in **GPU** (*Glawnoje Polititscheskoje Uprawlenije,* „Politische Hauptverwaltung")
- 1923: Umbenennung in **OGPU** (*Objedinjonnoje Gosudarstwennoje Polititscheskoje Uprawlenije,* „Vereinigte Staatliche Politische Verwaltung")
- 1934: Umbenennung in **GUGB** („Hauptverwaltung für Staatssicherheit innerhalb des NKWD", *Narodnij Kommissariat Wnutrennych Del,* „Volkskommissariat für Innere Angelegenheiten")
- 19.4.1943: Das NKWD gründet die SMERSCH (**SMER**t **SCH**pionam, „Tod den Spionen"), Spionageabwehr zur Entlarvung von Verrätern, Deserteuren, Spionen und kriminellen Elementen
- 1946: Umbenennung des NKWD in **MWD** (*Ministerstwo Wnutrennych Del,* „Ministerium für Innere Angelegenheiten"). Die Volkskommissare nannten sich forthin Minister für Innere Angelegenheiten

- 1946: Gründung des **MGB** („Ministerium für Staatssicherheit"). In die Zuständigkeit von MWD und NKWD fielen auch die Kriegsgefangenen- und Arbeitslager während und nach dem Zweiten Weltkrieg, die Standorte und Einrichtung der Lager, Behandlung und Einsatz der Kriegsgefangenen sowie deren Repatriierung. Nach Ende des Zweiten Weltkriegs entstanden auch Speziallager in der SBZ („Sowjetisch Besetzte Zone", Vorläufer der DDR, teilweise wurden die KZs der Nazis weiter genutzt). Die Einweisung erfolgte größtenteils völlig willkürlich, zu den Opfern gehörten auch Kinder und Jugendliche
- 1954: **KGB** („Komitee für Staatssicherheit", am 6.11.1991 aufgelöst), gegründet aus den Abteilungen des Inlandsgeheimdienstes des MWD mit Sitz in Moskauer Ljubjanka. Nach Putschversuch im August 1991 durch konservative Kommunisten war *Michail Gorbatschow* vorübergehend entmachtet, von diesem Zeitpunkt an beschleunigter Zerfall der Sowjetunion
- 1991: **Georgien wird unabhängig** von der ehemaligen Sowjetunion und entzieht sich damit den dortigen Geheimdiensten bzw. ihren Folgeorganisationen FSB und OMON

Gulags – das System der Lager

Das System des Staatsterrors wurde auch möglich durch das Netz der Gulags (*Glawnoje Uprawlenije Lagerej*, „Hauptverwaltung der Lager"), Synonym für ein allumfassendes Unterdrückungssystem in der ehemaligen Sowjetunion. Es bestand aus **Gefängnissen, Straflagern, Zwangsarbeitslagern und Verbannungsorten.** Dieses System wurde schon in der Zarenzeit zur Disziplinierung tatsächlicher oder vermeintlicher Verbrecher und politisch missliebiger Personen genutzt.

Während der Sowjetzeit begann *Lenin* 1918 mit dem Bau von Internierungslagern für sogenannte Klassenfeinde, politische Gegner, auch bestimmte soziale Gruppen und für gewöhnliche Kriminelle. Dazu gab es sogar einen Erlass „Über den Roten Terror", in dem es hieß, dass Klassenfeinde in „Konzentrationslagern isoliert werden sollen". Symptomatisch ist auch die Terminologie für diese Lager. Es wurde von „Besserung durch Arbeit" gesprochen, wobei allerdings unterschieden wurde zwischen der „Besserungsarbeit" für Häftlinge aus der Arbeiterklasse und Zwangsarbeit für „Konterrevolutionäre". Unter *Stalin* wurde das System straff durchorganisiert, auf Kostendeckung umgestellt und stetig erweitert.

Nach dem Zweiten Weltkrieg wurden auch **Deutsche als Zwangsarbeiter in Lager nach Sibirien** deportiert, häufig in der DDR als vermeintliche Spione verhaftet. Aber auch aus anderen Ostblockstaaten kamen Häftlinge in die Lager.

Es gibt keine zuverlässigen Zahlen über die Anzahl der Gefangenen in sowjetischen Lagern. Die jüngere Forschung geht davon aus, dass zwischen dem Ende der 1920er bis Mitte der 1950er Jahre 19–20 Millionen Menschen in Gulags gefangen gehalten und zu Zwangsarbeit gepresst wurden. Auch die Sterberate ist nicht endgültig erforscht. Schätzungen gehen von bis zu 30 % aus, für einige Lager wie Workuta oder Kolyma eher von 50 %.

Die Inhaftierten starben in Strafkompanien, Strafbunkern, Strafisolation vor allem an Unterernährung, Erfrierungen, Bestrafungen wie Entzug des Essens oder der Kleidung im Winter, an Erschöpfung durch Überarbeitung und Krankheiten infolge mangelnder Hygiene oder medizinischer Versorgung. Hinzu kam der hohe psychische Druck durch völlige Abgeschiedenheit von der Außenwelt und dem Ausgesetztsein von Willkürmaßnahmen aller Art und zu jedem beliebigen Zeitpunkt durch die Wachmannschaften.

Nach dem Tode Stalins 1953 kam es zu einer Neuorganisation der Lager, wobei die Amnestie nur Kriminelle betraf, politische Häftlinge wurden erst ein Jahr später entlassen. 1961 unter *Chrustschow* und später auch unter *Breschnew* wurden erneut Lager eingerichtet, jedoch bei weitem nicht mehr in dem Umfang wie zu Zeiten Stalins. Erst *Michail Gorbatschow* beendete die Verfolgung politisch Andersdenkender.

Alexander Solschenizyn schrieb über die Lager die Bücher „Ein Tag im Leben des Iwan Denissowitsch" und „Der Archipel Gulag".

verhandelte daher mit Deutschland, das bereit war, **3000 deutsche Soldaten** in Georgien zu stationieren. Dafür erhielt Deutschland das Recht zur Ausbeutung der Kupfer- und Manganvorkommen und Vorrechte bei Öllieferungen vom Kaspischen Meer.

Nach dem Ende des Ersten Weltkriegs und der Novemberrevolution 1918 in Deutschland musste **Kaiser Wilhelm II.** abdanken und das geschlossene Abkommen wurde hinfällig. Daher zogen die deutschen Truppen aus Georgien ab und englische Truppen folgten ihnen auf dem Fuße, verließen Georgien allerdings schon Ende 1919 wieder, um Russland nicht herauszufordern.

Georgien als Teil der Sowjetunion

Obwohl Sowjetrussland die Erste Georgische Republik am 20. Mai 1920 anerkannt hatte, marschierte die 11. Armee der Roten Arbeiter- und Bauernarmee kaum ein Jahr später, am 11. Februar 1921, unter dem Vorwand der Beilegung ethnischer Konflikte zwischen Georgiern und Osseten in Georgien ein. Tbilisi wurde am 25. Februar eingenommen und noch am gleichen Tag die **Georgische Sozialistische Sowjetrepublik** ausgerufen. Noe Shordania und die demokratisch gewählte Regierung mussten über Kutaisi und Batumi ins Ausland fliehen.

Das Vorgehen bei der Sowjetisierung Georgiens erinnert in bestimmten Zügen stark an die Russifizierung ab 1801. Der 1918 entstandene Staat wurde systematisch zerschlagen, sämtlicher Grundbesitz enteignet. Auf dem Staatsgebiet Georgiens wurden die Abchasische Sozialistische Sowjetrepublik, die Adscharische Sozialistische Sowjetrepublik und die Autonome Oblast Südossetien gegründet. Im Dezember 1922 wurde Georgien erneut mit Aserbaidschan und Armenien in der Transkaukasischen Föderativen Sozialistischen Sowjetrepublik (TFSSR) zusammengelegt und in diesem Verbund zum Mitglied der Union der Sozialistischen Sowjetrepubliken, die am 30.12.1922 gegründet wurde. 1936 wurde erneut die Georgische Sozialistische Sowjetrepublik ausgerufen.

Die Sowjetisierung wurde jedoch nicht widerstandslos hingenommen. Es kam am georgischen Himmelfahrtstag im August 1924 zu **Aufständen** gegen die sowjetische Besatzung, die von der Exilregierung in Paris unter Noe Shordania unterstützt wurde. Kein Geringerer als **Josef Stalin** selbst ließ den Aufstand niederschlagen und die führenden Köpfe hinrichten.

Anfang der 1920er Jahre wurden ungefähr 30.000 Georgier erschossen oder verschwanden in den berüchtigten sowjetischen **Straflagern.** Die Stalinschen „Säuberungsaktionen“ in den 1930er bis 1950er Jahren in der gesamten Sowjetunion wurden in Georgien dazu benutzt, unliebsame Oppositionelle auszuschalten.

Zweiter Weltkrieg und Rolle der Wehrmacht

Unter diesem Aspekt muss man die Tatsache bewerten, dass über 30.000 Georgier und ethnische Kaukasier

Deutsche Kriegsgefangene in Georgien

Das Oberkommando der Deutschen Wehrmacht hatte ursprünglich geplant, bis zu den **Erdölfeldern von Baku** am Kaspischen Meer vorzudringen. Dennoch kam sie nicht über die Gebirgsmassive des Großen Kaukasus, die die natürliche Nordgrenze zu Georgien bilden, hinaus. Im **September 1942** erreichte die Wehrmacht die nördlichen Bezirke der russischen Stadt Noworossisk, weit westlich von Georgien. Deutschen **Gebirgsjägern** gelang es zwar, einige Pässe nördlich von Sochumi einzunehmen, bis in die Stadt selbst gelangten sie aber nie.

Bis Kriegsende sollen etwa 700.000 Georgier in den Reihen der Roten Armee gekämpft haben und etwa 300.000 davon gefallen sein. Ausgehend von einer Bevölkerungszahl von etwa 3,5 Millionen im Jahr 1939 waren das fast 9 % der Bevölkerung. Diese fehlenden Arbeitskräfte mussten durch Kriegsgefangene ersetzt werden. Man kann davon ausgehen, dass im südkaukasischen Raum, also vom Schwarzen bis zum Kaspischen Meer, schätzungsweise an die **85.000 deutsche Kriegsgefangene interniert** waren, davon die Hälfte auf heutigem georgischen Territorium.

Von den 85.000 Kriegsgefangenen insgesamt sind etwa 25.000 umgekommen. Im südkaukasischen Raum gab es **elf Lagerverwaltungen,** darunter Rustawi, Tbilisi und Molotowo (Ostgeorgien), Tkibuli (Westgeorgien) sowie Sochumi und Otschamtschira in Abchasien.

Die Arbeit der Kriegsgefangenen war oft genug auf zweifelhafte Projekte des vierten Fünfjahresplanes gerichtet. Zur „Planerfüllung" wurden auch ganz normale Strafgefangene eingesetzt. Kriegsgefangene arbeiteten vor allem im Straßenbau, im Bau von Industrieanlagen und Wohnungen, im Energiesektor und Bergbau, in der Holzverarbeitung und in der Landwirtschaft.

1946 wurden die ersten Gefangenen wieder nach Hause transportiert. Die meisten konnten jedoch erst in den Jahren 1949 und 1950 zurückkehren. Neben deutschen Kriegsgefangenen waren auch junge Männer aus den anderen am Krieg beteiligten Nationen interniert, beispielsweise Österreicher, Ungarn und Rumänen.

Der Volksbund Deutsche Kriegsgräberfürsorge hat mit der georgischen Regierung am 25.6.1993 das **Kriegsgräberabkommen** unterzeichnet, das aber aufgrund der innenpolitischen Lage erst ab November 1996 umgesetzt wurde. Auf georgischem Territorium gab es 61 Lagerstandorte mit 41 Kriegsgefangenenfriedhöfen, die aus Archiven bekannt sind. Davon sind **20 Friedhöfe** bereits restauriert.

Auffällig ist immer wieder der Respekt, der der Arbeitsleistung „der Deutschen" heute noch von Georgiern entgegengebracht wird.

während des Zweiten Weltkriegs in der sogenannten **Ostlegion** der Wehrmacht kämpften. Allerdings kämpften weit mehr als 700.000 Georgier in der Roten Armee gegen Hitlerdeutschland. Es soll der georgische Sergeant *Meliton Kantaria* gewesen sein, der die Rote Flagge auf dem Reichstag gehisst hatte, sein Foto ging um die Welt. Da die Wehrmacht die **kaspischen Ölfelder** und Georgien infolge der Kämpfe bei Stalingrad nicht erreicht hatte, wurden in Georgien zahlreiche Rüstungsfabriken gebaut.

Nach der bedingungslosen Kapitulation Hitlerdeutschlands errichtete man auf georgischem Territorium zahlreiche **Kriegsgefangenenlager.** Der in Österreich lebende, deutschstämmige Offizier *Wend Graf von Kalnein* berichtet von seiner fünfjährigen Kriegsgefangenschaft in Georgien in seinem „Georgischen Tagebuch", in dem er auch den Fatalismus der georgischen und sogar russischen Bevölkerung angesichts des allmächtig gewordenen kommunistischen Regimes sehr nachvollziehbar beschreibt.

Widerstand gegen die sowjetische Vorherrschaft

Obwohl Georgien nach dem Zweiten Weltkrieg eine Welle der **Industrialisierung** erlebte, kam es immer wieder zu Widerstand gegen die sowjetische Vorherrschaft. Hinzu kam, dass *Nikita Sergejewitsch Chrustschow* auf dem 20. Kongress der KPdSU (Kommunistische Partei der Sowjetunion) 1956 in Moskau den Personenkult und die Verbrechen Stalins schonungslos offenlegte. Obwohl die Georgier ebenso unter seinem Regime gelitten hatten, befürchtete man nun eine kollektive Schuldzuweisung. Es kam zu Demonstrationen in Tbilisi aus Anlass der geplanten Enthüllung eines Stalindenkmals. Durch Giftgaseinsatz kamen zehn Personen zu Tode, viele behielten bleibende gesundheitliche Schäden.

Im Zuge der Industrialisierung entstand auch eine gut florierende **Schattenwirtschaft,** die nur durch Korruption im großen Stil möglich war. Nun war Korruption in der ehemaligen Sowjetunion kein unbekanntes Phänomen, aber der Umfang, den sie in Georgien erreicht hatte und der den Kauf von Ämtern einschloss, veranlasste den damaligen Innenminister Georgiens, **Eduard Schewardnadse,** zum Einschreiten. Der Erste Parteisekretär der Georgischen Kommunistischen Partei *Wassili Mschawanadse* (1954–1972 im Amt) wurde abgelöst und Schewardnadse selbst 1972 zum Ersten Parteisekretär ernannt, was er bis 1985 blieb. Er entlarvte unzählige korrupte Funktionäre und sorgte für die Entfernung aus ihren Ämtern.

In den 1970er Jahren sammelten sich um *Swiad Gamsachurdia,* einem Übersetzer und Dozenten für englische und französische Literatur und Sohn des Schriftstellers *Konstantin Gamsachurdia,* eine Gruppe Oppositioneller. Gamsachurdia war Mitbegründer der Helsinki-Beobachtergruppe Georgiens im Jahr 1976 und verantwortlich für eine starke **nationalistische Strömung.** 1978 sollte das Russische als Amtssprache in der georgischen Verfassung verankert werden. Gamsachurdia und seine Oppositionsgruppe verlangten, die fortschreitende Russifizierung zu stoppen, es kam zu Protesten und Hungerstreiks von Studenten und Mitarbeitern der Staatlichen Universität von Tbilisi. Immerhin musste die Verfassungsänderung rückgängig gemacht werden.

Abchasiens Streben nach Unabhängigkeit

1978 gab es noch ein weiteres Problem, das bis in die heutige Zeit nicht gelöst wurde. Abchasien drohte von Georgien abzufallen, was in der Sowjetära nicht ohne Moskaus Zustimmung möglich gewesen wäre. Dennoch: Abchasische Politiker verlangten, die **Benachteiligung der abchasischen Volksgruppe** z.B. auf wirtschaftlichem Gebiet zu beenden, aber auch die Anerkennung der abchasischen Sprache und Kultur. Schewardnadse konnte den Streit durch mehr Rechte für die Abchasier abschwächen, aber nicht wirklich lösen. Generell war der Umgang mit Oppositionellen in der Sowjetära durch Repression geprägt, sodass einige Systemkritiker auch zu außergewöhnlichen Mitteln griffen. So wurde 1983 eine Linienmaschine der Aeroflot entführt. Mehrere Georgier wollten sie zur Landung in der Türkei zwingen, was jedoch misslang. Die Entführer konnten überwältigt werden und die Maschine flog zurück, die Entführer wurden ein Jahr später hingerichtet.

Perestroika und Glasnost

1985 betrat in Moskau ein Mann die politische Bühne, der – berücksichtigt man sowjetische Entfernungsmaßstäbe – von gar nicht so weit her kam, nämlich aus dem Gebiet Stawropol nördlich des Kaukasus: **Michail Gorbatschow.** Er ernannte Schewardnadse zum Außenminister der Sowjetunion und der frei werdende Stuhl des KP-Chefs Georgiens wurde nun von *Jumber Patiaschwili* besetzt.

Patiaschwili erkannte die Zeichen der Zeit nicht. Es kam Ende der 1980er Jahre erneut zu nationalistischen Auseinandersetzungen zwischen den kommunistischen Machthabern und der georgischen Nationalbewegung. Besonders die **nationalen Minderheiten** verlangten ihr Recht. War es 1978 noch Abchasien, so pochte nun besonders Südossetien auf mehr Rechte. Es kam zu gewaltfreien Demonstrationen und Streiks im April 1989 vor dem Parlamentsgebäude in Tbilisi, denen von sowjetischen Truppen mit Giftgas begegnet wurde. Bei diesen **Giftgasattacken** kamen über 20 Menschen zu Tode, zahlreiche weitere wurden verletzt.

Unabhängigkeit

Sieht man diese Ereignisse im Kontext mit den Vorgängen in anderen Teilen der ehemaligen Sowjetunion, insbesondere in den drei baltischen Staaten Litauen, Lettland und Estland und im Ostblock, so darf es nicht überraschen, dass immer mehr Georgier zu der Überzeugung kamen, dass nur die staatliche Unabhängigkeit von der Sowjetunion infrage kommen konnte. Am 28. Oktober 1990 wurde in Georgien gewählt und **Swiad Gamsachurdia,** der Vorsitzende des Runden Tisches Freies Georgien (Mrgvali Magida Tavisupali Sakartwelo), wurde nach dem Wahlsieg des Runden Tisches Vorsitzender des Obersten Sowjets Georgiens. Da Gamsachurdia nationalistisch eingestellt war, beeilte er

Bei einem Krieg gibt es nur Verlierer – georgischer Aufstand auf Texel

Auf der **niederländischen Nordseeinsel Texel** waren im April 1945 etwa 400 ältere und sehr junge Soldaten der Deutschen Wehrmacht ohne Fronterfahrung stationiert. Da auch nach Texel durchgesickert war, dass die amerikanischen und britischen Alliierten im Westen Deutschlands den Rhein überschritten hatten und im Osten die Rote Armee kurz vor Berlin stand, sahen die Soldaten, meist Bunkerbesatzungen, dem Kriegsende und damit der erhofften Heimreise entgegen.

Auf Texel, wo es bis dahin keine Kampfhandlungen gegeben hatte, waren an die **800 georgische Überläufer und Deserteure** des 442. Georgischen Bataillons stationiert. Die meisten waren 1942 und 1943 in deutsche Kriegsgefangenschaft geraten und hatten sich zum **Dienst in der Wehrmacht** entschlossen. In der Wehrmacht hatten bis zu einer Million Rotarmisten gekämpft, um so dem wahrscheinlich sicheren Hungertod in deutschen Kriegsgefangenenlagern als „russische Untermenschen" zu entgehen.

Nun gab es aber den **Befehl Stalins,** bis zur letzten Patrone, bis zum letzten Blutstropfen gegen den Feind zu kämpfen. Andernfalls drohte ihnen als Kollaborateure ein Jahrzehnt Gulag oder gar die Todesstrafe. Und Stalin meinte es ernst, hatte er doch seinen eigenen Sohn *Jakow* aus erster Ehe, der während der Schlacht bei Stalingrad in deutsche Kriegsgefangenschaft geraten und seitens der deutschen Wehrmacht zum Austausch angeboten worden war, fallen gelassen. Stalin lehnte den Austausch ab!

Gleichzeitig hatten sich die Amerikaner und Briten auf der Konferenz von Jalta im Februar 1945 verpflichtet, **Rotarmisten an Stalin auszuliefern.** Was also tun? Das Verhältnis zwischen deutschen und georgischen Wehrmachtsangehörigen war bis zu jenem tragischen 6. April 1945 gut, ja kameradschaftlich gewesen. Es gab zwischen den beiden Nationen nur einen Unterschied – die Georgier waren nicht bewaffnet, denn hundertprozentig vertraute man ihnen doch nicht. Sie besaßen lediglich kleine Dolche für die Rasur.

Der Bataillonskommandeur ließ am 5. April an 500 Georgier Waffen und Munition austeilen, da sie ab dem Folgetag auf dem Festland gegen die Alliierten kämpfen sollten. Ein folgenschwerer Fehler! Möglicherweise sahen die Georgier nun die letzte Chance, einen Aufstand zu initiieren und vor der drohenden Auslieferung ihren Kampfesmut gegen die Wehrmacht zu beweisen.

Noch in der Nacht vom 5. zum 6. April reichte man vielen deutschen Soldaten Wodka in eindeutiger Absicht. Kaum eine Stunde später waren an die 400 von ihnen erstochen worden. Zehn deutsche Offiziere hatten sich freiwillig den niederländischen Untergrundkämpfern ergeben, die sie wiederum den Georgiern weiterreichten. Diese erschossen die Offiziere auf der Stelle. Die **„Nacht der Georgier"** war ein beispielloses Blutbad kurz vor Kriegsende.

Im Norden und Süden von Texel befanden sich befestigte Batteriestellungen, die von den deutschen Truppen bis aufs Letzte verteidigt wurden. Als Verstärkung vom Festland eintraf und die deutsche Truppenstärke auf etwa 2000 Mann anwuchs, nahmen die Kämpfe einen absurden Verlauf, bei dem auf beiden Seiten keine Gefangenen gemacht wurden. Da von den Batteriestellungen die Insel beschossen wurde, vereinbarten die Niederländer, dass die Deutschen bei Tage auf der Insel patrouillierten und die Georgier sich nachts frei auf der Insel bewegen durften.

Am 5. Mai hatte die Wehrmacht in den Niederlanden kapituliert. Trotzdem sollten die Georgier für ihren Verrat zur Verantwortung gezogen werden und die gegenseitige Hatz ging weiter. Die Deutschen wollten Bestrafung, die Georgier spielten auf Zeit, da sie die Alliierten erwarteten.

Niederländische Untergrundkämpfer hatten inzwischen ein Boot nach England geschickt und um Hilfe gebeten. Aber die Alliierten ließen sich Zeit. Am 8. Mai kam es zur bedingungslosen Kapitulation der Wehrmacht in Berlin, aber erst am 20. Mai landete das 1. Kanadische Armeekorps auf Texel und übergab die 228 überlebenden Georgier in Wilhelmshaven der Roten Armee. Ein Teil von ihnen musste für viele Jahre in **Straflager.** Infolge der Entstalinisierung wurden sie erst 1956 vollständig rehabilitiert.

Die heute noch sichtbare Bilanz auf der Insel Texel: **800 deutsche Soldaten** liegen auf dem Soldatenfriedhof Ysselsteyn in der Ortschaft Venray begraben, **565 Georgier** wurden auf dem Friedhof Hogeberg bei Oudeschild beigesetzt. Bei diesen tragischen Ereignissen verloren auch an die **120 Niederländer** ihr Leben. Jedes Jahr am 4. Mai findet auf Texel eine Trauerfeier statt.

sich, die Unabhängigkeit Georgiens voranzutreiben. Am 31. März 1991 wurde in einer **Volksabstimmung** über die staatliche Unabhängigkeit mit 95–98 % (je nach Quelle) die Loslösung Georgiens von der Sowjetunion beschlossen. Gamsachurdia forderte noch einmal die Auflösung der sowjetischen Militärbasen in Georgien und verweigerte die Beteiligung Georgiens an der Gründung der Gemeinschaft der Unabhängigen Staaten (GUS). Er wurde am 26. Mai 1991 mit 86 % der Stimmen zum ersten Präsidenten Georgiens gewählt.

Von Demokratie hatte Gamsachurdia allerdings ein sehr eigenes Verständnis. Er ließ sich mit fast schon diktatorischen Vollmachten ausstatten und Oppositionelle wurden, wie eh und je, verhaftet. Er konnte jedoch nicht verhindern, dass es am 22. Dezember 1991 zu einem **Militärputsch** kam, eingefädelt von verschiedenen paramilitärischen Gruppen mit offenbar guten Kontakten zu den Waffenkammern der russischen Kasernen und Teilen der Nationalgarde. Sie besetzten das Parlamentsgebäude in Tbilisi und Gamsachurdia flüchtete mit seiner Familie und einigen Anhängern zunächst ins benachbarte Armenien und von dort über Suchumi in Abchasien nach Grosny in Tschetschenien.

Ablösungsversuche der Teilrepubliken

Südossetien erklärte sich im April 1990 zur souveränen Republik, der georgische Oberste Sowjet beendete jedoch die Selbstverwaltung Südossetiens. Damit nicht noch mehr Blut vergossen würde, entsandte die **UNO** 1992 Friedenstruppen, denen es zumindest bisher gelang, größere Konflikte zu unterbinden. Die selbst ernannte Republik Südossetien ist jedoch genauso wenig wie die Republik Abchasien von irgendeinem Staat der Welt anerkannt.

Im März 1992 kehrte Eduard Schewardnadse nach Georgien zurück. Seine hohe internationale Reputation sollte Georgien auch im Ausland zu Ansehen verhelfen. Allerdings hatte auch er keine glückliche Hand bei seinen Amtsgeschäften. Ein alter Konflikt sollte ihn einholen. Als im Juli 1992 der Oberste Sowjet Abchasiens die Unabhängigkeit **Abchasiens** von Georgien erklärte, entsandte Schewardnadse die Nationalgarde, angeblich um Versorgungswege zu schützen und Gamsachurdia-treue Militäreinheiten zu verfolgen. Es kam zu **schwersten Kampfhandlungen,** wobei die Nationalgarde eine klägliche Niederlage einstecken musste. Im Juli 1993 wurde ein Waffenstillstand vereinbart, der von abchasischer Seite schon im Oktober 1993 gebrochen wurde. Alle ethnischen Georgier (über 250.000) mussten daraufhin Abchasien verlassen, geschätzte 10.000 kamen dabei um. Es gibt heute kaum einen Ort in Georgien, in dem man nicht auf **Flüchtlinge** aus Abchasien trifft.

Noch im selben Monat schloss sich die georgische Regierung auf Drängen Schewardnadses der **GUS** an, um Russland für die militärische Unterstützung zu gewinnen. Eine seiner umstrittensten Entscheidungen dürfte die Überlassung von drei Militärbasen auf Dauer von 20 Jahren an Russland sein.

Eine kurze Episode waren die Ereignisse in der am Schwarzen Meer gelegenen **Autonomen Republik Adscharien** (Hauptstadt Batumi). *Aslan Abaschidse* regierte diese ebenfalls selbst ernannte Teilrepublik von 1991 bis zu seinem durch *Michail Saakaschwili* und dessen Wahlsieg erzwungenen Rücktritt 2004 wie ein persönliches Fürstentum. Reisende benötigten für Adscharien besondere Passierscheine, ausgegeben gegen eine Spende für Abaschidses Lieblingsfußballverein!

Swiad Gamsachurdia konnte im September 1993 noch einmal nach Georgien zurückkehren. Geschickt profitierte er von der desolaten Situation der Regierungsstreitkräfte und bedrohte im Herbst 1993 Kutaisi. Er hatte die Rechnung ohne Russland gemacht, das sofort Truppen entsandte, um der georgischen Regierung zu helfen. Seine kleine Rebellion scheiterte und er nahm sich Silvester 1993 das Leben, wobei sein Selbstmord umstritten bleibt.

Als die Flüchtlingsströme aus Abchasien und Südossetien ankamen, wurden fast alle Hotels und Sanatorien zur Unterbringung benötigt. Auch das Haus der Zarenfamilie Romanow in Bordshomi musste Vertriebene aufnehmen

Annäherung an den Westen

Schewardnadse knüpfte engere Beziehungen zu den USA, die wegen der geopolitischen Lage Georgiens als Transitland für **Öl vom Kaspischen Meer** größtes Interesse an guten Beziehungen hatten und sich diese Interessen einiges kosten ließen. Schewardnadse unterschrieb eine strategische **Partnerschaft mit der NATO,** erlangte die Aufnahme Georgiens im **Europarat** und erklärte den Wunsch, sowohl der NATO als auch der EU beizutreten. Im Mai 2002 wurde der von Umweltschützern stark umstrittene Bau der **Ölpipeline BTC** von Baku (Aserbaidschan) nach Ceyhan in der Türkei vertraglich festgehalten. Die BTC wurde im August 2006 eingeweiht.

Gleichzeitig entsandten die USA Militärberater, die die georgische Armee befähigen sollten, mit den Bedrohungen an der **tschetschenischen Grenze** und im Pankisi-Tal (beides im Grenzgebiet zu Russland) besser fertig zu werden. Es ist nachvollziehbar, dass Russland dieser Verschiebung seiner Einflusssphären nicht tatenlos zusehen würde.

Wirtschaftliche Stagnation

Bei den Wahlen 1995 wurde **Eduard Schewardnadse** in seinem Amt bestätigt, machte jedoch den Fehler, Reformkräfte nur auf vergleichsweise unbedeutende Posten, alte Apparatschiks jedoch auf Schlüsselpositionen zu setzen. Das hatte zur Folge, dass eine nicht für möglich gehaltene wirt-

029ge Foto: mk

Geheimdienstchef Lawrenti Berija

„Jeder, den wir verhaften, ist grundsätzlich schuldig.“ *Lawrenti Berija*

Wer nichts anderes als einen demokratischen Rechtsstaat mit rechtsstaatlichen Gerichtsverfahren kennt und diesen für selbstverständlich hält, kann anhand der Biografie von Geheimdienstchef Lawrenti Berija ins Grübeln kommen.

Lawrenti Pawlowitsch Berija wurde am 17. März 1899 in Mercheuli bei Sochumi als Sohn armer mingrelischer Bauern geboren und besuchte die polytechnische Schule in Baku. 1917 schloss er sich dort den **Bolschewisten** an und wurde als **Spion** in die regierende oppositionelle Partei eingeschleust.

1921 trat er in die **Tscheka** ein. *Ordshonikidse,* ein ranghoher Tschekist, stellte ihn 1926 **Josef Stalin** vor. Berija wurde nach Georgien versetzt, wo Verhaftungen von Oppositionellen durch die Tscheka bereits in vollem Gange waren.

Als Berija 1929 die Leitung der GPU, der Nachfolgeorganisation der Tscheka in Georgien, übernahm, unterdrückte er jeglichen politischen Widerstand in Georgien. 1929 begannen die Maßnahmen der Zwangskollektivierung, der Enteignung der Bauern, verbunden mit der Vernichtung der „Kulaken“, derjenigen Bauern, die etwas mehr Land und Vieh besaßen und daher Knechte und Mägde einstellen mussten. Widerständler wurden scharenweise verbannt oder in Konzentrationslager deportiert. Hier wurde die gleiche Vorgehensweise wie in der gesamten Sowjetunion üblich angewandt: **blutige Niederschlagung des Widerstands** durch Miliz, Armee und GPU. Berija schlug Stalin sogar vor, diese Repressionsmaßnahmen vornehmlich der GPU zuzuordnen, was ihm bei Stalin hohes Ansehen einbrachte.

1931 wurde Berija auf Wunsch von Stalin und unterstützt durch den abchasischen KP-Chef *Nestor Lakoba* zum **Vorsitzenden der Kommunistischen Partei Georgiens** ernannt. Parteimitglieder, die von ihrem Parteichef eine andere Vorstellung hatten, wurden unter dem Vorwand der Wirtschaftsspionage oder Sabotage erschossen. 1932 übernahm Berija den Vorsitz in der damals für kurze Zeit bestehenden Transkaukasischen Republik, ab 1934 war er sogar für Transkaukasien und Georgien in Personalunion zuständig. Er konnte gewisse wirtschaftliche Erfolge im Bereich der Teeproduktion, Ölförderung oder der Schwerindustrie verbuchen. Und er setzte den beginnenden Personenkult um Stalin um, indem er ein propagandistisches Geschichtswerk über Transkaukasien schrieb.

Während der sogenannten **Großen Säuberung** (russ. *Tschistka*) initiierte Berija nach Instruktionen aus Moskau **Schauprozesse** in Georgien, wobei zu den Opfern auch sein ehemaliger Gönner Nestor Lakoba gehörte. Zu Tausenden ließ er Menschen aus allen Gesellschaftsschichten inhaftieren und hinrichten.

Im Juli 1938 geriet Berija allerdings selbst unter den Verdacht der politischen Illoyalität und konnte der drohenden Verhaftung nur durch seine guten Beziehungen zu Stalin entgehen. Inzwischen war die GPU in NKWD umbenannt worden und Berija rückte im August 1930 zu dessen Erstem Stellvertretenden Vorsitzenden auf. Im November 1938 wurde er **Volkskommissar des Innern** (NKWS), dem die Inneren Streitkräfte, die Polizei, die Gefängnisse und die Lager des Gulag unterstanden. Mit Berijas Machtantritt fiel das Ende der Großen Säuberung zusammen, was allerdings nicht heißt, dass es damit vorbei war.

Berija setzte die „Säuberungen“ fort. 1939 überwachte er persönlich die Erschießung von 413 prominenten Häftlingen. Ihm unterstand das Geheimlabor Nr. 12, in dem Menschenversuche mit Giften durchgeführt wurden. 1940 forcierte er im Politbüro die **Er-**

schießung von 25.000 kriegsgefangenen polnischen Offizieren und Soldaten in Khatyn, was bis 1989 der Deutschen Wehrmacht angelastet worden war. Der polnische Regisseur *Andrzej Wajda* verfilmte das Massaker im Jahr 2007. Der ehemalige russische Präsident *Boris Jelzin* übergab den Originalbefehl Berijas zu diesem Massaker im Oktober 1992 dem damaligen polnischen Staatspräsidenten *Lech Walesa*.

Als die Wehrmacht 1941 kurz vor Moskau stand, ließ Berija kurzerhand Tausende Häftlinge der Moskauer Gefängnisse erschießen. Im Frühjahr 1944 veranlasste er die Verschleppung von 500.000 Tschetschenen und Inguscheten nach Kasachstan und Kirgistan. Im gleichen Jahr wurden weitere 300.000 bis 400.000 Balkaren, Kalmücken und Karatschaier zwangsumgesiedelt, danach an die 160.000 Krimtataren. Zu den Hunderttausenden Zwangsumgesiedelten gehörten auch die Meßcheten, die Georgientürken. Laut NKWD-Berichten verloren von etwa 1,5 Millionen Zwangsumgesiedelter eine halbe Million ihr Leben.

Die Perversität Berijas kommt auch dadurch zum Ausdruck, dass er in jedem Moskauer Gefängnis ein Büro besaß, in dem er die **Gefangenenfolter persönlich überwachte.** Er folterte sogar in seinem Privathaus – mit Wissen Stalins.

Am 18. April 1945 erließ er den Befehl Nr. 00315. Danach wurden in der ehemaligen Sowjetisch Besetzten Zone (SBZ, Vorläufer der DDR) unter dem Vorwand der „Entnazifizierung" Speziallager errichtet, die als gefährlich eingeschätzte Personen aufnahmen. Eines rechtsstaatlichen Verfahrens bedurfte es dabei nicht.

1946 wurde Berija von *Viktor Abakumow* als Minister für Staatssicherheit abgelöst, was er als Erniedrigung empfand. So müssen die Gräueltaten ab dieser Zeit auch Abakumow zugerechnet werden. Es gelang Berija noch einmal zu intrigieren und auf sein Betreiben hin wurden Politbüromitglied *Nikolai Wosnessenski* und Parteisekretär *Kusnezow* hingerichtet. Berija war jetzt nach *Malenkow* der **mächtigste potenzielle Nachfolger Stalins!**

Nach dem Ende des Zweiten Weltkriegs begann das Wettrüsten zwischen den ehemaligen Verbündeten. Stalin machte Berija verantwortlich für den Bau der sowjetischen Atombombe. Am 29. August 1949 konnte unter Berijas Leitung die **erste Plutoniumbombe** gezündet werden.

Als Stalin 1953 starb, wurde Berija zunächst unter Malenkow **Erster Stellvertretender Ministerpräsident** und Innenminister in Malenkows Kabinett. Er erkannte in der erneuten Verschmelzung von Innenministerium und KGB eine gute Voraussetzung für einen Sieg im Kampf um den „Erbfolgekrieg" gegen Malenkow und *Nikita Chrustschow*. Er war jedoch im Politbüro kein Unbekannter und wurde den anderen Politbüromitgliedern einfach zu mächtig. Als sich Berija während einer Sitzung des Politbüros am 2. Juni 1953 für die Wiedervereinigung Deutschlands auf der Basis von Neutralität und Demokratie (oder was er darunter verstand) einsetzte, wurde ihm vorgeworfen, dies zu verlangen, um seine eigene Machtposition zu stärken. Während einer Sitzung des Zentralkomitees am 26. Juni 1953 unter Vorsitz von Chrustschow wurde Berija **verhaftet.** Das Superministerium wurde wieder in Innenministerium und KGB aufgeteilt.

Es fand ein Geheimprozess vor dem Besonderen Tribunal des Obersten Gerichtshofes gegen Berija statt. Angeblich wurde am 23. Dezember 1953 das **Todesurteil** verhängt und Berija noch am gleichen Tage erschossen. Allerdings gibt es die Behauptung seines Sohnes *Sergo,* dass sein Vater bereits am 26. oder 27. Juni, wahrscheinlich in seinen Diensträumen, erschossen worden sei.

schaftliche Stagnation einsetzte. Die Apparatschiks hatten das Volkseigentum des Landes unter sich aufgeteilt und **mafiaähnliche Verhältnisse** breiteten sich aus, gegen die niemand vorzugehen wagte. Ausländische Investoren kamen nicht zum Zuge und internationale Hilfsgelder versickerten im Nirgendwo. Es darf daher nicht verwundern, dass Georgien in diesen Jahren zu den **korruptesten Ländern der Welt** gehörte. Zur gleichen Zeit wuchs die **Arbeitslosigkeit** im Lande, lächerlich geringe Gehälter, die zudem oft gar nicht oder erst Monate später ausgezahlt wurden, reichten nicht, um den Lebensunterhalt auch nur annähernd zu bestreiten. Die **Energieversorgung brach zusammen,** da Russland die Versorgungsleitungen kappte (auch hier Parallelen zu der Situation in den baltischen Republiken) und die Menschen saßen ohne Wasser und Strom in ihren Wohnungen, prekär besonders im Winter der Ausfall der Heizungen. Massenhaft verließen vor allem gut ausgebildete Russen, aber auch Georgier das Land. 2003 stellte der Internationale Währungsfonds die Zahlungen an Georgien aufgrund des desolaten Staatshaushalts ein.

Absetzung Schewardnadses

Im Herbst 2001 wurde bei der regierungskritischen Fernsehstation Rustawi-2 eine Razzia durchgeführt. Daraufhin kam es unter Führung des damaligen Justizministers **Michail Saakaschwili** zu einer riesigen Demonstration. Schewardnadses Ablösung wurde gefordert. Er konnte sich noch einmal an der Macht halten, indem er den Innenminister und den Geheimdienstchef entließ. Nicht verhindern konnte er allerdings, dass sich die politische Opposition in zwei neuen Parteien formierte, nämlich Michail Saakaschwili mit der Nationalen Bewegung und Surab Schwania mit den Vereinigten Demokraten. Am 2. November 2003 kam es zu **Parlamentswahlen,** bei denen sich die Parlamentspräsidentin *Nino Burdschanadse* den Reformen der Oppositionsparteien anschloss. Diese Parlamentswahlen wurden erst nach mehreren Wochen bestätigt, Schewardnadse wurde massiver Wahlbetrug vorgeworfen, der am 22. November eingestanden werden musste.

Schewardnadse rief den **Ausnahmezustand** aus. Noch in der Nacht vom 22. zum 23. November versammelten sich Demonstranten vor dem Parlamentsgebäude in Tbilisi, deren Zahl im Verlaufe des 23. November auf etwa hunderttausend Menschen anstieg. Dessen ungeachtet wollte Schewardnadse seine Eröffnungsrede halten. Michail Saakaschwili und seine Anhänger stürmten während der Rede den Saal, woran sie nicht gehindert wurden – Schewardnadse musste aus dem Saal flüchten.

Saakaschwili versprach im Falle eines Wahlsieges, in Georgien einen demokratischen Staat nach westlichem Vorbild zu schaffen und umfassende Wirtschaftsreformen durchzuführen. Er übernahm gemeinsam mit Nino Burdschanadse kommissarisch die Amtsgeschäfte. Russland hatte während dieser **Samtenen Revolution** seine Truppen in den Kasernen gelassen. Der russische Außenminister *Igor Iwanow* wurde nach Georgien geschickt. Er versuchte am Morgen des 23. November zu vermitteln, dennoch musste Schewardnadse am Abend des 23.11.2003 seinen Rücktritt erklären. Parlamentspräsidentin Burdschanadse beauftragte Surab Schwania mit der Übernahme der Regierungsgeschäfte bis zur Neuwahl des Parlaments.

Saakaschwili wird Staatspräsident

Diese **Neuwahlen** fanden am 4. Januar 2004 statt und Michail Saakaschwili gewann sie mit überragenden 96 % der Stimmen. Saakaschwili hatte in den USA studiert. Es gelang ihm, Auslandsgeorgier zurückzuholen, um wichtige **Reformen** voranzutreiben. Er bekämpfte die Korruption, ließ bestechliche Beamte verhaften und ihr unrechtmäßig erworbenes Eigentum einziehen. Gleichzeitig wurde die Privatisierung staatlicher Betriebe vorangetrieben.

Eine glückliche Hand hatte er bei der Vertreibung von Aslan Abaschidse aus Adscharien und dem **Wiederanschluss Adschariens** an Georgien. Dieser Schritt steht in den von UN-Friedenstruppen kontrollierten Gebieten Abchasien und Südossetien noch aus, der Zustand dort ist und bleibt sehr labil. Saakaschwili legte am 22. September 2004 vor der UN-Generalversammlung einen Dreistufenplan vor, mit dem die regionalen Konflikte gelöst werden sollen. Er möchte auch die EU stärker in die Lösung des Konflikts einbeziehen und strebt die georgische Mitgliedschaft in der NATO an, was besonders Russland bitter aufstoßen dürfte.

Fortwährende Probleme mit Abchasien und Südossetien

Die aktuelle Politik ist geprägt von Aktivitäten zur Beilegung der Konflikte um Südossetien und Abchasien. Beide Länder haben ihre De-facto-Unabhängigkeit erklärt, die aber international noch von keinem anderen Staat anerkannt wurde, auch von Russland nicht. Auf seiner Rede zur Lage der Nation im März 2007 schlug Saakaschwili vor, beiden sezessionistischen Teilrepubliken verstärkte Autonomie zu gewähren. In **Südossetien** wurde im Januar 2007 eine alternative Regierung aus zwölf Ministern gebildet, alternativer Präsident wurde *Dimitri Sanakojew,* als alternativer Premierminister wurde *Urusmag Karkusow* benannt. *Merab Antadse,* der für die abtrünnigen georgischen Teilrepubliken zuständige Staatsminister der georgischen Regierung, traf mit dem von der georgischen Regierung unterstützten Sanakojew zusammen, um vor allem auch die Interessen der nach wie vor in Südossetien lebenden Georgier zu vertreten. Immer wieder kommt es unvermittelt zu **Schusswechseln,** so zum Beispiel im Februar 2007 an einem Kontrollpunkt an der südossetischen Grenze. Dem schlossen sich Vorwürfe an, paramilitärische Einheiten hätten auf das hauptsächlich von Georgiern bewohnte Dorf Ergneti geschossen.

Auch in **Abchasien** schwelen nach wie vor die Konflikte. Immer wieder kommt es zu Willkürmaßnahmen gegen in Abchasien lebende Georgier, zum Beispiel in der Region Gali, wobei es für Außenstehende oft schwer ist, die Vorgänge zu durchschauen, denn deren Interpretation variiert je nachdem, welche der am Konflikt Beteiligten dazu Aussagen treffen. So sollen abchasische Milizen 48 ethnische Georgier in der Region Gali in Haft genommen und gezwungen haben, gegen ihr Heimatland Georgien in Gali zu demonstrieren.

Verschwommen bleibt bei beiden Konfliktherden auch die **Rolle Russlands.** Obwohl sich beide Gebiete zu souveränen Staaten erklärt haben, besitzt wohl die Mehrheit der Abchasen bereits russische Pässe und der russische Rubel ist das gültige Zahlungsmittel, nicht der georgische Lari oder eine inzwischen eingeführte eigene Währung.

Aktuelle Politik

Anfang November 2007 kam es in Tbilisi zu mehrtägigen **Demonstrationen** mit bis zu 100.000 Teilnehmern der Opposition, die zwar Saakaschwilis Politik unterstützten, aber seinen autoritären Führungsstil stark kritisierten. In den Jahren seiner Regierungszeit sei zu wenig zur Armutsbekämpfung getan worden, Korruption und Machtmissbrauch seien wieder an der Tagesordnung. Gegen die Demonstranten wurde mit Tränengas, Schlagstöcken und Wasserwerfern vorgegangen, schließlich der **Ausnahmezustand** verhängt und unabhängigen bzw. regierungskritischen Medien wurde die Arbeit untersagt. Präsident Saakaschwili blieb nichts anderes übrig, als vorgezogene Neuwahlen für den 5. Januar 2008 anzuberaumen, was von vielen als geschickter Schachzug angesehen wurde. Er gewann mit knapper Mehrheit die Wahlen, deren ordnungsgemäßer Verlauf von internationalen Beobachtern bestätigt wurde.

Staat und Regierung

Georgien ist eine **Demokratische Republik,** ihr Staatspräsident steht an der Spitze der Exekutive. Das Kabinett wird aus Ministern gebildet. Staatspräsident ist seit dem 25. Januar 2005 *Michail Saakaschwili,* dessen Amtszeit fünf Jahre beträgt. Seine Vertreterin ist die Parlamentspräsidentin *Nino Burdschanadse,* Regierungschef ist Premierminister *Surab Noghaideli,* Außenminister ist *Gela Beschuaschwili.*

Das georgische Parlament ist ein **Einkammerparlament** mit 235 Sitzen, davon 150 Listenplätze und 85 Direktmandate. Der Parteienblock **„Nationalbewegung-Demokraten"** erhielt bei den Wahlen vom 28.03.2004 76 % aller Stimmen und hält damit die Mehrheit im Parlament. Zur Opposition gehören im Wesentlichen drei Kräfte: „Industrie rettet Georgien", die sich auf wirtschaftliche Themen konzentriert, „Neue Konservative", eine rechtsliberale Partei, die sich ebenfalls mit wirtschaftlichen Themen befasst, und die Republikaner, die sich mit vier Sitzen von der Regierungspartei abgesplittert haben.

Staatssymbole

Die georgische **Flagge** zeigt ein rotes Kreuz auf weißem Grund, das vier Quadrate bildet, in denen jeweils ein kleines rotes Kreuz platziert ist.

Auf dem **Staatswappen** ist ein rotes Schild mit dem heiligen Georg zu sehen, das von einer goldenen Krone überdacht ist und jeweils zur Rechten und Linken von zwei auf ihren Hinterpranken stehenden Löwen flankiert wird. Der Spruch unter dem Schild sagt: „In der Einheit liegt die Stärke". Die georgische **Nationalhymne** heißt „Tavisubleiba" (Freiheit).

Medien

Neben dem öffentlichen Rundfunk Georgiens gibt es sowohl im Radio wie auch im Fernsehen private Anbieter, weiterhin Regional-TV und diverse Lokalsender. In den Fernsehsendern haben Soaps (vor allem aus Lateinamerika), Gewinnspiele und Hitparaden in ungeheurem Ausmaß Einzug gehalten. An Zeitungskiosken findet man eine Vielzahl von „Frauenzeitschriften" in russischer und georgischer Sprache, die aus Deutschland oder Österreich bekannt sein dürften.

Englischsprachige Zeitungen (z.B. die „Georgian Times") gibt es an jedem Straßenstand in Tbilisi sowie in teureren Hotels in Tbilisi oder gelegentlich in Batumi. Deutschsprachige Zeitungen erhält man nur in Ausnahmefällen.

Wirtschaft

Wer das Land bereist, stößt unweigerlich auf **Industrieruinen** unvorstellbaren Ausmaßes. So traurig es klingt, ein Flächenbombardement hätte nicht zielgerichteter sein können. Sei es, dass man mit dem Tageszug von Batumi nach Tbilisi reist und beiderseits der Bahnstrecke die verrottenden Ruinen ehemaliger Werke sehen muss, sei es, dass man mit dem Zug nach Baku fährt und an den schier nicht enden wollenden Resten des ehemaligen Stahlwerks von Rustawi vorbeifährt, man wird stets an die wirtschaftlich miserable Lage Georgiens erinnert.

Das Land war früher die mit Abstand **reichste Sowjetrepublik** und erlebte nach Erlangung der Unabhängigkeit den tiefsten **Absturz** von allen 15 ehemaligen Sowjetrepubliken. Durch das subtropische Klima begünstigt, blühte die **Landwirtschaft.** Georgien war der fast alleinige Lieferant von Zitrusfrüchten und eines der größten Teeanbaugebiete. Georgischer Wein (Jahresproduktion Mitte der 1980er Jahre etwa 800.000 Tonnen) war in der gesamten Sowjetunion beliebt. Im Westen Georgiens hielt man vorwiegend Rinder, im Osten Schafe. Typisch war die Nebenwirtschaft, die etwa 50 % der gesamten Erträge erzielte. Das ermöglichte es den georgischen Bauern, ihre Erzeugnisse per Flugzeug (Tickets waren so billig, dass heutige westeuropäische Billigairlines neidisch werden könnten) in andere Gebiete des Sowjetimperiums zu verbringen und dort zu verkaufen. Ob in Riga oder Moskau, die „Kaukasier" verkauften ihre Waren und verdienten gutes Geld, was natürlich auch Neid hervorrief.

Auch die **Industrie** florierte. Neben dem metallurgischen Kombinat in Rustawi, das nach dem Zweiten Weltkrieg von mehrheitlich deutschen Kriegsgefangenen quasi aus dem Boden gestampft worden war, gab es Fabriken für Lastkraftwagen, Traktoren, Flugzeug- und Computerteile.

Nach Erlangung der Unabhängigkeit brachen diese Industriezweige fast vollständig weg. Die Zulieferungen aus der ehemaligen Sowjetunion waren abgeschnitten, ebenso die Absatzmärkte für Industriegüter, aber auch für Zitrusfrüchte, Tee und Wein. Die meisten Industriebetriebe wurden entweder stillgelegt oder produzieren nur noch sporadisch, das heißt, sobald eine konkrete Bestellung vorliegt. Man spricht davon, dass das Produktionsvolumen 1994 nur noch 25 % des Volumens von 1989 betragen hat, 2001 etwa 35 %.

Finanzwesen

Durch die Loslösung von der Sowjetunion musste auch das Finanzwesen neu geordnet werden. 1992 kam es zu einer **Hyperinflation** von 1339 %. Die Verbraucherpreise stiegen um 7000 %. Daher wurde 1993 der Kupon eingeführt, der den Rubel ablöste. Zunächst wurden die Guthaben, die auf der Staatsbank (dem einzigen Kreditinstitut jener Jahre) lagen, 1:1 umgetauscht in Kuponi. Da jedoch Korruption und Schwarzhandel blühten, hatten viele Menschen ihr Geld (Rubel) in Koffern oder Kissen versteckt, die sie natürlich nicht umtauschen konnten. Viele sollen ihr Schwarzgeld einfach verbrannt oder in die Mülltonne geworfen haben. Eine Vorstellung über den „Wert" des Kupons kann man sich machen, wenn man bedenkt, dass 1000 Kuponi 1993 einem US-Dollar entsprachen, zwei Jahre später mussten für einen Dollar schon zwei Millionen Kuponi hingelegt werden.

Mit Unterstützung des Internationalen Währungsfonds (IWF) und der Weltbank wurde 1995 der **Lari eingeführt,** der die wertlosen Kuponi ablöste. Er wurde 1998 noch einmal abgewertet und ist seither relativ stabil. Der IWF gewährte Georgien 1995 einen Kredit in Höhe von 206 Milliarden US-Dollar, Deutschland noch einmal 50 Milliarden DM.

Stromversorgung

Ein großes Problem war und ist die Stromversorgung. Obwohl Georgien reich an **Wasserkraft** ist, konnte es seinen Strombedarf trotz der inzwischen am Boden liegenden Industrie nicht decken. Die Wasserkraftwerke wurden schlecht gewartet und liefen bei weitem nicht an ihrer Lastgrenze, ausländische Lieferungen, vor allem aus Russland, aber auch aus Aserbaidschan oder Turkmenistan, konnten nicht bezahlt werden und wurden vorübergehend eingestellt. Inzwischen hat sich der Energiesektor normalisiert, aber **Abschaltungen** gehören noch nicht der Vergangenheit an.

Selbstversorgung

Der **Viehbestand** soll sich seit der Erlangung der Unabhängigkeit vervierfacht haben. Wo auch immer man entlangfährt, laufen Kühe, Pferde, Schafe oder Schweine über den Weg. Diese tragen zur Subsistenzwirtschaft bei, die den Menschen zum Überleben hilft: Man baut die wichtigsten Lebensmittel selbst an und hält Tiere. Nun ist nicht jeder Tierhalter gleich ein Landwirt. Es fehlen häufig das Fachwissen und die Geräte für eine zielgerichtete, ertragreiche Landwirtschaft. So soll der Milchertrag pro Kuh im Durchschnitt 6–8 Liter pro Tag betragen (in Deutschland, Österreich oder der Schweiz sind es an die 40 Liter pro Tag!).

Arbeitslosigkeit

Durch den Wegbruch der Industrie stieg die Arbeitslosigkeit rapide an. Verlässliche Zahlen sind schwierig zu finden, die Arbeitslosigkeit ist regional sehr unterschiedlich ausgeprägt, bis zu 70 % scheinen möglich. Offiziell zählen in den Städten 25 % als arbeitslos, auf dem Lande 6 %. Tatsächlich liegt die Arbeitslosigkeit mindestens doppelt so hoch.

Allerdings bleibt die Frage: Wer zählt eigentlich als arbeitslos? Der Taxifahrer, der keine Steuern zahlt, die Straßenverkäuferin, die Sonnenblumenkerne feilbietet, der Vermieter, der schwarz vermietet? Der Landwirt, der mit Joghurtgläsern von Haus zu Haus zieht? Bürgerkriegsflüchtlinge erhalten etwa 10 US$ als Unterstützung, arbeiten aber auf Baustellen oder auch auf Märkten als Verkäufer von Waren aller Art. Sind sie arbeitslos?

Armut

Georgien verfolgt eine **neoliberale Wirtschaftspolitik,** keine soziale Marktwirtschaft. Es gibt nur in ganz wenigen Firmen eine Art Altersvorsorge. Der **Jahresdurchschnittslohn** betrug im Jahr 2005 nur 810 US$! Etwa 54 % der Bevölkerung lebt unterhalb der Armutsgrenze, etwa die Hälfte davon weit unterhalb.

Die Lage der Rentner ist besonders prekär. Jeder Georgier hat Anspruch auf eine **Rente** in Höhe von zurzeit 38 GEL, egal ob er gearbeitet hat oder nicht. Daher sieht man vielerorts bettelnde alte Menschen an den Straßen stehen. Immer wieder wird man auch in Georgien gefragt, wieviel Rente man einmal bekommt. Wenn man dann erklärt, dass dies von der Zahl der Beitragsjahre (russ. *Stasch*) und der Höhe des Einkommens während dieser Beitragsjahre abhängig ist, erntet man entweder Unverständnis oder eine Bemerkung etwa in der Art, dass man in Georgien keine Beiträge zahlen könnte, weil man sowieso so wenig hat. Dass die Löhne und Gehälter bei uns nicht immer so hoch waren wie jetzt und immer mehr Menschen auch hier eine lächerlich niedrige Rente erhalten, will man genauso wenig hören wie die Tatsache, dass die „reichen" Länder nicht ewig Kreditgeschenke gewähren können.

Wegfall der Wirtschaftsbeziehungen mit Russland

2006 musste Georgien einen weiteren Tiefschlag einstecken, als Russland sämtliche Verbindungen zu Georgien kappte. Vier russische Militärberater wurden unter Spionagevorwurf des Landes verwiesen, woraufhin Russland zunächst (im Mai 2006) den Verkauf georgischer Weine und georgischen Mineralwassers untersagte, obwohl diese in Russland außerordentlich beliebt waren. Sie stellten eine der letzten verbliebenen Einnahmequellen aus **Exporten** Georgiens nach Russland dar. Schließlich wurden sämtliche

031ge Foto: mk

Verbindungen zwischen Russland und Georgien gelöst (Oktober 2006). Alle **Verkehrsverbindungen,** der Post- und Zahlungsverkehr, aber auch der sogenannte kleine Grenzverkehr, etwa an der georgischen Heerstraße, wurden eingestellt. Dazu gehörte auch der im Sommer 2006 gerade wieder aufgenommene Zugverkehr zwischen Tbilisi und Moskau über Baku.

Ende 2006 verlangte Gasprom von Georgien mehr als doppelt so viel für das gelieferte **Erdgas.** Der Preis sollte sich von heute auf morgen von 110 auf 230 US$ pro 1000 Kubikmeter erhöhen, eine Maßnahme, die auch gegen andere ehemalige Mitgliedsländer der früheren Sowjetunion eingesetzt wurde, z.B. gegen Weißrussland, die Ukraine, die baltischen Republiken und sogar Aserbaidschan.

Umso wichtiger sind die unermüdlichen Aktivitäten des gegenwärtigen Präsidenten *Michail Saakaschwili,* **Investoren** ins Land zu holen, Arbeitsplätze zu schaffen, den Menschen wieder Hoffnung zu geben und den weiteren Exodus junger, ausgebildeter Georgier zu stoppen.

Grenzverkehr

Saakaschwili sorgte für Visaerleichterungen als eine der ersten Maßnahmen, um **Touristen** ins Land zu holen.

Es wird wieder gebaut: Komplettrestaurierung der Stadt Signagi in Kachetien

Eine Maßnahme von scheinbar geringer Auswirkung, aber das mühsame Visaregime der ehemaligen Sowjetunion hielt zweifelsfrei viele potenzielle Touristen davon ab, über einen Besuch eines der Nachfolgestaaten auch nur nachzudenken. Fast zeitgleich mit der Ukraine traten 2005 **neue Visaregelungen** in Kraft, die vor allem EU-Bürgern und Schweizern den unkomplizierten Grenzübertritt ermöglichen. Seit 2007 gilt dies auch für Touristen aus den Vereinigten Arabischen Emiraten, die in Georgien als Investoren aktiv werden.

Infrastruktur

Die Aktivitäten sind sowohl auf eine Wiederankurbelung der Wirtschaft als auch auf die dringend erforderliche Verbesserung der Infrastruktur gerichtet. Exemplarisch seien hier einige der vertraglich vereinbarten bzw. bereits in die Wege geleiteten Maßnahmen genannt. So bauten türkische Firmen den **neuen Flughafen Tbilisis,** der Anfang 2007 in Betrieb genommen wurde und noch Ende des gleichen Jahres eine Eisenbahnanbindung erhielt. Türkische Unternehmen brachten auch den veralteten **Flughafen Batumis** auf den neuesten Stand und nutzen diesen seit Mai 2007 gemeinsam mit Georgien, um die Wirtschaft in der grenznahen türkischen Region anzukurbeln. Der türkische Betreiber des Flughafens TAV hat sich vertraglich die Nutzungsrechte für 20 Jahre zusichern lassen.

Außerdem werden türkische Unternehmen in Poti ein neues **Ölterminal** errichten. In der Nähe des bereits bestehenden Terminals in Batumi hatte die Investorengruppe Greenoak bereits 2006 ein rund 80 Hektar großes Gelände erworben, auf dem es gemeinsam mit dem staatlichen kasachischen Unternehmen KazMunaiGas für eine Milliarde US-Dollar eine neue **Raffinerie** errichten wird. Sie soll 5–7 Millionen Tonnen Ölerzeugnisse pro Jahr produzieren.

Das georgische Parlament beschloss umfangreiche Maßnahmen zur Verbesserung der Verkehrsinfrastruktur. So wurde ein Abkommen zum Bau einer Bahnstrecke von Baku (Aserbaidschan) über Achalkalaki nach Kars (Türkei) unterzeichnet. Dafür erhält Georgien von Aserbaidschan 200 Millionen Dollar als Kredit, der mit nur einem Prozent Jahreszins zur Verfügung gestellt wird und innerhalb von 25 Jahren zurückzuzahlen ist. Für dieses Projekt müssen 29 km Bahnstrecke um Achalkalaki neu errichtet und die 192 km Bahnstrecke zwischen Tbilisi und der aserbaidschanischen Grenze auf den neusten Stand der Technik gebracht werden. Kasachstan hat bereits angekündigt, diese neue Bahnstrecke verstärkt für den Transit von Frachtgut zu nutzen. So sollen zehn Millionen Tonnen über die für Ende 2009 geplante Strecke transportiert werden. Kasachstan ist mit 152 Mio. US$ der drittgrößte Investor in Georgien nach den USA und Deutschland.

Das britische Unternehmen Stemcor plant für die Summe von 77 Millionen Dollar die Übernahme der Manganmine Tschiaturmanganumi und des Wasserkraftwerkes Warziche. Dabei entfallen 20 Mio. US$ auf die Mine und 57 Mio. US$ auf das Kraftwerk. Laut Berichten des Nachrichtendienstes Civil Georgia gehört Stemcor bereits das metallurgische Werk Sestaponi.

Aussichten

Im „Doing-Business-Bericht 2007“ der Weltbank wurde Georgien zum **besten Reformer des Jahres** erklärt! Es konnte von Platz 112 auf Platz 37 unter insgesamt 175 Staaten aufsteigen. Von 2005 bis 2006 wurden 20 % mehr Firmen gegründet und **ausländische Direktinvestitionen** haben ein nie gekanntes Ausmaß angenommen.

Auch die **Privatisierung** erster Krankenhäuser hat bereits begonnen. Ärzte und Angestellte von drei Kliniken Tbilisis haben diese erworben, beispielsweise das radiologische Institut. Das geschah kurz nach der Ankündigung des Gesundheitsministers Lado Tschipaschwili, 91 Krankenhäuser in Georgien privatisieren zu wollen.

Neue Touristeninformation in Telawi

Tourismus

Schon in den ersten Nachkriegsjahren des Zweiten Weltkriegs beobachtete der deutsche Kriegsgefangene *Wend Graf von Kalnein,* dass sich in Georgien eine Zweiklassengesellschaft zu entwickeln begann. Bereits damals gab es Bessergestellte, die in bequemen Pullmanzügen zum Schwarzen Meer reisten, um sich dort zu erholen. Später galt die abchasische Schwarzmeerküste als die **Riviera des Schwarzen Meeres** schlechthin; Heerscharen von Urlaubsgästen aus der gesamten ehemaligen Sowjetunion, aber auch aus den ehemaligen Ostblockstaaten reisten nach Abchasien mit seinem warmen, klaren Wasser, das sich gegen die Ausläufer des schneebedeckten Kaukasus abhob. Das subtropische Klima mit Palmen, riesigen Agaven, Zitrusbäumen, Bambushainen und immergrünen Hecken mit zauberhaften Blüten schuf eine einzigartige Atmosphäre. Aber auch die Gebirgskurorte des Kaukasus wie Zqaltubo und Bordshomi mit ihren Heilquellen sowie Bakuriani mit seinen Pisten lockten zahlreiche Touristen in das gastliche Land.

Dies fand ein jähes Ende infolge der politischen Ereignisse zwischen 1989 und 2003. Die Wirtschaft brach praktisch zusammen, wovon sich das Land nur langsam erholt. In den Hotels an der adscharischen Küste, in den Gebirgskurorten und auch in Tbilisi und vielen anderen Städten mussten plötzlich 250.000 Flüchtlinge aus Abcha-

Land und Leute

085ge Foto: mk

sien und Südossetien untergebracht werden, was das Land mit damals etwas mehr als fünf Millionen Einwohnern überforderte. Erst seit wenigen Jahren besinnt man sich auf den Tourismus als **Geldquelle,** zumal Landschaft und Natur geradezu dafür bestimmt sind. Präsident *Saakaschwili* berief Spezialisten in seine Regierung und kümmert sich um Investitionen.

In Tbilisi gibt es bereits eine Reihe von guten und sehr guten Hotels, weitere werden folgen. Am Schwarzen Meer, vor allem in Batumi, werden Investitionen getätigt. Dennoch muss noch viel getan werden. Die **Verkehrsinfrastruktur** steckt noch in den Kinderschuhen, es fehlen Bahnhöfe und Busbahnhöfe, die nach mitteleuropäischen Maßstäben den Namen überhaupt verdienen. Selten findet der Tourist einen Fahrplan und wenn, dann nur in der für Georgier lesbaren Schrift. Überhaupt ist es oft schwer, ein **Hotel oder Restaurant** als solches zu erkennen, da die meisten nur Georgisch oder gar nicht beschriftet sind. Des Weiteren gibt es kaum **Ausschilderungen** in den Städten, die auf Sehenswürdigkeiten hinweisen. In den Bergen findet man fast keine ausgeschilderten Wanderwege, kein Netz von Berghütten, keine Parkplätze, oft nicht einmal befestigte Straßen.

In ganz Georgien suchte man bis vor Kurzem vergebens nach einem **Touristeninformationszentrum** oder Fremdenverkehrsamt, ein Anfang ist jedoch gemacht. Besonders in Tbilisi sind erste Schritte in Richtung einer touristenfreundlicheren Infrastruktur zu erkennen. Die ersten Metrostationen haben Namensschilder in lateinischer Schrift erhalten, ebenso einige Straßen im Zentrum. In den Hotels ab der Mittelklasse spricht man zumindest in der Rezeption etwas **Englisch** und am Tbilisier Bahnhofsschalter für Fahrkarten nach Baku oder Jerewan arbeitet inzwischen eine Englisch sprechende Angestellte. Weitere Fortschritte dürften nicht lange auf sich warten lassen. Besonders beeindruckend: Innerhalb kürzester Zeit hat auch das kleinste Dorf ein zweisprachiges Ortseingangsschild erhalten, sowohl in georgischer als auch in englischer Sprache bzw. in georgischen und lateinischen Buchstaben.

Man sollte vor allem die Vorteile nicht vergessen, die das Land bietet: unglaublich gastfreundliche Menschen, eine Jahrtausende alte Kultur und günstige Preise. Man kann durch das Land reisen, ohne wie in vielen anderen Ländern ständig von Schleppern belästigt zu werden, und hat auf engem Raum viele Möglichkeiten, sich am Meer, im Gebirge und in den Städten zu erholen und das Land und seine Menschen zu entdecken.

Beziehungen zwischen Deutschland und Georgien

Politische Beziehungen

Zwischen Deutschland und Georgien bestehen langjährige gute Beziehungen. Das **Deutsche Kaiserreich** war das erste Land, das die Erste Georgische Republik anerkannte, und die **Bundesrepublik Deutschland** erkannte Georgien 1991 nach Erlangung der Unabhängigkeit als erstes Land diplomatisch an. Unvergessen bleibt in Deutschland das Engagement des früheren Außenministers der Sowjetunion und späteren Präsidenten Georgiens *Eduard Schewardnadse* um die deutsche Wiedervereinigung. Schewardnadse spricht übrigens fließend Deutsch. Umgekehrt genießen die vielfältigen persönlichen, kulturellen und akademischen Kontakte Deutschlands zu Georgien dort ein hohes Ansehen.

Deutschland ist im Auftrag der UNO intensiv an der Konfliktlösung um die abtrünnige abchasische Teilrepublik bemüht und die **Bundeswehr** stellt mit elf Soldaten die meisten Militärbeobachter in der Krisenregion im Rahmen der **UNOMIG** (United Nations Oberserver Mission in Georgia). Außerdem sind vier deutsche Polizisten in Georgien stationiert.

Deutschland hat die Aufnahme Georgiens in die europäische Nachbarschaftshilfe sehr befürwortet. Es fördert die Integration der drei kaukasischen Staaten Georgien, Armenien und Aserbaidschan durch die Kaukasus-Initiative, deren Grundstein Bundesministerin *Wieczorek-Zeul* mit ihrem Besuch im April 2001 legte. Georgien bleibt einziges Schwerpunktland der deutschen Entwicklungszusammenarbeit in der Region Kaukasus/Zentralasien.

Der damalige Bundespräsident *Roman Herzog* besuchte Georgien im Juni 1996, Präsident Schewardnadse weilte im Oktober 1999 zu einem Staatsbesuch in Deutschland. Die erste Auslandsreise führte den neu gewählten Staatspräsidenten *Michail Saakaschwili* im Januar 2004 nach Deutschland, wo er in München an der Internationalen Sicherheitskonferenz teilnahm. Im April 2004 besuchte der damalige deutsche Außenminister *Joschka Fischer* Georgien und im Februar 2007 der jetzige Außenminister *Frank-Walter Steinmeier*. Im Herbst 2006 machte die georgische Parlamentspräsidentin *Nino Burdschanadse* Deutschland einen Besuch, den Bundestagspräsident *Norbert Lammert* erwiderte.

Wirtschaftliche Beziehungen und Entwicklungshilfe

Georgien ist als einziges Land der Kaukasusregion Schwerpunktland der deutschen Entwicklungszusammenarbeit. Deutschland ist seit der Unabhängigkeit einer der engsten Partner Georgiens und steht – gemessen am Volumen der seit 1992 zur Verfügung gestellten Mittel (ca. 250 Mio. Euro) – nach den USA an zweiter Stelle unter

Staatliche Hilfe für Georgien: UNOMIG und Polizei

Deutschland beteiligt sich seit 1994 an der **UNOMIG** (United Nations Oberserver Mission in Georgia), die den Auftrag hat, die Einhaltung des **Waffenstillstandsvertrages** zwischen Georgien und dem abtrünnigen **Abchasien** zu überwachen. Deutschland stellt hier drei Militärbeobachter, drei Sanitätsoffiziere und fünf Sanitätsfeldwebel.

Am 8. Oktober 2001 wurde ein UN-Hubschrauber mit Oberstabsarzt *Dieter Eißing* an Bord während eines Patrouillenfluges von zwei Raketen abgeschossen. Er war der erste deutsche Soldat, der seit dem Ende des Zweiten Weltkriegs während eines Auslandseinsatzes ums Leben kam, was von den deutschen Medien praktisch totgeschwiegen wurde.

In Zusammenarbeit mit den deutschen UNOMIG-Beobachtern konnten auch **Hilfsgüter** aus der Schweiz in das Konfliktgebiet gebracht werden. So stellten IKRK, Ärzte ohne Grenzen und Swiss Donation medizinische Ausrüstung für Sugdidi zur Verfügung. Schulen in Sugdidi erhielten auch Sportgeräte für den Schulsport. Außerdem wurden Schulmöbel, medizinisches Gerät und Kleiderspenden nach Gali gebracht. Für die komplette Renovierung der Schule in Atschigware (Abchasien) wurden 20.000 SFr zur Verfügung gestellt. Dort hat ein Lehrer ein lächerliches Gehalt von umgerechnet 2 US$ pro Monat, in Gali sind es 5 US$.

Neben den Kräften der UNOMIG wurde im Jahr 2003 aufgrund eines Beschlusses des Sicherheitsrates der Vereinten Nationen (Resolution 1494 der UNOMIG) eine **zivile Polizeikomponente** hinzugefügt. Ursache dafür war die Erkenntnis, dass die lokalen Sicherheitskräfte nicht in der Lage waren, die Kriminalität zu bekämpfen, was eine Voraussetzung für die Rückkehr der Vertriebenen in die Orte innerhalb der Konfliktzone darstellt. Zurzeit arbeiten vier Deutsche (von 14 internationalen Polizeibeamten) im Hauptquartier der UNOMIG Police in Sochumi und Sugdidi. Sie haben die Aufgabe, die örtliche Polizei fachlich zu **beraten und auszubilden.** Sowohl die georgische Polizei als auch die abchasische Miliz entsprechen bezüglich ihrer fachlichen Kompetenz, ihrer Ausstattung und beruflichen Einstellung nicht westeuropäischen Maßstäben.

Die Ausbildung an der georgischen Polizeiakademie in Tbilisi dauert ganze sechs Wochen, Beamte der Kriminalpolizei verfügen in der Regel über einen Universitätsabschluss in Jura, der aber inhaltlich nicht mit dem Standard deutscher Universitäten mithalten kann. Über eine darüber hinausgehende polizeiliche Ausbildung verfügen sie nicht. In Sugdidi können Polizisten auch ohne jegliche Ausbildung aufgrund eines Fürsprechers ernannt werden, was etwas an Westernfilme erinnert, in denen der jeweilige Held einfach den Sheriffstern angesteckt bekommt.

Die **Regional Police** ist für den täglichen Polizeidienst zuständig, wofür 200 bis 300 GEL (100 bis 150 €) Gehalt gezahlt wird. Die Polizisten tragen keine Uniform, sondern eine dunkelblaue Weste mit der Aufschrift „Criminal Police“ auf dem Rücken.

Die Mitglieder der **Patrol Police** (Verkehrspolizei), zuständig für die Aufnahme von Verkehrsunfällen und Notrufen, die Wahrung der öffentlichen Sicherheit und die Abnahme von Fahrprüfungen, erhalten immerhin 500 GEL (ca. 250 €). Sie verfügen über moderne Uniformen und Polizeifahrzeuge und ihre Dienstgebäude sind in einem besseren Zustand.

In Gali genießt die **abchasische Miliz** kaum das Vertrauen der Bevölkerung vor Ort, schon gar nicht das der dort ansässigen georgischen Bevölkerung. Korruption ist an der Tagesordnung. Die absolute Zahl der zur Schwerkriminalität gehörenden Delikte wie Mord, schwerer Raub, Entführung und Erpressung steht in radikalem Widerspruch zur Anzahl der eingesetzten Milizionäre (einer pro 1000 Einwohner). Hinzu kommen mangelhafte Ausbildung, schlechte Bezahlung und fehlende Aus- und Weiterbildung.

den bilateralen Partnern. Darüber hinaus beteiligt sich die Bundesrepublik an Projekten multilateraler Geldgeber wie Weltbank, Internationaler Währungsfonds, Europäische Union und Europäische Bank für Wiederaufbau und Entwicklung.

Die **deutsche Botschaft in Tbilisi** mit ihrem Referat für wirtschaftliche Zusammenarbeit koordiniert die entwicklungspolitischen Aktivitäten zwischen beiden Ländern und der nach Georgien entsandten deutschen **Entwicklungshilfe** wie GTZ, KfW und CIM. Der Senior Experten Service in Bonn (www.ses-bonn.de) bietet Fachkräfte an, ebenso der Internationale Volkshochschulverband (www.iiz-dvv.ge) mit seinem Büro in Tbilisi, der sich vor allem auf dem Gebiet der beruflichen Ausbildung und Erwachsenenbildung engagiert. Weiterhin betreut und berät die Botschaft Hilfswerke und politische Stiftungen bezüglich ihrer Projektarbeit zur **humanitären Hilfe** für Georgien.

Schwerpunkte deutscher Entwicklungsarbeit liegen in den Bereichen Energie und Demokratisierung und dem Aufbau der Marktwirtschaft. Hochrangige Juristen beraten in Fragen der Rechtsanpassung. Die Bundesrepublik ist der größte Geldgeber für die Restrukturierung der Energieversorgung Georgiens.

Deutschland war 2006 **größter europäischer Handelspartner** Georgiens und stand hinter der Türkei, Russland und Aserbaidschan an vierter Stelle. Das Handelsvolumen betrug knapp 397 Millionen US-Dollar und stieg damit gegenüber 2005 deutlich an (234 Mio. US$).

Im September 2007 wurde in Tbilisi die **Deutsche Wirtschaftsvereinigung in Georgien** gegründet. Hierbei handelt es sich um einen Zusammenschluss von in Georgien ansässigen deutschen Unternehmen und georgischen Unternehmen mit deutschem Management oder starker Bindung an den deutschen Markt. Zunächst unterzeichneten 16 Unternehmen das Gründungsdokument; der Beirat setzt sich zusammen aus Vertretern der georgischen ProCredit Bank, der Lufthansa und Caparol. Im September 2007 reiste eine größere Gruppe von deutschen Unternehmern nach Georgien, um sich vor Ort über den Wirtschaftsstandort zu informieren. Dazu dienten Gespräche mit dem Wirtschaftsminister, dem Premierminister und eine Kontaktbörse mit georgischen Unternehmen.

Kulturelle Beziehungen

Auch der kulturelle Austausch zwischen Deutschland und Georgien hat eine sehr lange Tradition. Schon in den vergangenen beiden Jahrhunderten war ein Studienaufenthalt in Deutschland für viele Mitglieder der georgischen Elite erstrebenswert. Auch heute noch haben ein Studium in Deutschland und das Erlernen der deutschen Sprache nach Russisch und Englisch einen hohen Stellenwert.

Als kleine Sensation dürfte die erste **Städtepartnerschaft,** noch zur Zeit der ehemaligen UdSSR, im Jahr 1975 zwischen Saarbrücken und Tbilisi gegolten haben. Sie führte zu einem Austausch zwischen Künstlern und Wissenschaftlern beider Städte. Weitere Städtepartnerschaften sind in den Ortskapiteln aufgeführt.

Zahlreiche Kulturgesellschaften engagieren sich für die Pflege der Beziehungen beider Länder. Dazu gehören in Deutschland unter anderem die „Berliner Georgische Gesellschaft" und die „Brandenburgisch-Georgische Gesellschaft e.V." sowie in Georgien das „Georgisch-Deutsche Zentrum" in Kutaisi.

Als absolute kulturelle Höhepunkte dürfen die **Ausstellung „Medeas Gold"** vom März bis Juni 2007 im Alten Museum in Berlin und das Gastspiel des Musik- und Tanzensembles „Erisioni" aus Tbilisi in Köln im Frühjahr 2007 gewertet werden. Die Aufsehen erregende Ausstellung in Berlin war die erste internationale Ausstellung des Georgischen Nationalmuseums und fand in der Presse große Beachtung: „Sensationsfunde aus Georgien in Berlin" (Märkische Allgemeine vom 15.3.2007). Sie wurde im Beisein von Premierminister *Zurab Noghaideli* und Kulturstaatsminister *Bernd Naumann* eröffnet.

Bevölkerung

Etwa 70 % der Bevölkerung sind **Georgier,** unter 10 % **Russen,** etwa 7 % **Armenier,** 6 % **Aseris** (Aserbaidschaner) und 7 % sonstige Nationalitäten, also Osseten, Ukrainer und andere. Schätzungen gehen davon aus, dass nach 1991 etwa **eine Million Menschen Georgien verlassen** haben, um Armut, Perspektivlosigkeit und Bürgerkriegen zu entfliehen. Den Statistiken trauen die Georgier jedoch noch weniger als wir das tun, behaupten sie doch, dass seit 1990 nur 114.000 Emigranten das Land verlassen hätten. Unabhängige Experten berufen sich auf die Volkszählung von 1989 mit 5,4 Millionen Einwohnern und auf die von 2002 mit 4,4 Millionen. Man kann auf jeden Fall sagen, dass einer von fünf Einwohnern das Land verlassen hat – Grund genug sogar für die UNO, sich für diesen Massenexodus zu interessieren.

Bis dato wird an der Grenze nur der Grenzübertritt erfasst, nicht aber, ob jemand emigriert, im Ausland studiert oder einfach nur verreist. Viele reisen auch mit einem mehrmonatigen Touristenvisum nach Europa, in die Türkei oder in die USA, um dort schwarz zu arbeiten.

Nach der Rosenrevolution verließen viele Russen das Land, was durch ihre im Allgemeinen hohe Qualifikation und die nicht vorhandene Sprachbarriere begünstigt wurde. Präsident *Michail Saakaschwili* ludt nach seiner Amtsübernahme die Emigranten zur Rückkehr ein. Diejenigen, die seiner Einladung gefolgt sind, bedauern das zumeist und denken oft über eine erneute Auswanderung nach. Jeder Emigrant überweist ungefähr 1000 US$ pro Jahr an seine Familie, was bei einer Million Auswanderern immerhin eine Milliarde US-Dollar pro Jahr ausmacht.

Deutsche Siedler in Georgien

Zwischen 1817 und 1819 wanderten **schwäbische Pietisten** nach Georgien, aber auch nach Armenien und Aserbaidschan aus. Zar *Alexander I.* erteilte ihnen im Mai 1817 die Genehmigung zur Siedlung, woraufhin ungefähr 500 Großfamilien in der Umgebung von Tbilisi acht Kolonien gründeten, die von den Einheimischen bald als **Schwabendörfer** bezeichnet wurden.

In der größten Ansiedlung **Katharinenfeld** (heute Bolnisi, s. Kap. „Unter-Kartlien"), die nach der aus Württemberg stammenden Schwester *Katharina* des Zaren *Alexander I.* benannt wurde, siedelten sich 95 Familien an. Die Siedler gründeten nicht nur eine **deutsche Zeitung,** sondern auch fünf Fußballmannschaften. Sie errichteten eine Grundschule und erbauten eine **evangelisch-lutherische Kirche.** Es gab sogar eine Theatergruppe und einen Jagdverein.

In Tbilisi, im Stadtteil Neutiflis, siedelten Handwerker, Kaufleute und Hoteliers. Sie gründeten ein deutsches Gymnasium und bauten ebenfalls eine evangelisch-lutherische Kirche. In Abchasien entstanden Siedlungen wie Neudorf, Lindau und Gnadenberg bei Sochumi. 1918 gab es mehr als 20 Dörfer, die von Kaukasiendeutschen gegründet wurden. Der Schriftsteller und Journalist *Arthur Leist* war Chefredakteur der von *Kurt von Kutschenbach* von 1906 bis 1922 in Tbilisi verlegten deutschen Wochenzeitung „Kaukasische Post".

Doch das Glück währte nicht lange. Nach der Okkupation Georgiens durch die Rote Armee im Jahr 1921 wurde Katharinenfeld in Luxemburg (nach *Rosa Luxemburg*), 1941 in Bolnisi umbenannt. Auch andere Dörfer erhielten neue Namen, zum Beispiel wurde aus Marienfeld Sartischala und Elisabethental hieß fortan Asureti. Alexandersdorf wurde von Tbilisi eingemeindet.

Ab den 1930er Jahren wurden deutsche Siedler im Kaukasus besonders intensiv **politisch verfolgt.** In Luxemburg wurden 352 Einwohner verhaftet, verschleppt oder ermordet.

1941 lebten ungefähr 24.000 Deutsche in Georgien und 23.000 in Aserbaidschan. *Stalin* siedelte alle, die nicht mit einem georgischen Ehepartner verheiratet waren, nach **Sibirien oder Kasachstan** um. Deutsche Kriegsgefangene mussten 1946/47 die evangelisch-lutherische Kirche in Tbilisi abreißen.

Die Brüder *Walter* (gest. 1868) und *Otto* (gest. 1871) *von Siemens,* die zwischen 1858 und 1863 die Telegrafenlinien Moskau – Tbilisi – Poti – Wladikawkas sowie 1868 von Tbilisi nach Baku errichten ließen, wurden in Tbilisi begraben. Erwähnung verdient weiterhin der Danziger *Gustav Radde* (1831–1903), der nicht nur als Erster Swanetien erforschte, sondern das einst modernste völkerkundliche Museum Russlands, das Kaukasische Museum in Tbilisi, gründete.

Religionen

Apostolische Kirche

Die Mehrheit der Bevölkerung Georgiens (ca. 75 %) bekennt sich zur **Georgisch-Orthodoxen Apostelkirche,** die Verfassungsrang genießt und keine Steuern zahlen muss. Patriarch der autokephalen Kirche ist *Ilja II.*, der am Unabhängigkeitstag zusammen mit der Regierung auf dem Podium steht und dem Parlament zu Beginn der Legislaturperiode seinen Segen erteilt.

Die beiden Apostel *Simon* und *Andreas* sollen von Nazareth ausgesandt worden sein, um das damalige Iberien zu missionieren. Die Georgier beteten heidnische Gottheiten an, etwa Natur- und Stammesgottheiten. Auch gab es eine Reihe von Feueranbetern (Zoroastrier). Die Bergvölker verehrten besonders ihre Göttin Dali, vor allem in Swanetien als Schutzgöttin der Jagd.

Weiterhin ist immer wieder von den syrischen Vätern die Rede, die missioniert haben; viele von ihnen wurden ermordet. Einer der bekanntesten war *Dawit,* der im damaligen Tiflis die Zoroastrier missionierte. Als diese ihn daraufhin verleumdet haben sollen, zog er sich nach Garedscha zurück, um dort als Eremit zu leben.

Die heilige *Nino* brachte im 4. Jh. den christlichen Glauben nach Mzcheta, das damals Hauptstadt war. Der Legende nach gelang es ihr, Königin *Nana* für das Christentum einzunehmen. Die Königin überzeugte ihren Gemahl, König *Mirian III.*, von der neuen Lehre und so wurde das Christentum im Jahre 337 zur **Staatsreligion** erklärt und auch beibehalten.

König *Wachtang Gorgassali* gewährte der Kirche Iberiens im 5. Jh. **Autokephalie** (Eigenständigkeit), die ihr nach dem Anschluss an das zaristische Russland wieder genommen wurde.

Die Armenische Apostolische Kirche vertritt bis heute das Postulat von der Einen Natur Jesu. Auf dem Konzil von Chalkedon im Jahr 609 erkannte der georgische Katholikos *Kirion I.* die Doppelnatur Christi an, also die göttliche und menschliche Natur. Das führte damals zum **Bruch mit der Armenischen Apostolischen Kirche.** Die Georgische Kirche orientierte sich an der orthodoxen Kirche von Byzanz. Als das Christentum im Jahr 1054 in den katholischen Westen und den orthodoxen Osten zerfiel (Schisma), behielt die Georgische Kirche diese „rechtgläubige" Orientierung bei. Während es bei den Katholiken einen Vertreter Christi auf Erden gibt, den Papst, erkennen die Orthodoxen Christen keinen Vertreter Christi auf Erden an. Die orthodoxe Kirche ist in Autokephalien gegliedert, denen ein **Katholikos** bzw. **Patriarch** vorsteht. Die Bezeichnung Katholikos lässt also nicht auf den katholischen Glauben schließen.

Nach Erlangung der Unabhängigkeit Georgiens 1991 sollte die **georgische Liturgie und Kirchensprache** wieder

Kloster und Akademie Gelati
aus dem 12. Jahrhundert

eingeführt werden. Das erwies sich zunächst als schwierig, da es keine darin ausgebildeten Priester gab. So traten viele Laienpriester ihren Dienst an, denen jedoch ein theologisches Grundlagenstudium fehlte. Inzwischen gibt es in Tbilisi wieder ein Priesterseminar.

Weitere Religionen

In Georgien leben etwa 376.000 **Muslime** (ca. 11 % der Bevölkerung), vor allem in Adscharien, die zur Zeit der osmanischen Herrschaft zum Islam übergetreten sind. Daneben gehören etwa 4 % der armenisch-gregorianischen Kirche an, weniger als 1 % sind Katholiken, außerdem gibt es noch einen geringen Bevölkerungsanteil an Protestanten und Juden. Letztere haben nach 1991 das Land zu großen Teilen verlassen.

In den letzten Jahren der Regierungszeit von *Eduard Schewardnadse* kam es zu Ausschreitungen gegen die Zeugen Jehovas und gegen Baptisten, die jedoch strafrechtlich verfolgt wurden und somit ein Ende fanden.

Alltagsleben, Sitten und Bräuche

Die Georgier sind trotz ihrer prekären wirtschaftlichen Lage immer hilfsbereit, aufgeschlossen und gastfreundlich. Man kommt leicht mit ihnen in Kontakt. Im Folgenden soll versucht werden, einige typische Merkmale der

033ge Foto: mk

georgischen Mentalität herauszuarbeiten, damit man sich auf das Land gut vorbereiten kann.

Kleidung

Georgier legen sehr großen Wert auf ihre Kleidung und das äußere Erscheinungsbild. Es ist immer wieder beeindruckend, wie sie das trotz der prekären wirtschaftlichen Lage schaffen. Ob Frisur, Kleidung, Schuhe - alles muss ordentlich aussehen.

Zeitfaktor

Das Leben beginnt in Georgien viel später am Tag als in Mitteleuropa und endet demzufolge auch später. Kaum jemand besitzt eine Armbanduhr, Zeit spielt keine Rolle. Das trifft natürlich auf Arbeitslose in verstärktem Maße zu. Man geht aber generell alles sehr ruhig an, für ein Schwätzchen hat man immer Zeit. Als Tourist profitiert man natürlich davon, denn niemand hastet davon, weil er/sie mal eben noch seine S-Bahn erreichen möchte. Es kann aber auch richtig nervig werden, wenn man beispielsweise ein Geschäft betritt und der Schwatz mit der Nachbarin ungeniert fortgeführt wird, ohne den Kunden auch nur eines Blickes zu würdigen.

Pünktlichkeit ist nicht eben eine georgische Tugend. Man sollte jedoch fair sein, denn die Infrastruktur macht es meist unmöglich, auch nur annähernd pünktlich zu sein. Vorteil: kommt man selbst später als verabredet, wird das niemand krumm nehmen.

Die Frau in der Gesellschaft

Wie im Kapitel Geschichte ausgeführt, war Georgien in den über 5000 Jahren seines Bestehens häufig von muslimischen Eroberern beherrscht. Das blieb nicht ohne Auswirkungen, auch wenn Georgien das zweitälteste christliche Land der Welt ist. Zwar gibt es auch in Mitteleuropa Phänomene wie den Männerstammtisch und die „beste Freundin", aber das **traditionelle Rollenbild** lebt in Georgien in einer Weise fort, die schon erstaunt.

Ich habe beispielsweise immer wieder feststellen müssen, dass es nur selten möglich ist, als Frau mit einem georgischen Mann ein Gespräch zu führen, das in Mitteleuropa als ganz normales Alltagsgespräch gelten würde. Gelingt das doch einmal, dann endet es spätestens in dem Moment, wenn andere Männer dazukommen. Man wird einfach nicht mehr einbezogen, nachdem die Frauen im Allgemeinen und man selbst im Besonderen gelobt worden ist. Dagegen ist das Gespräch von Frau zu Frau über alle nur denkbaren Themen recht leicht zu führen.

Durch die starke Rollenteilung obliegt der Frau der gesamte **Haushalt,** die Kindererziehung, oft noch das Versorgen des Viehs und eine **berufliche Tätigkeit,** sofern vorhanden. Entstammt die Frau einer Familie, in der auch schon die Mutter berufstätig war, wird sie das als selbstverständlich ansehen und auch eine Berufstätigkeit anstreben oder ihr nachgehen. Es ist aber auch denkbar, dass der Ehemann die Berufstätigkeit verbietet.

Während in Mitteleuropa geschiedene oder verwitwete Frauen oft nicht wieder heiraten, da das Leben als Single attraktiver erscheint, ist es in Georgien für diese Frauen schwer. Unabhängig vom finanziellen Aspekt fehlt ein Mann als Repräsentant der Familie nach außen. **Scheidung** ist weit weniger verbreitet als in Deutschland. Mir haben die georgischen Frauen immer wieder besonders imponiert. Sie tragen nicht nur die gesamte Last der Haushaltsführung, sondern verfügen auch über einen hohen Bildungsgrad. Ein Gespräch mit einer georgischen Frau hat mir fast immer viel gegeben.

Familiengründung

Es ist schier unglaublich, wie früh die Georgier die Ehe eingehen. Praktisch gilt die Zahl 25 als „magische Zahl". Wer **mit spätestens 25 Jahren** nicht verheiratet ist, findet nur noch schwer einen Partner, da die potenziellen Kandidaten schon „weg" sind. Es wird größter Wert darauf gelegt, dass die Braut noch Jungfrau ist. Ein Zusammenleben ohne Trauschein ist undenkbar, wenngleich es erste Ausnahmen gibt. Oft „helfen" die Eltern bei der Eheschließung nach. Das ist sicher weniger in Tbilisi der Fall, aber in ländlichen Gegenden noch immer Sitte. Bis ins 19. Jh. hinein wurden die Kinder oft schon bei der Geburt verlobt. Heute darf man ab 16, gelegentlich auch schon ab 14 Jahren heiraten.

Schwangere Frauen beteiligen sich weniger am öffentlichen Leben. Sie würden kaum zu Verwandten reisen, „es könnte ja etwas passieren". Angesichts der Verkehrsinfrastruktur ist das aber verständlich. Früher durfte das Baby in den ersten 40 Tagen niemandem gezeigt werden, damit es nicht einer Ansteckungsgefahr ausgesetzt oder vom bösen Blick getroffen wird. Am 40. Tag nach der Geburt wird es getauft, denn von da an, so meint man, hat es einen Schutzengel.

Soziale Kontrolle und Privatsphäre

In Georgien wird man ungeniert ausgefragt nach den persönlichsten Dingen. Wer sich sprachlich verständlich machen kann und auch den Kontakt sucht, wird unverzüglich nach dem Familienstand, der Anzahl der Kinder, der Höhe des Gehaltes und der zu erwartenden Rente befragt. Danach wird die „Neuigkeit" genauso ungeniert weitererzählt, gern auch im Beisein des eben Befragten. Während beides bei uns als schlechtes Benehmen zählt, muss man dies hier als normal ansehen. Jeder kennt jeden und jeder weiß „alles" über jeden, was jedoch auch für die Menschen im Lande nicht immer einfach ist. So erzählte mir ein Tourist aus Liverpool, dass er eine georgische E-Mail-Freundin habe, die 36 Jahre alt sei und noch unverheiratet. Er durfte sich nur bei der Familie mit ihr treffen (in deren Wohnung), damit sie nicht „ins Gerede" käme. Es war immer jemand aus der Familie zugegen und sie habe ihm hoch und heilig versichert, dass sie noch Jungfrau sei. Freundschaften zwischen Männern und Frauen oder Bekanntschaften „ohne Hintergedanken" sind in Georgien nicht denkbar.

Die Georgier haben ein ganz anderes Verhältnis zum Alleinsein. Das in Mitteleuropa übliche Bestreben, ab und zu mal allein zu sein, können sie nicht nachvollziehen. Der Mangel an Privatsphäre hat aber auch einen positiven Aspekt: Als ich während einer Reise mal erkrankte, kam die halbe Nachbarschaft mit Medikamenten zu Hilfe.

Bestattungen

Der Leichnam wird traditionell in der Wohnung der Familie aufgebahrt. Die Familie geht schwarz gekleidet, in Mingrelien wird sehr laut geklagt. Die Beerdigung findet nach ca. fünf bis sechs Tagen statt, jedoch nicht montags oder mittwochs. Feuerbestattungen sind nicht üblich. Zwei Tage vorher kommen die Verwandten, um Abschied zu nehmen. Nach der Beerdigung findet die Trauerfeier mit dem Leichenschmaus statt. Die Trauergäste beteiligen sich an den Kosten der Bestattung. Die Familie geht für 40 Tage schwarz gekleidet, Witwen kleiden sich für immer schwarz. Einige Männer rasieren sich 40 Tage nicht und es wird so lange kein Fernsehen geschaut.

Bildung und Soziales

Bildungswesen

Bildung genießt in Georgien ein sehr hohes Ansehen. Reisende, die sich sprachlich verständigen können, werden immer wieder begeistert sein, wie gut die Menschen zum Beispiel mit ihrer fünftausendjährigen Geschichte vertraut sind.

Seit dem Zusammenbruch der Sowjetunion gibt es praktisch keine Berufsausbildung mehr. Damals konnte man nach neun Jahren Schule an einem Technikum lernen. Mittlerweile entstanden private Schulen, die eine Berufsausbildung ohne praktischen Teil anbieten und kostenpflichtig sind.

Der **Universitätsabschluss** in Georgien ist weit unter mitteleuropäischem Niveau und entspricht oft kaum dem Abschluss der zehnten Klasse in Deutschland. Statt des Abiturs müssen georgische Studienbewerber eine Aufnahmeprüfung ablegen. Diese wird in Deutschland nicht anerkannt. Georgische Studienbewerber, die sich in Deutschland an einer Universität einschreiben wollen, müssen mindestens vier Semester in Georgien studiert haben, was dann als Abitur gilt.

Mittlerweile gehen georgische Schüler zwölf Jahre zur Schule. Viele Lernformen, die bei uns selbstverständlich sind, kennt man in Georgien nicht. Dazu gehören das Erledigen von Hausaufgaben, bei Studenten das Mitschreiben von Vorlesungen oder das Ausarbeiten von Referaten. Sogar Hochschulabsolventen wissen nicht, wie ein Geschäftsbrief aufzusetzen ist. Praktika gibt es noch nicht. Absolventen lernen also erst bei Arbeitsantritt die praktische Seite ihres Berufs kennen.

In Tbilisi gibt es mittlerweile eine Reihe **ausländischer Bildungsinstitute,** an denen sogar in englischer oder französischer Sprache unterrichtet wird. Der Besuch ist besonders prestigeträchtig und dementsprechend hoch sind die Studiengebühren.

Die wichtigsten Bildungseinrichtungen sind die **Staatliche Universität Tbilisi,** in der rund 30.000 Studenten an 18 Fakultäten eingeschrieben sind. Weiterhin gibt es die Technische Universität, die Staatliche Pädagogische Universität, die Staatliche Medizinische Universität sowie die Staatliche Universität für Sprache und Kultur, alle in Tbilisi. In Kutaisi befindet sich die Akaki-Zereteli-Universität. Die Georgische Akademie der Wissenschaften hat zehn wissenschaftliche Abteilungen und 63 Forschungsinstitute. Georgien verfügt über 5000 Bibliotheken, rund 250 Museen und ein Netzwerk von 70 Archiven – für ein Land kaum größer als Bayern imponierend!

Gesundheitswesen

Das Gesundheitswesen war zu Zeiten der Sowjetunion kostenlos und jedem Bürger zugänglich. Im Rahmen der Reformen werden Krankenhäuser und medizinische Behandlungen mehr und mehr **privatisiert** und sind für große Teile der Bevölkerung nicht mehr erschwinglich. Ohne eine intakte Familie, die für die Bezahlung der Behandlung aufkommt, hat ein Kranker schlechte Karten.

Drogenprobleme

Die Anzahl Drogenabhängiger ist in Georgien stark im Anwachsen begriffen, die Süchtigen werden immer jünger. Im Jahr 2006 wurde ein Verwaltungsakt über den Missbrauch von Drogen verabschiedet. Personen, die illegal Drogen konsumiert haben und erstmals dabei erwischt werden, müssen demnach ein Bußgeld von 500 GEL zahlen, für georgische Verhältnisse ein riesige Summe. Wer mehr als einmal positiv getestet wird, zahlt mindestens 2000 GEL.

Dawit Otiaschwili, der Direktor der Vereinigung Alternatives Georgien, der 13 Verbände aus fast allen Regionen Georgiens angehören, geht davon aus, dass so monatlich eine Million GEL in die Staatskasse einfließen. Otiaschwili bestreitet den Nutzen der Verordnung, denn die Strafen stürzen viele Familien in große materielle Not. Wer kann, verkauft seinen Schmuck, um für die Strafe der Kinder oder anderer Familienmitglieder aufkommen zu können. Kann die Familie die Summe nicht begleichen, wird Eigentum versteigert. Es gibt erste Präzedenzfälle, bei denen Familien ihr Haus verkaufen mussten, andernfalls wäre es zwangsversteigert worden.

Chatuna Todadse, Direktorin der Wissenschaftlichen Abteilung des Instituts für Drogensucht, befürwortet zwar eine finanzielle Verantwortung der Süchtigen, jedoch sollten die Strafen angemessen sein. *Marina Asatiani,* Direktorin des Presse-Club-Projektes zur Schadensbekämpfung, fordert eine Bestrafung der Dealer, des organisierten Verbrechens und der Mafia, jedoch nicht der Süchtigen.

(Quelle: „Georgia Today", 18.–24.5.2007)

Folgende Leistungen werden noch staatlich finanziert: Schwangerschaftsberatung und Geburtshilfe (Kosten in der Stadt bis 500 GEL, auf dem Lande 200–500 GEL), Behandlung von Kindern bis zu drei Jahren, radiologische Behandlungen, onkologische Operationen (Krebserkrankungen), teilweise Behandlung von akuten Krankheiten (einige Leistungen sind kostenpflichtig), Notfalldienste, Tuberkulosebehandlung.

Sozialversicherungssystem

Georgien verfügt praktisch über **kein funktionierendes Sozialsystem.** Die Situation kann getrost als dramatisch bezeichnet werden. Da kein Arbeitslosengeld gezahlt wird, besteht für Arbeit Suchende kein Anreiz, sich als arbeitslos registrieren zu lassen. Arbeitslose sind, ebenso wie Kranke, auf ihre Familie angewiesen. Aber auch ein vorhandenes Arbeitsverhältnis garantiert keine soziale Sicherheit. Der Jahresdurchschnittslohn von 810 US$ ist extrem niedrig.

Im Jahre 1992 fand eine Landverteilung statt. Alle, die damals Land erhalten hatten, zählen in den Statistiken als Selbstständige. Als Ergebnis zählt die Landwirtschaft (weitgehend Eigenversorgung) mit 56 % aller Beschäftigten zum größten Arbeitgeber, trägt aber nur mit 21 % zum Bruttosozialprodukt bei.

Die Reserven, die viele Familien noch aus den Zeiten des Sozialismus hatten, sind weitgehend aufgebraucht. Eine rasante **soziale Verelendung** mit Mangelernährung und einer extrem lückenhaften medizinischen Versorgung, die kaum 15 % der Bevölkerung erreicht, birgt ein großes soziales Destabilisierungspotential. Das Existenzminimum soll nach Angaben aus Regierungskreisen 115 GEL betragen, die zurzeit gezahlte Rente (2007) beträgt 38 GEL.

Internationale Hilfsorganisationen versuchen, die notwendigste Hilfe zu leisten, können aber unmöglich alle Bedürftigen eines ganzen Landes unterstützen.

Kunst und Kultur

Architektur

Ein- und dreischiffige Kirchen

Die ersten Christen bauten bescheidene Versammlungsräume von meist nur leicht rechteckigem Grundriss, die sich dennoch **Basilika** (Palast) nannten. Im Inneren dieses Rechtecks verliefen parallel zu den Längsseiten zwei Säulenreihen, das Dach war im Mittelteil höher.

Man findet in Georgien aber auch eine Reihe einschiffiger Kirchen. Gemeinsam ist allen der gegenüber dem Eingang befindliche Altarraum, entweder in Form einer nischenartigen Aussparung in der Wand oder als halbkreisförmiger oder auch eckiger Anbau gestaltet. Exemplarisch für die frühgeorgische Kirchenbaukunst sei hier die Dshwari-Kirche (Kreuzkirche) im alten Kloster von Schuamta genannt.

Zum Ende des 5. Jh. wurde die rechteckige Form der Kirchen deutlicher herausgearbeitet, d.h. die Längsachse wurde länger gestaltet und das **Tonnengewölbe** setzte sich durch, was man sehr gut an der Antißchati-Kirche in Tbilisi erkennen kann. Auch sie ist eine Basilika. Dieser Baustil herrschte etwa bis ins 10. Jh. vor.

Kreuzkuppelkirchen

Daneben gab es ab dem 6. Jh. Kreuzkuppelkirchen, vor allem in Klöstern, wobei der Grundriss streng quadratisch gehalten war. Etwa ab Ende des 6. Jh. wurden sie mit gerundeten Wänden gebaut, d.h. die Kreuzform wurde beibehalten, aber die Wände hat man halbrund nach außen gezogen. Dieser Baustil wird bis heute beibehalten. Interessant ist, dass der Kuppelgestaltung nicht die gleiche Beachtung geschenkt wurde wie in orthodoxen Kirchen anderer Länder, etwa in Russland (Stichwort: Zwiebeltürme). Auf einem gut sichtbaren Berg bei Mzcheta steht die immer gut besuchte Dshwari-Kirche (Kreuzkirche), eine Vertreterin der Kreuzkuppelkirchen aus jener Epoche.

Vor allem ab dem 7. Jh. wurde unter Beibehaltung der Kreuzkuppelform mit der Gestaltung der Außenwände experimentiert. Wurden bis dahin nur die Seitenwände mit halbkreisförmigen Ausbuchtungen versehen, hat man nun die vier Ecken des Rechtecks zusätzlich gerundet oder abgeschnitten. So entstand ein Grundriss in Form einer achtblättrigen Blüte, wobei jedes zweite Blatt kleiner ist.

Freskenmalerei

Beim Besuch einer georgischen Kirche wird man fast immer Fresken bzw. deren Reste vorfinden. Das 11. bis 13. Jh. war die Blütezeit der kirchlichen Freskenmalerei in Georgien, wobei die georgischen Meister auf die **byzantinische Ikonenmalerei** zurückgriffen. Es gab zwei Schulen für die Freskenmalerei, nämlich die im Kloster Davit Garedscha gelehrte und die vom Kloster in Tao-Klardschetien (heute Türkei) vertretene. Es wurden nicht nur Heilige, sondern auch Könige und Fürsten dargestellt.

034ge Foto: mk

Fresko in der Muttergotteskirche von Gelati mit dem einzigen erhaltenen Bildnis von König Dawit dem Erbauer

Mit dem Einfall der Mongolen im 13. Jh. und der Eroberung von Byzanz durch die Osmanen verlor die Freskenmalerei ihre Bedeutung und wurde nicht weiterentwickelt, viele Fresken wurden in zahlreichen Kriegen übermalt oder anderweitig zerstört.

Als Faustregel für die meist mehretagigen Freskenmalereien kann folgendes gelten: Die Zentralkuppel zeigt Christus, den Weltenherrscher, die Kuppel über dem Altar die Muttergottes mit dem Jesuskind auf dem Arm. Die Wände sind ganz oben mit Szenen aus dem Alten Testament, darunter aus dem Leben Jesu und verschiedener Heiliger ausgemalt. Sehr oft wurden in der untersten Etage die Kirchenstifter verewigt.

Im Kloster Kinzwissi bei Gori kann man Fresken im harmonischen Stil, wie er vom 11. bis 13. Jh. gepflegt wurde, bestaunen, während im Kloster Sapara bei Wardzia Fresken aus dem 14. Jh. zu bewundern sind.

Literatur

Erste Werke georgischer Literatur lassen sich bis ins 5. Jh. datieren. *Jakob Zurtaweli* schrieb „Das Martyrium der Heiligen Schuschanik". Während des Goldenen Zeitalters, also im 11. und 12. Jh., als König *Dawit Agmaschenebeli* und Königin *Tamar* herrschten, erreichte die Literatur eine Blütezeit. Bekanntester Vertreter dieser Epoche ist **Schota Rustaweli,** der das Epos „Der Recke im Tigerfell" *(Vep'his tqaosani)* verfasst hat, gelegentlich auch als „Recke im Pantherfell" übersetzt. Ein Exemplar dieses Werkes steht in fast jedem georgischen Haushalt.

Im 18. Jh. ließ König *Wachtang VIII.* die erste Druckerei Georgiens errichten, er gab ein **georgisches Wörterbuch** heraus und verlegte La Fontaines Fabeln.

Zu den herausragenden Vertretern der georgischen Literatur im 19. Jh. gehören **Ilja Tschawtschawadse** („Der Einsiedler", 1895, siehe auch Kapitel Kachetien: Kwareli), **Akaki Zereteli** („Suliko", „Der Tutor") und **Alexander Kasbegi** (siehe auch Kapitel Georgische Heerstraße: Kasbegi). Als Vertreter bzw. Gründer der georgischen Romantik gelten Fürst *Alexander Tschawtschawadse, Grigol Orbeliani* und *Nikolos Barataschwili,* die sich nach dem Anschluss Georgiens an Russland um den Erhalt der Literatur in georgischer Sprache Verdienste erwarben (siehe auch Kapitel Kachetien: Zinandali).

In den Jahren zwischen 1915 und 1921 formierte sich die avantgardistische Gruppe „Blaue Hörner", die nach der kommunistischen Machtübernahme jedoch unterdrückt wurde. Zu den wichtigsten Autoren des 20. Jh. gehört **Konstantin Gamsachurdia** (der Vater von *Swiad Gamsachurdia*) mit seinen Werken „Die rechte Hand des großen Meisters" aus dem Jahr 1939 sowie „Dawit der Erbauer". Gamsachurdia studierte 1912–1919 an der Berliner Humboldt-Universität, wo er auch promovierte. Ein weiterer bekannter Autor ist *Grigol Robakidse* („Das Schlangenhemd", 1928; „Die gemordete Seele", 1933).

Der wohl bekannteste Gegenwartsschriftsteller ist der in Moskau lebende Krimiautor **Boris Akunin,** der auch erfolgreich im deutschsprachigen Raum verlegt wird (Fandorin-Reihe, Pelagia-Reihe). Boris Akunin ist sein Künstlername, eine japanische Wortspielerei für „Schlingel". Akunin hat als junger Mann in Japan gearbeitet. Sein richtiger Name ist *Grigori Schalwowitsch Tschchartischwili.* Er wurde 1956 in Tbilisi geboren, seine Eltern zogen jedoch 1958 nach Moskau. Seine Werke wurden in 17 Sprachen übersetzt, die Weltauflage beträgt zurzeit sechs Millionen verkaufte Romane; allein in Deutschland konnte er 300.000 Bücher verkaufen. Und seine Fangemeinde wächst ständig! Nicht nur, dass einige seiner Bücher in Russland verfilmt wurden, auch Hollywood hat Interesse angemeldet.

Bildende Kunst

Malerei

Wer an georgische Malerei denkt, dem fällt vielleicht der Name **Niko Pirosmanaschwili** (1862–1918) ein, der posthum auch als **Pirosmani** bekannt wurde. Er lebte und starb bitterarm, verdiente seinen Lebensunterhalt oft als Maler von Wirtshausschildern. Erst nach seinem Tod galt er als großer naiver Maler. Sein Leben wurde von *Giorgi Schengelaja* 1969 unter dem Titel „Pirosmani" verfilmt.

Ein weiterer bedeutsamer Maler war **Giorgi (Gigo) Gabaschwili** (1862–1936), dem 2007 eine Ausstellung in Tbilisi gewidmet war. Gabaschwili studierte bei *Franz Rubo* an der Keppen-Schule Schlachtenmalerei. Später assistierte er Rubo und reiste nach Kars (heute Türkei), um dort Details für Bilder über den Russisch-Türkischen Krieg 1877/78 zu studieren. 1886 bis 1888 studierte er bei *B.W. Villevalde* in St. Petersburg Malerei von Schlachtfeldern und Kriegsszenen. Er war der erste Georgier überhaupt, dem 1891 in Tbilisi eine eigene Ausstellung gewidmet wurde. 1893 reiste er zu Studienzwecken durch den Kaukasus und nach Mittelasien sowie 1893/94 nach München, um dort bei *A. Wagner* an der Akademie der Künste zu studieren. In München malte er „Am Wasserbecken des Diwan Beg" und „Basar in Samarkand". Diese Bilder stellte er zuerst in München aus. 1896/97 und 1902/03 unternahm er weitere Reisen durch Europa. 1897 gründete er eine Kunstakademie und unterrichtete gleichzeitig von 1900 bis 1920 an der Akademie für Malerei und Bildhauerei der Kaukasischen Gesellschaft zur Beförderung der Künste. Neben den oben genannten Bildern gibt auch das Gemälde „Alt Tbilisi" von 1885 (Öl auf Leinwand) einen guten Eindruck vom sehr orientalisch geprägten Leben im Tbilisi der damaligen Zeit.

Ikonenmalerei

Obwohl in vielen Kirchen noch unterschiedlich gut erhaltene Ikonen zu bewundern sind, gilt es festzuhalten, dass es keine Blütezeit der Ikonenmalerei in Georgien gab. Leider gingen viele Ikonen auch durch die zahlreichen Kriege verloren, da ihre Einfassungen aus Gold und Edelsteinen stets Begehrlichkeiten weckten.

Goldschmiedekunst

Besonders im Kunstmuseum in Tbilisi, aber auch in der Schatzkammer des Museums für Geschichte und Ethnografie in Kutaisi kann man zahlreiche Artefakte bewundern, die den hohen Stand der Goldschmiedekunst schon in der Frühzeit Georgiens zeigen. Die Namen der Meister sind fast immer unbekannt.

Film

Das erste Kino in Tbilisi wurde 1896 eröffnet, der erste Dokumentarfilm anlässlich des 72. Geburtstages *Akaki Zeretelis* entstand 1912, der erste Spielfilm 1916 (die Literaturverfilmung „Christine"). Ende der 1920er Jahre erlebte der georgische Film eine erste Blüte mit Filmen wie „Eliso" (1928), einem Stummfilm über die Deportation der Tschetschenen durch das zaristische Russland im Jahre 1864, die die Liebe der Muslimin Eliso zu dem christlichen Chewsuren Wadschia zerstört. Die Romanvorlage stammte von *Alexander Kasbegi,* der Regisseur war *Nikolai Schengelaja.* 1929 wurde die Satire „Meine Großmutter" von *Konstantin Mihaberidse* verfilmt, ein vertonter Stummfilm, der sich gegen Protektionismus und Spießbürgertum richtete und daher zum ersten in Georgien verbotenen Film avancierte.

1930 gab der Kameramann *Michail Kalatosischwili* (russifizerter Name: Kalatosow) sein Regiedebüt mit dem ethnografischen Stummfilm „Das Salz Swanetiens", ein Klassiker des **sowjetisch-georgischen Dokumentarfilms.** Er begleitet im Jahr 1935 den Bau der Straße in das bis dahin von der Außenwelt praktisch abgeschlossene Swanetien. Seine Spannung bezieht der zum Teil recht grausame Film aus dem Widerspruch zwischen wunderschönen Landschaftsaufnahmen und den rückständigen, jahrhundertealten Traditionen in Swanetien. Dieser Film wird von der internationalen Filmkritik zu Recht mit *Luis Buñuel's* „Las Hurdes" verglichen.

Während der Zeit des **Stalinismus** wurden Helden im Sinne der staatstragenden Ideologie verlangt. *Stalin* machte *Michael Tschiaureli* zu seinem „Hofregisseur". Er drehte u.a. den Film „Der Fall von Berlin" (1950), in dem er Stalin durch den Schauspieler *Michael Gelowani* verkörpern ließ. Stalin selbst war zwar in Potsdam (zur Potsdamer Konferenz) gewesen, aber nie in Berlin, wie in dem Film behauptet wird.

Nach Stalins Tod im Jahr 1953 wehte in den Studios von Grusiafilm (georgisch: Kartuli Film) wieder ein kritischer Wind. Es begann mit *Michail Kalatosows* Antikriegsfilm „Wenn die Kraniche ziehen" und dem sozialismuskritischen Werk *Tengis Abuladses* „Magdanas Esel". In letztgenanntem Film wird die Armut breiter Teile der Bevölkerung hinterfragt. Die Regisseure und Drehbuchautoren verstanden es meisterhaft, die **sowjetische Zensur** durch Satire und Parabeln zu umgehen. Die Zensur hatte ja schon dem

Film „Die Großmutter“ von 1929 bis 1967 ein Aufführungsverbot auferlegt. Auch *Giorgi Schengelajas* Film „Pirosmani“ war zwei Jahre lang verboten. *Otar Iosselianis* „Ein Sommer auf dem Dorf“ kam ebenfalls in den 1980er Jahren auf den Index. Iosseliani emigrierte daraufhin ins Ausland. Großes Aufsehen erregte *Tengis Abuladses* Film „Die Reue“, eine schonungslose Abrechnung mit dem Stalinismus. Der Film wurde 1984 gedreht, durfte aber erst 1986, in Moskau erst 1987 gezeigt werden. Zur Erinnerung: 1985 kam *Michail Gorbatschow* an die Macht und mit ihm Glasnost und Perestroika. Dennoch konnte der Film nur mit Unterstützung *Eduard Schewardnadses* in die Kinos gelangen.

Georgische Filme wurden auch während der Sowjetzeit in georgischer Sprache gedreht und erst danach russisch synchronisiert. Die georgischen Regisseure galten vor 1991 als sowjetische Regisseure.

Durch den wirtschaftlichen Niedergang Georgiens nach 1991 kam die Filmproduktion zum Erliegen. Viele Regisseure gingen ins Ausland, darunter *Dito Tschintadse* und *Nana Dschordadse,* die nach Deutschland emigrierten. Seit 2001 das Nationale Zentrum für Kinematografie gegründet wurde, können wenigstens zwei Filme pro Jahr produziert werden.

Musik und Theater

In Georgien wird in den Familien noch sehr viel gesungen. Der **polyphone Gesang** wird sowohl in der Folklore als auch als Kirchenmusik gepflegt und steht seit 2001 auf der Liste des **UNESCO-Welterbes** in der Rubrik „Meisterwerke des mündlichen und immateriellen Erbes der Menschheit“. Wer einmal die Gelegenheit hatte, den polyphonen Gesängen zu lauschen, die nicht nur eine Sache von Ensembles sind, wird sie nie mehr vergessen. Auch die **Gesangs- und Tanzensembles** mit ihren im wahrsten Sinne des Wortes mitreißenden Aufführungen lassen ins Schwärmen geraten. Zu den bekanntesten Ensembles gehören „Erisioni“, die 2007 in Köln gastierten, und „Rustawi“.

Die Regisseure *Kote Mardshanaschwili* und *Sandro Achmeteli* gelten

036ge Foto: mk

Das Tbilisier Opernhaus

035ge Foto: mk

als Begründer des modernen Schauspiels zwischen 1920 und 1930. Durch die sich damals etablierende Sowjetmacht bekamen sie massive Schwierigkeiten und wurden antisowjetischer Einstellung bezichtigt. Kote Mardshanaschwili starb 1933 eines natürlichen Todes, Achmeteli wurde 1937 erschossen. Das nach Mardshanaschwili benannte **Schauspielhaus** (Dramatisches Theater) befindet sich in der Nähe der gleichnamigen Metrostation in Tbilisi.

In den 1970er bis 1990er Jahren waren *Mischa Tumanischwili* und *Robert Sturua* die bekanntesten Regisseure, die am **Rustaweli-Theater** in Tbilisi auch international beachtete Aufführungen der Werke *Shakespeares* herausbrachten. 1980 wurde „Richard III." aufgeführt, schon 1975 brachten sie den „Kaukasischen Kreidekreis" auf die Bühne. In Anlehnung an das Werk *Brechts* verstanden sie es, die Umklammerung eines Landes durch eine Diktatur darzustellen, womit auch diese Aufführung internationales Aufsehen erregte.

Schließlich sei noch das **Puppentheater** *Rezo Gabriadses* erwähnt.

Heute gibt es in Tbilisi eine große Anzahl von Bühnen. Ein Blick in englischsprachige Zeitungen mit ihren Anzeigen lohnt sich. Es werden auch Aufführungen angekündigt, die nicht Georgisch sprechende Zuschauer über Kopfhörer mit englischer Simultanübersetzung verfolgen können.

Kloster Ikalto in Kachetien

Wer in Tbilisi auf dem Rustaweli-Boulevard entlangspaziert, kommt am schon durch sein Äußeres auffälligen Paliaschwili-Opernhaus im maurischen Stil vorbei. **Sakaria Paliaschwili** war ein Komponist, der im 19. Jh. als erster georgische Musiktraditionen in klassischen Kompositionen aufgriff. **Meliton Balantschiwadse** (1862–1937) komponierte die erste georgische Oper „Tamar zbieri", die später georgisch umbenannt wurde in „Daredjan zbieri" und im Deutschen unter „Die listige Tamar" bekannt ist. Sein Sohn *Andria* komponierte Ballettmusiken, eine weitere Oper und Symphonien. Weit bekannter wurde jedoch sein zweiter Sohn *Giorgi Balantschiwadse,* der im Januar 1907 in St. Petersburg geboren wurde und im April 1983 in New York starb. Er begann im Alter von neun Jahren mit einer Ballettausbildung in St. Petersburg. Eine Auslandsreise im Jahr 1924 nutzten er und einige Kollegen zur Flucht in den Westen, da er die Zeichen der Revolution von 1917 wohl richtig einschätzte. Er nannte sich danach **George Balanchine** und stieg zu einem der bedeutendsten Choreographen des 20. Jh. auf. Er führte in den USA die klassische Petersburger Ballettschule ein und gründete zusammen mit *Lincoln Kirstein* das New York City Ballet.

Während der Sowjetzeit lag der Schwerpunkt auf der Pflege folkloristischer Traditionen. Gesang und Tanz machten Georgien in aller Welt bekannt. Momentan ist der Bass *Paata Burtschuladse* an internationalen Opernbühnen zu Gast.

003ge Foto: mk

Ortsbeschreibungen

089ge Foto: mk

047ge Foto: mk

Höhlenkloster Wardzia und Mtkwari-Fluss in Samtsche-Dschawachetien

Wehrtürme in Swanetien

Metechi-Kirche in Tbilisi

Tbilisi und Umgebung

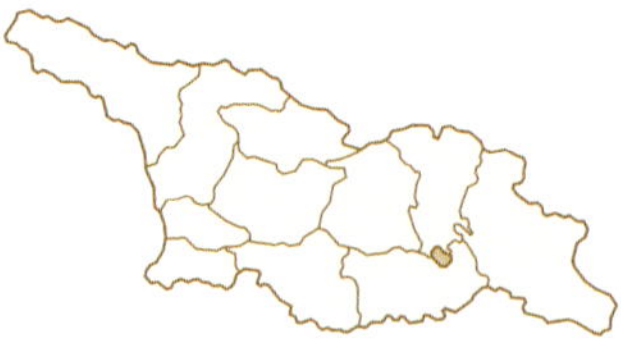

Die Hauptstadt

↗ XVII/C1

Die meisten Georgienbesucher werden ihre Reise in Tbilisi beginnen oder zumindest mehrere Tage in dieser von südlichem Flair geprägten Stadt verbringen. In Deutschland ist auch der Name **Tiflis** gebräuchlich, der aus dem Türkischen stammen soll, wobei andere Quellen auf einen persischen Ursprung verweisen. Die Bezeichnung Tiflis hat sich vor allem in Westdeutschland eingebürgert. Tatsächlich hieß Tbilisi von 1845 bis 1936 offiziell Tiflis. Danach wurde die Stadt wieder in Tbilisi umbenannt – dieser Name wird in diesem Buch verwendet.

Der Legende nach soll König *Wachtang Gorgassali* (446–502), der König von Kartlien, dem zentralen Teil Ostgeorgiens, gern in den dichten Wäldern des Mtkwari-Tals gejagt haben. Eines Tages schoss er mit seinem Pfeil einen Fasan an. Der Vogel konnte jedoch entkommen und flüchtete sich zu einer heißen Quelle, in deren Wasser er umgehend gesundete. Der König war davon so beeindruckt, dass er beschloss, seine Hauptstadt hierher zu verlegen, die bis dahin im nicht weit entfernten Mzcheta angesiedelt war.

Tbili bedeutet im Georgischen „warm", *Tbilisi* „Quelle". Und tatsächlich sprudeln noch heute an den Nordosthängen des Mtabori **heiße Quellen** mit kohlensäurehaltigem Schwefelwasser.

Balkone mit Holzschnitzereien
in der Altstadt

Stadtgeschichte

Schon in der zweiten Hälfte des 4. Jh. n.Chr., d.h. rund hundert Jahre vor der Regentschaft Wachtang Gorgassalis, gab es hier eine **Festung,** wie Archäologen nachweisen konnten. Wachtang Gorgassali befreite die Stadt im 5. Jh. und verlegte seine **Hauptstadt** von Mzcheta hierher. Im 6. Jh. kam sie jedoch unter oströmische Verwaltung, im 7. Jh. wurde sie von den Arabern, danach von den Persern und schließlich von den Seldschuken erobert. Die Stadt war Schnittpunkt mehrerer Handelsrouten zwischen Asien und Europa, darunter der **Seidenstraße,** wodurch sie zu Reichtum kam.

Dawit der Erbauer befreite Tbilisi 1121 und machte es erneut zur Hauptstadt. Die Stadt und ihr Reichtum hatten eine magische Anziehungskraft, denn schon im 13. Jh. wurde Tbilisi von den Choresmiern, im 14. Jh. von den Truppen *Tamerlans (Timur der Lahme)* eingenommen. Im 17. Jh. waren die Türken die Herren der Stadt und nach einer kurzen Rückeroberung durch den georgischen König *Rustum* auch Anfang des 18. Jh.

1735 eroberte Schah *Nadir von Persien* Tbilisi. Er setzte jedoch den georgischen König *Theimuras* als Statthalter ein. Unter Theimuras' Sohn *Irakli* konnte sich die Stadt entwickeln, bis 1795 der persische Schah *Aga Mohammed Khan* sie eroberte und bis auf die Grundmauern zerstören ließ. Chroniken berichten, dass 22.000 Menschen in die Sklaverei verschleppt wurden.

Tbilisi

040ge Foto: mk

041ge Foto: mk

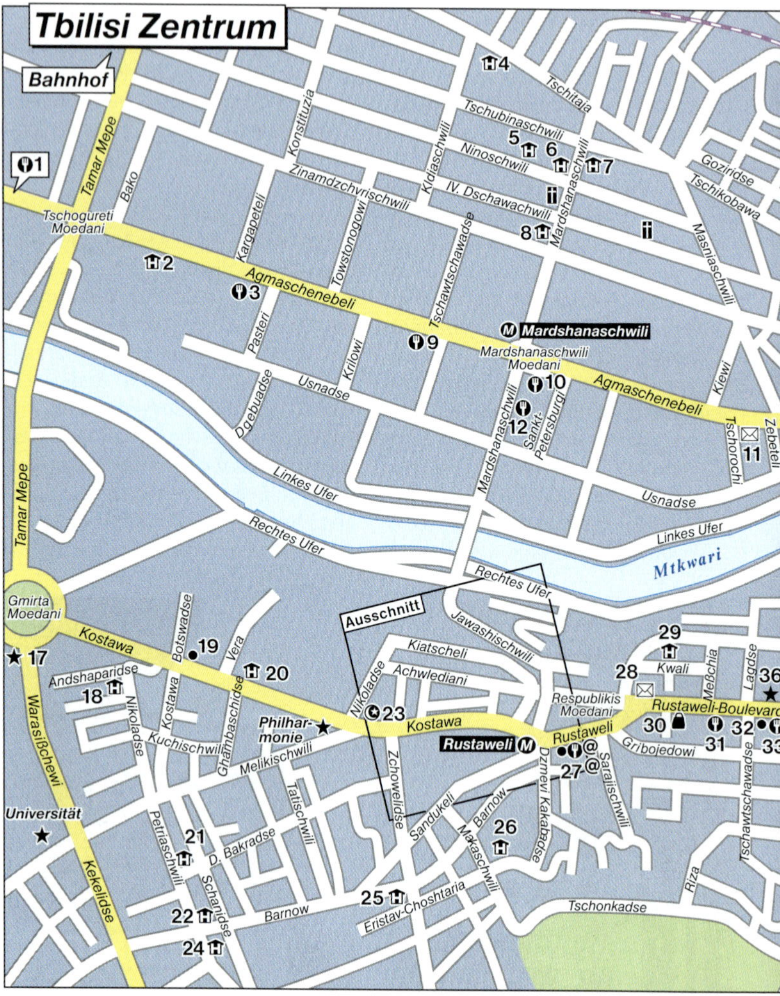

1799 kamen Eroberer aus dem Norden: Der russische Generalmajor *Lasarus* nahm die Stadt ein – die russische Herrschaft dauerte praktisch bis zum Jahr 1991. 1801 wurde Tbilisi Gouvernementshauptstadt des Gouvernorats **Transkaukasien** und damit auch Teil des Russischen Reichs. Als

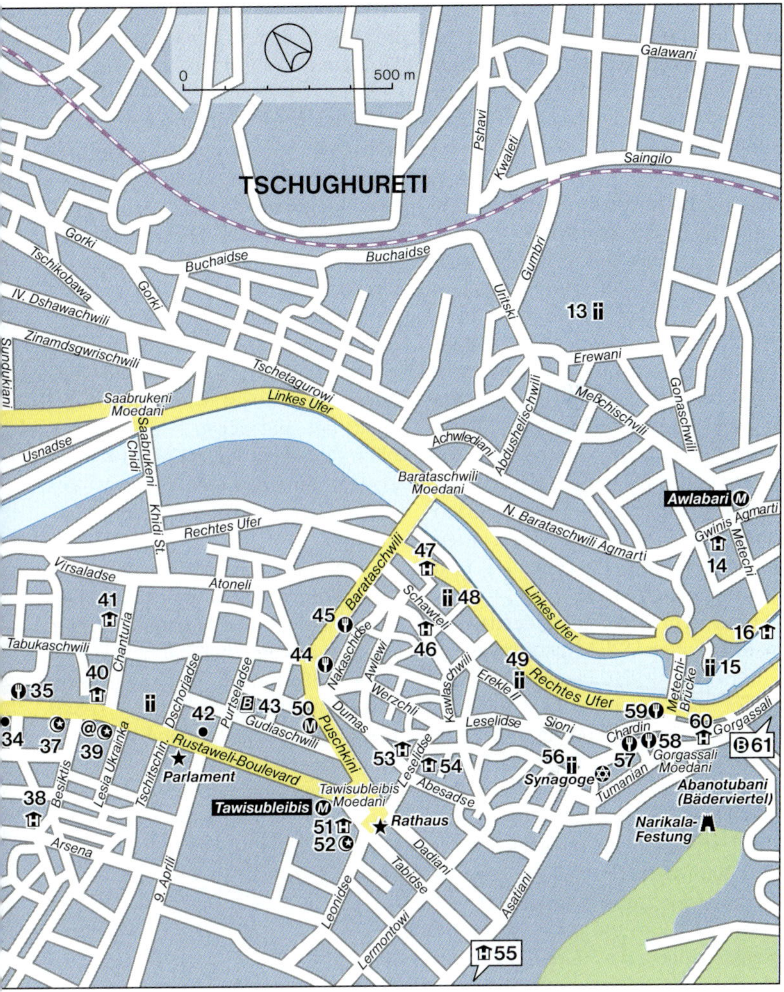

Vizekönig wurde Graf *Michail Woronzow* eingesetzt und gleichzeitig in den Fürstenrang erhoben. Der Diplomatensohn Woronzow hatte in Europa studiert und wollte Kaukasien an Europa heranführen. Er erließ ganz oder teilweise die Steuern auf Waren, die in Tbilisi umgeschlagen wurden.

Die Stadtmauern wurden abgerissen und die Stadt erheblich erweitert. Sie sollte ein **repräsentatives Zentrum** nach europäischen Maßstäben erhalten. Daher rief Woronzow den italienischen Architekten *Giovanni Scudieri* als Chefarchitekten in die Stadt. Der heutige **Rustaweli-Boulevard** mit seinen prächtigen Palästen - darunter dem des Vizekönigs -, Hotels, Theatern und Museen wurde angelegt. Woronzow gründete das erste **Theater** und die erste öffentliche **Bibliothek** in Transkaukasien. Der deutsche Landschaftsarchitekt *Heinrich Scharrer* legte in seinem Auftrag den Alexandergarten und den Botanischen Garten an und Tbilisi erhielt **Eisenbahnanschluss.** 1872 wurde die Eisenbahnlinie nach Poti am Schwarzen Meer eingeweiht, 1883 die Linie nach Baku am Kaspischen Meer.

Diese Entwicklung spiegelte sich natürlich auch in der wachsenden Einwohnerzahl wider. Hatte Tbilisi 1811 kaum mehr als 8500 Einwohner, so waren es 1886 bereits 104.000. Die Stadt war immer multiethnisch: Neben Georgiern lebten hier Armenier, Russen, Deutsche, Polen und Perser. Gegen Ende des 19. Jh. schließlich lebten 170.000 Menschen in Tbilisi und die Infrastruktur musste verbessert werden. 1883 fuhr die erste Pferdestraßenbahn durch die Straßen, 1904 wurde die erste elektrische Straßenbahn eingeweiht.

Am 16. Mai 1918 wurde die Stadt Sitz der Ersten Georgischen Republik unter *Noe Shordania.* Obwohl von Russland anerkannt, marschierte im Februar die 11. Armee der Roten Arbeiter- und Bauernarmee in Tbilisi ein. Es folgte die Eingliederung in die Sowjetunion. 1936 wurde Tbilisi zur Hauptstadt der **Grusinischen Sozialistischen Sowjetrepublik** erklärt. Es kam zur Ansiedlung zahlreicher Industriebetriebe, besonders in den 1940er Jahren, was eine Versiebenfachung des Territoriums der Stadt infolge eines enormen Bevölkerungswachstums zur Folge hatte. In den 1950er Jahren entstanden zahlreiche Neubaugebiete aus meist uniformen **Wohnblöcken.** 1966 erhielt Tbilisi, wie viele Hauptstädte der ehemaligen 15 Sowjetrepubliken, die erste **Metrolinie,** 1979 die zweite; der Bau einer dritten ist geplant, scheitert aber bislang an der Finanzierung.

Unter dem Einfluss von Glasnost und Perestroika kam es 1989 zu Demonstrationen und Hungerstreiks für eine staatliche Unabhängigkeit. Im April 1989 landeten hier sowjetische Fallschirmjäger unter Oberst *Lebed* und gingen mit Giftgas und scharf geschliffenen Spaten gegen die Demonstranten vor, wobei 20 Menschen ums Leben kamen und viele schwer verletzt wurden.

Orientierung

Tbilisi liegt in einem Talkessel zu beiden Seiten der **Mtkwari** (russisch: Kura). Dieser Talkessel schützt die Stadt vor den starken Herbststürmen und ist gleichzeitig der Grund für die **drückende Hitze im Sommer,** besonders im August (bis zu 50 °C). Die Mtkwari durchschlängelt die Stadt etwa von West nach Ost. Der Teil rechts des Flusses, in dem sich auch der Prachtboulevard Rustaweli befindet, steigt zum Heiligen Berg, dem Mtazminda, an. Am linken, nördlichen Flussufer, das auf weiten Strecken einem Steilufer gleicht, befinden sich die am meisten fotografierten Motive der

1 Palermo
2 Istanbul
3 Ankara
4 Privatzimmer Chatunas
5 Irina Dschaparidses Boarding House
6 Privatzimmer Dodo Kewlischwili
7 Prestige
8 Privatzimmer Nasi Gwetadse
9 Mareno
10 Lux
11 Post
12 Schemoichede Ginatswale
13 Zminda-Sameba-Kirche
14 Lile
15 Metechi-Kirche
16 Old Metekhi
★ 17 Zoo
18 Iliani
• 19 Übersetzerbüro
20 Varazi
21 Beatles Club
22 Kolchis
23 Edem
24 Edelweiss
25 Kartli
26 Betsy's Hotel
27 Marco Polo,
• Optiker Roniko
28 Hauptpost
29 Ipari
30 Prospero's Books
31 Palermo, Lagidse
• 32 Übersetzerbüro, Optiker Roniko,
Nikala
33 Rustaweli
• 34 Übersetzerbüro
35 Rampa
★ 36 Paliaschwili-Opernhaus
37 Noa Noa
38 Privatzimmer Boderadse
39 Fashion Bar
40 Tbilisi Marriot
41 Tori
• 42 Rustaweli-Kino
43 Humboldt-Bibliothek
44 Satschaschniko
45 Muchrantubani
46 Charm, Villa Mtiebi
47 Ambasadori
48 Antißchati-Kirche
49 Zionskirche
50 Kunstmuseum
51 Courtyard Marriot
52 Etoile de Paris
53 Dzveli Ubani
54 Ata
55 Diplomat
56 Dschwarimama-Kirche
57 Marrakech
58 China Town, Chardin Bar
59 Maidan
60 Dschedschili
61 Busbahnhof Ortatschala (800 m)

Ⓜ Metrostation
@ Internetcafé
Kirche

Stadt, die wie Vogelnester auf der Metechi-Kante liegen.

Die Stadtteile beiderseits der Mtkwari sind durch eine Metrolinie miteinander verbunden und leicht zu erkunden. Im Süden befinden sich die Altstadt, die Schwefelbäder und die Festung Narikala sowie die Theater und viele neue Hotels. Nördlich des Flusses liegt der Bahnhof und es führt die Straße zum Flughafen.

Tbilisi ist eine Stadt im Aufbruch, der auch bitter nötig ist. Die meisten Straßen und Wohnhäuser sind in einem beklagenswerten Zustand, Fußwege verdienen die Bezeichnung oft nicht mehr. Vor allem im Zentrum gibt es zahlreiche **Bauarbeiten.** LKW dürfen Tbilisi nicht durchfahren.

Ankunft am Flughafen

Die Ankunft fast aller Flüge in Tbilisi ist nach Mitternacht und die meisten Maschinen fliegen sehr früh am morgen ab. Es empfiehlt sich, mit dem **Hotel** die Abholung vom Flughafen auszumachen, wobei allerdings Hotels von Mittelklasse an aufwärts meist 25 US$ verlangen. Der Vorteil: Man wird am Ausgang abgeholt (mit Schild zur Erkennung) und ist auf dem schnellsten Weg im Hotel. Es ist wichtig, auf das Hotelschild (noch besser: Schild mit dem Namen des Reisenden) zu achten, da jeder, der z.B. einen Familienangehörigen zum Flughafen gebracht hat, sich als Taxifahrer ausgibt! Ortskenntnisse sind selten zu erwarten (in Tbilisi wurden über 130 Straßen umbenannt) und ein abenteuerlicher Preis wäre das Resultat.

Wenn keine Abholung durch ein Hotel erfolgt, ist der Ankommende auf ein **Taxi** angewiesen. Die Fahrt pro Taxi (nicht pro Person!) sollte bis Tbilisi Zentrum maximal 25 GEL kosten. Es ist am besten, ein vorbestelltes Taxi zu nehmen, auch wenn der Preis auf den ersten Blick hoch erscheint.

Ende 2007 wurde ein **Zug** in Betrieb genommen, der für 2 GEL in die Innenstadt fährt. Allerdings hilft das Ortsunkundigen nicht wirklich weiter, denn ab Hauptbahnhof benötigt man wiederum ein Taxi; die Metro fährt von 1 Uhr nachts bis 6 Uhr morgens nicht. Ein Taxi innerhalb Tbilisis sollte maximal 5 GEL kosten, bis nach Saburtalo nicht mehr als 8 GEL pro Taxi (nicht pro Person).

Die Metro

In Tbilisi verkehrt die sehr praktische Metro aus sowjetischer Zeit, und zwar von 6 Uhr morgens bis 1 Uhr nachts (www.metro.ge). Eine Fahrt kostet 40 Tetri. Man kauft an einem Schalter im Eingangsbereich einen Plastikjeton, der dann an der Sperre in einen Schlitz zu stecken ist. Am besten besorgt man gleich fünf Jetons, das erspart das Anstellen an überlaufenen Stationen. Seit Juli 2007 gibt es auch Magnetkarten. Die **Stationen** waren früher auf Kyrillisch und Georgisch beschriftet, danach nur noch auf Georgisch, was für

Touristen nicht hilfreich war. Seit Herbst 2006 werden sie Schritt für Schritt wieder zweisprachig beschriftet, auf **Georgisch und Englisch** bzw. in lateinischer Schrift. (Die zweisprachige Beschriftung ist oft nur auf einer Seite des unterirdischen Bahnsteigs angebracht, also auch mal auf die andere Seite schauen.) Nach nur wenigen Tagen hat man die wichtigen Haltestellen aber sowieso im Kopf.

Sehenswertes

In der Altstadt

Freiheitsplatz

Der Rundgang soll zunächst in die Altstadt führen. Ein guter Ausgangspunkt dafür ist der **Tawisubleibis Moedani.** Der „Freiheitsplatz", der etwa von 1820 bis 1879 angelegt wurde, zunächst Jerewaner Platz und dann bis

1991 Leninplatz hieß, wird dominiert vom 1880 unter Leitung des deutschen Architekten *Peter Stern* angelegten **Rathaus.** Auf dem Rondell stand noch bis in die 1990er Jahre hinein ein Lenindenkmal, seit 2006 findet sich hier das vergoldete Denkmal *Georgs des Drachentöters.*

Steht man vor dem Rathaus, so erblickt man ganz rechts die etwas abwärts verlaufende Leselidse-Straße, nicht zu verwechseln mit der nach links verlaufenden Leonidse-Straße, die vom Courtyard Marriot Hotel flankiert wird. Geradeaus befindet sich unübersehbar der herrliche Rustaweli-Boulevard mit seinen Schatten spendenden Pappeln. Etwas rechts vom Rustaweli liegt die Puschkin-Straße, ebenfalls leicht abschüssig. Sie soll an die Durchreise *Alexander Puschkins* 1829 erinnern.

Staatliches Kunstmuseum

Geht man die Puschkin-Straße hinab, trifft man auf das Staatliche Kunstmuseum (Eckgebäude am Parkplatz links). Das Gebäude ist zwar in einem traurigen Zustand, aber der Besuch lohnt. Im Kellergeschoss werden Bilder, Möbel und Teppiche aus der Qadscharenzeit ausgestellt. Diese regierten Persien von 1790 bis 1925 und liebten es, ihre Paläste im Stil der als Franken bezeichneten Europäer zu gestalten. Ganz unislamisch sind die Gemälde von Personen. Die Exponate sind teilweise deutsch beschriftet. Im Obergeschoss werden wechselnde Ausstellungen gezeigt.

- **Geöffnet:** Di–So 11–16.30 Uhr, Eintritt 1,50 GEL.

Leselidse-Straße

Der Rundgang führt ab dem Rathaus nach rechts in die gewundene Leselidse-Straße mit ihrem Kopfsteinpflaster. Sie ist nach General *Konstantin Nikolajewitsch Leselidse* (1903–44) benannt, der sich im Zweiten Weltkrieg auszeichnete. Etwa auf halber Strecke ist ihm auf der linken Straßenseite ein kleines Denkmal gewidmet. In der Leselidse-Straße befinden sich **Restaurants, Souvenir- und Schmuckläden** sowie ein Reisebüro.

037ge Foto: mk

In der Leselidse-Straße: Synagoge und armenische Norischani-Kirche

Kurz vor ihrem Ende steht rechts die momentan nicht genutzte armenische Norischani-Kirche aus dem 18. Jh., dahinter die **Dschwarimama-Kirche.** Letztere wurde nach der im 16. Jh. üblichen Kreuzkirchenbauweise errichtet. Durch einen kleinen Torbogen an der Einmündung zur Jerusalimis Besikis kommt man zunächst in einen Vorgarten mit Blumen und Bänken, er lädt zum Verweilen ein. Dann steht man vor der Kirche (Frauen sollten beim Betreten eine Kopfbedeckung nicht vergessen). Ihre schönen Fresken wurden kürzlich renoviert. Wenn man Glück hat, hat der Priester einen Moment Zeit für einen Plausch.

Die Leselidse mündet auf einen kleinen, baumbekränzten Platz. Vom Torbogen der Dschwarimama-Kirche aus

039ge Foto: mk

sieht man rechter Hand die **Synagoge.** Sie ist an dem siebenarmigen Leuchter auf dem Dach und einem zweiten Leuchter vor dem eisernen Vorgartenzaun zu erkennen. Die Synagoge wurde 1901 erbaut, leider hat sie während des Erdbebens im Jahr 2002 stark gelitten. Meist sitzen einige ältere Männer auf dem Bänkchen davor und laden zum Besuch des kleinen Innenraums ein.

Gegenüber der Synagoge befindet sich das Gebäude des **Priesterseminars,** an dessen Ecke, zur kleinen Straße Erekle II. hin, sich ein eher unscheinbarer, leicht zu übersehender Eingang in eine original georgische **Bäckerei** befindet. Es lohnt sich, die wenigen Stufen hinabzusteigen und den runden Backofen, an dessen Innenseiten der Teig geklebt wird, zu bewundern. In einer Ecke stehen einige Stehtische für einen Imbiss für ganz Ungeduldige, die dem wunderbaren Duft nicht widerstehen können.

Zionskirche

Geht man nach dem Besuch des Bäckereikellers nicht zurück zum Gorgassali-Platz, sondern weiter in die kurze Erekle-II.-Straße, passiert man zur Linken das Priesterseminar, gegenüber steht die Zionskirche. Der elegante, imposante Bau ist die **Hauptkirche des Patriarchen der georgischen Kirche.** Die Zionskirche wurde im 6. Jh. errichtet und ist eigentlich nicht sehr groß. Links des Altars befindet sich eine Reliquie, ein Kreuz der heiligen Nino.

Im 15. Jh. wurde hinter der Kirche ein kleiner **Glockenturm** errichtet, auch

038ge Foto: mk

dies eine Besonderheit. Während der Belagerung der Stadt unter Schah *Abbas I.* von Persien Anfang des 17. Jh. wurde sie in eine Moschee umgewandelt und ihre Kuppel zerstört. Daher ließ König *Wachtang VI.* eine neue Kuppel errichten, die knapp 100 Jahre später 1710 geweiht wurde. Vor der Kirche steht eine halbhohe Mauer, die den Eindruck eines Hofes vermittelt. Hier warten oft Bettler, da die Mauer die Straße verengt und Passanten gezwungenermaßen das Tempo vermindern.

Antißchati-Kirche

Geht man die Straße weiter, kommt man auf den Erekle-Platz, der auf der linken Seite von einem winzigen Park flankiert wird. Schon bald hinter dem Platz erwartet den Spaziergänger auf der rechten, der Mtkwari zugewandten Seite ein anderes sehr berühmtes Gotteshaus: die Antißchati-Kirche. Auch sie wurde im 6. Jh. errichtet und ist nach einer silbernen Ikone (georg. *Chati*) aus dem 12. Jh. benannt, der Wunder zugeschrieben werden. Sie soll aus der Antschi-Kirche in Südgeorgien stammen. In der fast winzig zu nennenden Antißchati-Kirche wurde schon 1755 von *Philipp Kaitmasaschwili* eine kirchliche Lehranstalt eingerichtet. Sie ist von einem kleinen Garten umgeben und der Kirchgänger steigt ein paar Treppen hinab.

Die Antißchati-Kirche aus dem 6. Jahrhundert ist die älteste Kirche Tbilisis

Seit 1989 singt hier ein Chor, der Freunde der polyphonen Musik mit religiösen Gesängen, aber auch georgischer Volksmusik erfreut. Jeweils am 29. August feiert die georgische Apostelkirche hier Antißchatoba, den Tag der Antißchati-Kirche.

Ein schöner Abschluss dieser kleinen Tour könnte ein Besuch eines der umliegenden Restaurants sein, die im Sommer Außenplätze bieten.

Gorgassali-Platz

Geht man weiter in Richtung Mtkwari-Fluss, kommt man bald zum Gorgassalis Moedani, dem ehemaligen Marktplatz, auch **Maidan** oder Kala genannt. Er wurde nach dem Stadtgründer, König *Wachtang Gorgassali,* benannt. Wir gehen weiter abwärts und sehen rechter Hand die kleine **armenische St.-Georgskirche,** die 1251 durch den armenischen Prinzen *Umek* gestiftet und im 18. Jh. umgebaut wurde. Rechts neben dem Eingang findet der aufmerksame Besucher das Grab des Poeten *Sajat Nowa,* der 1765 während der persischen Besatzung hier ermordet wurde. Der Innenraum der Kirche ist recht klein. Besucher sind herzlich willkommen, zuweilen finden Kirchenkonzerte statt.

Narikala-Festung

Links neben der Kirche führt ein unscheinbarer Pfad bergan. Wer den kurzen, aber steilen Anstieg meistert, findet sich auf den **Ruinen** der Narikala-Festung wieder. Sie wurde gegen Ende des 4. Jh. von den persischen Sassaniden erbaut. So darf es nicht verwundern, dass sich die Bezeichnung Nari Kala („kleine Festung“) aus dem Persischen herleitet. Sie spiegelt wie kein anderes Bauwerk die Geschichte Tbilisis wider. Erbaut wurde sie an der schmalsten Stelle der Mtkwari, da wo sich die Handelswege kreuzten. Unter König Wachtang Gorgassali wurde sie im 5. Jh. verstärkt und erweitert, später eingenommen und zerstört und schließlich immer wieder aufgebaut: von den Arabern im 7. und 10. Jh., den Mongolen im 13. Jh., den Türken im 16. Jh. und nochmals von den Persern im 18. Jh. Bei dem jeder Zerstörung folgenden Wiederaufbau wurde die Festung erweitert, zum Beispiel bauten die Araber ein Observatorium und die Türken einen Gefängnisturm.

Trotzdem sind heute nur noch Ruinen vorhanden, denn im Jahr 1827 schlug der Blitz in das von der russischen Armee angelegte Pulvermagazin ein und eine gewaltige Explosion zerstörte große Teile der Festung. Sie wurde nie wieder aufgebaut, auch weil die fortgeschrittene Waffentechnik Festungen überflüssig machte. Heute sind der obere Teil mit der **Zitadelle** und der untere Teil, das Kala, noch gut zu erkennen. Hier befinden sich auch die **Nikolaikirche,** sehr beliebt bei Hochzeitspaaren, und eine kleine Gaststätte mit Freisitzen. Die Festung ist ganztägig geöffnet (Eintritt frei).

Denkmal „Mutter Georgiens“

Von der Narikala-Festung führt ein kleiner Fußweg zur **Kartlis Deda.** Der recht unscheinbare Weg, der zum Recherchezeitpunkt ausgebaut wurde, geht noch vor dem äußeren Tor rechts ab und nach etwa 20 Minuten erreicht man die „Mutter Georgiens“. Diese 20 m hohe **Aluminiumstatue** wurde 1958 anlässlich des 1500-jährigen Jubiläums der Stadtgründung eingeweiht. Sie ist schon von weithin sichtbar und verkörpert wie kaum ein anderes Denkmal das Selbstverständnis der Georgier: in der rechten Hand das Schwert gegen den Feind, in der von Herzen kommenden linken eine Schale mit Wein für den Freund und Gast.

Botanischer Garten

Über die Botanikuris Kutscha kommt man zum Haupteingang des 128 Hektar großen Botanischen Gartens der Akademie der Wissenschaften. Der Botanische Garten ist eine gesonderte Besichtigung wert. Hier kann man stundenlang verweilen und auch preisgünstige Führungen genießen.

Bäderviertel Abanotubani

Es geht weiter abwärts und bald sieht man halbkreisförmige Kuppeln aus dem Boden ragen. Wir sind im Bäderviertel Abanotubani (*Abano* = Bad, *ubani* = Gebiet). Im 13. Jh. soll es hier über 65 **Schwefelbäder** gegeben haben. Auch sie wurden bei den zahlreichen Eroberungen Tbilisis zerstört und – zumindest teilweise – wieder aufgebaut. So soll Schah *Mohammed Aga Khan* hier gebadet haben, doch da seine Beschwerden nicht sofort verschwanden, ließ er die Bäder wutentbrannt zerstören. Die ältesten Bäder, die man heute noch aufsuchen kann, stammen aus dem frühen 17. Jh. Sie wurden nach ihren jeweiligen Besitzern benannt.

1893 wurde das **Orbeliani-Bad** gebaut, das einzige, das oberirdisch angelegt ist und schon von weitem durch sein Äußeres auffällt. Es ist an seinen blauen Kacheln und den beiden Ecktürmchen zu erkennen und erinnert an eine Moschee (9–21 Uhr geöffnet, Eintritt 30 GEL ohne Massage.)

Aber auch die **unterirdischen Bäder** mit ihren Licht spendenden Kuppeln sind einen Besuch wert. Diese Bäder dienten in der Vergangenheit als Treffpunkt für verschiedenste Zwecke, hier wurden Geschäfte gemacht und Brautwerberinnen begutachteten potenzielle Heiratskandidatinnen. Auch *Alexander Puschkin* war 1829 mehrmals hier und geriet so ins Schwärmen, dass man noch heute davon angesteckt wird. Er behauptete später in seinen Reiseaufzeichnungen über seine Reise nach Arsrum (Erzurum), das schönste Bad nicht in der Türkei, sondern in Tbilisi genossen zu haben.

Awlabari

Nach dem Besuch des Bäderviertels bietet sich ein Abstecher zum nördlichen, linken Flussufer an, mit dem Denkmal des Königs Wachtang Gorgassali und der **Metechi-Kirche,** wobei der Weg über die **Metechi-Brücke** führt. Weiter geht es dann nach Awlabari. Um sich den steilen Anstieg vom Flussufer zu ersparen, kann man, z.B. vom Ausgangspunkt des Rundgangs am Tawisubleibis Moedani, mit der Metro zur Station Awlabari fahren.

Im vorwiegend von **Armeniern** bewohnten Stadtteil Awlabari befindet sich seit Kurzem die wohl höchste Kirche Georgiens, die **Zminda-Sameba-Kirche,** die Kirche zur Heiligen Dreifaltigkeit. Sie ist recht leicht zu finden: Von der Metrostation Awlabari läuft man keine zehn Minuten zu dem imposanten Bauwerk, dessen goldene Kuppeln von fast überall in Tbilisi zu sehen sind.

Rustaweli-Boulevard

Vom Gorgassali-Platz gelangt man durch die zur Touristenbummelmeile umgestaltete **Fußgängerzone der Chardin-Straße,** benannt nach dem französischen Reisenden *Jean Chardin,* der 1671 nach Tbilisi kam, zurück ins Zentrum der Altstdt. In den Cafés und Restaurants der Leselidse-Straße lässt sich gut eine Pause einlegen. Man kann dann zum Tawisubleibis Moedani zurückgehen und von hier aus den Rustaweli-Boulevard mit seinen Prachtbauten erkunden.

Der Rustaweli-Boulevard (Rustawelis Gamziris) ist die **Flaniermeile** Tbilisis. Er ist etwa 1,5 km lang und führt parallel zur Mtkwari vom Tawisubleibis Moedani (Freiheitsplatz) zum Respublikis Moedani (Platz der Republik). Der Boulevard hieß bei seiner Errichtung Palaststraße (georgisch Sasachle Kutscha), danach etwa ab 1840 Golowin-Boulevard. 1918 wurde die **platanenbestandene Prachtstraße** nach

Besuch der Schwefelbäder in Abanotubani

Die berühmten Schwefelthermalbäder Tbilisis lieferten den Stoff zur Legendenbildung, denn ihre Wunderwirkung veranlassten König *Wachtang Gorgassali* zur Gründung der Stadt Tbilisi. So prominente Persönlichkeiten wie *Alexandre Dumas d. Ä.* oder *Alexander Puschkin* waren von ihnen begeistert. Nach Tbilisi reisen und nicht diese Schwefelbäder besuchen wäre geradezu eine Sünde!

Gab es Ende des 19. Jh. noch einige Dutzend davon, so hat man nur noch in einigen wenigen im Bäderviertel Abanotubani die Möglichkeit, sich von den Strapazen eines Spazierganges zu erholen. Das zwischen 37 und etwa 47 °C warme Schwefelthermalwasser spült alle Malaisen fort, sei es, dass die Füße schmerzen oder dass in der kalten Jahreszeit eine Erkältung droht.

Die unscheinbar aussehenden Kuppelbauten bieten ein interessantes Innenleben, das am Beispiel des **Königlichen Bades** erläutert werden soll. Das hier geschilderte Prozedere trifft natürlich auch auf andere Bäder zu, auch wenn sie keinen so wohlklingenden Namen tragen. Am Eingang steht „Royal Bath", denn die alte Bezeichnung war in georgischer Sprache „Samepo Abano", auch König-Irakli-Bad genannt. Es wurde im 7./8. Jh. erbaut und seine unterirdischen Räumlichkeiten sind von einer **großen Kuppel** überdacht. Nachdem der Gast die Treppe hinuntergegangen ist, wird er im Empfangsraum begrüßt, man fragt nach seinen Wünschen. Handtücher kann man mitbringen oder für einen Lari ausleihen; in der Regel handelt es sich um zwei große Laken. Weiterhin kann man zum gleichen Preis ein Stück Seife erwerben. (Es ist gut, die Seife zu kaufen, andernfalls kann es passieren, dass ein teures Duschgel im Übereifer von der Masseurin vollständig geleert wird.) Wird eine Massage gewünscht? Wenn ja, kommt nach etwa 15 Minuten die Masseurin.

Alsdann geht es in die **Kabine** (russ. *Nomjer*). Die Bezeichnung ist wohl etwas

042ge Foto: mk

043ge Foto: mk

untertrieben, denn die Kabine besteht aus einem Vorraum mit Ledergarnitur, Kleiderhaken, Badeschlappen, Spiegeln und einer separaten Toilette. Auch einen Föhn kann man kostenlos bekommen. Man kann mit oder ohne Badekleidung ins *Nomjer* gehen, ganz wie es beliebt, und hat die Kabine auf jeden Fall für sich. Der Preis beläuft sich pro Stunde auf 30 GEL pro Kabine. Es können auch zwei bis drei Leute zusammen eine Kabine mieten. Die Massage kostet pro Person 10 GEL.

Hat man sich vorbereitet, geht es in den eigentlichen Baderaum. Hier findet man eine Dusche und das mit Kacheln eingefasste **Badebecken,** das nur so tief ist, dass man darin noch stehen kann. An der Seite sind zwei treppenförmige Vorsprünge eingemauert, die für bequemes Sitzen sorgen – erst weniger tief und nach Gewöhnung an die Wassertemperatur etwas tiefer. An der Wand befindet sich eine gemauerte und gekachelte Liege, die zur Massage benötigt wird. Dann erscheint die **Masseurin** und waltet ihres Amtes. Man erwarte keine ausgebildete Physiotherapeutin, aber Spaß macht es trotzdem. Das Wasser tut der Haut und dem Teint gut.

Geht man zu mehreren, sollte man zwei Stunden einkalkulieren, denn etwas Ruhe im Vorraum tut gut. Anschließend sollte man sich nicht mehr allzu viel vornehmen, man sehnt sich meist hinterher nach dem Hotelzimmer.

Die Bäder liegen teilweise unterirdisch, durch Öffnungen in den Kuppeln fällt Licht ein. Nur das wie eine Moschee aussehende Orbeliani-Bad ist oberirdisch angelegt

dem georgischen Dichter *Schota Rustaweli* benannt, dessen Denkmal am Respublikis Moedani steht.

Der Boulevard verdankt seine Anlage mit Theatern, Palästen und den Wohnhäusern der georgischen Aristokratie im Stil des Klassizismus, des Jugendstils und Barocks vor allem den für die damalige Zeit avantgardistischen Ideen des russischen Vizekönigs **Michail Semjonowitsch Woronzow** (siehe Exkurs), der ihn ab 1848 als Prachtstraße anlegen ließ.

Alexander-Gribojedow-Theater

Eine Besichtigungstour könnte wieder am Tawisubleibis Moedani, dem Freiheitsplatz, beginnen. Auf der linken Seite befindet sich das **Kaufhaus Uniwermag** (erbaut 1975) mit einem in die Jahre gekommenen Fußgängertunnel kurz davor. Gleich daneben steht das Staatliche Russische Alexander-Gribojedow-Theater, das früher einmal eine Karawanserei war, seit 1845 aber ein Theater, ebenfalls von Fürst Michail Woronzow gegründet. Der Eingang zum Gribojedow-Theater ist etwas zurückversetzt und architektonisch nicht unbedingt ein Gewinn.

Simon-Dschanaschia-Museum

Auf der gegenüberliegenden Straßenseite findet sich das Staatliche Simon-Dschanaschia-Museum (Nr. 3). Sein Bestand geht auf das 1852 von dem Danziger *Gustav Radde* gegründete **Kaukasische Museum** zurück, wurde in den Jahren 1923–29 erbaut und stellt archäologische und ethnografische Exponate aus. In seinen Kel-

Michail Semjonowitsch Woronzow

Woronzow (1782–1856), der den prachtvollen Rustaweli-Boulevard anlegen ließ, war der Sohn eines russischen Diplomaten, der seine Kindheit und Jugend in Venedig und England verbrachte. Besonders in England, wo er das Parlament, aber auch Fabriken besichtigte, nahm er neue Ideen auf. Sein Vater verlangte von ihm auch die Ausbildung in einem Handwerksberuf. Woronzow kehrte 1801 nach Russland zurück. Seine Karriere kann nur als beispiellos bezeichnet werden. Vom Leutnant der Leibgarde des Preobraschenskij-Regiments stieg er zum Major, Oberst und Generalmajor auf. Er nahm an der Schlacht bei Borodino gegen die Armee *Napoleons* teil, ebenso wie an der Völkerschlacht bei Leipzig. 1813 wurde er als Generalleutnant zum **Kommandeur der russischen Streitkräfte** unter der Armee des Herzogs von Wellington ernannt. Er schlug Zar *Alexander I.* die Befreiung der Leibeigenen vor, was dieser natürlich ablehnte. 1844 wurde Woronzow zum **Vizekönig des Kaukasus** ernannt und gleichzeitig vom Grafen- in den Fürstenrang erhoben. Sein Wirken und seine fortschrittlichen Ideen waren ein wahrer Segen für Tbilisi und Kaukasien. 1855 trat er den Ruhestand an und übersiedelte nach Odessa, ein Jahr später starb er dort und wurde auch in Odessa begraben.

lerräumen werden **Goldschätze** aus Georgiens vorchristlicher Zeit und **Ikonen** gezeigt.

- **Geöffnet:** Di–So 11–16 Uhr, Eintritt 4 GEL, Führung 1 GEL extra, Besichtigung nur mit Führung oder in Kleingruppen möglich.

Rustaweli-Kino

Neben dem Museum befindet sich das Rustaweli-Kino (Nr. 5), dessen Gebäude 1939 von *Nikolai Sewerow* errichtet wurde. Der Architekt entwarf auch das Gebäude des Dschanaschia-Museums.

Palast des russischen Statthalters

Wieder auf der linken Straßenseite, also gegenüber, erblickt man den ehemaligen Palast des russischen Statthalters im Kaukasus. Er wurde zwar schon 1807 erbaut, aber in den Jahren 1856–1868 durch den deutschen Architekten *Otto Simonson* mit einer Fassade im Stil der italienischen Renaissance umgestaltet. Das Palais dient heute als Jugendpalast.

Parlament

Das heutige Parlamentsgebäude (Nr. 8) wurde 1938 auf dem Gelände der vormals dort befindlichen Alexander-Newskij-Kathedrale errichtet und diente der russischen Armee. Interessanterweise wurde 1953 von deutschen Kriegsgefangenen ein Portiko aus Tuff angebaut. Am 9. April 1989 haben hier russische Soldaten Demonstranten mit Giftgas und scharfen Spaten angegriffen, wobei etwa 20 georgische Demonstranten ums Leben kamen. Der 9. April ist jetzt ein

Feiertag, der dieser Ereignisse gedenken soll. Aber auch um die Jahreswende 1991/92 gab es hier Kämpfe, als sich Präsident *Gamsachurdia* mit einigen Anhängern im Gebäude verschanzte, bis er sich schließlich durch einen Hinterausgang absetzte. Vor dem Parlamentsgebäude steht ein kleines Denkmal, das an die Ereignisse erinnert.

Neben dem Parlament steht, etwas zurückversetzt, das Gebäude der **Schule Nr. 1,** das 1802 für die Kinder der russischen und georgischen Aristokratie errichtet wurde. Vor der Schule finden sich zwei **Denkmäler,** die dem Reformer und Verleger *Ilja Tschawtschawadse* und dem Schriftsteller *Akaki Zereteli* gewidmet sind.

Erisioni-Haus

Das sich anschließende Gebäude (Nr. 14) dient heute als Übungsstätte des bekannten **Ensembles „Erisioni".** Wer Glück hat, kann die Kinder und Jugendlichen bei ihren harten Proben beobachten. Das Staatliche Ensemble für Volkslieder und Volkstanz wurde 1885 als Chor unter dem Sänger *Lado Agniaschwili* gegründet, sein erster Dirigent war damals der tschechische Komponist *Josef Navratil.* 1889 wurde der Chor um ein Tanzensemble erweitert. Die aktuellen Programme des Ensembles umfassen „Die Legende von Tamar" und „Die georgische Legende", mit denen es weltweit auftritt, unter anderem 2007 in Köln. Der Chefchoreograph ist *Rewaz Tschochonelidse,* der künstlerische Leiter *Dschemal Chkuaseli.*

Kwaschweti-Kirche

Gegenüber der Schule Nr. 1 steht, wieder etwas zurückversetzt, die Kwaschweti-Kirche. Sie ist schon das dritte Gotteshaus an diesem Platz. Die zuerst errichtete Kirche soll aus den Steinen gebaut worden sein, die eigentlich für die Steinigung des Missionars *Dawit* bestimmt waren. Dieser soll damals in einer Höhle auf dem Heiligen Berg (georgisch: Mtazminda) gelebt haben. Eines Tages wurde er von einer von zoroastrischen Priestern angestachelten Frau bezichtigt, sie geschwängert zu haben, was eine große Empörung unter seinen Anhängern hervorrief. Man wollte ihn steinigen, aber er konnte sie davon abhalten, indem er das Kind im Mutterleib nach dem Namen des Vaters fragte. Die so der Lüge überführte Frau soll auf der Stelle einen Stein geboren haben (*Kwaschweti* = „Steingeburt"). Reuevoll nahmen seine Anhänger daraufhin die Steine und legten mit ihnen den Grundstein für die erste Kirche.

Im 18. Jh. wurde an gleicher Stelle eine zweite Kirche errichtet, da ihre Vorgängerin durch den allmittäglichen Kanonenschuss baufällig geworden war und abgerissen werden musste. Dieses Schicksal ereilte auch die zweite Kirche, die einst von Fürst *Amilachwari* gestiftet worden war.

Tbilisi Marriot Hotel

Neben der Kwaschweti-Kirche steht unübersehbar das Tbilisi Marriot Hotel, das 1903 als „Majestic" eröffnet wurde. Das Hotel war in der Sowjetzeit ein Intouristhotel namens „Tbilisi" und wurde während der Kämpfe um Gamsachurdia schwer beschädigt.

Schota-Rustaweli-Theater und Paliaschwili-Opernhaus

Es schließt sich das 1901 erbaute, heutige Schota-Rustaweli-Theater an. Nur ein kurzes Stück weiter steht das Paliaschwili-Opernhaus. Beide Häuser sind nur schwer zu verwechseln. Das Rustaweli-Theater ist in einem Stilmix aus Barock und Empire errichtet, das Paliaschwili-Opernhaus im orientalischen Stil, den man hier wohl eher nicht vermuten würde. Interessant ist auch hier, dass an dieser Stelle 1851 ein Opernhaus errichtet wurde, das aber schon 1870 abbrannte. Daraufhin beauftragte man den Architekten *Schretter,* ein neues Theater zu bauen, was in den Jahren 1880–96 realisiert wurde. Dieser Bau brannte fast 100 Jahre nach dem Brand des ersten Hauses 1973 ab und wurde in den 1980er Jahren originalgetreu wieder aufgebaut.

Platz der Republik

Kurz vor Ende des Rustaweli-Boulevards befindet sich das **Postamt** mit einem kleinen Laden für Bücher und Ansichtskarten (eine der Verkäuferinnen spricht etwas Deutsch) und einer **Wechselstube.** Schließlich geht der Rustaweli-Boulevard in den **Respublikis Moedani** über. Rechts fällt das 24-geschossige **Hotel Iweria** ins Auge, das zum Recherchezeitpunkt von der türkischen Silkroad Co. von Grund auf renoviert wurde und als Radisson SAS wieder eröffnet werden soll.

Der wenig attraktive Platz war einst das Aufmarschgelände für die Maiparaden und von mehreren großen Rundbögen aus Beton verziert, die als „Andropows Faust“ oder „Andropows Ohren“ bezeichnet wurden. Die Bögen existieren heute genauso wenig wie das Lenindenkmal auf dem Tawisubleibis Moedani. Attraktiver ist der Platz der Republik dadurch nicht geworden, auch die unterirdisch angelegten Restaurants sind geschlossen. Der Verkehr vom Platz der Republik mündet in das Kneipenviertel um die **Achwlediani-Straße.**

Oberhalb des Platzes der Republik befindet sich der Rustaweli-Platz mit der gleichnamigen Metrostation. Hier kämpft das **Schota-Rustaweli-Denkmal** gegen die Verlockungen der 1999 als erste in Tbilisi eröffneten Filiale einer allseits bekannten amerikanischen Fastfoodkette an. Das Denkmal blickt symbolisch auf das von einem eckigen Turm gekrönte Gebäude der **Akademie der Wissenschaften,** das den Rustaweli-Boulevard auf der anderen Straßenseite abschließt. Die Akademie wurde erst 1953 gebaut.

Were und Wake

Zoo

Der Rustaweli-Platz mündet in die Kostawa-Straße, die zur **Philharmonie** führt und von dort nach rechts weiter zum **Heldenplatz** (Gmirta Moedani). Hier, im Stadtteil Were, befindet sich der kleine Zoo Tbilisis. Man überquert die Kostawa-Straße bei Erreichen des

044ge Foto: mk

Spielplan am Paliaschwili-Opernhaus

Heldenplatzes nach links und unterquert weiterhin die Warasißchewi-Straße. Den Zoo erkennt man an den zahlreichen Karussells. Er wird vor allem an Wochenenden von Familien mit Kindern stark frequentiert. Zum Tierbestand zählen neben Dromedaren und Elefanten auch Zebras, Pferde und einige Vogelarten.

- **Geöffnet:** 8.30–19 Uhr, im Winter kürzer, Eintritt 0,50 GEL.

Universität

Links neben der Philharmonie beginnt die Melikischwili-Straße, die in den Tschawtschawadse-Boulevard (Tschawtschawadse Gamziri) übergeht. Hier befinden wir uns im Stadtteil Wake. Were und Wake sind in der ersten Hälfte des vorigen Jahrhunderts angelegt worden und gelten nach wie vor als **bevorzugte Wohngegenden,** waren aber vor der Neuanlage eine Gegend von zweifelhaftem Ruf. Beide Viertel sind vor allem wegen der Universität erwähnenswert, deren elegantes Hauptgebäude sich am Tschawtschawadse-Boulevard befindet. Die Universität wurde 1906 als Höhere Bildungsanstalt für die Kinder der Aristokratie errichtet.

Freilichtmuseum

Etwa nach zwei weiteren Kilometern erreicht man nach einigem Anstieg den Wake-Park mit dem sehenswerten **Ethnografischen Museum Giorgi Tschitaja.** Mit dem Taxi geht es weit schneller und bequemer, denn der Weg dorthin zieht sich. Dieses Freilichtmuseum zeigt Gebäude aus verschiedenen Gegenden Georgiens, besonders viele Häuser wurden aus Westgeorgien (Imeretien, Mingrelien und Gurien) hierher gebracht und wieder aufgebaut. Sie zeigen den Aufbau eines Hauses, vorwiegend aus der Zeit um das Ende des 19. Jh. Zum Schutz gegen einen meist feuchten Untergrund wurden die Häuser auf steinernen Pfählen errichtet, sie selbst sind aus Holz. Die Küche befand sich in einem separaten Gebäude. Da es in Ostgeorgien immer windig ist, wurden die Häuser aus jenem Landesteil an einen Berghang gebaut und scheinen in diesen überzugehen. Sie sind aus Stein errichtet. Die Angestellten des Museums halten Ziegen und Hühner auf dem Gelände, was einen zusätzlichen Reiz ausmacht.

- **Geöffnet:** Mo–Sa 10.30–16 Uhr, Eintritt 1,50 GEL.

Botschaftsviertel

Am Tschawtschawadse-Boulevard befindet sich neben anderen diplomatischen Vertretungen das **Russische Konsulat.** Rechts geht die Kipschidse-Straße ab, in der sich die **Aserbaidschanische Botschaft** befindet.

Pantheon auf dem Mtazminda-Berg

Agmaschenebeli-Boulevard

Diese schöne Dawit Agmaschenebeli Gamziri mit ihrem an Italien erinnernden Flair findet sich linksseitig der Mtkwari. Die Straße ist nach König *Dawit Agmaschenebeli* (dem Erbauer) benannt und wurde im 19. Jh. von wohlhabenden Kaufleuten angelegt. Sie ist am besten ab der Metrostation Mardshanaschwili zu erkunden. Der interessanteste Abschnitt erstreckt sich etwa über 1,5 km zwischen dem schönen Mardshanaschwili- und dem Tschogureti-Platz. In der Allee mit ihren hübschen Häusern, Boutiquen und Restaurants lässt es sich angenehm spazieren.

Vom Tschogureti-Platz, wo sich eine weitere Filiale der Firma Lagidse befindet (siehe unter dem gleichnamigen Restaurant am Rustaweli-Boulevard), kann man entweder geradeaus zum Dinamo-Stadion weitergehen oder rechts in die Königin-Tamar-Straße (Tamar Mepe) abbiegen und zum **Bahnhof** laufen. Vor dem Bahnhof, einem wenig attraktiven Betonklotz, befinden sich ein **Markt** und ein **Flohmarkt.** Wie auf vielen Märkten sind auch hier gelegentlich Taschendiebe am Werk!

Die Metrostation Mardshanaschwili geht auf den Mardshanaschwili-Platz, wo **Restaurants, Supermärkte, Kioske und Apotheken** sowie die zweite Filiale von McDonalds dem Touristen das Leben erleichtern. Verlässt man die Metrostation nach rechts und überquert den Boulevard, so findet man in der ersten Querstraße links in der schmalen Tetelaschwili-Straße die **Armenische Botschaft.**

Heiliger Berg

Von vielen Stellen der Stadt aus hat man einen guten Blick auf die Dawit-Kirche, die wie ein Vogelnest am **Mtazminda-Berg** zu kleben scheint. Der mühsame, aber lohnende Aufstieg kann, sofern man nicht mit dem Taxi fährt (ab Rustaweli-Boulevard ca. 3 GEL, das Auto kann nicht bis ganz oben fahren), über die links neben dem Parlament ansteigende Straße des 9. April bis ganz hoch zur Tschonkadse-Straße erfolgen. Man biegt nach rechts in die Tschonkadse ein. Bald sieht man zur Linken die seit dem Jahr 2000 stillgelegte **Standseilbahn,** die 2008 wieder eröffnet werden soll. Man lässt sie links liegen und läuft bis zur Mtazminda-Straße (ggf. nachfragen), die recht steil und oben gewunden bergan verläuft. Der letzte, kurze Abschnitt ist sehr steil. Schuhe mit Absätzen sind absolut ungeeignet, auch wenn Georgierinnen sich davon überhaupt nicht abhalten lassen.

Schließlich hat man den Eingang erreicht, vor dem sich Bettlerinnen eingerichtet haben. Dort kommt man an einer unscheinbaren, vergitterten Öffnung vorbei. Hier stehen die Sarkophage des 1829 in Teheran ermordeten russischen Diplomaten und Dichters *Alexander Gribojedow* und seiner georgischen Witwe *Nino* (geborene *Tschawtschawadse*).

Der Mtazminda ist der Heilige Berg Tbilisis, hier soll der heilige *Dawit* im 6. Jh. eine Kirche errichtet haben. An ihrer Stelle steht heute die in den Jahren 1855 bis 1859 errichtete kleine **Dawit-Kirche.** Anlässlich des 100. Todestages Gribojedows 1929 wurden Kirche und Friedhof in ein **Pantheon** umgestaltet, obwohl hier schon vorher Beerdigungen stattgefunden hatten. So waren 1907 der Dichter *Ilja Tschawtschawadse* und 1915 der Dichter *Akaki Zereteli* hier bestattet worden. Unter großer Anteilnahme der Bevölkerung wurde im März 2007 der westgeorgische Politiker *Swiad Gamsachurdia* beigesetzt. Nicht nur sein Grab ist zum Wallfahrtsort geworden, hier finden sich auch die Gräber von *Jekaterina Geladse Dshugaschwili,* der Mutter Stalins, des Philosophen *Wascha Pschawela* und des Dichters *Nikolos Barataschwili.* Sein Werben um Nino Tschawtschawadse war erfolglos gewesen, jetzt sind sie beide auf dem Friedhof des Pantheons bestattet.

045ge Foto: mk

Praktische Tipps

Information

- **Tbilisi Tourist Center,** georgischer Veranstalter mit deutschsprachigen Stadtführern, www.ttc.ge (mit deutschem Link), G. Achwlediani 5 (fürs Taxi: es ist die ehemalige Perowskaja uliza), Tel. +995 32/98 50 75. In der Nähe des Platzes der Republik, unscheinbares Messingschild am Hauseingang auf der rechten Seite, das Büro ist im zweiten Stock, klingeln und hochgehen, nicht unten warten!

Service

- **Vorwahl Tbilisi:** 32/(8) 22

Banken

- In ganz Tbilisi gibt es zahlreiche **Geldautomaten.** Auszahlung von GEL oder US-Dollar, englisches Menü, Quittungsausdruck. Einige Automaten: Bank of Georgia: Rustaweli-Boulevard 5 (Kino), Procreditbank: Melikischwili 89/90, Procreditbank: Agmaschenebeli 89/90, TBC Bank: Rustaweli-Boulevard 13, Hotel Marriot, United Georgian Bank: Hotel Courtyard Marriot, Tawisubleibis Moedani.
- **Bank of Georgia,** Puschkinstr. 3.
- **Procreditbank,** Agmaschenebeli 154.
- **TBC Bank,** Marjanaschwili 7.

Postämter

- **Postamt,** Agmaschenebeli 80 (für Paketversand).
- **Postamt,** Rustaweli 31 (internationale und innergeorgische Telefonate, Kopier- und Faxservice, Internet, Briefmarken). Gleich am Eingang links ist ein kleiner Laden mit Ansichtskarten und Büchern, eine der Angestellten spricht etwas Deutsch.
- Im Zentrum Tbilisis sieht man oft Schilder mit einem großen Telefon, die anzeigen, dass dort ein **Telefonzentrum** ist, von wo aus billiger telefoniert werden kann.

Internetcafés

- **JAVA Cybercafé,** Rustaweli 18, www.javacybercafe.com, mobil: 895 56 06 74. Rechter Hand in einem kleinen Innenhof. High Speed Internet, Color Laser Print, internationale Telefongespräche, nur für Nichtraucher!
- **Bastioni,** Rustaweli 40.
- **Matrix,** Rustaweli 40/1.
- **IC,** Rustaweli 14.
- **IC,** in der Fußgängerunterführung vor der Philharmonie.

Übersetzungen

- **Übersetzerbüro,** Rustaweli 38, Tel. 92 17 61.
- **Übersetzerbüro,** Rustaweli 40, Tel. 99 91 09.
- **Übersetzerbüro,** Kostawa 68b, Tel. 33 22 81.

046ge Foto: mk

Philharmonie

Medizinische Hilfe

- **MediClub Georgia,** Tschawtschawadse 5, Tel. 25 19 91, mobil 899-58 19 91, rund um die Uhr, englischsprachige Ärzte.
- **Augenklinik Jawrischwili,** Kawtaradse 16, Tel. 25 21 25, oftalmij@posta.ge. Metro: Wascha-Pschawela im Stadtteil Delisi.
- **Optikerkette Roniko,** Rustaweli 30 (gegenüber dem Paliaschwili-Opernhaus), Tel. 99 61 00, Rustaweli 42, Tel. 93 25 33, Tamar Mepe 14 (in dieser vom Bahnhof abgehenden Straße sind unzählige Optiker), Tel. 96 03 63, Agmaschenebeli 107, Tel. 95 04 72. Wer qualitativ hochwertige Brillen zu wesentlich günstigeren Preisen sucht und mindestens drei Wochen im Kaukasus ist, ist hier richtig. Bei Auftragserteilung sind 50 % anzuzahlen (KK) und bei Abholung der Rest. Die drei Wochen beziehen sich auf Gläser, die erst bestellt werden müssen. Für Gläser Rezept mitbringen! Gleitsichtgläser heißen auf Russisch *progressivnije stekla*.

Unterkunft

Tbilisi ist mit überdurchschnittlich vielen Hotels gesegnet, jedoch gibt es bisher nur wenige Unterkünfte im unteren Preissegment. In der Regel wird in allen Hotels ab Mittelklasse aufwärts Englisch gesprochen (unterschiedlich gut).

Privatzimmervermietungen

Da die privat vermieteten Unterkünfte von außen in keiner Weise zu erkennen sind, wird hier genau beschrieben, wie man sie findet. Man lasse sich nicht vom äußeren Eindruck täuschen: Die Wohnungen sind in einem weit besseren Zustand, als es der äußere Zustand des Hauses vermuten ließe. Ausgangspunkt für die meisten der wenigen bis jetzt vorhandenen Budget-Unterkünfte ist die Metrostation Mardshanaschwili, deren Ausgang auf die Davit Agmaschenebeli Gamziri mündet (Eckgebäude). Biegt man gleich in die links abgehende, baumbestandene Mardshanaschwili-Straße ab, findet man folgende Unterkünfte:

- **Frau Nasi Gwetadse,** Mardshanaschwili 32/90, Tel. 95 08 94. Linke Straßenseite nach Überquerung der zweiten, kleinen Querstraße, kleine Tür aus eisernen Stangen, meist offen. Frau Gwetadse ist eine Deutschlehrerin im Ruhestand, ihre Wohnung befindet sich auf der rechten Hofseite mit kleinem Holzstaketenzaun davor. Dreibettzimmer, das an Verheiratete auch als Doppelzimmer vermietet wird (Trauschein nicht erforderlich!); Mehrbettzimmer mit Ausgang in anderen Hof (nichts einfach liegen lassen!), einfache Betten; EZ nur mit Vorhang vom Durchgang zum Mehrbettzimmer abgetrennt. Pro Person 25 GEL, Badbenutzung: kaltes Wasser 1 GEL extra, warme Dusche 2 GEL extra. Keine Küchenbenutzung.
- **Irina Dschaparidses Boarding House,** Ninoschwilis Kutscha 19b, Tel. 954 47 16, irina 5062@mail.ru. Hinter der kleinen russischen Kirche links in die Ninoschwili-Straße einbiegen, drittes Gebäude auf der rechten Seite mit Eisenzaun davor und Resten von Steinlöwen auf abbröckelnden Brüstungen vor der Haustür, zweiter Stock. Sehr geräumige Wohnung, fünf Zimmer mit Kabel-TV und Mehrbettzimmer auf zwei Etagen (Innentreppe), fünf Bäder, zwei Küchen. Riesenlobby, in der auch schon mal Fahrräder abgestellt oder bei großem Ansturm Matratzen auf dem Fußboden ausgelegt werden können. 20 GEL pro Person im Mehrbettzimmer, 25 GEL für das Einzelzimmer. Internet für kurzen E-Mail-Check frei. Volle Waschmaschine 5 GEL extra. Aufgrund des großen Ansturms hat Irina 2007 zusätzlich fünf Doppelstockbetten aufgestellt. Sie spricht Russisch und ein paar Brocken Englisch. Empfehlung!
- **Frau Dodo Kewlischwili,** Mardshanaschwili 38, Tel. 95 42 13. Linke Straßenseite hinter der Ninoschwilis Kutscha, Eisentor neben Geschäft, linke Hofseite. Zwei Mehrbettzimmer mit Betten ohne weitere Möbel, kleines Bad, kleine Küche; im Hof kleiner Tisch mit Sitzbänken. Frau Dodo spricht sehr gut Englisch, ihre Nichte Kelli etwas Deutsch. 25 GEL für eine Nacht, ab 2 Nächten 20 GEL.
- **Frau Chatunas,** Tschitaja K. 12 (früherer Straßenname Sowjetskaja), Tel. 56 62 81, mobil 899 17 36 09, auf der linken Straßenseite, kleiner Kiosk davor. Die Tschitaja führt

zum Bahnhof. Ab Metrostation Mardshanaschwili die gleichnamige Straße hochgehen, hinter dem auf der rechten Straßenseite befindlichen Hotel Prestige links in die Tschitaja-Straße einbiegen. In einem Innenhof ist es die zweite kleine Stiege auf der rechten Seite. Zwei sehr spartanische Zimmer für 8 GEL pro Bett, davon eines ein Durchgangszimmer, Bad auf dem Balkon (Holzverkleidung, im Winter kühl). Für ganz knapp kalkulierende Reisende.

Nahe Rustaweli-Boulevard:

- **Privatzimmer und Apartments bei Familie Boderadse,** Tel. 99 94 67, 92 03 85, mobil 899 47 77 68, 899 91 69 98, Besiktis Kutscha 9, geht vom Rustaweli-Boulevard gegenüber dem Schota-Rustaweli-Theater ab. Die Besiktis-Straße geht recht steil nach oben und gabelt sich dann. In der Gabelung steht ein eher unbewohnt scheinendes Haus, Eingang über Gartenpforte auf der rechten Gabelung. Tagsüber ist die Oma zu Hause, die jedoch nur Russisch spricht. 30–200 GEL für qualitativ sehr unterschiedliche Zimmer und Apartments, separater Eingang zur Wohnung für 200 GEL. Hier lohnt es sich eigentlich schon, sich in den Hotels der Mittelklasse umzuschauen!

Mittelklassehotels: unteres Preissegment

Obwohl die Preise in US-Dollar ausgewiesen sind, wird die Bezahlung in georgischen Lari erwartet. Fast immer ist das Frühstück im Preis inbegriffen. Wer länger als eine oder zwei Nächte bleiben möchte, sollte nach Preisnachlass fragen.

- **Hotel Ata,** Leselidse 17, Tel. 987 715, 987 856, www.hotelata.com, EZ 50 US$, ohne Frühstück 40 US$, DZ 60 US$, Lux 70 US$, ab 7 Tagen Rabatt möglich, 10 % Rabatt für Gäste, die neue Gäste anwerben. Zentrale Lage, große Zimmer, tägliche Reinigung, kleiner Frühstücksraum, bei Frühstück auf dem Zimmer 5 GEL extra. Rezeption auf der ersten Etage, Zimmer im zweiten Stock, kein Lift.
- **Hotel Charm,** Tschachruchadse 11, Tel. 986 348, www.hotelcharm.ge, EZ/DZ 40/60 US$. Familienhotel in kleiner Altstadtgasse, die Tschachruchadse-Straße geht rechts ab von der Barataschwili-Straße. Drei Zimmer mit Bad im 1. Stock, Zimmer 1 ist sehr geräumig, drei Zimmer mit Gemeinschaftsbad im 1. Stock, preisgünstiger, aber urgemütlich. Frühstücksraum mit weißem Flügel, sehr viele Antiquitäten. Flughafentransfer, Internet-/Fax-Service, Sat-TV, Klimaanlage. Am Haus ist keinerlei Beschriftung angebracht, nur an der Laterne daneben steht noch „Hotel Boni", die ehemalige Bezeichnung. Wer aus Versehen in die Schawteli-Straße eingebogen ist, die leicht an der Antißchati-Kirche, dem Café Sanssouci und der Hangarbar zu erkennen ist, geht links an der Hangarbar vorbei und biegt dann sofort in die erste, kleine Gasse ein. Bei längeren Aufenthalten unbedingt nach Rabatten fragen. Empfehlung!
- **Hotel Dzveli Ubani,** Dumas 5, Tel. 922 404, www.dzveliubani.com.ge, EZ mit Dusche 40 US$, mit Badewanne 50 US$, DZ 60–80 US$. Die Dumas-Straße geht von der Leselidse ab; das Hotel befindet sich gleich auf der rechten Seite der Dumas-Straße, es ist in einer Villa untergebracht. Man spricht Deutsch. Zwei Gebäudeteile, mit den jeweils einfacheren bzw. komfortabler ausgestatteten Zimmern. TV, Ventilator und Telefon in allen Zimmern, Ortsgespräche, Fax und Internetnutzung inklusive.
- **Hotel Lile,** Gwinis Agmarti 19, Tel. 773 856, 6 DZ zu 60 GEL, 1 DZ zu 70 GEL, 2 DZ zu 90 GEL, bei Nutzung als Dreibettzimmer 110 GEL. Nach Verlassen der Metrostation Awlabari nach rechts gehen, hinter dem Springbrunnen in die Fußgängerunterführung und noch wenige Meter nach rechts, die kleine Tür neben dem Eingang benutzen. Alle Zimmer mit Duschbad, kein Frühstück, kurze steile Treppen, man spricht nur Russisch. Wer ein DZ als EZ nutzen will, zahlt den Doppelzimmerpreis.
- **Hotel Kolchis** (englisch: Kolkhi), Schanidse 31, Tel. 290 936, 225 791, www.hotelkolkhi.com, EZ 80 GEL, DZ 130 GEL. Die Schanidse-Straße geht von der Melikischwili nach oben ab. In einigen Zimmern Kühlschrank und Schreibtisch bzw. großer Balkon; zwei Deluxe-Zimmer (separater Schlaf- und Wohn-

raum); Lift. In den Zimmern ab der 4. Etage herrlicher Ausblick auf die Stadt. Man spricht nur Russisch.

• **Hotel Silk Road,** Liachwis Kutscha 9a, Tel. 61 61 52, in Gehweite der Metrostation Grmagele (eine Station nördlich von Didube), EZ/DZ 40 GEL. TV, Telefon, Duschbad, man spricht nur Georgisch oder Russisch, aber die sauberen, zur Gänze holzgetäfelten Zimmer machen das allemal wett. Ein Tipp für das ansonsten teure Tbilisi!

Mittelklassehotels: mittleres Preissegment

Auch hier lohnt es sich, nach Rabatten zu fragen. Der Aufenthalt in einem Hotel der Mittelklasse kann durchaus mit einem Luxushotel standhalten. Geräumige Zimmer und sehr persönlicher Service sind nur einige Vorteile dieser Häuser.

• **Hotel Argo,** 1. Querstraße zur Kobuleti-Straße, Tel. 230 673, www.argo.com.ge, EZ/DZ 68/80 US$. Liegt etwas abgelegen, Flughafenabholung.

• **Hotel David,** Paolo Jaschwili 16 a, Tel. 935 006, 931 685, www.davidhotel.ge, EZ/DZ/Suite 60/70/80 US$. Im Stadtteil Sololaki, ab Leonidse-Straße. Zweckmäßig eingerichtete Zimmer auf zwei Etagen, kein Lift. Oben große Terrasse für mehrere Zimmer.

• **Hotel Dschedschili** („Brothaus", englisch: Jejili)), Gorgassali 7, Tel. 999 537, DZ im EG 60/65 US$, EZ oben 50 US$. Es empfiehlt sich, vorher anzurufen, damit jemand da ist, da nur 4 Zimmer! Wer eine Badekur machen möchte, kann die Bäder von hier aus zu Fuß erreichen. Man biegt von der Gorgassali-Straße rechts ab (an der Ecke befindet sich das Narikala-Restaurant mit Freisitzen) und geht ein paar Meter bergan, dann sofort wieder rechts abbiegen, das erste Haus rechts. Nicht von der scheinbar geschlossenen Gittertür beirren lassen! Der Eingang ist um die Ecke. Einfache, zweckmäßig eingerichtete Zimmer. Nur Russisch.

• **Hotel Edem,** Schanidse 34 / Ecke Gogebaschwili, Tel./Fax 252-712, www.hoteledemi.ge, hoteledem@hotmail.com, EZ/DZ/App. 60/70/80 US$. Marschrutka Nr. 67 ab Bahnhof und ab Rustaweli-Boulevard Nr. 59. Fünf sehr schöne Zimmer, Parkplatz, Restaurant, Internet im Zimmer, Klimaanlage, jedes Zimmer hat Balkon, moderne Ausstattung. Im Keller kleines Frühstücksrestaurant, Essen wird nach Wunsch des Gastes stets frisch zubereitet. Empfehlung!

• **Hotel Edelweiss,** Petriaschwili 42, Tel. 25 12 35, 25 27 71, Fax 29 44 50, www.edelweiss.ltd.ge, edelweiss@wanex.ge. Quasi um die Ecke zum Edem, Ecke Gogebaschwili-Straße. Neun sehr schöne Zimmer, alle verschieden eingerichtet, EZ 70 US$, verhandelbar auf 50 US$ bei mehrtägigem Aufenthalt, DZ 90 US$. Frühstück wird nach Wunsch des Gastes frisch zubereitet, Wäscheservice, Konferenzzimmer, kein Lift. Kaffee und Tee den ganzen Tag frei, schöner Garten im Sommer. Empfehlung!

• **Hotel Kartli,** Barnow 32, Tel./Fax 98 29 82, 99 54 29; hot_kartli@gol.ge, EZ/DZ 40/50 US$ bei Barzahlung. Barnow-Straße erreichbar ab Kostawa, die Querstraße Zchowelidse (ehemalige Belinski-Straße) zwischen Philharmonie und Metrostation Rustaweli links hoch, links neben dem Hotel Kartli befindet sich ein kleiner Lebensmittelladen. 12 Zimmer; die Rezeption befindet sich in der Mitte zweier Häuser, rechts davon der Deutsche Biergarten und die Zimmer zum älteren, besseren Gebäude, links davon die Zimmer zum neueren Gebäude mit sehr steiler Treppe. Im älteren Flügel außerdem noch Pasta & Pizza-Restaurant mit deutscher Speisekarte, ab 12 Uhr geöffnet, ansonsten hier 8–11.30 Uhr Frühstück. Fast alle Mitarbeiter sprechen sehr gut Deutsch!

• **Hotel Istanbul,** Agmaschenebeli 148, Tel. 91 11 82-85, Fax 91 11 85, hotel_istanbul_06@yahoo.com, www.istanbul.ltd.ge, Metro: Mardshanaschwili, nach rechts gehen, ca. 15–20 Gehminuten. Nagelneues Hotel mit 16 sehr gefälligen Zimmern ab 70 US$. TV, WLAN in allen Zimmern, Minibar, sehr schöne Duschbäder, im Keller kleines Restaurant und Konferenzraum, Lift. Zimmer auf der Homepage nur ungenügend wiedergegeben. Bei Buchung von DZ sollten zwei separate Betten bestellt werden, da Doppelbett nur 1,40 m breit.

• **Hotel Ipari,** Rustaweli 23/4, Tel. 99 67 99, Fax 99 07 51, www.ltd.ge/ipari/; ipari@gol.

ge, sieben Zimmer, EZ/DZ 60/80 US$, zwei Lux 100–120 US$, scheint leicht überteuert; liegt etwas nach hinten versetzt (als ob es in eine kleine Seitengasse ginge), daher keine Lärmbelästigung, Sat-TV, z.T. kleine Zimmer, Familienunternehmen, sehr gute Lage. Im Sommer Frühstück auf der Miniterrasse vor dem Haus möglich.

- **Villa Mtiebi,** Tschachruchadse 10, schräg gegenüber von Hotel Charm, Tel. 822-920 340, 341, 342, www.hotelmtiebi.ge, tbilisi@hotelmtiebi.ge, 10 sehr schöne Zimmer, davon 5 EZ (85 US$), 5 DZ (100 US$), eine Suite (130 US$), Zimmer Nr. 7 Eckzimmer (geräumiger), Klimaanlage, schalldichte Fenster, Schreibtisch, Sat-TV und Sat-Telefon, WLAN, Minibar, Safe.
- **Hotel Prestige,** Mardshanaschwili 51, Tel. 940 505, www.hotelprestige.ge, ca. 8 Gehminuten ab Metro Mardshanaschwili, EZ/DZ 50–60/70 US$, Suiten, Apartments, bewachter Parkplatz (kostenlos), eigene Wasser- und Stromversorgung, Wäscheservice.
- **Hotel Varazi,** Kostawa 45, Tel. 92 37 04/22/24, 92 16 30, Fax 92 11 61, www.hotelvarazi.ge, hotelvarazi@yahoo.com, Rustaweli-Platz zu Fuß erreichbar, EZ/DZ/Junior-Suite/Suite/Apartment: 90/110/140/150/220 US$. Zimmer sehr sachlich und zweckmäßig eingerichtet, zwei Lifte, Kabel-TV (CNN und EuroNews), Wäscheservice, Flughafentransfer, Restaurant im 3. Stock, freundliche, englischsprachige Rezeption; Visa/Mastercard. Im Foyer Ausstellung von Kunstgegenständen.
- **Hotel Diplomat,** Bolo Agmarti 4, Tel./Fax 92 37 46, 92 20 88, 92 20 96, www.diplomat.ltd.ge, befindet sich auf dem Weg zur Statue der Mutter Georgiens (Kartlis Deda). Moderne Zimmer ab 100 US$, Bad, Klimaanlage, Generator (bei Stromausfall), Sat-TV, internationales Telefon, Restaurant, Fitnessraum, Innenpool, Sauna, Businesscenter, Organisation von Ausflügen, Flughafenabholung möglich.

047ge Foto: mk

Mittelklassehotels: oberes Preissegment

- **Hotel Ambasadori,** Schawteli 13, Tel. 92 04 03, 92 16 27, Fax 93 1740, www.ambasadori.ge, info@ambasadori.ge, EZ 110–130 US$, DZ 145–180 US$, Suiten 250 US$, River View Suite 270 US$ (Preis jeweils inkl. MwSt.). Modernes, exklusives Altstadthotel nach internationalem Standard nahe Antißchati-Kirche, Pool auf dem Dach, Restaurant mit Traumblick auf Mtkwari und Zminda-Sameba-Kirche, Sauna, Fitnessraum mit diversen Laufbändern, Internet (WLAN), Lift, durch verwinkelte Gänge für Rollstuhlfahrer problematisch. Empfehlung!
- **Hotel Tori,** Chanturia 10, Tel. 92 37 65, http://websanet.ge/tori/Index.html, EZ/DZ 80/100 US$, am Alexandergarten, Seitenstraße ab Rustaweli. Fitnessraum im Preis eingeschlossen, Türkisches Bad und Sauna gegen Bezahlung.
- **Betsy's Hotel,** Makaschwili 32-34, Tel. 93 14 04, www.betsyshotel.com, Junior Suite 150 US$ +18 % MwSt., Suite 175 US$ +18 %, Kinder bis 5 Jahren 50 US$; ca. 20 Minuten ab Rustaweli-Platz (hinter McDonalds nach rechts oben) durch gewundene Seitengassen (nachts Taschenlampe mitnehmen). Im Preis Vollpension enthalten inkl. Nutzung des klei-

nen Pools und der Sauna, WLAN im Zimmer, Restaurant im Garten mit Sonnenterrasse, Kabel-TV (CNN, Euronews), Lift, Geldautomat im Eingang. Flughafentransfer einfach pro Taxi 25 US$. Zurzeit wird nebenan ein Erweiterungsbau hochgezogen.

- **Hotel Old Metekhi,** Metechi 3, Tel. 99 05 36, 93 45 71, www.oldmetekhi.com.ge, EZ/DZ 80–110/130 US$, liegt links der Mtkwari auf der Metechi-Kante. Restaurant mit guter Karte, Balkonplätze mit herrlichem Blick auf den Fluss. Nichtgästen ist Voranmeldung für das Restaurant empfohlen. Vermittlung von Stadtführern (Stundenpreis 15 US$, halbtags 30 US$, Ganztags 40 US$).
- **Hotel Iliani,** Andshaparidse 1, Tel. 33 57 10, www.hotels.ltd.ge/illiani.com, EZ/DZ 80–120/110–140 US$, nahe Zoo, Metro: Rustaweli. 2006 vollständig renoviert, kleiner Garten, 24 saubere Zimmer.

Luxushotels der großen Ketten

- **Sheraton Metechi Palace Hotel,** Telawi 20, Tel. 77 20 20, www.sheraton.com, EZ/DZ ab 170/180 US$, bei der Metrostation 300 Aragweli. Riesiger, schon von weitem sichtbarer Komplex mit den für die Kette üblichen Annehmlichkeiten.
- **Tbilisi Marriot Hotel,** Rustaweli-Boulevard 13, Tel. 77 92 00, www.marriot.com; EZ/DZ ab 275 US$. Das ehemalige Hotel Majestic und spätere Intouristhotel Tbilisi wurde 2002 nach umfangreichen Baumaßnahmen als Marriot Hotel eröffnet. Das Fünfsternehaus bietet alles, was der zahlungskräftige Reisende wünscht, zudem eine erstklassige Lage.
- **Tbilisi Courtyard by Marriot Hotel,** Tawisubleibis Moedani 4, Tel. 77 92 00, www.marriot.com, EZ/DZ/Suiten ab 235 US$. Das zweite Marriot in Tbilisi am Freiheitsplatz wurde als Viersternehotel eröffnet. Kleiner Pool, Geldautomat im Eingangsbereich.

Möblierte Apartments

Möblierte Wohnungen, fast immer nach westlichem Standard, die tageweise oder auch länger angemietet werden können, sind oft eine preisgünstige Alternative zu den relativ teuren Hotels in Tbilisi. Infos unter www.market.ge/realestate/forrent.html.

Essen und Trinken

Man lasse sich nicht von der Bezeichnung „Café" täuschen, meist handelt es sich um Restaurants oder Gaststätten.

Rund um den Rustaweli-Boulevard

- **Rustaweli-Kino,** Rustaweli 5, im EG befindet sich ein Foodcourt, u.a. Coffeeshop, Bierbar, Burgerville ist am günstigsten, Waffeln ab 1,60 GEL.
- **Rampa,** Rustaweli 19, Tel. 93 20 00, traditionelle georgische und europäische Gerichte.
- **Nikala,** gegenüberliegende Straßenseite zum Rampa, Tel. 99 70 75, georgische Gerichte zu bezahlbaren Preisen, oben kleines Restaurant, unten Kellerstube.
- **Lagidse,** Rustaweli 24, Tbilisier Institution! Familienunternehmen, das das Geheimrezept für das bekannte Lagidse-Wasser von Generation zu Generation weitergibt. Eingang an der Ecke, gegenüber Nikala auf der gleichen Straßenseite. Treppe führt in ein kleines, längliches Café mit adscharischen *Chatschapuris,* preisgünstig. Für Jugendliche ist der hinter dem Korridor befindliche, etwas größere, schwer einsehbare Raum mit Ledergarnituren ein „geheimer" Treffpunkt.
- **Café Rustaweli,** gegenüber dem Paliaschwili-Theater, Selbstbedienung auf zwei Etagen, große Fensterscheiben ermöglichen das Beobachten des Geschehens auf dem Boulevard, Essen im mittleren Preisniveau, stets gut besucht.
- **Café Palermo,** Rustaweli 26, Tel. 893 30 91 70, gegenüber dem Paliaschwili-Theater, 24 Stunden geöffnet, engl. Speisekarte, Kellnerin spricht Russisch und Englisch, nette Kneipenatmosphäre, gefälliges Preisniveau, daher immer voll.
- **Café Marco Polo,** Rustaweli 44, gegenüber der Post, Tel. 93 53 83, Frühstück ab 4 GEL, Suppen ab 3 GEL, Glas georgischer Wein ab 2 GEL, die gefälligen Preise und die angenehme Atmosphäre, die an ein Wiener Café erinnert, ziehen viele Gäste an.
- **Paradise Lost,** Dzmevi Kakabadse 2, Tel. 39 13 90, die kleine Gebrüder-Kakabadse-Straße geht links neben dem McDonald's

vorbei, das Restaurant ist etwas zurückversetzt neben einem Flugbüro. Interessante Plastik und Riesenaquarium, Sitze auf mehreren Ebenen verteilt, Huhn mit Walnuss-Soße 6,50 GEL, Steak 10 GEL, 10–24 Uhr.

- **Café Samaya,** Michail Jawashischwili 2, Tel. 92 04 02, am Platz der Republik führt eine kleine Gasse zur Mardshanaschwili-Brücke, linker Hand an den Sonnenschirmen hinter Büschen zu erkennen. Metro: Rustaweli. Auch innen geschmackvolle Ausstattung in Holz, sauberes WC. Preisgünstige Karte auch in Englisch, Kellnerin *Natia* hat in der Schweiz sehr gut Deutsch gelernt. Empfehlung!
- **Goethecafé,** Sandukeli 4, linker Hand durch den Durchgang ins Goetheinstitut (Garten) hineingehen. Deutsche Speisekarte zu georgischen Preisen, einfaches Restaurant und Freisitze im Garten. Hier bietet sich die Gelegenheit, junge Georgier kennenzulernen, die Deutsch lernen. Zurzeit auf der Suche nach einem neuen Pächter.

Barataschwili-Straße

- **Satschaschniko,** Barataschwili 1, Tel. 99 58 57, 10–24 Uhr. Die in die Mauer eingelassene, oben halbrunde Tür führt in einen Weinkeller mit englischer Speisekarte, in dem schon *E. Schewardnadse* zu Gast gewesen sein soll. Georgische und westliche Küche, Spezialitäten „Hähnchen Tabaka" oder „Hähnchen Schmeruli" für je 10 GEL.
- **Muchrantubani,** Barataschwili 23, Tel. 99 74 74. Rustikales Restaurant, englische Karte, gehobenes Preisniveau. In den beiden oberen Geschossen mehrere Räume unterschiedlicher Größe, die sich für Geschäftsessen anbieten. Vor dem Muchrantubani steht übrigens eine ausgemusterte Straßenbahn.

Agmaschenebeli-Boulevard

In der Agmaschenebeli Gamziri befinden sich zahlreiche Restaurants und kleine, preisgünstige Cafés. Ein guter Ausgangspunkt ist die Metrostation Mardshanaschwili. Auch in der Mardschanaschwili-Straße südlich des Mardshanaschwili-Platzes, also am McDonald's links vorbei in Richtung Brücke, finden sich zahlreiche Imbisse, die von einheimischen Jugendlichen stark frequentiert sind, also günstige Preise haben.

- **Café Lux,** Agmaschenebeli 86, Selbstbedienungsrestaurant mit georgischen Gerichten, einfach auf das Gewünschte zeigen. Großes Aquarium, große Fenster erlauben einen guten Blick auf das Geschehen auf der Straße.
- **Mareno,** Agmaschenebeli 116, georgische Küche, Selbstbedienung. Würstchen, Fleischgerichte, Reis- und Kartoffelbeilagen.
- **Café Ankara,** Agmaschenebeli 128, Tel. 97 52 81, türkische Küche, ganz neu, sehr sauber, superlecker, Riesenauswahl am Büfett.
- **Schemoichede Ginatswale,** Mardshanaschwili 7, georgische Karte, stark von Jugendlichen frequentiert.
- **Palermo,** Akaki-Zereteli 7, Tel. 95 01 55, Restaurant mit Livejazz am Abend, Nähe Dinamo-Stadion, Metrostation Zereteli ist näher als Mardshanaschwili.

Fußgängerzone

Die drei kleinen, parallel verlaufenden Straßen **Leselidse, Chardin** und **Rkinis Rigi** in der Altstadt nahe der Metechi-Brücke bieten eine ganze Reihe von kleinen Bars und Restaurants. Man muss meist etwas mehr investieren.

- **Chardin Bar,** Chardin 4, Tel. 75 20 44.
- **China Town,** Leselidse 44, Tel. 75 10 14, mobil 8(99) 56 96 99, chinesisches Restaurant und Teehaus, Sechuanküche, Fischgerichte, Businesslunch 13–16 Uhr, mehr als 25 chinesische Teesorten im Angebot, Freisitze. Der Koch kommt aus China. Liefern auch aus.
- **Café Maidan,** Rkinis Rigi 6, Tel. 75 11 88, Café mit Freisitzen auf der Altstadtseite der Metechi-Brücke, georgische und europäische Küche, 15–25 GEL, 11–2 Uhr. Ab und zu Live-Jazz ab 21 Uhr. Falls der Abend kühl wird, werden auch schon mal Decken an die Gäste draußen ausgeteilt.
- **Restaurant Marrakech,** Chardin 13, Tel. 75 10 28. Wer es zur Abwechslung mal marokkanisch mag, ist hier richtig. Orientalisches Interieur, Essen zum Mitnehmen, Lieferservice, Spezialität: Couscous mit Obst und Nüssen, 15–20 GEL.

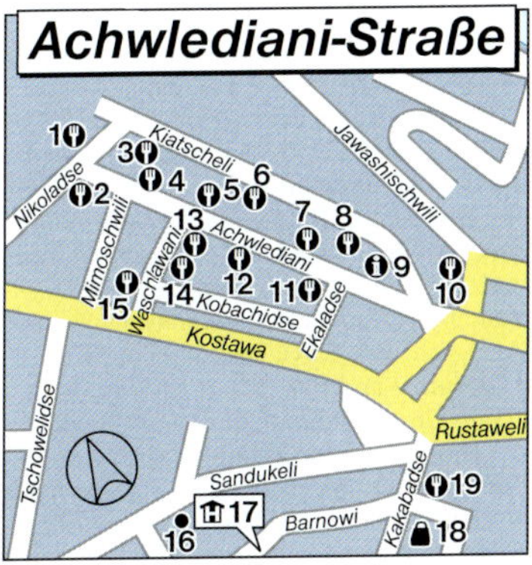

1 Café Rotonda
2 Maharadscha
3 Grand Café CCCP (UdSSR)
4 Sancho
5 Tokyo Sushibar
6 Kartuli
7 Imbiss Nana
8 Toucan
9 Tbilisi Tourist Center
10 Café Samaya
11 Dublin Bar
12 Buffalo Bill
13 Santa Fe
14 Manhattan
15 Csaba's Jazz-Rock Café
16 Goetheinstitut
17 Betsy's Hotel
18 Weinhandlung Chareba
19 Paradise Lost

Kneipenviertel um die Achwlediani-Straße

Die Achwlediani hieß bis vor Kurzem noch Perowskaja (Info für den Taxifahrer). Sie ist die Fortsetzung des Platzes der Republik (Respublikis Moedani), leider keine Fußgängerzone, sondern eine stark befahrene Durchgangsstraße. Hier findet man praktisch Tür an Tür unterschiedlichste Bars und Restaurants, die allerdings eher auf Ausländer abzielen vom Preisniveau her. Die meisten berechnen noch eine Service-Gebühr und/oder Mehrwersteuer, also Speisekarten genau durchlesen!

- **Dublin Bar,** Achwlediani 8 (Eckgebäude), Tel. 98 44 67. Gemütlich mit Holzbänken, Speisekarte englisch. Die meisten Gerichte zwischen 16 und 17 GEL, 0,3 l Bier um die 6 GEL, Biere aus Belgien, Deutschland, USA, den Niederlanden, Tschechien, Georgien, Russland. Zuzüglich 15 % Service-Gebühr.
- **Imbiss Nana,** Achwlediani 9, Tel. 93 17 75. Für kleinen Imbiss zwischendurch gut geeignet, nette Bedienung. Verschiedene Salate, Piroggen, georgische Gerichte, Torten, im Keller winziges Restaurant mit Kamin, englische Speisekarte auf handgeschriebenem Zettel. Salatbox für 4 Personen 6 GEL, *Chatschapuri* 6 GEL.
- **Saloon Buffalo Bill,** Achwlediani 16, Tel. 93 60 52. Western Bar mit vielen amerikanischen Fahnen, Kamin. Elvis Presley Burger 8 GEL, Caesar's Salad 10 GEL, Biere wie in der Dublin Bar. Zuzüglich 15 % Service-Gebühr!
- **Tokyo Susihibar,** Achwlediani 17, Tel. 99 56 32. Erstes japanisches Restaurant in Georgien, sachliche japanische Einrichtung in schwarz-weiß, 12–2 Uhr, englische Speisekarte, Sushi in allen Varianten 9–44 GEL, Salate 11–20 GEL, Biere 6–12 GEL.

Gegenüber befindet sich eine kleine Stichstraße namens **Waschlawani.** Auch hier kann man gut einkehren:

- **Manhattan,** Waschlawani 8, Tel. 98 69 44. Gemütliches Holzinterieur auf zwei Ebenen, georgische und europäische Kühe, englische Speisekarte, sehr nette Bedienung. Schaschlik 6,50 GEL, Kaviarsandwich 8 GEL, Schinkensandwich 2,50 GEL, Biere 3,50–7 GEL, Bitburger vom Fass 7 GEL.
- **Csaba's Jazz-Rock Café,** Waschlawani 3, Tel. 92 31 92, 12–4 Uhr geöffnet, 20–24 Uhr Live-Musik. Bis zu 350 verschiedene Geträn-

ke, Biere 4–8 GEL, ungarischer Gulasch 9,50 GEL, Gewürze werden aus Ungarn importiert. Die Schauspielerin *Asmart Kabladse* ist Csabas Frau und oft anwesend.

Zurück auf der **Achwlediani:**

- **Santa Fe,** Achwlediani 20, Tel. 93 58 48, 11–6 Uhr. Mexikanisches Restaurant, kleiner gemütlicher Bereich mit großen Fenstern, dahinter großes Restaurant, englische Speisekarte, angenehm leise Hintergrundmusik. Burito 13 GEL, Vanilleeis mit Nüssen und Rosinen 7 GEL.
- **Sancho,** Achwlediani 23, Tel. 98 25 98. Spanische Taverne, georgische und spanische Küche, 24 Stunden geöffnet, sehr nette Bedienung und originelle, englische Speisekarte: Orgasmus mit Schrei Cocktail 13 GEL, Miami Cocktail 11 GEL, Daiquiri 6 GEL.
- **Maharadscha,** Achwlediani 22–24, Tel. 22 99 97 99, mobil: 895 29 97 03. Indisches Restaurant an der Ecke der Straße im Souterrain. Gemütliche indische Einrichtung mit Elefantenkissen, geöffnet ab 12 Uhr bis der letzte Gast gegangen ist, englische Speisekarte. Salate und Raitas um 4 GEL, Massalagerichte 15–18 GEL, Tandoorigerichte 12–15 GEL, georgischer Wein (1 Flasche bezahlen, die 2. Flasche frei als Überraschung). Hier war schon Minister *Merabischwili* zu Gast. 13–17 Uhr Happy Hour mit 10 % Rabatt. Bei Banketten Tanzvorführungen. Separater VIP-Raum.

Die Achwlediani-Straße mündet am Ende auf die kleine, unscheinbare **Niko Nikoladse Kutscha.** Rechts ab findet man:

- **Café Rotonda,** Nikoladse 1 (linke Straßenseite, Schild kaum zu sehen), Tel. 93 36 03. Salate, Kuchen, Pizza, Sandwiches, Frühstück für 11 GEL (!), Bier 6 GEL, großes Kuchenbüfett. Im hinteren Bereich kleines Restaurant mit schönem Blick auf orthodoxe Kirche. Ein idealer Ort, um zentrumsnah mal auszuspannen, 11–1 Uhr.

Die kurze Nikoladse-Straße führt nach rechts auf die Kiatscheli-Straße, die ebenfalls einige sehr gute Einkehrmöglichkeiten bietet:

- **Grand Café CCCP (UdSSR),** Tel. 99 50 73, 13–3 Uhr. Managerin *Tamara* spricht etwas Deutsch, englische Karte, russische und europäische Gerichte. Russische Fischsuppe Ucha 8 GEL, Biere 6–7 GEL, Soljanka 9–12 GEL, Spezialität: Salat UdSSR 12 GEL, KGB-Cocktail 12 GEL. Unbedingt einen Blick in die signalrot getünchten WCs werfen, die über den Becken mit Flaggen der einstigen Größen der ehemaligen UdSSR geschmückt sind. Auch im Gastraum Leninflaggen, Abzeichen und dgl. mehr, abends spielt ein Pianist. Zuzüglich 10 % Servicegebühr! Empfehlung!
- **Kartuli,** Kiatscheli 14, 10–1 Uhr, Musik 20–24 Uhr. Restaurant für georgische Küche in gehobener Atmosphäre zu relativ moderaten Preisen. Spezialität des Hauses: Rindfleisch Kartuli 18 GEL. Sehr schön und gediegen!
- **Toucan,** Kiatscheli 8, www.toucan.info-tbilisi.com, 13–1 Uhr. Schönes Holzinterieur, europäische Küche zu relativ akzeptablen Preisen trotz der 15 % Bedienungszulage, Pizza 11 GEL. Biere: Paulaner, Krombacher, Staropramen.

Nachtclubs

Bitte beachten, dass jeweils im Juli/August, wenn die Hitze in Tbilisi unerträglich ist, fast alle Klubs geschlossen sind. Die Partyszene amüsiert sich dann am Schwarzen Meer oder auch am Tbilisier See. Die jeweils angesagtesten Clubs findet man auch unter www.etbilisi.ge und www.info-tbilisi.com.

- **Fashion Bar,** Rustaweli 18, Tel. 92 22 88. Café und Bar im EG 10–3 Uhr, Whiskey je nach Sorte 7–20 GEL, Bier 4–8 GEL. 10–18 Uhr Happy Hour (50 %). Disco im Keller 22–3 Uhr, Eintritt abhängig vom Programm. Gelegentlich Live-Musik verschiedener Richtungen. Der Name ist Programm, einzige Fashionbar im ganzen Kaukasus, Ausstattung des zweistöckigen Cafés entsprechend den Vorgaben des Fashion TV. Highheels und trendy Outfit können hier nicht schaden, sind aber nicht Pflicht. Im August geschlossen.
- **Beatles Club,** Kostawa 25, gegenüber der Philharmonie, 20–6 Uhr. Drei Themensäle im Keller: nachgestellte Bühne des Erstauftritts der Beatles in Liverpool, Sergeant Pepper, Yellow Submarine. Eintritt ab 18 Jahren.

- **Etoile de Paris,** Leonidse 1, an der Ecke des Courtyard by Marriot.
- **Noa Noa,** Rustaweli 12.

Geschäfte und Bibliotheken

- **Weinhandlung Chareba** (engl. Khareba), Dzmevi Kakabadse 16/2, Tel. 92 01 44. Man geht links neben dem McDonalds am Rustaweli-Platz etwa 50 m die kleine Straße hinauf. Kellerartiges Ladengeschäft, Flaschen von 2 bis 30 GEL.
- **Prospero's Books and Caliban's Coffeeshop,** Rustaweli 34, in einem Innenhof auf der rechten Seite kleine Buchhandlung mit englischsprachigen Büchern und Landkarten, Ansichtskarten aus Georgien, beides im Hochpreissegment. Angenehme, saubere Cafeteria mit über 20 verschiedenen, bezahlbaren Kaffeesorten, Kuchen und Muffins, allerdings zuweilen schleppender Service, Internet. Im Hof stehen einige kleine Tische.
- **Deutsche Bibliothek Wilhelm von Humboldt,** Ilja Tschawtschawadse Nationalbibliothek, Gebäude II, www.nplg.ge, Gudiaschwili 5, rechts neben dem Rustaweli-Kino vom Rustaweli-Boulevard abbiegen, 10–18 Uhr (November bis April), 10–19 Uhr (Mai bis Oktober).
- **Österreich-Bibliothek Tbilisi** (Tbilisis avstruli biblioteka), Tscholakaschwili 3, www.lingua.edu.ge/avstriisbiblioteka.php, Mo–Mi und Fr 10.15–16.15 Uhr, Do 10.15–18.15 Uhr.

Sportstätten

Deutschlands Fußballwelt hat zumindest momentan eine ganz besondere Bindung zu Georgien, ist doch *Klaus Toppmöller* zum Nationaltrainer der **georgischen Fußballmannschaft** avanciert. Sein Vertrag läuft von Februar 2006 bis 2008. Unter seiner Leitung stieg die georgische Nationalmannschaft bisher von Platz 116 auf der Weltrangliste auf Platz 93 auf. Bekannte georgische Fußballer, die auch im Ausland einen Namen haben, sind beispielsweise *Lewan Kobiaschwili* von Schalke 04, *Surab Chisanischwili* von den Blackburn Rovers oder *Kacha Kaladse* vom AC Mailand.

Aber auch Anhänger anderer Sportarten dürften gute georgische Sportler entdeckt haben. Beispielhaft seien hier zwei **Eiskunstläufer** genannt: *Wachtang Murwanidse* und die Überraschungsfünfte der Europameisterschaften 2006 *Elene Gedewanischwili*.

Das **Nationalstadion Boris Paitschadse** ist bekannt als Fußballstadion von **Dinamo Tbilisi.** Hier spielte 1995 die georgische Nationalmannschaft gegen die Deutsche Nationalelf.

- **Dinamo-Stadion,** Zereteli 2, Tel. 95 95 44, www.fcdinamo.ge/random.asp, ab der Metrostation Mardshanaschwili nach rechts die Agmaschenebeli Gamziri entlanglaufen.
- **Stadion von Lokomotive Tbilisi,** in Wake, am Tschawtschawadse-Boulevard stadtauswärts auf der linken Straßenseite.

An- und Weiterreise

Marschrutki ab Metrostation Samgori

Marschrutki nach **Kachetien** fahren ab der Metrostation Samgori (alte Bezeichnung Nawtlug). Die Station in Fahrtrichtung (stadtauswärts) verlassen und links abbiegen. Der Platz ist chaotisch (festes Schuhwerk nötig, Rollkoffer bei Regen nicht rollbar, da riesige Pfützen).

Vom ersten Parkplatz fahren Marschrutki nach **Marneuli:** alle 20 Min., 2 GEL, 40 Min. Fahrtzeit.

Hinter dem Parkplatz ist ein flaches Gebäude („Bus Station"), dahinter fahren die Marschrutki nach:

- **Baduri:** 3 GEL, jede Stunde von 9 bis 20 Uhr (So 21 Uhr), Fahrtzeit 1 Std.
- **Gatschiani:** 1 GEL, alle 30 Min., Fahrtzeit 45 Min.
- **Guurdschani:** 5 GEL, alle 30 Min., Fahrtzeit 2 Std.
- **Bodbe:** 5 GEL, 11, 12.20, 13.45, 15, 16.30, 17.40, 18.45 Uhr, Fahrtzeit 90–120 Min.
- **Telawi:** 6 GEL, alle 40 Min., Fahrtzeit 2 Std. 40 Min.

- **Alawerdi:** 7 GEL, einmal täglich 15.20 Uhr, Fahrtzeit 2 Std.
- **Signagi:** 5 GEL, 9, 11, 13, 15, 17, 18 Uhr, Fahrtzeit 1½ Std.
- **Sagaredscho:** 2 GEL, alle 20 Min. von 8 bis 18.30 Uhr, Fahrtzeit 40 Min.

Busse ab Metrostation Didube

Von dieser chaotischen Metrostation, die mit einem Markt gekoppelt ist, fahren Marschrutki und Busse nach **Nordgeorgien** (Heerstraße) und **Westgeorgien** ab.

- **Mzcheta:** 1 GEL, jede Stunde, Fahrtzeit 45 Min.
- **Ananuri:** 2 GEL, 14.45 Uhr, Fahrtzeit 90 Min.
- **Passanauri:** 2,50 GEL, 14.45 Uhr (von dort zurück 8.30 Uhr), Fahrtzeit 90 Min.
- **Gudauri**: 6 GEL, 8.30, 0.30, 11, 15, 17 Uhr, Fahrtzeit 3 Std.
- **Kasbegi:** 10 GEL, 9, 10, 11,13, 15, 17 Uhr, Fahrtzeit 3–4 Std. Die Marschrutka fährt an Ananuri, Passanauri und Gudauri vorbei, kein Zwischenhalt!
- **Duscheti:** 1 GEL, alle 30 Min., Fahrtzeit 30 Min.

Elene Gedewanischwili – eine Sportlerkarriere unter Putins Politik

Den Fans des **Eiskunstlaufens** ist sie längst ein Begriff: *Elene Gedewanischwili,* die **Überraschungsfünfte der Europameisterschaften von 2006.** Geboren am 7. Januar 1990 in Tbilisi (damals noch Hauptstadt der Grusinischen Sozialistischen Sowjetrepublik), lebte und trainierte sie noch bis November 2006 in **Moskau,** wo sie die besseren Trainingsbedingungen bei ZSKA Moskau nutzen konnte. Sie startet aber für ihren Heimatverein Dinamo Tbilisi. Bei ZSKA Moskau konnte sie immerhin bei einer so prominenten Trainerin wie *Tatjana Tarasowa* trainieren, aber auch bei *Jelena Bujanowa.* Bei den Olympischen Winterspielen 2006 wurde sie sensationelle Zehnte!

Dann kam alles ganz anders. Im Jahre 2006 erreichten die **politischen Beziehungen zwischen Russland und Georgien** einen Tiefpunkt. Über Nacht wurden „Ausländer" aus Russland ausgewiesen, die keinen gültigen Pass besaßen. Ohne Vorwarnung oder Fristsetzung wurden besonders Georgier von zu Hause oder vom Arbeitsplatz abgeholt und in ein Flugzeug direkt nach Tbilisi gesetzt. Ganze Familien wurden so zerrissen. Moskauer Schuldirektoren waren angewiesen, Kinder georgischer Eltern zu melden. Man muss dazu wissen, dass sich in Moskau die größte georgische Diaspora befindet.

Da angeblich der Pass von Elenes Mutter nicht in Ordnung war, musste die Sechzehnjährige Moskau verlassen. Sie ging nach **Wayne in New Jersey/USA.** Aufgrund der Umstände musste sie ihre Meldung für zwei Grand-Prix-Teilnahmen im Winter 2006/07 zurückziehen.

Präsident *Michail Saakaschwili* zeichnete sie mit einem Orden aus und zahlte eine **Entschädigung** für die Behandlung, die ihr in Russland zuteil wurde. In Wayne trainiert sie bei *Galina Smiewskaja,* die auch die Ukrainerin *Oksana Bajul* (Olympisches Gold 1994 in Lillehammer) trainierte.

Der drei Jahre jüngere Bruder von Elene, *Dimitri Gedewanischwili,* ist ein Abfahrtsläufer und startet für Russland.

- **Bulatschauri:** 1 GEL, 14, 17 Uhr, Fahrtzeit 45 Min.

Links vom Ausgang fahren folgende Marschrutki ab:

- **Bordshomi:** 7 GEL, jede Stunde von 8 bis 19 Uhr, Fahrtzeit 2–2½ Std.
- **Achalziche:** 10 GEL, 8–19 Uhr (So 20 Uhr), Fahrtzeit 3–3½ Std.
- **Chaschuri:** 5 GEL, jede Stunde von 8 bis 19 Uhr.
- **Sestaponi:** 7 GEL, jede Stunde von 8 bis 19 Uhr.

In der Ecke links des Platzes befindet sich ein **Büro,** in dem auch Marschrutki gebucht werden können, die zu einem der oben genannten Orte fahren. Man ist dort sehr hilfsbereit. Da eine Marschrutka 15 Personen befördern kann, muss der reguläre Fahrpreis für 15 Personen entrichtet werden, auch wenn weniger Plätze in Anspruch genommen werden. Bei diesen Privatfahrten wartet der Fahrer entsprechend den Wünschen der Kunden bis zur Rückfahrt.

Geht man auf dem Platz nach hinten rechts, kommt man zum Okriba-Busbahnhof, von dem aus auch **Busse nach Mzcheta und Gori** fahren, in der Regel jede Stunde. Von hier aus fahren Busse nach Abastumani, Achalkalaki, Achalziche, Bakuriani, Batumi und Bordshomi, in der Regel mehrmals am Tag.

Minibusse ab Bahnhof

Nach Verlassen der **Metrostation Wagslis Moedani** sofort links die steilen Treppen hinauf und die Fußgängerbrücke zur Nordseite des maroden Bahnhofsgebäudes passieren, dann nach rechts ganz hinten in das Gebäude. Dort befindet sich auf der rechten Seite der **Fahrkartenverkauf von Grup Georgia,** Tel. 895 22 54 42. Wer Glück hat, erwischt die Fahrkartenverkäuferin *Irma,* die etwas Deutsch spricht. Grup Georgia ist ein neues Unternehmen, das einige moderne, klimatisierte Mitsubishi-Busse betreibt. Eine Erweiterung der Linien ist geplant.

- **Poti** (13 GEL) und **Batumi** (16 GEL): 8, 9.30, 13, 15.30 Uhr. Der Bus hält unterwegs in Chaschuri (5 GEL), Sestaponi (7 GEL), Samtredia (10 GEL), Senaki (12 GEL) und Kobuleti (15 GEL).
- **Kutaisi:** 9 GEL, 11 Uhr, Fahrtzeit ca. 6 Std.

Busse und Marschrutki nach Jerewan ab Bahnhof

Im Bahnhofsgebäude, Ebene Fahrkartenverkauf für Züge, befindet sich die Firma **Awtostanzi,** links neben dem Haupteingang (die Marschrutki fahren links neben dem Bahnhofsgebäude ab). Fahrten nach Jerewan: 30 GEL, 8, 10, 13, 17 Uhr. Auskünfte in Georgisch oder Russisch: *Micha,* Tel. 893 28 46 49, *Sandro,* Tel. 895 50 76 80.

Elektritschki

Der **Minibahnhof Bordshomski Platform** sieht gewöhnungsbedürftig aus, aber er funktioniert. Man erreicht ihn, wenn man nach Verlassen der Metrostation Wagslis Moedani (Hauptbahnhof) nach rechts geht, vorbei an den Marktständen und dann die Treppen hoch. Die Elektritschki (Nahverkehrsbummelzüge) fahren qualvoll langsam, aber der Preis ist unschlagbar. Tickets gibt es auch beim Schaffner, Fahrplan siehe Anhang.

- **Bordshomi:** 2,70 GEL, Fahrtzeit 4 Std.
- **Kutaisi:** 3 GEL, Fahrtzeit 6 Std.
- **Schindisi:** 2,30 GEL, Fahrtzeit 3½ Std.

Züge nach Baku/Jerewan

Fahrkartenverkauf im Hauptbahnhof am Schalter Nr. 7 (englischsprachig, sehr freundlich):

- **Baku** (Aserbaidschan): 70/40 GEL 1./2. Klasse Schlafwagen, 17.15 Uhr, Fahrtzeit 14–16 Std.
- **Jerewan** (Armenien): 45/25 GEL 1./2. Kl. Schlafwagen, 15.40 Uhr, Fahrtzeit 10–12 Std.

Gepäckaufbewahrung

Im düsteren Durchgang des **Hauptbahnhofs** befindet sich an der rechten Seite eine leicht zu übersehende Gepäckaufbewahrung (russ. *Kamera chranenia*), die von 6 bis 23 Uhr arbeitet, worauf man sich besser nicht verlassen sollte. Wann immer möglich, sollte man das Gepäck in der Unterkunft lassen und mit einem Tagesrucksack Touren unternehmen.

Fernbusse

Busse nach **Baku, Jerewan und Istanbul** fahren ab **Busbahnhof Ortatschala** im Südosten von Tbilisi ab, der vom Bahnhof aus (Ebene Grup Georgia) mit der Marschrutka Nr. 150 erreichbar ist. Es empfiehlt sich, einen Tag vor der beabsichtigten Fahrt Erkundigungen einzuholen (Ticketvorverkauf im Sommer empfohlen). Außerdem warten dort frühmorgens Marschrutki nach Jerewan. Wer Glück hat, erwischt einen armenischen Fahrer, der einfach nur so schnell wie möglich nach Hause will und etwas „Gestaltungsspielraum" beim Preis sieht.

Mietwagen

•**Hertz-Autovermietungen,** Leselidse 44, Tel. 99 91 00, 98 74 00, www.hertz.de, hertz@georgia.com.ge, Mo–Fr 10–18 Uhr, Sa 10–15 Uhr.

049ge Foto: mk

Festungsruine Bebrisziche in Mzcheta

Mzcheta

↗ XVII/C1

Mzcheta, die **alte Hauptstadt Iberiens,** liegt am Zusammenfluss der Aragwi und der Mtkwari. Von ihrem Glanz ist heute nur noch wenig zu erkennen, trotzdem sollte ein Tagesbesuch bei einem Aufenthalt im nahe gelegenen Tbilisi unbedingt dazugehören, stellt sie doch durch einige bemerkenswerte Kirchen nach wie vor ein **geistliches Zentrum Georgiens** dar. Viele Georgier pilgern in die als heilig verehrten Kirchen, so wichtig ist ihnen dieser Ort.

Alles von Belang findet sich in der Dawit-Agmaschenebeli-Straße, wenn man einmal von der Dshwari-Kirche hoch oben auf dem Berg absieht. Wer mit der Marschrutka aus Tbilisi ankommt, bittet den Fahrer am besten, entweder am Museum oder an der Festungsruine Bebrisziche anzuhalten. Der hier vorgestellte Stadtrundgang greift die zweitgenannte Möglichkeit auf.

Ruine Bebrisziche

Die eher bescheidene Ruine, von deren noch erhaltener Mauer wie zum Trotz eine übergroße georgische Flagge weht, ist relativ leicht von der Straße aus zu erklimmen. Man hat einen guten Ausblick auf die bunten Neubauten des neuen Teils von Mzcheta und die Aragwi.

Von Bebrisziche läuft man etwa 30 bis 40 Minuten die Dawit-Agmaschenebeli-Straße hinunter in den Ort, wo auf der rechten Straßenseite der imposante Bau der Sweti-Zchoweli-Kirche auszumachen ist.

Sweti-Zchoweli-Kirche

Diese Kirche wurde im 11. Jh. erbaut. Ihre Vorgängerin, eine Basilika aus dem beginnenden 4. Jh., sorgte schon bei ihrem Bau für Legendenbildung. In jener Zeit lebte die Syrerin *Nino* (siehe Exkurs) in Mzcheta am Hofe von König *Mirian III.* und Königin *Nana*. Als sichtbares Zeichen der Annahme des Christentums ließ König Mirian diese Basilika erbauen, wozu sieben Bäume gefällt werden mussten. Der siebte Baum wollte jedoch nicht umfallen. Da kam Nino und betete, woraufhin am Himmel Engel erschienen, und wie durch ein Wunder ließ sich der Stamm in die gewünschte Position bringen. Doch damit nicht genug, er sonderte nun einen Saft ab, bei dessen Berührung Krankheiten geheilt wurden. Daher der Name „lebensspendender Baum".

König *Wachtang Gorgassali* (446–502) ließ an der Stelle dieser kleinen Basilika eine Drei-Konchen-Basilika errichten, die *Murwan der Taube* (ab 732 arabischer Statthalter des Kaukasus) zerstören ließ. Wenige Jahre später, gegen Ende des 8. Jh., wurde sie wieder aufgebaut. Die im 11. Jh. erbaute jetzige Kirche behielt den Namen Sweti Zchoweli bei. In der Kirche soll König Wachtang Gorgassali bestattet sein.

Doch der Legenden nicht genug: Hier soll sich das Gewand Jesu befinden. Als Jesus von Nazareth gekreuzigt werden sollte, eilte der georgische Jude Elias nach Jerusalem, um gegen die Kreuzigung zu stimmen. Er kam zu spät. Wenigstens konnte er die römischen Wächter bestechen und ihnen das Gewand Jesu abkaufen, mit dem er nach Mzcheta zurückkehrte. Er überreichte es seiner Schwester Sidonia, sie presste es an ihr Herz und starb vor Gram. Als man sie beerdigen wollte, konnte ihr das Gewand nicht abgenommen werden und man musste sie zusammen mit dem Kreuzigungsgewand Jesu begraben.

Samtawro-Kirche

Nur wenige Gehminuten von Sweti Zchoweli findet sich die Samtawro-Kirche. Das imposante Bauwerk aus dem 4. Jh. gehört heute zu einem **Nonnenkloster.** Auf dem Gelände stand der Palast von König Mirian und Königin Nana, die unter dem Einfluss der später zur Heiligen erklärten Nino das Christentum im Jahre 337 zur Staatsreligion erklärten.

Nino betete und meditierte oft in einem Rosengarten und König Mirian beschloss, an genau dieser Stelle eine winzige **Kapelle** zu errichten. Dieses wirklich winzige Kapellchen wurde bis heute kaum verändert. Es ist der **älteste christliche Sakralbau** und gleichzeitig der **erste Kuppelbau** auf georgischem Territorium! Hier sollen Königin Nana und König Mirian begraben sein.

Museum

Folgt man der Dawit-Agmaschenebeli-Straße weiter, so erreicht man das Museum von Mzcheta, das nach umfassender Neugestaltung sehr sehenswert ist. Die Exponate sind auch in englischer Sprache beschriftet. Hier kann man Gegenstände bewundern, die um **6000 Jahre alt** sind und bei Ausgrabungen in der Umgebung gefunden wurden.

- **Geöffnet:** 11–19 Uhr, Eintritt 1 GEL.

Dshwari-Kirche

Die von überall aus der Umgebung sichtbare Kreuzkirche, die bei weitem kleiner ist, als sie von Ferne scheint, thront auf einem Vorsprung des Sagurani-Bergrückens. Sie wurde 586 bis 604 an der Stelle erbaut, wo die heilige Nino ein Holzkreuz errichtet haben soll, und besticht durch ihre Schlichtheit. Das Kirchlein gehört zum **UNESCO-Weltkulturerbe** und wurde 2005 bis 2007 restauriert.

Vom Museum der Stadt Mzcheta aus sollte ein Taxi inkl. Wartezeit um die 10 GEL kosten. Der geschlungene Weg auf den Berg ist ungefähr 7 km lang und kann natürlich auch zu Fuß gegangen werden.

Essen und Trinken

- **Guga,** kleines Familienrestaurant, gleich hinter dem Museum auf der rechten Seite. Im Hof hat man in einigen Nischen Tische aufgestellt; bestellt wird am Fenster im Haus. Sehr gute Küche, mittleres Preisniveau.

An- und Weiterreise

- **Marschrutki** fahren ab der Metrostation Didube in Tbilisi (1 GEL, Fahrtzeit ca. 30 Mi-

Die heilige Nino und die Christianisierung Georgiens

Der Legende nach soll die Syrerin *Nino* im 4. Jh. n. Chr. zur Christianisierung Georgiens beigetragen haben. Noch als sie ein Kind war, ist ihre Familie ins Heilige Land gezogen. Ihr Vater entschloss sich, all seine Habe herzugeben und als Asket in der jordanischen Wüste sein Leben zu beschließen. Ninos Mutter kümmerte sich in Jerusalem um die Bedürftigen. Nino blieb bei der Mutter und hatte das Glück, dass sie nach Bethlehem geschickt wurde, wo man sie in der Heilkunde unterwies. Eines Nachts soll Nino im Traum die Heilige Jungfrau Maria erschienen sein und ihr aufgetragen haben, nach Iberien (Kartlien) zu ziehen, um dort das Christentum zu verbreiten.

Nino soll Iberien von 327 bis 332 missioniert haben. Bei diesen Missionsreisen traf sie auch die Gemahlin König *Mirians,* Königin *Nana,* die schwer erkrankt war. Ninos Gebete heilten die kranke Königin. Als der König sich eines Tages auf einem Jagdausritt verirrt hatte, betete auch er zu dem neuen Gott seiner Frau und fand den Rückweg. So nahm Königin Nana gemeinsam mit König Mirian den christlichen Glauben an. Die Bevölkerung Iberiens wurde im Fluss Aragwi getauft. Das Jahr 337 gilt als das Jahr der Annahme des Christentums als Staatsreligion in Georgien.

Nino soll von der Heiligen Jungfrau ein Kreuz aus Rebstöcken mitgegeben worden sein, das sie immer bei sich trug. In Georgien befinden sich einige der ältesten Weinanbaugebiete der Welt.

nuten). **Busse** fahren ebenfalls ab Didube (0,80 GEL, ca. 40 Minuten). Rückfahrt: Blickt man vom Museum in Richtung Bebrisziche nach links, so sieht man eine kleine Grünanlage, wo oft schon andere Fahrgäste auf Bus oder Marschrutka warten.

- **Elektritschki** verkehren zwischen Tbilisi, Bordshomski Platform (Züge in Richtung Gori), und dem etwas außerhalb liegenden Haltepunkt von Mzcheta. Von dort sind es ca. 20 Gehminuten (Überquerung der Mtkwari) bis in den Ort.

Gori

↗ XVI/A1

Die kleine Stadt Gori böte kaum etwas von touristischem Interesse, hätte da nicht ein armer Schuster mit seiner Frau gewohnt, denen am 21. Dezember 1879 (am 9. Dezember nach gregorianischem Kalender) ein Sohn namens *Josif Wissarionowitsch Dshugaschwili* geboren wurde, der sich später dazu entschloss, sich fortan **Stalin** zu nennen.

Kommt man von Tbilisi mit dem Bus oder der Marschrutka, so sieht man relativ schnell zur Linken das schlossartig wirkende Stalin-Museum mit dem grünen, gepanzerten Zugwaggon davor. Hat man das Museum passiert, biegt der Bus nach rechts in die Tschawtschawadse-Straße ein und erreicht den halb verfallenen Busbahnhof, der in einen daneben befindlichen Basar überzugehen scheint. Damit hat man fast alle Sehenswürdigkeiten Goris gesehen, aber eben nur fast.

Gori hat weniger als 50.000 Einwohner. Hier mündet das Flüsschen Liakwi in die Mtkwari. Das Städtchen ist Ausgangspunkt für die Besichtigung der Höhlenfestung Uplisziche.

Stalin-Museum

Kommt man mit der Marschrutka von Tbilisi aus, so kann man bei Erreichen des Museums, das gut durch den seitlich des Gebäudes stehenden Zugwaggon erkennbar ist, aussteigen. Andernfalls muss man etwa 15 Minuten vom Busbahnhof zurücklaufen.

Das Museum mit seinem viereckigen Turm hebt sich architektonisch von den anderen Gebäuden Goris ab. Kommt man durch den kleinen Park, so kann man leicht ein winziges Häuschen übersehen, das von einem tempelartigen, seitlich offenen Überbau fast erdrückt wird. Dies ist das **Geburtshaus Stalins** (die Besichtigung ist erst nach dem Ticketkauf im Museum möglich).

Das zweistöckige, geräumige Museum zeigt im ersten Raum des oberen Stockwerks Fotos und Dokumente aus Stalins **Kindheit und Jugend,** von seiner Schulzeit in einer Klosterschule (in der der aus ärmsten Verhältnissen stammende Josif kostenlos unterrichtet wurde), und überrascht den Besucher mit durchaus gelungenen Gedichten. Auch seine Tätigkeit als **Redakteur** der in Leipzig in einer geheimen Druckerei hergestellten „Iskra" (russ.: „der Funke") und als erster Herausgeber der „Prawda" (russ.: „Wahrheit"), der späteren Zeitung der Kommunistischen Partei der Sowjetunion, wird gewürdigt.

Der zweite Raum zeigt Stalins Werdegang bis zum Zweiten Weltkrieg, der dritte in zahlreichen Fotos seinen Aufstieg zum **Marschall der Sowjetunion** in unzähligen Siegesposen während des Zweiten Weltkriegs, der in der UdSSR „Großer Vaterländischer Krieg" *(Welikaja Otetschestwennaja Wojna)* hieß. Im vierten Raum schließlich wird sein unermüdliches Wirken als **Koordinator der Industrialisierung** der ehemaligen Sowjetunion dargestellt.

Abschließend erreicht man einen kleineren, abgedunkelten, runden Raum, in dem mausoleumsartig eine Kopie seiner **Büste** auf einer Art Grabkissen ruht. Zu guter Letzt findet der Besucher in einem kleinen Raum, der über den Korridor zu erreichen ist, zahlreiche Vitrinen mit Geschenken aus aller Welt an den „großen Führer" (u.a. vom Führer der KP Frankreichs *Maurice Thorez*) sowie seine originale **Uniform und Mütze** als Marschall der Sowjetunion.

Der neben dem Museum befindliche, gepanzerte Waggon, der innen von überraschender Schlichtheit ist, muss extra aufgeschlossen werden, was die Frau an der Kasse gern tut. Danach zeigt sie noch das kleine Geburtshaus Stalins, das aus zwei winzigen Zimmerchen besteht.

- **Stalin-Museum,** Stalinis Gamziri 32, Di–So 10–16 Uhr, Eintritt 10 GEL, 30 GEL extra für die Fotoerlaubnis innerhalb des Museums.

Ewige Flamme

Geht man vom Museum in Richtung Stalindenkmal, so befindet sich am Ende des kleinen Parks auf der rechten Straßenseite eine Einbuchtung, an deren rückwärtigem Ende zu beiden Seiten einer Stele mit einem Georgskreuz zehn **Gedenktafeln** mit eingravierten Namen an der Wand angebracht sind. Vor dieser Stele brennt die Ewige Flamme zum Gedenken an die jungen Männer aus Gori, die in den Schlachten des Zweiten Weltkriegs gefallen sind. Links von dieser Gedenkstätte befindet sich ein **Museum für die Gefallenen des Zweiten Weltkriegs,** das zurzeit geschlossen ist.

Stalin-Platz

Quasi das Gegenstück zum Stalin-Museum ist am anderen Ende der Stalinstraße der Stalinplatz (Stalinis moedani), auf dem ein riesiges, nicht zu übersehendes **Stalin-Denkmal** steht. Das 17 m hohe Denkmal ist eines der letzten seiner Art in der gesamten ehemaligen Sowjetunion (ein weit kleineres steht noch in Kutaisi in Richtung Sataplia). Hinter dem Denkmal findet sich das imposante **Rathaus,** dessen Dach eine große, halbkugelförmige Kuppel krönt (Fußweg vom Museum zum Stalinplatz ca. 10 Minuten).

Festungsruine Gorisziche

Die Burgruine von Gori thront auf einem Hügel hoch über der Stadt. Wie an fast allen Festungsruinen des Landes ist auch hier eine gewaltige georgische Flagge angebracht. Man erreicht die Ruine am besten vom Museum kommend. Überquert man die Straße etwa in Höhe des Intouristhotels, folgt man der kleinen Gasse, die bald in einen mit Gras überwucherten Pfad übergeht, auf dem Kühe und Ziegen grasen. Der leicht zu bewältigende, kurze Anstieg führt schließlich zum Torbogen der Ruine. Von hier hat man einen wunderbaren Blick über Gori, wobei der Turm des Museums, die Kuppel des Rathauses und das Stalindenkmal genauso gut auszumachen sind wie die Stoffdächer des Basars und der Busbahnhof. Beim Abstieg findet man leicht einen Pfad in Richtung des Letzteren.

Busbahnhof und Markt

Der Busbahnhof, von dem auch die Marschrutki abfahren, befindet sich in der Tschawtschawadse-Straße, deren jetziges Aussehen auf ehemals bessere Zeiten schließen lässt. Es gibt keinerlei Fahrplan oder Bussteige, man muss Einheimische fragen. Rechts davon und dahinter stehen zahlreiche Marktstände, deren Angebot sich am Bedarf der einheimischen Bevölkerung orientiert. Man findet also keinen Touristenkitsch, sondern Lebensmittel, Obst und Gemüse, Kleidung, Kosmetik, Imbisse und Getränke.

Service

- **Vorwahl:** 370
- **Wechselstube:** Tschawtschawadse-Straße, rechte Straßenseite in Richtung Stalindenkmal, unkompliziert.

Unterkunft

- **Hotel Intourist,** Stalinis Gamziri 22-24, Tel. 226 76, EZ/DZ 20/40 GEL. Dreistöckiges Gebäude in idealer Lage. Darauf achten, dass man ein Zimmer mit Warmwasser und Bad erhält, da die meisten Zimmer nur über Kaltwasser und Gemeinschaftsbad/WC verfügen. In der Rezeption spricht man etwas Deutsch.
- **Hotel Viktoria,** Tamar Mepe 76, Tel. 877 40 23 72, Fax 95 12 72. Das beste Hotel in Gori, EZ/DZ 35 US$.

Essen und Trinken

- **Coffee House,** Stalinis Moedani, durch lateinisches Namensschild leicht zu finden. Kleines Restaurant mit ca. 10 gemütlichen Holznischen für jeweils 4 Personen. Ungeachtet seines Namens gibt es auch Limonaden, Bier und Wein sowie kleine Gerichte. Pizza: 6 GEL.
- **Restaurant Intourist,** Stalinis Moedani 28, Eingang links vom Hotel Intourist, lateinisches Namensschild. Gehört trotz seines Namens nicht mehr zum Hotel, sondern wird privat bewirtschaftet. Kleines Restaurant mit georgischen Gerichten und am Kunden interessiertem Service. Komplettes Menü für 10–12 GEL.

An- und Weiterreise

- **Busse und Marschrutki** fahren ab der Metrostation Didube in Tbilisi (Busse: 3,45 GEL, Fahrtzeit 2 Std., Marschrutki: 4 GEL, 2 Std.) Busse sind auf dieser Strecke gemütlicher.
- **Zug:** Entweder ab dem Hauptbahnhof von Tbilisi mit vorher gekauften Fahrkarten (die automatisch eine Platzreservierung enthalten), 4 GEL, Fahrtzeit 1 Std., oder ab dem Bahnhof Bordshomi mit der Elektritschka in zwei Stunden für 3,50 GEL.

Der Bahnhof von Gori liegt etwa 3 km außerhalb der Stadt. Die Innenstadt ist mit Trolleybus Nr. 2 oder der Marschrutka zu erreichen.

Umgebung von Gori

Höhlenfestung Uplisziche ↗XVI/A1

Uplisziche, die „Festung Gottes", stammt aus dem 16. bis 15. Jh. v.u.Z. Einige Bauwerke aus dem Umland sollen sogar auf das vierte und dritte Jahrtausend v.u.Z. zurückzuführen sein. Die **in den Fels gehauene Stadt** ist im

Josif Wissarionowitsch Dshugaschwili – genannt Stalin

Josif Wissarionowitsch Dshugaschwili wurde am 21.12.1879 in der Kleinstadt **Gori** westlich von Tbilisi als **Sohn eines Schusters und einer Wäscherin** geboren. Er entstammte also einer sozialen Schicht, aus der er nur wegen des Zusammenbruchs der damaligen Monarchien Europas infolge des Ersten Weltkrieges aufsteigen konnte.

Sein Vater zog nach Tbilisi und seine Mutter Jekaterina zog als Wirtschafterin in das Haus des orthodoxen Priesters *Tscharkwiani.* Sie konnte den Sohn an einem russisch-orthodoxen **Priesterseminar** unterbringen.

Während seines Priesterstudiums setzte die zaristische Regierung Russisch als Unterrichtssprache durch, wodurch sich sein Studium um ganze zwei Jahre verlängern sollte. Er las aber lieber georgische Bücher, darunter seine Lieblingserzählung „Vatermord" von *Alexander Kasbegi.* Der Held hieß Koba und setzte sich für die Rechte der armen Bauern ein. Nach der Lektüre dieses Buches ließ Stalin sich *Koba* nennen.

Im Alter von 18 Jahren schloss er sich der Messami-Dassi-Gruppe („Dritte Gruppe") an, die von *Noe Shordania, Nikolos Tschcheidse* und *Giorgi Zereteli* geleitet wurde, kam so in Kontakt mit den Schriften *Lenins* und trat ein Jahr später der **Sozialdemokratischen Arbeiterpartei Russlands** (SDAPR) bei. Da er sein Studium vernachlässigte, wurde er exmatrikuliert.

1902 organisierte er unter den Ölarbeitern in Batumi einen **Streik,** wurde verhaftet und **nach Sibirien verbannt.** Er sollte bis 1912 acht Mal verhaftet werden und wieder entfliehen können. 1912 floh er nach Wien und Krakau, um so mit **Lenin** in Verbindung zu bleiben. Er stieg dank Lenins Fürsprache auch prompt ins **Zentralkomitee (ZK) der Bolschewiki** auf und nannte sich fortan *Stalin* („der Stählerne").

Zum Verständnis: Die SDAPR hielt 1903 in London einen Parteitag ab. Lenin vertrat wie die Mehrheit der Delegierten die Auffassung, dass die revolutionäre Umgestaltung Russlands nur von Berufsrevolutionären erfolgreich durchführbar sei. Dieser Auffassung schloss sich später auch Stalin an. Es kam auf diesem Parteitag zur Spaltung der SDAPR in die Mehrheitler (russ. Bolschewiki) und die Minderheitler (russ. Menschewiki).

Als Stalin 1913 nach Russland zurückkehrte, wurde er sofort verhaftet und für vier Jahre nach Turuchansk verbannt, von wo aus er nicht floh. 1914 war der Erste Weltkrieg ausgebrochen und er wollte auf keinen Fall zum Militärdienst eingezogen werden. Während dieser Verbannung lernte er *Lew Kamenew* kennen, mit dem er um die Jahreswende 1916/1917 nach Petrograd ging, um dort in der Redaktion der **Parteizeitung „Prawda"** („Wahrheit") mitzuarbeiten. Mit Kamenew und *Sinowjew* bildete er später das Triumvirat, das in der sowjetischen Politik eine wichtige Rolle spielen sollte.

Am 7. November 1918 wurde die erste provisorische Sowjetregierung gebildet und Stalin wurde darin **Kommissar für Nationalitätenfragen.** Seine Aufgabe sollte in der Lösung der Minderheitenfragen bestehen. Die sogenannten Minderheiten hatten aber ganz anderes im Sinn – nämlich die Loslösung von Russland. So erklärte Georgien seine Unabhängigkeit (1918–21), aber auch die Ukraine und die drei baltischen Staaten.

Stalin wurde 1918 nach Zarizyn (ab 1925 Stalingrad, heute Wolgograd) geschickt, um das dortige Getreideanbaugebiet der

Sowjet-macht zu erhalten. Er konnte Zarizyn gegen die Truppen General Krasnows halten.

Danach konzentrierte er sich auf die **Eingliederung der kaukasischen Länder** in das Sowjetreich, was bis heute Nachwirkungen hat. Bis 1920 gelang ihm das auch, jedoch ausgerechnet ohne Georgien. Erst als im Februar 1921 Truppen in Tiflis einmarschierten, konnte er Fakten schaffen.

Ende 1922 erkrankte Lenin so schwer, dass er bis zu seinem Tod im Jahre 1924 nicht mehr politisch tätig werden konnte. Das **Triumvirat,** bestehend aus Stalin (Steuerung des Parteiapparates), Kamenew (Leitung von Parteisitzungen) und Sinowjew (guter Redner) sollte dieses Vakuum sofort füllen. Dabei ist nicht unwichtig, dass Lenin in seinem politischen Testament vor Stalin gewarnt hatte, da er ihn für seine Nachfolge als zu grob empfand. Auch **Leo Trotzki** hatte in einem Schreiben an das ZK dem Triumvirat „Entartung" vorgeworfen. Lenins Testament wurde auf dem XIII. Parteitag verlesen, blieb aber ohne Folgen für Stalin. Nachdem Stalins Kritiker Trotzki 1926 entmachtet und 1929 endgültig des Landes verwiesen wurde, zerfiel auch das Triumvirat infolge von Meinungsverschiedenheiten. 1927 hatte Stalin geschafft, was wohl niemand von dem kleinen Priesterseminaristen angenommen hätte. Er war **Alleinherrscher der Sowjetunion!**

050ge Foto: mk

Ab dem Jahr 1928 forcierte er die **Zwangskollektivierung** der Landwirtschaft mit verheerenden Folgen. Dadurch entstehende Hungersnöte waren sogar willkommen, konnte man doch damit Stimmung gegen die ruchlosen Kulaken machen. Es gibt keine genauen Opferzahlen, Schätzungen belaufen sich von 10 bis auf über 20 Millionen Menschen!

Ab 1929 setzte ein bis dahin unvorstellbarer **Stalinkult** ein. Er wurde zum Übervater und noch heute sind viele davon überzeugt, dass er nicht wusste, was im Lande vor sich ging, andernfalls hätte er das niemals zugelassen.

1934 wurde der Leningrader Parteisekretär *Sergej M. Kirow,* der als Gegenspieler Stalins galt, ermordet. Diese Ermordung war der willkommene Anlass für die nun einsetzende **Tschistka** („Säuberung"), die vor allem durch ihre drei großen Schauprozesse (Moskauer Prozesse) ihren offiziellen Rahmen erhalten sollte. Auf dem ersten, noch schlecht inszenierten **Schauprozess** gegen Kamenew und Sinowjew lief noch vieles schief, jedoch wurden Kamenew und Sinowjew zum Tode verurteilt, danach auch ein Großteil der Funktionäre und Minister. Die beiden letzten Prozesse waren gut vorbereitet, die Angeklagten durch massive Folter eingeschüchtert und zu Selbstdenunziationen erpresst worden.

Als 1938 eine Verschwörung gegen Stalin im Militär „aufgedeckt" wurde, ließ er drei Marschälle, 13 Armeegeneräle und 62 Korpskommandeure erschießen. Man geht davon aus, dass insgesamt über 40.000 Offiziere der Tschistka zum Opfer gefallen sind, und das ein Jahr vor Kriegsausbruch. Das **Klima der Angst,** des Misstrauens und der Denunziationen erfasste alle Schichten der Bevölkerung.

Am 23.8.1939 wurde in Moskau der **Hitler-Stalin-Pakt** geschlossen, ein Nichtangriffspakt zwischen Deutschland und der Sowjetunion, der ein Geheimabkommen über die Aufteilung Polens und die spätere Besetzung der drei baltischen Staaten durch die Rote Armee regelte.

Während des Zweiten Weltkrieges gelang es Stalin durch Staatsterror und Propaganda gegen den Feind patriotische Gefühle in der sowjetischen Bevölkerung zu mobilisieren. Der **Sieg in der Schlacht um Stalingrad** war die wichtigste Schlacht für die Rote Armee während des gesamten Krieges, da die deutsche Wehrmacht bis dahin als unbesiegbar galt.

Nach der Konferenz von Teheran Ende 1943 kam es im Februar 1945 in **Jalta** zu einer zweiten Konferenz der „Großen Drei", bei der *Roosevelt* bereits ein todkranker Mann war. Lediglich *Churchill* war damals schon klar, dass es nach dem Krieg darum gehen würde, die Herrschaft der Russen in Europa zu verhindern.

Auf der **Potsdamer Konferenz** vom 16.7. bis 2.8.1945 gelang es Stalin, die polnische Ostgrenze weit nach Westen zu verschieben und damit den Hitler-Stalin-Pakt in dieser Hinsicht für die Sowjetunion umzusetzen. Außerdem ging es um Reparationszahlungen Deutschlands, über die sich die Alliierten völlig uneins waren, hatten sie doch die Auswirkungen des Versailler Vertrages noch zu gut in Erinnerung.

Stalin war jetzt 65 Jahre alt, die Sowjetunion besaß mehr Territorium als jemals zuvor. Dennoch war der Lebensstandard dort infolge des Krieges und der völlig verfehlten Wirtschaftspolitik so niedrig, dass Stalin nach Kriegsende auf eine völlige Isolierung des Landes setzte.

Die Folgejahre waren von Konfrontationen der Westmächte mit der Sowjetunion bezüglich des Wiederaufbaus Europas geprägt. Stalin versuchte mit der **Berlinblockade** Reparationszahlungen aus den Westzonen zu erpressen. Die Amerikaner etablierten daraufhin eine Luftbrücke, um die Westberliner zu versorgen.

Der **Marshallplan** entzweite die Alliierten weiter, denn damit wollte man ursprünglich den Aufbau ganz Europas, also einschließlich der Sowjetunion, anstoßen. Die schwer angeschlagene Sowjetunion hatte jedoch ihren eben erst entstandenen Satellitenstaaten nichts Gleichwertiges entgegenzusetzen. Stalin war klar, dass diese sofort seiner Kontrolle entgleiten würden, weshalb er unverzüglich ein Verbot des Marshallplanes für die Sowjetunion und die Ostblockstaaten aussprach. Nach der Gründung der NATO hob Stalin die Blockade still und heimlich wieder auf.

Am Abend des 1. März 1953 trafen sich *Berija, Malenkow, Bulganin* und Stalin zu einem Essen, bei dem Stalin zusammenbrach. Er starb vier Tage später, am 5. März 1953, 74-jährig an den Folgen eines **Schlaganfalls.** Bei seiner vier Tage später stattfindenden Beisetzung in Moskau kam es zu einer Massenhysterie mit vielen Toten. Stalin hat bis zu seinem Tod nie ein Wort des Bedauerns über das von ihm verursachte Leid verloren.

Über das Privatleben Stalins

Stalins erste Frau *Jekaterina Swanidse* starb nach dreijähriger Ehe 1907 an Typhus. Mit ihr hatte er den Sohn *Jakow,* um den er sich aber nie kümmerte.

Seine zweite, zwanzig Jahre jüngere Frau *Nadjeschda Allilujewa* bewunderte ihn zunächst, später kam es immer häufiger zu Zerwürfnissen und mehrmals verließ sie mit den Kindern die gemeinsame Moskauer Wohnung. Durch ihr Studium der Chemie kam sie mit Kommilitonen in Kontakt, die ihr von den Folgen der Zwangskollektivierung in der Ukraine berichteten. Am 8. November 1932 kam es auf einem Fest im Kreml zu einem Streit der Eheleute Stalin. Nadjeschda verließ das Fest und erschoss sich zu Hause. Stalin trat zwar an ihren Sarg, ging aber weder zu ihrer Beerdigung noch je zu ihrem Grab. Es heißt, er habe ihren Tod nie verwunden, da sie sich von ihm abgewendet habe.

Als sein Sohn Jakow aus erster Ehe bei der Schlacht um Stalingrad in deutsche Kriegsgefangenschaft kam, bot die deutsche Seite einen Austausch an, den Stalin aber ablehnte.

Seine Tochter *Swetlana* wurde von ihm nicht nur gegängelt, sondern auch vergöttert. Sie distanzierte sich zunehmend von ihrem Vater, als sie mitbekam, wie er telefonisch einen als Autounfall getarnten Mordauftrag an einem bekannten Schauspieler erteilte. Ihre erste Ehe mit dem Juden *Alexej Kapler* weckte in Stalin antisemitische Gefühle und er sorgte für die Lösung dieser Ehe. Er verstieß seine Tochter später und in den 1960er Jahren gelang ihr während einer Reise nach Indien die Flucht in die USA. Sie konnte ihm nie die Morde an zahllosen Familienmitgliedern der Familie Allilujewa verzeihen. Die gesamte Familie Allilujewa, die Stalin in seiner Tbilisier Zeit einst versteckte, wurde von ihm ausgerottet.

Die Urgroßmutter Swetlanas mütterlicherseits *Margaretha Aichholz* kam übrigens aus der Nähe des württembergischen Backnang. Stalins Sohn *Wassilij* starb mit nur 41 Jahren als Alkoholiker.

Westen durch Felsen, im Osten durch eine Schlucht geschützt. Obwohl die Anlage von den Mongolen zerstört wurde und der Zahn der Zeit ein Übriges getan hat, sind noch Reste des Wasserleitungssystems auszumachen, man erkennt Weinkeller, eine Apotheke, die Ruinen eines Theaters und die Hauptstraße. Besonders beeindruckend ist der von Säulen gestützte Raum *Tamars*.

In Uplisziche wurden in vorchristlicher Zeit heidnische Gottheiten angebetet. Die Anlage wurde hauptsächlich von Sklaven errichtet. Der Legende nach hatte man ihnen Hacken aus Edelmetall in die Hände gedrückt, deren Blatt aus Eisen war. Als Motivation für eine zielstrebige Arbeit versprach man ihnen die Freiheit und den Besitz des Edelmetallteils ihres Werkzeugs, sobald sie soviel gearbeitet hätten, dass das Eisen abgenutzt war.

Ende des 8. Jh. und Anfang des 9. Jh. hatte Uplisziche strategische Bedeutung im Kampf um die Führung innerhalb des vereinigten Georgien. Die Menschen hier beschäftigten sich mit Ackerbau und Viehzucht, Weinbau und Fischzucht, wovon archäologische Funde zeugen.

- Die Anlage liegt nur wenige Kilometer von Gori entfernt. Ein **Taxi** ab etwa dem Stalin-Museum sollte inkl. Wartezeit um die 25 GEL kosten. **Eintritt** 10 GEL, russischsprachige Führung nochmal 10 GEL, bei mehreren Personen günstiger.

Imeretien

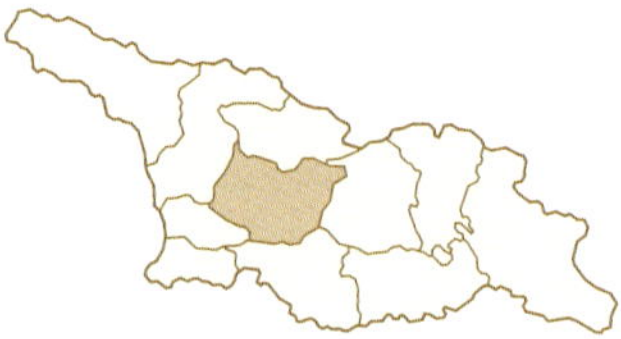

Das antike Kolchis

Das Surami-Gebirge verbindet den Großen mit dem Kleinen Kaukasus. Westlich des 949 m hohen **Surami-Passes** liegt ein sehr interessantes Gebiet Georgiens: Imeretien, das ab dem Ende des 15. Jh. bis zu seiner Eingliederung ins Russische Reich (1804) das **Westgeorgische oder Imeretische Reich** darstellte.

Überquert man den Pass, so gelangt man in die Täler der Flüsse Dsirula und Kwirila, Zuflüsse des Rioni. Der Rioni ist nach Mtkwari, Alasani und Iori der wasserreichste Fluss Georgiens, gespeist vom Schmelzwasser des Großen Kaukasus. Wasserreich ist auch ein anderer Fluss Georgiens, nämlich der Inguri. Alle diese Flüsse fließen durch die **Kolchis-Niederung.** Dort, wo der Rioni aus den Bergen ins Flachland fließt, liegt **Kutaisi,** die älteste Stadt des Kolchis-Reiches, das ungefähr vom 6. bis 1. Jh. vor unserer Zeitrechnung existierte.

Die **alten Griechen** bezeichneten das gedachte Dreieck zwischen der Küstenlinie entlang der Schwarzmeerküste, beginnend etwa im heutigen Adscharien und endend im heutigen Abchasien, und Kutaisi als Spitze des Dreiecks als Kolchis. Hier verliefen wichtige Handelswege, standen Lagerhäuser und es wurden Märkte abgehalten. Schriftliche Überlieferungen aus dem 3. Jh. v. Chr. belegen, dass schon die Ureinwohner der Kolchis-Niederung Landkarten auf Holzbrettchen zu erstellen wussten. Der Handel machte auch das Prägen von Münzen erforderlich, die bei Ausgrabungen noch heute gefunden werden.

Angezogen von diesem Reichtum, sandten die Griechen Schiffe zu den Küsten von Kolchis, beladen mit Öl, Waffen und Schmuck, aber auch mit Keramikgeschirr. Auf der Rückfahrt nahmen sie Eisen, Gold und Silber sowie Mastholz und Harz mit. Besonderes Interesse fand **Gold,** das durch die zahlreichen Flüsse des Kaukasus angeschwemmt und mittels Tierfellen aufgefangen wurde. Der griechische Mythos vom **Goldenen Vlies** – das Fell eines goldenen Widders – ist in diesem Zusammenhang zu sehen. Es gibt noch heute zahlreiche Gegenden auf der Welt, sogar in Lateinamerika, wo dieses Verfahren zur Goldgewinnung mit Hilfe von Tierfellen gang und gäbe ist.

Der altgriechische Geschichtsschreiber und Geograf *Strabon* (etwa 63 v. Chr. bis 23 n. Chr.) wurde an der Südküste des Schwarzen Meeres geboren und entstammte dem Volk der Lasen (Tschanen). Der damalige Herrscher über den Kaukasus, *Moafern,* war ein Verwandter der Mutter Strabons, was diesem Zugang zu Informationen aus erster Hand verschaffte. Dies und sein Wissen über den Kolchis-Raum ließen Strabon zu einem Kenner des Gebietes werden. Die **Argonautensage** war für Strabon wohl eine historische Tatsache. Sie berichtet von der **Fahrt des Jason nach Kolchis** mit dem Ziel, dort das Goldene Vlies zu rauben.

Lange vor den Griechen befand sich auf dem Gebiet des späteren Kolchis ein Meerbusen, der durch die Sedimente der Bergflüsse über Jahrtausende zugeschwemmt wurde. So entstand die **Kolchis-Niederung.** Nach dem Einsetzen des Tauwetters wurde das Gebiet jedoch wieder und wieder überschwemmt und versumpfte langsam. Damit wurde es unbewohnbar. Man geht davon aus, dass sich etwa 80 % der Kolchis-Niederung allmählich in Sumpf und Morast verwandelten. Nur an den Küsten und Flussmündungen konnten Menschen in Pfahlbauten weiterleben.

Die Saurierabdrücke im Naturschutzpark Sataplia bei Kutaisi dürften als Abdrücke im Sumpfland entstanden sein.

Kutaisi

↗ XXIII/C-D2

Der Name der Stadt Kutaisi rührt vom georgischen Wort *Kuata* her, was „steinig" bedeutet. Ungefähr 700 Jahre vor unserer Zeitrechnung wurde Kutaisi als griechische Kolonie angelegt und war wohl 400 Jahre lang die **Hauptstadt des Kolchis-Reiches.** Schon um 300 v. Chr. berichtete der griechische Chronist *Apollonius Rhodius* in seiner Schrift „Argonautica" von einer Stadt Kutaia. Er beschreibt darin die **Argonautensage,** nach der Jason mit dem Schiff Argo nach Kolchis gefahren sein soll, um das **Goldene Vlies** zu rauben.

Im 6. Jh. geriet die Stadt in die Kämpfe zwischen Phöniziern und Persern und wurde 730 von den Persern verwüstet. Gegen Ende des 7. Jh. er-

Jason und das Goldene Vlies – ein Ausflug in die griechische Mythologie

Jasons Großvater *Kretheus* hatte in Thessalonien die Stadt und den Hafen Jolkos gegründet und seinem Erstgeborenen *Aison* hinterlassen. *Pelias,* der Zweitgeborene, war jedoch cleverer und riss den Thron an sich. Aison starb vor Ärger und sein Sohn Jason flüchtete zu Chiron, dem Zentauren, der ihn in seiner Höhle zum Helden ausbilden sollte. Die Flucht hatte wohl auch damit zu tun, dass es damals üblich war, dass der Throninhaber alle potenziellen Konkurrenten beseitigen ließ.

Nach zwanzig Jahren hatte Jason genug von der Ausbildung bei Chiron und setzte sich heimlich nach Jolkos ab, um dort von seinem Onkel Pelias Zepter und Thron zurückzufordern. Pelias ging zum Schein darauf ein, gab aber vor, das Goldene Vlies aus der Kolchis zurückerobern zu müssen, wofür er jedoch zu alt sei.

Was hatte es nun mit dem **Goldenen Vlies** auf sich? *Phrixos* wurde von seiner Stiefmutter *Ino* drangsaliert, weswegen seine leibliche Mutter *Nephele* ihn und seine Schwester *Helle* entführte und auf einen **geflügelten Widder mit goldenem Fell** setzte. Die Geschwister ritten so über das Meer, wobei Helle jedoch herunterfiel und im Meer ertrank. Das Meer hieß fortan Helles Meer oder Hellespont (Dardanellen).

Phrixos hatte mehr Glück, denn er erreichte das rettende **Kolchis** an den Gestaden des Schwarzen Meeres. Dankbar schlachtete Phrixos den eben noch so nützlichen Widder und schenkte sein goldenes Fell König *Aietes.* Dieser ließ es durch einen schrecklichen Drachen Tag und Nacht bewachen.

Den richtigen Riecher hatte aber auch Pelias, der den zum Helden erzogenen, jungen und unerfahrenen Grünschnabel Jason mit freundlichen Worten zum Raub des Vlieses anstiften konnte. Mit viel Aufwand wurde ein prestigeträchtiges **Schiff** mit 50 Rudern gebaut und nach dem Schiffbauer *Argos* **Argo** genannt.

Die **Argonauten** genannten Seeleute, darunter Zeus' Söhne *Kastor* und *Pollux* und der Held *Herakles* (röm. *Herkules*), ließen sich unterwegs von den Gesängen des *Orpheus* die Langeweile vertreiben. Nach zahlreichen Abenteuern erreichten sie schließlich die kolchische Küste. Jason und einige seiner engsten Freunde suchten den Palast von König Aietes auf, um ihr Anliegen vorzutragen.

Als Jason den Palast erreichte, war er von dessen dicken Mauern, aber auch von seiner Größe und Pracht überrascht. Im ersten der beiden Hauptpaläste wohnte der König mit seinem Sohn *Absyrtos,* im zweiten seine beiden Töchter *Chalkiope* und *Medea.*

Während der Begrüßung der Ankömmlinge durch den König und seine Familie verliebte sich **Prinzessin Medea** auf der Stelle in Jason. Während des anschließenden Gastmahls erläuterte Argos, der Bootsbauer und Aietes Enkel, dem König den Zweck des Besuchs der Argonauten. Aietes konnte sich aber nicht vorstellen, dass Jason nur wegen des Schaffelles die weite und gefährliche Reise unternommen habe. Schließlich hatte er auf seinen rechtmäßigen Thron verzichten müssen. Jason gelang es, Aietes zu besänftigen.

König Aietes stellte Jason eine Aufgabe: Er sollte zwei Stiere mit ehernen Füßen dazu bringen, innerhalb eines einzigen Tages einen Acker zu pflügen. Danach sollte er Drachenzähne aussäen, aus denen schwer bewaffnete Männer wachsen, derer er sich dann zu erwehren habe. Nur wenn er es schaffe, diese Krieger zu töten, habe er sich das Goldene Vlies verdient.

Mit seinen Freunden ging Jason zum Schiff zurück. Argos, Aietes Enkel, war ihnen unauffällig gefolgt. Er berichtete von einer Jungfrau, die mit Zaubertränken umzugehen verstünde. Jason war davon nicht begeistert, schließlich könne ein Held seinen Erfolg nicht einer Frau verdanken. Andererseits war ihm wohl bewusst, dass er vor einer fast unlösbaren Aufgabe stand.

Medea, die die Bedingungen ihres Vaters Aietes gehört hatte, geriet in Panik. Nach einer schlaflosen Nacht beichtete sie Chalkiope, der Mutter von Argos, ihre Gefühle. Chalkiope wusste, dass König Aietes nicht nur Jason und seine Argonauten umbringen lassen wollte, sondern auch ihren Sohn Argos (den Bootsbauer), den er für ihr Eintreffen in Kolchis verantwortlich machte.

Medea holte eine Salbe, das Prometheusöl. Wer seinen Körper und seine Waffen damit salbt, wird unverwundbar und mit göttergleichen Kräften ausgestattet. Am Tag des Kampfes gelang es Jason wegen der Salbe, den Feuer speienden Stieren das Geschirr anzulegen und sie vor den Pflug zu spannen. Schließlich pflügte er den Acker wie verlangt und verjagte anschließend die wilden Stiere. Nun galt es noch die Drachenzähne auszusäen, woraufhin aus den Zähnen die angekündigten schwer bewaffneten Krieger in rasender Geschwindigkeit hervorkeimten. Medea hatte Jason geraten, zwischen die immer größer werdenden Krieger einen Stein zu werfen. Er hielt sich an ihren Rat und zu seinem Erstaunen begannen sie, sich um den riesigen Stein zu schlagen. So konnte er die verwundeten Krieger mit seinem Schwert töten und hatte die Aufgabe gelöst.

Aietes beabsichtigte jedoch auf keinen Fall, das Goldene Vlies herauszugeben. Er ahnte wohl, dass es hier nicht mit rechten Dingen zugegangen sein konnte. Medea wiederum fürchtete sich vor der Strafe ihres Vaters. Noch in der Nacht lief sie zum Schiff und riet zur sofortigen Flucht. Sie half den Argonauten bei der **Beschaffung des Vlieses,** indem sie den Drachen durch ihren Zaubergesang einschläferte. Jason war davon so gerührt, dass er ihr die **Ehe** versprach.

Die Argonauten ergriffen die Flucht, sobald sie das Goldene Vlies in Händen hielten, wurden aber von kolchidischen Schiffen unter dem Kommando von *Absyrtos,* Medeas Bruder, verfolgt. Schließlich kamen die Argonauten nicht umhin, mit Absyrtos zu verhandeln. Dieser versprach ihnen das Goldene Vlies, Jason versprach ihm zum Schein Medea. Medea glaubte Jason und ließ sich dazu verleiten, ihren eigenen Bruder zu ermorden. Damit war ihr der Rückweg für immer verwehrt.

Endlich erreichten die Argonauten, unter ihnen Jason und Medea, den Hafen von Jolkos. Doch hatte Pelias längst seinen eigenen Sohn auf den Thron gesetzt und **der Raub des Vlieses war vergebens gewesen.** Da weder Pelias noch sein Sohn Konkurrenten in Jolkos dulden würden, mussten Jason und Medea nach Korinth fliehen. In zehnjähriger Ehe hatten sie dort drei Söhne miteinander.

Jason konnte es nie verwinden, dass er ohne Thron dastand. Da lernte er *Glauke,* die Tochter des Königs *Kreos* von Korinth kennen, und schlug Medea die Scheidung vor, um die jüngere Glauke zu heiraten, Medea lehnte ab. König Kreos entschloss sich daraufhin, Medea mitsamt ihren drei Söhnen aus seinem Königreich zu verbannen, um keine Zweifel an der zukünftigen Thronfolge aufkommen zu lassen. Medea sann nach einer List. Sie schickte Glauke als Geschenk ein paar kostbare Kleider, die sie mit Gift getränkt hatte. Glauke bezahlte ihre Begeisterung mit dem Leben. Medea schäumte jedoch aus **Rache für Jasons Untreue** und erschlug ihre eigenen Kinder. Danach entschwebte sie auf einem Drachen durch die Lüfte davon. Als Jason das sah, stürzte er sich in sein eigenes Schwert.

klärte sich der Fürst von Abchasien zum Vasallen von Byzanz und sich selbst zum König von Abchasien. Er verlegte seinen Herrschersitz von Anakopia (heute Nowy Afon in Abchasien) nach Kutaisi und ließ innerhalb der Festung am Rioni einen Palast bauen.

Bagrat III. wurde 978 zum König des vereinigten Ägris-Abchasien ernannt und Kutaisi zur Hauptstadt dieses vereinigten Königreichs ausgerufen, das es bis 1122 blieb. **König Dawit der Erbauer** *(Agmaschenebeli)* wurde 1089 hier gekrönt. Er und sein Adoptivsohn Bagrat III. machten aus Kutaisi das politische, wirtschaftliche und kulturelle Zentrum Georgiens und verewigten sich hier durch **herausragende Bauwerke.** Sowohl die Bagrati-Kathedrale als auch die Kirchen von Gelati gehören heute zum **UNESCO-Weltkulturerbe.**

Nach der Invasion der Mongolen in Georgien im Jahre 1225 wurde das Land erneut geteilt und Kutaisi wurde zur Hauptstadt des **Imeretischen Reiches,** da Tbilisi und Ostgeorgien von den Mongolen besetzt waren. In den Jahren 1510 und 1666 wurde die Stadt von den Osmanen geplündert und niedergebrannt. König *Salomon II.* konnte die Osmanen 1770 schließlich mit georgischen und russischen Truppen vertreiben, musste sich 1810 aber den Russen beugen und abdanken.

1921 erfolgte der Anschluss Georgiens an die Sowjetunion und Kutaisi erfuhr eine umfassende **Industrialisierung,** gefördert durch *Lenins* Plan zur Elektrifizierung der damaligen Sowjetunion, GOELRO genannt. Am Rioni wurde ein Wasserkraftwerk gebaut. An den Nebenflüssen Ladshanura und Inguri errichtete man gleich mehrere sogenannte Kaskaden von Wasserkraftwerken, um die Industriebetriebe mit Energie zu versorgen. In Kutaisi baute man ein Traktorenwerk und eine Fabrik zur Herstellung von Elektroartikeln.

Das größte Unternehmen aber war das **LKW-Werk.** Es stellte Spezialllastkraftwagen her, geeignet für den Einsatz in Bergregionen. Die Lkws mit der Bezeichnung KAS oder Kolchida wurden vor allem für den sowjetischen Markt hergestellt. Von den ehemals 54.000 Mitarbeitern arbeiten heute nur noch 1000 sporadisch, soll heißen, wenn ein Auftrag eingegangen ist. Daneben gab es eine Kristallschleiferei, eine Seidenweberei und eine Konservenfabrik. Mehrere Hoch- und Fachschulen bildeten den Nachwuchs für diese Industriebetriebe aus. Die Einwohnerzahl Kutaisis wuchs beträchtlich: Mit 200.000 Einwohnern wurde sie zur zweitgrößten Stadt in Georgien nach Tbilisi.

Nach der erneuten Erklärung der Unabhängigkeit Georgiens 1991 brachen die Absatzmärkte in der immer weiter zerfallenden Sowjetunion weg und die meisten Betriebe mussten schließen. Die heutige wirtschaftliche Situation Kutaisis ist im Stadtbild auf Schritt und Tritt erkennbar.

Kutaisi ist im Übrigen die Stadt in Georgien, in der die wenigsten Menschen Russisch sprechen. Hier wurde der in der gesamten ehemaligen Sowjetunion und Ex-DDR bekannte Regisseur *Tengis Abuladse* geboren.

Kutaisi ist Partnerstadt von Gelsenkirchen.

Orientierung

Kutaisi erstreckt sich zu beiden Seiten des Rioni-Flusses, wobei die Altstadt mit dem Dawit-Agmaschenebeli-Platz auf dem linken Ufer liegt, die Bagrati-Kathedale und der Ukmerioni-Berg finden sich auf der rechten Seite des Flusses.

Der Rioni wird von **drei Brücken** überquert. Die älteste von ihnen, die Tschachwis Chidi (Kettenbrücke), steht flussaufwärts und war ursprünglich eine Seilbrücke. 1866 wurden die Seile durch Ketten ersetzt. Die mittlere Brücke ist die Tetri Chidi (Weiße Brücke), die 1872 erbaut wurde. Für die in den 1860er Jahren erbaute Ziteli Chidi (Rote Brücke) wurden Teile in Paris gefertigt. Schilder zeigen die Namen der Brücken an.

In Kutaisi gibt es **zwei Bahnhöfe:** Der wichtigere ist Kutaisi-1 in der verlängerten Tamar-Mepe-Straße, von wo aus die meisten Züge und Elektritschki nach Tbilisi und der Personenzug nach Sugdidi abfahren und wo sich die Abfahrtstelle der Marschrutki und Autobusse *(Awtowoksal)* befindet. Vom Bahnhof Kutaisi-2 fahren fast nur Elektritschki (z.B. nach Zqaltubo) ab. Man erkundige sich vor einer beabsichtigten Zugfahrt, welcher Bahnhof der richtige ist! Beide Bahnhöfe sind durch die Ringbuslinie 1 miteinander verbunden. Die Busse fahren von 7.30 Uhr bis 21 Uhr alle fünf Minuten via Zentrum.

Innerstädtische Marschrutki fahren von dem Rioni-Bogen der Paliaschwilistraße nahe dem Theater ab, Marschrutki nach Lentechi ab der Mcheidse-Straße (engl. Mkheidze) unterhalb der Bagrati-Kathedrale, d.h. jenseits des Rioni.

Sehenswertes

Agmaschenebeli-Platz

Der schöne Agmaschenebeli-Platz wird in westlicher Richtung vom Stadtpark, in nördlicher vom **Meßchichwili-Staatstheater** und in östlicher Richtung vom Museum für Ethnografie und Geschichte gesäumt. Am Stadtpark warten stets unzählige Taxis auf Kundschaft. Um den Platz herum findet man Restaurants und viele Geldautomaten, von hier sind fast alle Sehenswürdigkeiten fußläufig zu erreichen.

Das überdimensionale **Reiterstandbild** von König *Dawit dem Erbauer* wurde erst 1995 von *Eduard Schewardnadse* enthüllt. König Dawit wurde in Kutaisi im Alter von nur 16 Jahren gekrönt. Das Denkmal schuf *Elgudscha Amaschukeli,* Georgiens bekanntester Künstler für Monumentalplastiken.

Museum für Ethnografie und Geschichte

Was könnte einen Besuch von Kutaisi besser einleiten oder abrunden als die Besichtigung der **Goldschätze von Kolchis** sowie zahlreicher kostbarer

051ge Foto: mk

Ikonen und Kirchenschätze aus Imeretien und dem angrenzenden Swanetien und Ratscha. Das Museum in der Tbilisis Kutscha 1 verfügt auch über eine Münzsammlung aus dem 13. und 14. Jh. und ist besonders stolz auf eine kolchische Golddrachme aus dem 5. Jh. v. Chr. Die wertvollsten Stücke der Sammlung befinden sich in einer Schatzkammer. Außerdem werden kostbare Stoffe und Stickereien, Möbel und eine Kutsche aus dem beginnenden 20. Jh. ausgestellt, die den Lebensstil des Bürgertums in Kutaisi vor der Sowjetisierung veranschaulichen.

• **Geöffnet:** Di–So 11–16 Uhr, 10 GEL, Besichtigung nur mit Führung möglich.

Staatstheater

Bagrati-Kathedrale

Die Ruine der Kathedrale ist die größte Sehenswürdigkeit Kutaisis und von fast überall in der Stadt gut sichtbar. Die Kathedrale wurde im Jahr 1003 geweiht, sie ist also über 1000 Jahre alt. Die einst gewaltige Kuppel und das Dach wurden bei einem Angriff der Osmanen 1692 zerstört. Die Kirchenruine gehört zum **UNESCO-Weltkulturerbe.** Etwas weiter westlich befindet sich die intakte Georgskirche.

Von der Kathedrale aus hat man einen guten Blick über die Stadt, von der daneben befindlichen Palastruine aus mit etwas Glück sogar bis nach Gelati. Auf dem Ukmerioni-Hügel befanden sich ab dem 1. Jh. eine Zitadelle und das Königsschloss, die jetzigen Ruinen stammen aus dem 6. Jh.

Seilbahn

Die Kabinenseilbahn wirkt durch ihre altmodischen kleinen Kabinen recht charmant. Die gelben und roten, offenen Kabinen schaukeln vom Weriko-Andshaparidse-Park zum Besiki-Park, der jenseits des Rioni-Flusses auf einem kleinen Hügel liegt. Der Weriko-Andshaparidse-Park stammt aus dem 17. Jh. und war damals ein königlicher Garten.

Weitere Sehenswürdigkeiten

Das ehemalige **jüdische Viertel Mzwane Qwawila** erstreckte sich um die Gaponovis Kutscha, wo sich zwei Synagogen befinden. Die heute leider sehr heruntergekommene Straße bietet noch eine weitere Sehenswürdigkeit, gleich hinter dem Staatstheater: die **Kirche zur Heiligen Jungfrau,** erbaut Anfang des vorigen Jahrhunderts als katholische Kirche im barocken Stil. Sie dient heute auch als Ausbildungsstätte für orthodoxe Priester. Ihr barockes Inneres bietet einen seltsamen Kontrast zur orthodoxen Liturgie.

In der Rustaweli-Straße 8 befindet sich das **Kunstmuseum** (Mo–Sa 10–16 Uhr). In dem 1902 erbauten Gebäude daneben in Richtung Reiterstandbild ist das **Klassische Gymnasium** untergebracht, in dem *Wladimir Majakowski* (1893–1930) und *Akaki Zereteli* (1840–1915) einst zur Schule gingen. Im nächsten Haus, einem Eckgebäude, der Rustaweli-Straße 5, befand sich bis vor Kurzem das Hotel Kutaisi, das jedoch geschlossen wurde.

Eine **Gedenktafel** in der Tamar-Mepe-Straße, links neben Nr. 15, gegenüber dem grauen Betonklotz des Kinos Sakartwelo, soll an den Aufenthalt der österreichischen Schriftstellerin, Pazifistin und Nobelpreisträgerin *Bertha von Suttner* in den Jahren 1877–78 erinnern.

In der Warlamischwili-Straße gegenüber dem Staatstheater befindet sich das **Sportmuseum** (geöffnet täglich 10–18 Uhr), in dem zahlreiche Medaillen und Erinnerungsstücke von Sportlern aus Kutaisi ausgestellt sind. Daneben wird über die hier früher betriebenen Sportarten Zchen-burti (eine Art Polo) und Lelo-burti (eine Art Rugby) informiert. Zahlreiche Gold- und Silbermedaillengewinner im Ringen der einstigen sowjetischen Olympiamannschaft 1952 in Helsinki stammten aus Georgien. Viele Fußballspieler von Dinamo Tbilisi kamen ursprünglich aus Kutaisi.

Praktische Tipps

Service

- **Vorwahl:** 331/231
- **Postamt:** Tamar Mepe 56, das Telegrafenamt hat 24 Stunden geöffnet, die Post (Briefmarken) 10–17 Uhr. Hier kann man auch Faxe absenden und Kopien anfertigen lassen.
- **Geldautomaten:** auf dem Agmaschenebeli-Platz rund um das Reiterstandbild.
- **Internetcafés:** Internetclub/Gamer Land, Paliaschwili/Ecke Gaponovis Kutscha. Oft von Schulklassen frequentiert.

Kutaisi
Lermontow
Jüdisches Viertel
Paliaschwili
Stadt-park
Agmaschenebeli-Platz
26 Maisis Kutscha
Rustaweli
Zereteli
Puschkin
Kostawa
Tamar Mepe
Tbilisis Kutscha
28
100
200 m
Jaschwili
Debis
Ischknebeli
Tschabakiani
Gorki
W. Pschaweli
Rustaweli
Baratischwili
Abaschidse
Ninoschwili
Dawit Agmaschenebeli
Bahnhof Kutaisi-2
Nodar Dumbadse
0
500 m
1 Europa +
2 Pikniki
3 Sport Museum
4 Theater
5 Chidis Tawi
6 Beer House
7 Sachatschapuchare
8 Ethnografisches Museum
9 Egypt
10 Lias GH
11 Hotel Gelati
12 GH Margalschwili
13 GH Gwetadse
14 GH Gogelia
15 Lalaghiani
16 GH Beka
17 Giorgi Giorgadze
18 Georgskirche
19 Bagrati-Kathedrale
20 GH Leselidse-Straße
21 Medea
22 Hl. Jungfrau
23 Palermo
24 Hotel Zelimkhani
Abfahrtsstelle von Marschrutki/Bussen
Markt
Post
Geldautomat
Internet

20, Ambrolauri
17
19
Mcheidse Kutscha
18
Ukmerioni-Berg
Str.
Kasbegi-Gasse
Rioni
Gaponowis
B
Ketten-brücke
21
22
Zminda Nino
Lermontow
Ausschnitt
B
@
Paliaschwili
Besiki-Park
Tetri Chidi (Weiße Brücke)
Seilbahn
Agmaschenebeli-Platz
26 Maisis Kutscha
Rustaweli
Ziteli Chidi (Rote Brücke)
Puschkin
Kostawa
Tbilisis Kutscha
Zereteli
38
Tamar Mepe
Jaschwili
23
Sestaponi
Bahnhof Kutaisi-1
Lado Avaliani St.
Zereteli
Tamar Mepe
Rioni
24

• **Ilja Tschawtschawadse Stadtbibliothek Kutaisi,** Informationszentrum für Deutsche, Ninoschwili 2, Tel. 453 88.

Unterkunft

In Kutaisi findet man eine Reihe guter und preiswerter Privatunterkünfte, die Hotels werden nach und nach entweder renoviert oder neu gebaut.

Auf dem Ukmerioni-Berg:

Folgende Unterkünfte befinden sich auf dem Ukmerioni-Berg jenseits des Rioni und sind durch einen „Schleichweg“ (Kasbegi-Gasse) ganz gut fußläufig zu erreichen. Man überquert die Kettenbrücke (Tschachwis Chidi) über den Rioni ab der Paliaschwili-Straße und biegt rechts ab. Nach etwa 100 m führt die kurze, steile Kasbegi-Gasse hinauf. Oben endet die Gasse in einem dreieckigen Platz mit Bäumen in der Mitte. Nach links geht es zu den folgenden beiden Gästehäusern:

• **GH Beka,** Debi Ischknelebi 26, Tel. 469 23. Die weiße Villa ist von einem schönen Garten umgeben und bietet kleine, zweckmäßige Zimmer mit WC auf dem Korridor bzw. der Veranda für 40 GEL mit Halbpension. Einige Zimmer bieten einen Superblick; TV im geräumigen Esszimmer. Die Nachbarin ist eine arbeitslose Deutschlehrerin und kann gegebenenfalls helfen.

• **GH Lali Lalaghiani,** Debi Ischknelebi 18, Tel. 483 95. Auch dieses nette Guesthouse ist zu empfehlen und bietet Vergleichbares, mit Halbpension 40 GEL.

• Von der oben erwähnten Kasbegi-Gasse geht man nach rechts, bis man über der Straße ein blaues Schild (Wegweiser zur Bagrati-Kathedrale) hängen sieht. Von da ist es die zweite Querstraße links. In der Straße befindet sich rechter Hand ein großes, weißes Schulgebäude. Hier kommt man zur **Privatzimmervermietung Giorgi Giorgadze,** Tschantschibadze 14, giorgihomestay@mail.ru, Tel. 823 14 37 20, mobil: 855 51 92 96, Grundstück mit Eisengittertür ganz hinten rechts. Nicht verwirren lassen, dass die Nr. 14 nach der Nr. 19 kommt! Die Marschrutka Nr. 3 fährt hier auf den Berg. Halbpension 20 GEL für ein großes Zimmer mit Frühstück und Abendbrot sowie selbst gemachtem Wein, saubere Dusche. Der Vermieter und seine Tochter sprechen sehr gut Englisch, eine supernette Familie!

Um den Agmaschenebeli-Platz:

• **Privatzimmervermietung Fam. Suliko und Mediko (Medea) Gwetadse,** Tel. 430 07, gegenüber der Tbilisis Kutscha 100, Haus Nr. 6 rechter Hand. Bei Ankunft mit dem Bus entweder mit dem Taxi (5 GEL) oder mit der Marschrutka Nr. 32 oder 34 bzw. Bus Nr. 2 bis zum Agmaschenebeli-Platz fahren. Von dort die Tbilisis Kutscha hochlaufen (kyrillischer Wegweiser, die Richtung zeigt das Reiterstandbild an: wenn der König auf seinem Pferd nicht geradeaus, sondern nach links blicken würde). Nach ca. 10 Minuten (Nr. 100) links einbiegen. Unterkunft 10 GEL, Vollpension 16 GEL, sehr nette Gastgeber. Medea ist verwandt mit der Vermieterin Nasi Gwetadse aus Tbilisi.

• Gegenüber von Familie Gwetadse in Nr. 5 bieten **Kachaber Margalschwili** (spricht Deutsch) und seine Frau Anna (spricht Englisch) zwei sehr schöne Zimmer für Gäste mit mehr Komfortansprüchen und Sinn für Individualität an, 20–30 GEL mit Halbpension, Zimmer mit Parkett. Telefonischer Kontakt über Suliko oder Mediko Gwetadse.

• Geht man in Blickrichtung des Reiterstandbildes weiter entlang der Tamar-Mepe-Straße, kommt man etwa bei Hausnummer 38 in die links abzweigende Jaschwili-Straße. Ganz oben links befindet sich das **GH Gogelia,** Jaschwili 13, Tel. 448 42. Es hat 3 DZ und 1 EZ/DZ, davon zwei Zimmer mit Bad und zwei Zimmer, die sich Dusche und WC teilen. Übernachtung 20 GEL pro Person, Verpflegung nach Vereinbarung. Man sollte sich von dem schäbigen Äußeren des Hauses nicht täuschen lassen, schon das Treppenhaus überrascht und die Zimmer sind durchaus akzeptabel.

• Geht man ab dem Reiterstandbild in Richtung „Pferdeschwanz“ und biegt dann rechts in die Kostawa-Straße ein, findet man auf der linken Seite gegenüber Nr. 28 **Lias GH,** Kostawa 25 (jedoch ohne Hausnummer oder sonstiges Türschild, dafür mit einem überdimensionalen grauen Stahltor), Tel. 450 12. Beim Öffnen der Tür kläffen fünf Hunde um die Wette. Das Gästehaus bietet 17 Zimmer unterschiedlichster Ausstattung von 20 bis 100 GEL, alle mit Bad. Die Zimmer im rückwärtigen Bereich wirkten netter, sie sind auch preisgünstiger, da sich teilweise mehrere ein Bad teilen. In dem kleinen Innenhof ist ein Springbrunnen.

- Geht man die Kostawa-Straße weiter bergan bis zur Nr. 50 auf der rechten Seite und biegt dann gegenüber in die kleine Seitengasse ein, kommt man bald zum **Hotel Gelati,** 26 Maisis Kutscha (Straße des 26. Mai) Nr. 4, Tel. 480 74, mobil: 877 76 42 58, natela 4@yahoo.com, www.gelati1.narod.ru. Sechs komfortable Zimmer mit Sat-TV, Klimaanlage und Heizung zu 50 GEL pro Person im DZ, DZ zur Einzelnutzung 75 GEL, pro Mahlzeit 10 GEL. Im Keller ist ein kleines Restaurant, ein PC für die Internetnutzung ist verfügbar. Auf Wunsch werden Folkloreabende durchgeführt oder Touren organisiert. Vier Zimmer mit Bad, zwei nutzen ein Bad gemeinsam (gleicher Preis). Der israelische Eigentümer baut noch ein zweites Hotel im Zentrum (wird Edem heißen und in der Brosa-Straße 5 stehen).

Im Süden der Stadt:

- Stadtauswärts vom Bahnhof Kutaisi 1 findet sich das **Hotel Zelimkhani,** Bagrationis Kutscha 67, Tel. 224 41, mobil: 899 55 40 10. 14 Zimmer, EZ mit Halbpension 55 GEL, DZ mit Halbpension 110 GEL pro Zimmer, alle mit Bad. Das freundliche Hotel befindet sich etwa 15 Gehminuten vom Bahnhof Kutaisi-1 in Richtung Stadtgrenze, Parkplatz vor dem Haus. Die Marschrutka Nr. 9 fährt in sehr unregelmäßigen Abständen vorbei. Wird auch von Gruppen aufgesucht. Aufenthaltsraum mit TV (nur georgische Programme) und Lesestoff. Das Kellerrestaurant bietet ein fulminantes Essen, sehr gute und reichliche Küche. Es werden zuverlässige Taxis zu reellen Preisen zur Erkundung der Umgebung organisiert.
- Über den Rioni nach rechts via Dawit- und Konstantin-Straße am Botanischen Garten vorbei gelangt man zu einem **Guesthouse** ohne Namen in der Leselidse 14 (weiße Villa, hat keine Nummer, gegenüber Nr. 25), Tel. mobil: 855 64 21 60. Zwei DZ mit guter Ausstattung (Fenster bitte nicht öffnen, für ihren Ersatz hat das Geld nicht mehr gereicht) und einem wunderschönen Aufenthaltsraum. Duschbad/WC wird mit der Familie geteilt. 50 US$ pro Person inkl. Vollverpflegung, Abholung vom Busbahnhof und einer Tour (Gelati, Motsameta, Sataplia und Kutaisi), Folgenächte 30 GEL pro Person.

Essen und Trinken

In Kutaisi gibt es im Vergleich zu anderen georgischen Städten eine überraschend große Anzahl Restaurants, noch dazu gut und preisgünstig. Schlendert man um das Reiterstandbild herum, wird man auf jeden Fall fündig. Hier eine Auswahl:

- **Europa +,** Paliaschwili 31, etwas zurückversetzt befinden sich in einem Keller zwei Restaurants mit Möbeln, die ihre besten Tage schon hinter sich haben. Gute und preisgünstige Küche, saubere Toiletten.
- **Egypt,** Gaponovis Kutscha (gegenüber dem Theater), schickes Interieur und gutes Essen, riesige Fenster.
- **Chidis Tawi** (Brückenkopf), Zereteli-Straße, georgische Karte, modern und interessant eingerichtet, mittleres Preisniveau.
- **Palermo,** Tamar-Mepe-Straße, gegenüber der Post, Heinekenbier und georgisches Essen (auch Frühstück) lassen wenige Rückschlüsse auf Palermo zu. Trotzdem kann man in der kleinen, weißen Villa gut und günstig speisen.
- **Sachatschapuchare,** Tamar-Mepe-Straße, man wird schon durch die großen und gepflegten Fenster angelockt, *Chatschapuri* sind hier Programm und die vielen einheimischen Gäste lassen auf gute Preise schließen.
- **Pikniki,** Paliaschwili-Straße, Billigstetablissement unter den Arkaden.
- **Beer House,** Dawit-Agmaschenebeli-Platz, zwischen Zereteli- und Tamar-Mepe-Straße, gut besuchte, einfache Gaststätte, günstig.
- **Medea,** Zminda Nino 17, das übliche Angebot und die üblichen Preise.

Einkaufen

- Selbstversorger sollten den kleinen **Markt** besuchen, der sich in der Paliaschwili-Straße in Richtung Rioni-Fluss (Marschrutka-Platz) befindet. Dort warten übrigens auch immer Taxis jeder „Alterstufe“.

An- und Weiterreise

- Vom Awtowoksal (beim Bahnhof Kutaisi 1) fahren **Marschrutki** nach Batumi, 8 Uhr; Osurgeti, 11, 15, 16.20 Uhr, 5 GEL; Samtredia 7.30–16 Uhr alle 30 Minuten, 1,50 GEL; Sugdidi, 11, 12, 14 und 15 Uhr, 6 GEL; Tbilisi 7–20 Uhr stündlich, 10 GEL; Zqaltubo 8–20 Uhr alle 30 Minuten, 1 GEL. Ein **Bus** nach Poti fährt um 10 Uhr (5 GEL). Am Awtowoksal Vorsicht vor Taschendieben!
- **Züge** siehe Fahrplan im Anhang.

Umgebung von Kutaisi

Rund um Kutaisi befinden sich mehrere interessante und für die Georgier wichtige Klöster wie Gelati und Motsameta, aber auch reizvolle Naturdenkmäler wie der Naturschutzpark Sataplia. Legenden zufolge sollen in der Gegend, in der sich das Kloster Gelati und der Wallfahrtsort Motsameta befinden, einst über 200 Kapellen gestanden haben.

Kloster Motsameta ↗ XXIII/D2

Das Kloster Motsameta liegt etwa 6 km nordöstlich von Kutaisi in der Schlucht des Flusses Zchalziteli. Hier befand sich einst die **Festung Zchalziteli,** die von großer strategischer Bedeutung war, besonders als in den Jahren 642–643 die Araber das erste Mal im Fürstentum Aragweli einfielen. Im Jahre 735 kamen die Araber erneut nach Georgien unter Führung von *Murwan ibn Mohammed,* der wegen seiner Grausamkeit auch „Murwan, der Taube“ genannt wurde. Die beiden Fürstensöhne *David* und *Konstantin Mcheidse* sammelten Streitkräfte um sich, verloren aber den ungleichen Kampf. Sie wurden dafür zu Tode gefoltert und ihre Leichname mit Steinen beschwert und in den Fluss Zchalziteli geworfen. Es fanden sich jedoch beherzte Georgier, die ihre sterblichen Überreste bargen und auf den Berg trugen, wo sie in der Gruft der Mariä-Verkündigungskirche beigesetzt wurden. Seitdem heißt der Berg Märtyrerstätte, auf georgisch Motsameta.

Zum Gedenken an die beiden als Heilige und Helden verehrten Brüder soll König *Bagrat IV.* (1027–72) die noch erhaltene Kirche erbaut haben, wobei es auch Stimmen gibt, die den Kirchenbau auf *Bagrat den Großen* (1366–95) zurückführen. Am 20. April 1923, während der sogenannten antireligiösen Kampagne, wurde das Kloster geschlossen. Die Reliquien hat man in das Museum von Kutaisi verbracht, aber 1954 bei der Wiedereröffnung zurückgegeben. Sie sind auf dem Seitenaltar rechts des Eingangs unter Glas zu sehen.

Gläubige, die einen Wunsch erfüllt haben möchten, kriechen unter dem Seitenaltar auf allen Vieren hindurch, steigen dann einige Treppen zum Altar hoch und küssen je zweimal die unter Glas aufbewahrten Schädel der beiden Heiligen. Das Ganze muss dreimal hintereinander geschehen.

Eine Spende für die Erneuerung der Fresken wird gern genommen. Dafür bietet Vater *Giorgi* dem Spender an, für Menschen zu beten, deren Namen man auf einen Zettel schreibt.

Zum Kloster gehören ein Glockenturm und ein Pfarrhaus, in dem einige Mönche leben.

- **Geöffnet:** täglich, Eintritt frei.

Anfahrt

Wer nur nach Motsameta (und nicht weiter nach Gelati) fahren möchte, kann vom Stadtzentrum aus eine **Marschrutka** nehmen (1 GEL). Ein **Taxi** ab Kutaisi kostet 10 GEL hin und zurück inkl. Wartezeit.

Kloster Gelati

Kloster und Akademie von Gelati

↗ XXIII/D1-2

Den Besuch von Motsameta sollte man praktischerweise mit dem Besuch eines weiteren für Georgien bedeutsamen Klosters verbinden. Ebenfalls nordöstlich von Kutaisi findet sich auf einem Berg das Kloster Gelati, an das eine Akademie angeschlossen ist.

Kloster und Akademie wurden in den Jahren 1106–25 von König *Dawit dem Erbauer* errichtet, der sogar selbst Hand angelegt haben soll. Er lud namhafte Gelehrte der damaligen Zeit nach Gelati ein, unter anderem *Arsen von Ikaltveli,* der die Mangan-Akademie in Konstantinopel wegen seiner neoplatonischen Auffassungen verlassen musste. Ein weiterer Gelehrter, *Johannes Petrizi,* war der erste Leiter der Akademie. Beide führten den Unterricht in metaphysischer Philosophie ein, die Schüler wurden in Fächern wie Rhetorik, Grammatik und Dialektik, Arithmetik und Geometrie, in Astronomie sowie Musik ausgebildet. Schon bald sollte die Akademie einen guten Ruf erlangen und dem georgischen Geistesleben Auftrieb geben. Nicht umsonst wird diese Epoche das „Goldene Zeitalter Georgiens" genannt.

Das Kloster besteht aus drei Kirchen, einem Glockenturm und der Akademie, wobei die der Gottesmutter geweihte Kirche die Hauptkirche ist. Die **Muttergotteskirche** ist eher schlicht gehalten und im Innern mit einem Mosaik und Fresken aus unterschiedlichen Jahrhunderten ausgestaltet. Das Mosaik zeigt die Muttergottes mit dem Jesuskind, links und rechts von ihr die Erzengel Michael und Gabriel. Der orthodoxen Tradition lassen sich die Fresken in der Kuppel und an den Wänden zuordnen. Die Kuppel zeigt Jesus Christus als Weltenherrscher; an den oberen Teilen der Wände sehen wir Stationen aus dem Leben und Leiden Christi, unten die Stifter der Kirchen und kirchliche Würdenträger. In Gelati finden wir die **einzige erhaltene Darstellung von König Dawit,** der in seiner linken Hand ein Modell der Muttergotteskirche hält. Das Fresko wurde erst nach seinem Tode gemalt.

König Dawit verstarb 1125 und so wurde die Kirche von seinem Sohn *Demetrius* im gleichen Jahr vollendet. Er wurde auf eigenen Wunsch unter dem Pflaster des südlichen (heute verschlossenen) Torbogens bestattet.

Zum Kloster gehören weiterhin die im 13. Jh. erbaute **Georgskirche** mit Fresken aus dem 16. Jh. und die ebenfalls aus dem 13. Jh. stammende **Nikolaikirche.** Beide Nebenkirchen kann man gut voneinander unterscheiden, da die Nikolaikirche auf an Torbögen angelehnten Mauern ruht.

- **Geöffnet:** täglich, Eintritt frei.

Anfahrt

Sinnvollerweise sollte man sich für die Besichtigung beider Klöster ein **Taxi** mieten. Die Fahrt hin und zurück inkl. Wartezeiten sollte 20 bis maximal 30 GEL pro Taxi kosten.

Nach Gelati gelangt man mit dem **Bus** in Richtung Tkibuli, der hinter dem Theater (am Bogen des Rioni-Flusses in der Paliaschwili-Straße) abfährt. Dem Fahrer rechtzeitig Bescheid sagen, dass man nach Gelati möchte, damit er an der kleinen Abzweigung hält; die restlichen 3 km muss man zu Fuß gehen.

Naturschutzpark Sataplia ↗ XXIII/C1

Sieben Kilometer nordwestlich von Kutaisi in Richtung Zqaltubo weist kurz hinter einem auf der rechten Straßenseite befindlichen Stalindenkmal ein großes, zweisprachiges Schild auf den Naturschutzpark Sataplia hin (Sataplia heißt auf Deutsch „Honigplatz"). Die Straße dorthin ist in einem katastrophalen Zustand und daher Rad- sowie Kradfahrern eher nicht zu empfehlen.

Wo sich heute der Berg Sataplia, ein erloschener Vulkan, befindet, war vor

Millionen von Jahren eine Meeresbucht, in der **Dinosaurier** ihre **Fußabdrücke** hinterließen. Der in Kutaisi geborene Wissenschaftler *Peter Tschabukiani* entdeckte 1923 eher zufällig die im heutigen Park befindliche Karsthöhle und 1933 die etwa 200 m vor deren Eingang befindlichen Fußabdrücke von zwei verschiedenen Saurierarten. Es dürfte wohl einzigartig in der Welt sein, dass zwei verschiedene Arten hier lebten, vor 65 Millionen Jahren eine Pflanzen fressende Art und vor etwa 145 Millionen Jahren eine Fleisch fressende.

In der illuminierten **Karsthöhle** mit Stalagmiten und Stalaktiten herrscht das ganze Jahr über eine gleichbleibende Temperatur von 13 °C bei 92 % Luftfeuchtigkeit. Ihr Alter wird auf 30 Millionen Jahre geschätzt. In diesem Klima können nur Fledermäuse leben, die man aber als Besucher nicht zu Gesicht bekommt. Besonders imposant ist der Herzsaal, in dem ein riesiger Stein die Form eines Herzens hat. Das Klima ist gut für Bronchialasthmakranke.

Der Park nimmt 354 ha ein, liegt in einer Höhe von 500 m und beherbergt vor allem die kolchidische Flora und kaukasische Fauna. Von den 70 hier vorkommenden immergrünen Baumarten stehen 10 im Roten Buch der bedrohten Arten Georgiens. Der Kenner findet über 500 verschiedene Arten von Gräsern und Kräutern. Weiterhin leben hier 34 Vogelarten, Bären, Wölfe, Rehe, Hirsche, Schakale und Füchse.

Anfahrt

Am besten fährt man von Kutaisi mit dem **Taxi,** Fahrpreis inkl. Wartezeit 10 GEL.

Zqaltubo

↗ XXIII/C1

Der in der gesamten ehemaligen Sowjetunion bekannte **Kurort** Zqaltubo (russ. Zchaltubo) ist heute nur noch ein Schatten seiner selbst. Hier wurden vor allem rheumatische und arthritische Erkrankungen behandelt, aber auch Zqaltubo lässt heute nur noch erahnen, was für ein großer und prächtiger Kurort es einst war. In herrlichen Parks und Alleen stand Sanatorium an Sanatorium, wovon heute nur noch zwei in Betrieb sind. Alle anderen sind entweder dem **Verfall** preisgegeben oder von Flüchtlingen belegt, was auf das Gleiche herauskommt. Badehaus und Kursaal sind verfallen, sogar in der ehemaligen Datscha *Stalins* sind Flüchtlinge untergebracht. Dennoch spürt man heute noch die besondere Atmosphäre, die hier geherrscht haben muss.

Auf dem kleinen Bahnhof kamen Züge aus der gesamten Sowjetunion an. Geschäfte und Restaurants sind nach Plünderungen geschlossen, die Stadt mit der wahrscheinlich besten Asphaltstraße Georgiens wirkt gespenstisch und leer. Gerüchten zufolge sollen Investoren an einigen Gebäuden interessiert sein.

Anfahrt

Wer den Besuch von Sataplia mit dem Besuch von Zqaltubo verknüpfen will, ist mit einem **Taxi** gut beraten, der Gesamtpreis beträgt 15 GEL. Es fährt jedoch vom Busbahnhof auch eine **Marschrutka** für 1 GEL nach Zqaltubo.

Täglich fahren vier **Züge** vom und zum Bahnhof Kutaisi-2: Abfahrt um 7, 9.15 und 17.30 Uhr, zurück ab Zqaltubo um 8, 10, 16 und 18.30 Uhr, Fahrtzeit 40 Minuten, 1 GEL.

Archäologische Ausgrabungsstätte Wani ⇗ XXIII/C2

Wer die Ausgrabungen von Wani besichtigen möchte, muss sich etwa 40 km in südwestlicher Richtung von Kutaisi entfernen. Die etwa einstündige Fahrt mit der Marschrutka oder noch besser mit dem Taxi gehört jedoch zu den **reizvollsten Routen in Imeretien** und führt über zahlreiche Dörfer entlang des Rioni, teilweise durch herrliche Alleen, deren Bäume ein regelrechtes Dach über der Straße bilden.

Die Ausgrabungen, die momentan von Deutschland finanziell unterstützt werden, begannen schon 1890, als Regenschauer Gegenstände aus Gold freigespült hatten. Die Arbeiten wurden in den 1930er Jahren sowie von 1947 bis 1963 fortgesetzt. Der Archäologe *Otar Lordkipanidse* machte sich um diese Stätte verdient.

Neben den Ausgrabungsstätten befindet sich ein **Museum,** zu dem praktischerweise ein Weg über die Straße verlegt wurde (eine Art Kettenbrücke). Die Ausstellung im Museum enthält viele Repliken, da die Originale nach Tbilisi verbracht wurden. Dennoch

053ge Foto: mk

sind erstaunlich viele Wachleute anwesend. Im Erdgeschoss werden auch Waffen und Werkzeuge ausgestellt.

2007 wurden in Berlin anlässlich der Ausstellung „Medeas Gold" spektakuläre Exponate aus den Grabungen von Wani gezeigt, die vorher noch nie ins Ausland gebracht worden waren. Die Berliner Ausstellung gewinnt umso mehr an Gewicht, wenn man bedenkt, dass Russland den Goldschatz der Merowinger, 1945 als Beutekunst von Berlin nach Moskau verbracht, weiterhin als Beute behandelt. Georgien schickte seine Goldschätze sicherlich nicht ohne Hintergedanken nach Berlin.

Wani war eine **Tempelstadt,** die etwa vom 8. bis 1. Jh. v.u.Z. bestand, und bei den Griechen als **Surium** bekannt. Ihre Blütezeit war sehr wahrscheinlich von 600 bis 400 v.u.Z. Der frühe Siedlungsplatz befand sich am Rande des heutigen Städtchens Wani auf einem Hügel, der in drei natürliche Terrassen gegliedert war.

Grabungen brachten **Goldarbeiten** aus dem 8. bis 4. Jh. v.u.Z. zutage, die in ihrer Ausführung nur mit persischen Arbeiten aus dem 4. Jh. v.u.Z. (Achämenidenzeit) vergleichbar sind. Die Funde von Wani aus dem 4. Jh. v.u.Z. verraten den Einfluss der hellenistischen Kultur, in den Grabmalen wurden makedonische Goldmünzen gefunden. Die hier ausgestellten Schätze sind also im Schnitt 2500 Jahre alt.

Ein Schatten seiner selbst, aber noch in Betrieb: der Bahnhof von Zqaltubo

Einige Goldfunde sind bis zu 250 g schwer und äußerst präzise und detailverliebt gearbeitet. Diese prächtigen Funde beleben den **Mythos um das Gold von Kolchis** und das Goldene Vlies erneut. Aber es genügte eben nicht, das Gold zu finden, man musste es auch verarbeiten können. Experten gehen davon aus, dass die kolchischen Goldschmiede keinesfalls die skythischen Meister kopierten. Die Goldverarbeitung im damaligen hellenistischen Reich war eher schlicht und die Goldschmiedekunst zur Zeit der ersten achämenidischen Könige in Persien wird auf 350 v.u.Z. datiert, ist also jünger.

Von besonderem Interesse dürfte das **Grab Nr. 24** gewesen sein, das 2004 entdeckt wurde. Hier lag ein Verstorbener samt seinen Sklaven bestattet. Sein Leichentuch war mit **15.000 Glasperlen** bestickt. Der Verstorbene trug die für Kolchis so typischen Schläfenringe. Das dem Grab beigefügte Tongeschirr war jedoch griechischen Ursprungs, wie auch die Silbermünzen neben dem Kopf des Toten. Nach damaligem Brauch musste man dem Verstorbenen Geld ins Grab geben, mit dem er Charon, den Fährmann ins Reich der Toten, zu bezahlen hatte. Sein Kopfschmuck mit dem Swastika-Symbol verrät zentralasiatische Einflüsse.

Trotz zahlreicher Grabfunde (vor allem kolchische Goldschmiedearbeiten und Töpferwaren aus Griechenland)

konnte bis heute nicht wirklich geklärt werden, welchen Zweck die Anlage einst hatte. Lordkipanidse vertrat die Auffassung, dass es sich um eine spirituelle Funktion handelte, andere Archäologen gehen von einer wirtschaftlichen und kulturellen Bestimmung aus.

● **Geöffnet:** Di–So 10–16 Uhr. Die Archäologen arbeiten nur in den Sommermonaten. Wer Glück hat, findet auch zu anderen Zeiten jemanden, der das umzäunte Gelände aufschließt. Eintritt Museum 10 GEL, mit Führung 15 GEL.

Anfahrt

Mit dem **Taxi** (40 GEL pro Fahrzeug) oder der **Marschrutka** ab dem Busbahnhof in Kutaisi, ganztägig, die Fahrt dauert ca. eine Stunde, 1 GEL.

Nikoladse-Hausmuseum

Fährt man auf der M1 in Richtung Samtredia, so kommt nach einigen Kilometern zur Rechten ein Abzweig nach Dididshichaschi (auch auf Englisch ein Zungenbrecher: Didijikhashi), wo man nach ca. 5 km das Niko-Nikoladse-Hausmuseum findet (10–17 Uhr, 10 GEL). Das Haus, in einem herrlichen Garten gelegen, ist besonders für **Eisenbahnfreunde** von Interesse, da sich *Nikoladse* (1843–1928) für den **transkaukasischen Eisenbahnbau** von Baku über Tbilisi nach Poti einsetzte. Er war von 1894 bis 1912 Bürgermeister von Poti und es gelang ihm, die Stadt zu einer wichtigen Hafenstadt auszubauen. Ein Gemälde im Museum zeigt ihn mit *Rothschild* und *Robert Nobel,* dem Bruder von *Alfred Nobel,* wie sie den Fortgang der Bauarbeiten besprechen.

In einem der unteren Räume hängt eine **historische Karte,** die den Fortgang des Eisenbahnbaus mit Kilometerangaben anzeigt. (Die nur Georgisch und Russisch sprechende Führerin, ein echtes Unikum, bringt für das Interesse daran nur wenig Verständnis auf.) Nikoladse war der erste Händler, der entlang des Schwarzen Meeres nach Europa fuhr. Die Karte zeigt den Verlauf der Bahnlinie von Baku über Aliat, Ewlach, Gandscha, Akstafa, Gardschabani, Tbilisi, Gori, Chaschuri (mit eingleisigem Abzweig nach Achalziche, schon damals geplant nach Kars), zweigleisig ab Chaschuri weiter nach Sestaponi, Samtredia mit Abzweig nach Batumi. Ungefähr 67 km vor Poti beginnt der Abzweig nach Suchumi. In Tbilisi geht eine eingleisige Strecke nach Jerewan ab und von Jerewan verläuft eine Strecke nördlich des Sewan-Sees über Rasdan. Von Baku wiederum verläuft eine Strecke nördlich nach Balaja über Islama nach Samir. Die in der Karte verwendeten Ortsbezeichnungen sind großteils historische Namen.

Swanetien und das nordwestliche Bergland

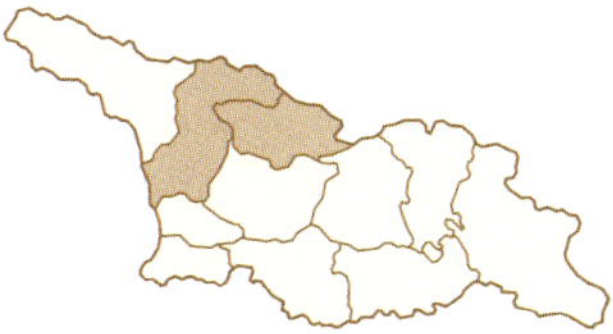

Das Land der Wehrtürme

Der georgische Schriftsteller und Verleger *Ilja Tschawtschawadse* empfahl schon im 19. Jh. seinen Landsleuten, nach Swanetien zu reisen, wenn sie Georgien wirklich liebten. Auch wenn das Gelände unwegsam sei, so werde der Reisende durch eine **großartige Landschaft** entschädigt, er könne tapfere Bergbewohner kennenlernen und finde einzigartige sakrale Kunstschätze vor, von den Swanen seit biblischen Zeiten aufbewahrt. Daran hat sich bis heute nichts geändert.

Swanetien wird heute in Semo-(Ober-)Swanetien mit Mestia als Verwaltungssitz und Kwemo (Unter-)Swanetien mit Lentechi als Verwaltungszentrum eingeteilt. Ausgangspunkt für Reisen in das im Norden gelegene Ober-Swanetien ist Sugdidi, die Hauptstadt der Verwaltungsregion Mingrelien, ins südlich gelegene Unter-Swanetien gelangt man am besten über Kutaisi.

Die Swanen verfügen über eine **eigene Sprache.** Heute sprechen die meisten von ihnen nicht nur Swanisch und Georgisch, sondern auch Russisch und möglicherweise eine oder mehrere weitere Fremdsprachen. Da kann man nur respektvoll den Hut ziehen.

Kultur und Geschichte

Schon der altgriechische Historiker *Strabon* beschrieb die Swanen als tapfer und kühn. Die Leibgarde der Königin *Tamar* (1184–1213) soll ausschließlich aus Swanen bestanden haben.

Swanen leben auf ihrem heutigen Gebiet seit etwa 2000 v.u.Z. Die ältesten Wehrtürme können auf das erste vorchristliche Jahrhundert datiert werden. Das **Fürstentum Swanetien** gliederte sich im 12. Jh. dem georgischen Königreich an, wo es als Saeristawo Swanetien eine eigenständige Verwaltungseinheit bildete. Die Mongolen schafften es nie, in das undurchdringliche Bergland vorzustoßen. Im 15. Jh. entstanden das Fürstentum Dadaschkeliani-Swanetien im westlichen Ober-Swanetien, das Fürstentum Unter-Swanetien und das Freie Swanetien im östlichen Ober-Swanetien. 1857–1959 wurde Unter-Swanetien von Russland annektiert, 1864 auch Ober-Swanetien. 1864 bereiste der deutsche Naturforscher *Gustav Radde* als erster europäischer Reisender die Region.

Die **Christianisierung** Swanetiens erfolgte um das Jahr 523. Allerdings sind noch heute **heidnische Bräuche** erkennbar, z.B. das Opfern von Widdern und die Ablage ihrer Hörner auf dem Altar. Der swanetische Sonnengott Lile ist möglicherweise identisch mit dem sumerischen Sonnengott Enlil. In früheren Zeiten waren Stammesfehden und Blutrache an der Tagesordnung.

Ein **typisches Swanendorf** besteht aus etwa 30 Familien, deren Gehöfte sich um Wehrtürme gruppieren. Die üblicherweise etwa 28 m hohen Türme verfügten über Schießscharten und Geheimgänge. Die meisten von ihnen wurden im 11. bis 13. Jh. erbaut, obwohl die Fundamente einiger Türme bis zu 2000 Jahre alt sind. Das Leben der Swanen war und ist geprägt von **Ackerbau und Weidewirtschaft** in den heißen kurzen Sommern. Während der Tauwetterperiode kommt es immer wieder zu verheerenden Erdrutschen, im Winter zu Lawinenabgängen.

Das Dorfleben gestaltete sich erstaunlich demokratisch. Alle Dorfbewohner beiderlei Geschlechts ab 20 Jahren wählten in ihrer Vollversammlung den Machschwi, eine Art Ortsvorsteher. Dieser musste eine als

Erdrutsche im April 2005

Immer wieder richten Erdrutsche größten Schaden an. So gingen im April 2005 über fünf Tage sintflutartige Regenfälle nieder, mit der Folge, dass die Flüsse über die Ufer traten und riesige Muren (Schlammlawinen) und Geröll lösten. Betroffen waren vor allem die Gebiete Mestia und Lentechi in Swanetien, Oni, Ambrolauri und Zageri in Ratscha-Letschchumi sowie Kutaisi und Zqaltubo in Imeretien. Ungefähr 60 Dörfer waren von der Umwelt abgeschnitten, da die ohnehin sehr schlechten Wege vollends zerstört und Brücken teilweise weggespült worden waren. Es gab weder Strom noch Trinkwasser, Vieh ertrank oder musste notgeschlachtet werden, da Geröll und Schlamm das Weide- und Ackerland so massiv bedeckten, dass es vorerst landwirtschaftlich nicht mehr nutzbar war. Außerdem wurden Scheunen und Gehöfte zerstört oder beschädigt und das letzte, im April noch vorrätige Futter war verdorben. Etwa 70 Häuser wurden gänzlich zerstört, 3000 Menschen mussten evakuiert werden. Von westlichen Medien weitgehend unbemerkt, rief die georgische Regierung den Notstand aus.

zuverlässig und gerecht geltende, christliche Persönlichkeit sein. Ihm oblag es, das gemeinschaftlich genutzte Weideland und den ebenfalls gemeinschaftlich genutzten Wald zu vermessen und den Familien zuzuteilen (Ackerland war Privatbesitz) und Streitigkeiten zu schlichten.

Erst im Jahre 1935 hat man eine **Straße nach Ober-Swanetien** gebaut. Über diesen Straßenbau wurde der Stummfilm „Das Salz Swanetiens" gedreht (siehe Kapitel „Land und Leute: Kunst und Kultur"). Dem Straßenbau folgte die Elektrifizierung.

Wer heute nach Swanetien reist, sollte sich darüber im Klaren sein, dass sich an dem **harten Leben** nur wenig geändert hat. Viele Menschen, teilweise ganze Familien, haben Swanetien verlassen, um in Tbilisi oder anderswo ihren Lebensunterhalt weniger mühsam zu verdienen. Die Verbliebenen leben fast immer am oder unter dem Existenzminimum.

Reisen in Swanetien

Die **beste Reisezeit** ist Mitte Mai bis Mitte September, für Ushguli möglicherweise erst ab Ende Mai, da die Schneeschmelze die unbefestigten Wege in knöcheltiefen Morast verwandelt. In Ushguli kann bis zu acht Monate im Jahr Schnee liegen. Die Sommer sind sehr heiß (Sonnenschutz!). Morgens und abends kann es zu Nebel kommen, der sich aber bald auflöst. Abends und nachts benötigt man unbedingt warme Kleidung.

Wer nach Swanetien reist, wird überrascht sein über die außerordentlich **gute Küche.** Die Gerichte sind zwar einfach, aber völlig frei von Konservierungsstoffen oder anderen chemischen Zusätzen. Die Lebensmittel sind vollkommen naturbelassen, die Tiere werden den ganzen Sommer auf den Weiden gehalten. Interessant schmecken auch zahlreiche eingelegte oder frische Wildkräuter, die man unbedingt probieren sollte. Vermutlich kann man einige von ihnen nur hier genießen und nirgends sonst auf der Welt.

Swanetien im Internet

- **www.promestia.info,** deutschsprachige Homepage, die sich mit Hilfsprojekten für Mestia beschäftigt
- **www.svaneti.ru,** Infos über Swanetien in russischer Sprache
- **www.swanetien-initiative.de,** der Ethnologe *Stefan Kurella* und der ehemalige „Georgische Club Pankow" gründeten 1990 diese Initiative zur Unterstützung der Bergregion. Hilfe zur Selbsthilfe wird durch zahllose Maßnahmen organisiert, um die Abwanderung zu stoppen. Dazu gründete man u.a. die „CUNA Swanetien" als Gesellschaft zur Bewahrung der Kultur und Natur der Region, man finanzierte die Ausbildung junger Swanen in Brandenburg und Thüringen, kümmerte sich um den Erhalt einzelner Wehrtürme als kulturelles Erbe, sorgte für die Finanzierung von Deutschunterricht in Mestia und für medizinische Hilfe.

Sugdidi

↗ V/C3

Sugdidi liegt etwa 340 km westlich von Tbilisi und ist die **Hauptstadt der Provinz Mingrelien** (Samegrelo), die auch die Region Ober-Swanetien umfasst. Mingrelien wurde ab etwa 1046 von der Familie *Dadiani* regiert, die zwar von 1460 bis 1774 Tribut an die Osmanen zahlen musste, dafür aber ihr Fürstentum behalten konnte. Fürst *Grigol Dadiani* unterzeichnete 1803 ein Abkommen über die Unterstellung des Fürstentums Mingrelien unter den Schutz Russlands. Im Jahre 1855 drang das türkische Heer in Adscharien, Gurien, Mingrelien und Abchasien ein, 1857 errichtete Russland in Mingrelien eine zeitweilige Regierung. 1867 schließlich legte Fürst *Niko Dadiani* den Titel „Fürst von Mingrelien" ab, das Fürstentum wurde aufgelöst und die Leibeigenschaft abgeschafft.

In den 1990er Jahren war Sugdidi eine Hochburg der Swiadisten, benannt nach *Swiad Gamsachurdia*. Nach dem Bürgerkrieg in Abchasien wurde die Stadt von **Flüchtlingen aus Abchasien** überschwemmt, die alle nur verfügbaren Hotels belegten. Etwa 69.000 Einwohnern (2002) standen um die 70.000 Flüchtlinge gegenüber.

Auch heute noch hat sich die Situation in Sugdidi kaum verbessert; eine hohe Arbeitslosigkeit, die Nähe zu Abchasien und ein hoher Anteil von Flüchtlingen lassen **Spannungen** aufkommen. Erst im Juli 2007 kam es zu Schießereien mit einem Todesopfer, als die Polizei Schmuggler verfolgte. Man sollte daher seinen Aufenthalt in der Stadt auf ein Minimum beschränken und sich besonders zurückhaltend kleiden (Schmuck, teure Uhren, Kameras nicht offen tragen). Zu beachten ist weiterhin, dass hier außer Georgisch auch Mingrelisch (auch Megrelisch genannt) gesprochen wird und besonders junge Leute kaum noch Russisch verstehen. Da es ein französisches Lyzeum gibt, könnte man mit der französischen Sprache Glück haben. Ältere Menschen und Flüchtlinge sprechen aber generell noch Russisch.

Die Stadt ist Ausgangspunkt für Reisen nach Ober-Swanetien und ist die der **Waffenstillstandslinie mit Abchasien** am nächsten liegende Stadt. Bis Mestia sind es etwa 140 km, nach Sochumi 105 km.

Sicherheitszone

In Sugdidi befindet sich eines der Headquarters der **UNOMIG** (United Nations Organisation Mission in Georgia), weitere Sitze gibt es auf abchasischer Seite in Gali sowie in Sochumi und Tbilisi. Aufgabe der UNOMIG ist die Überwachung der Einhaltung des Waffenstillstandsvertrages zwischen Georgien und Abchasien (siehe Exkurs im Kapitel „Land und Leute"). Beide Gebiete rechts und links der Inguri gehören zur Sicherheitszone, an die sich jeweils die Entwaffnete Zone (Restricted Weapons Area) anschließt, die auf georgischer Seite fast bis Senaki reicht.

Orientierung

Bei der Ankunft von Tbilisi bzw. Kutaisi fährt man in die **Gamsachurdia-**

054ge Foto: mk

Sugdidi ist Ausgangspunkt für eine Reise nach Ober-Swanetien

Straße (laut Straßenschild, wird auch Agmaschenebeli-Straße genannt) ein, die die Stadt von Süd nach Nord durchzieht. Zu beiden Seiten spenden Bäume Schatten und besonders in der Nähe des Springbrunnens am Anfang der Straße, der den Hauptplatz schmückt, findet man einige **Restaurants.** Die Gamsachurdia-Straße ist nicht sehr lang und führt zur Rechten an einem kleinen Stadion vorbei (dahinter befindet sich der Botanische Garten). Keine fünf Gehminuten weiter geradeaus gelangt man zum neogotischen Dadianipalais.

Etwa in der Mitte des Straßenverlaufs wird die Gamsachurdia-Straße von der Rustaweli-Straße gequert, die mit ihren bunten Plastikpalmen einen ganz anderen Eindruck vermittelt. Biegt man von der Gamsachurdia-Straße nach links in die leicht abschüssige Rustaweli-Straße ein, so kommt man zum **Torgowij Zentr,** dem Handelszentrum (Basar), und nach etwa zwei Kilometern zum **Bahnhof,** vor dem sich der **Busbahnhof** *(Awtowoksal)* befindet.

Nordwestlich der Brücke über die Rustaweli-Straße befindet sich ein kleiner swanetischer Wehrturm (russ.: *Swanskaja Baschnja*), der einst zu einem Restaurant gehörte und nicht

Bertha von Suttners Jahre in Georgien

Bertha von Suttner (geb. 9.6.1843 in Prag, gest. 21.6.1914 in Wien), geborene *Komtess Kinsky von Wchinitz und Tettau,* litt zeitlebens unter dem Ausschluss vom Leben des **böhmischen und österreichischen Hochadels,** der die Ehe ihres Vaters mit *Sophie von Körner,* einer entfernten Verwandten des Freiheitsdichters *Theodor von Körner,* als nicht standesgemäß ablehnte. Nach dem frühen Tod des weit älteren Ehemannes reiste die Witwe Sophie Gräfin von Kinsky viel, um dadurch dieser Erniedrigung zu entfliehen, verspielte allerdings ein Vermögen, etwa in den Casinos von Wiesbaden oder Bad Homburg. 1864 lernte sie in Bad Homburg die damals 48-jährige **Fürstin Jekaterina Dadiani** kennen, die von Berthas gefälligen Manieren, ihrer Mehrsprachigkeit und Musikalität so angetan war, dass sie sie nach Mingrelien einlud. Bertha sprach fließend Französisch, die damals europaweit übliche Sprache des Adels.

Als die Spielsucht von Berthas Mutter überhand nahm, entschloss sich die junge Bertha, als Gouvernante bei der Industriellenfamilie des Freiherrn *Karl von Suttner* zu arbeiten. Dort lernte sie **Arthur von Suttner,** den sieben Jahre jüngeren Sohn der Familie, kennen und lieben, was Arthurs Mutter zur Kündigung veranlasste. Bertha antwortete daraufhin auf ein Stellengesuch eines „älteren, vermögenden Herren" in Paris, der sich als *Alfred Nobel* herausstellte und eine mehrsprachige Privatsekretärin suchte.

Nach einigen Tagen als Angestellte Nobels kehrte Bertha nach Wien zurück, denn Arthur hatte ihr telegrafisch seine große Liebe gestanden. Die beiden heirateten am 12.4.1876 heimlich und bereiteten ihre Flucht nach **Mingrelien** vor, über das rumänische Galati und Odessa, von wo aus sie schließlich per Schiff in Batumi eintrafen. Der erste Sommer bei der Fürstin Dadiani auf ihrem mingrelischen Sommersitz in Gordi verlief märchenhaft und ohne finanzielle Sorgen, denn sie wurden wie Staatsgäste behandelt.

Nach der Rückkehr der Fürstin nach Sugdidi und der Abreise des ältesten Prinzen *Nikolaus* nach St. Petersburg begann der Ernst des Lebens. Wovon den Lebensunterhalt bestreiten? Zunächst versuchte das Paar durch **Sprach- und Gesangsstunden** bei reichen Adelsfamilien in Kutaisi über die Runden zu kommen, denn von ihren Familien konnten sie nichts erwarten.

1877, ein Jahr nach ihrer Ankunft in Westgeorgien, brach der Russisch-Türkische Krieg aus, der auch Georgien nicht verschonte. Inzwischen begann jedoch die europäische Öffentlichkeit, die Leiden der Verwundeten und Kranken des Krieges wahrzunehmen, was es so noch nie vorher gegeben hatte. Sicher trug dazu auch die englische Krankenschwester *Florence Nightingale* bei, die in den 1850er Jahren auf der Krim gewirkt hatte. Auch beide von Suttners wollten Verwundete pflegen, verwarfen diesen Wunsch jedoch wieder, da man sie an verschiedenen Orten einsetzen wollte.

1878 ging der Krieg zu Ende und Arthur von Suttner begann, für verschiedene **österreichische Zeitungen** unter dem Pseudonym *M.A. Lerei* „Aus Transkaukasien" zu berichten. Die „Neue Freie Presse" druckte diese Berichte 1877 ab. Das spornte Bertha an, es ihrem Mann gleichzutun. So schrieb sie –

ebenfalls unter einem Pseudonym – u.a. für das „Neue Wiener Tagblatt", das „Berliner Tageblatt" und für „Die Gartenlaube". Grund für das Pseudonym war auch, dass eine Frau damals nichts veröffentlichte, das war Männersache.

Dennoch, die orientalische Romantik war verflogen, das Paar in der harten Realität angekommen. Oft mussten sie sogar hungern. Auch war Bertha sehr isoliert, wahrscheinlich oft einsam. Arthur hatte ganz gut Georgisch gelernt, Bertha jedoch konnte weder Georgisch noch Mingrelisch oder Russisch. Außerdem beschränkte sich das Leben georgischer Frauen ausschließlich auf Haus und Familie, sodass es keine Kontakte über ihre Französisch- und Musikstunden hinaus gab.

1878 reisten die Suttners nach **Sugdidi,** dem Wintersitz der Dadianis. Sugdidi hatte damals eher Dorfcharakter, was Arthur sehr genau in seinen Memoiren beschrieb. Von einem württembergischen Kolonisten mieteten sie ein ebenerdiges Häuschen mit drei winzigen Räumen und spartanischer Möblierung an, mehr war finanziell nicht möglich. Arthur von Suttner wollte ausländische Bauern ins Land holen, die ihr Wissen mitbringen würden, was jedoch abgelehnt wurde. Die von Suttners lebten weiterhin von Sprach- und Musikstunden und den kärglichen Einnahmen der Schriftstellerei. An Kinder war aus finanziellen Gründen nicht zu denken. Die Jahre flossen in Armut und Entbehrung dahin.

Schließlich übersiedelten sie von Sugdidi nach **Tiflis** mit seiner großen deutschen Gemeinde, wo Bertha wiederum Sprach- und Musikstunden gab und Arthur eine Stellung bei einem französischen Bauunternehmer und Tapetenfabrikanten fand. Finanziell blieb ihre Situation prekär. In den Jahren zwischen 1876 und 1885 verfassten beide zahlreiche **Romane und Erzählungen.** Während Arthur von Suttner hauptsächlich den Kaukasus als Ort der Handlungen wählte („Kinder des Kaukasus", „Die Adscharen", „Der Herr"), handelten Berthas Romane vom Österreich des zu Ende gehenden 19. Jh. (z.B. „Doras Bekenntnisse", „Ein schlechter Mensch", „Ketten und Verkettungen"). Oft wurden die von Bertha eingereichten Werke nicht veröffentlicht, da ihre Inhalte an zu vielen Tabus rüttelten. Sie war ihrer Zeit zu weit voraus.

Die von Suttners lebten fast zehn Jahre in ihrem selbst gewählten Exil und kehrten 1885 **nach Österreich zurück,** wo sie sich mit Arthurs Familie aussöhnten. Berthas Mutter war inzwischen verstorben.

echt ist. Von hier fahren die Jeeps und Marschrutki nach Mestia ab.

Dadianipalais

Die Fürsten *Dadiani,* die Mingrelien jahrhundertelang beherrschten, ließen sich in der 1. Hälfte des 19. Jh. einen Palast erbauen. Bauherr war *Charles-Luis Napoleon Murad,* ein Enkel der Schwester Napoleons, der 1868 *Salome Dadiani,* die Tochter des letzten mingrelischen Herrschers, heiratete. Der Palast brannte sowohl 1894 als auch 2000 ab, wurde aber jedes Mal wieder aufgebaut. Das als Familienmuseum von Prinz *David Dadiani* 1839 eingerichtete **Museum** beherbergt 41.000 Exponate, die eine Zeitspanne von 2000 v. Chr. bis zum 19. Jh. abdecken. Es ist eines der ältesten Museen in der gesamten Kaukasusregion.

Besucher finden Ausstellungsstücke, die von einer archäologischen Expedition in die alte Stadt **Archeopolis** (2. Jahrtausend v. Chr.) stammen, und eine **goldene Maske** aus dem 1. Jahrtausend v. Chr., die möglicherweise dem kolchischen König *Aietes* gehört haben könnte. Zu den Schätzen gehören weiterhin eine **goldene Ikone der Königin Tamar** aus dem 12. Jh., ein Bibelmanuskript aus dem 13. Jh. und das Fragment eines Gemäldes von *Mamuka Tawakaraschwili,* welches das Versepos „Der Recke im Tigerfell" von *Schota Rustaweli* illustriert. Neben Möbeln und Gemälden sowie einer ethnografischen Ausstellung von Gerät-

055ge Foto: mk

schaften von Bauern und Fischern zieht aber Besucher aus europäischen Ländern ein ganz bestimmtes Zimmer in seinen Bann, nämlich das sogenannte **Napoleonzimmer.** Darin befinden sich eine Totenmaske des Kaisers aus dem Jahre 1833, einige Hundert Bücher aus seinem Besitz, private Briefe, Silbergeschirr und Porzellan. Napoleons Schwester *Caroline* schenkte diese Gegenstände ihren Enkelkindern.

- **Geöffnet:** Di–So 10–17 Uhr, Eintritt 2 GEL.

Service

- Parallel zur Gamsachurdia-Straße in Richtung Busbahnhof verläuft die kurze Kostawa-Straße, in der sich auf beiden Seiten, fast gegenüber, zwei namenlose **Hotels** (pro Zimmer 40 GEL) sowie ein **Geldautomat** finden.
- In der Rustaweli-Straße 88 gibt es ein **Internetcafé.**

An- und Weiterreise

- Vom vor dem Bahnhof befindlichen Busbahnhof fahren **Marschrutki** nach Kutaisi, Tbilisi, Poti und Batumi ab.
- **Jeeps und Marschrutki nach Mestia** fahren ab dem Wehrturm (russ. *Swanskaja Baschnja,* gehörte früher zu einem Restaurant) nordwestlich der Brücke über die Rustaweli-Straße.
- Fahrplan der **Züge** von und nach Tbilisi siehe Anhang.

Dadianipalais

Von Sugdidi nach Mestia

Die etwa 140 km lange Strecke von Sugdidi nach Mestia kann mit der Marschrutka, dem Jeep oder sogar mit einem geländegängigen Motorrad zurückgelegt werden. Der Weg führt zunächst nordwärts durch eine auf beiden Seiten von Bäumen und flachen Häuschen gesäumte, löchrige Straße mit wenig Verkehr, aber vielen Tieren auf der Fahrbahn. Man erreicht den **Checkpoint,** der meist mit russischen Soldaten des Friedenkorps besetzt ist. Sie heben und senken die Balken der Absperrungen, das war's.

Die Straße führt weiter entlang des Inguri-Tals, zur Linken ist gelegentlich der **Inguri-Stausee** zu sehen. Die Staumauer des Wasserkraftwerks ist 750 m breit und 271,5 m hoch, es ist das gewaltigste Bauwerk im Kaukasus und hat eine der höchsten Bogenstaumauern der Welt. Die Anlage wurde 1988 nach 20-jähriger Bauzeit eingeweiht. Das unterirdische Kraftwerk produziert jährlich etwa 4,5 Mio. Kilowattstunden Strom, 25 % des georgischen Strombedarfs. Die Europäische Bank für Wiederaufbau und Entwicklungshilfe stellte 1998 38,8 Mio. US$ und die EU noch einmal 9,4 Mio. Euro zur Instandsetzung der Generatoren zur Verfügung.

Im weiteren Verlauf des weitgehend unbefestigten Weges nach Mestia werden einige **Tunnel** passiert, aus deren Decke oft Wasser rinnt. Nach ungefähr zwei Stunden anstrengendster Fahrt über **Geröll und Bäche,** die quer zum oder längs des Weges liegen, passiert man ein auf der linken Seite gelegenes Sägewerk. Ab hier geht die „Straße“ in einen nur schwer vorstellbaren Zustand über. Ob mit Allradjeep, Marschrutka oder Motorrad, die Strecke stellt höchste Anforderungen an fahrerisches Vermögen (auch physisch) und Fahrzeug. Hindernisse wie auf dem Weg liegende, spitze Steine und geplatzte Reifen als Folge davon sollten unbedingt einkalkuliert werden!

Dabei wird man von ständig wechselnder, **traumhafter Landschaft** abgelenkt. Die Straße wird zu beiden Seiten von Nadelwäldern flankiert, die sich die Hänge hinaufziehen, und passiert einige **Dörfer,** z.B. nach etwa 76 km das erste Swanendorf Chaischi (engl. Khaishi) und nach weiteren 20 km Latale. Schließlich erreicht man Lengeri, ein Dörfchen, das schon zu Mestia gehört. Wer Interesse hat, kann hier die **Erzengelkirche** (Laschtchewe-ri) besichtigen, an deren Nordfassade Fresken aus dem 14. und 15. Jh. erhalten sind. Sie zeigen Amirani, den georgischen Prometheus, der den Teufel Devi tötet.

Mestia mit seinen Wehrtürmen

Mestia

↗ VI/B1

Das 1400 m hoch gelegene Mestia ist das **Verwaltungszentrum der Region Ober-Swanetien** (Semo Swaneti) und Zentrum von etwa 132 Dörfern mit rund 14.300 Einwohnern. In Mestia selbst leben noch etwa 2000 Menschen, mehrheitlich Swanen. Der frühere Name des Ortes lautete Seti. Einige der Wehrtürme und Kirchen der Umgebung stehen auf der Liste des UNESCO-Weltkulturerbes. In Mestia gibt es noch **42 Wehrtürme.** Wer eine romantische Ader hat, sollte im Dunkeln einen Spaziergang durch den Ort machen (Taschenlampe!), denn die Türme werden nachts angestrahlt.

Das Städtchen besteht aus mehreren Ortsteilen: Lantschwale, Lechtagi, Lengeri und Lachami. Es wird durch den Fluss Mestiatschala zweigeteilt. Auf dem Hauptplatz kommen die Marschrutki an, auf dessen Seite mit der kleinen Grünfläche (Richtung Sugdidi) findet man das Büro von Svaneti Trekking (s.u.), in entgegengesetzter Richtung geht es nach Lantschwale und Lachami. Auf dem Weg dorthin liegt zur Rechten eine kleine Kneipe namens Uschba und zur Linken ein Brotladen. In nördlicher Richtung führt der Weg über zwei Brücken zum Ethnografischen Museum.

Mestia eignet sich hervorragend als Ausgangspunkt für zahlreiche **Wanderungen,** nicht nur auf den „Hausberg“ von Mestia, den Suruld (2350 m). Es sei jedoch nicht empfohlen, größere Wanderungen ohne Führer zu unternehmen, der Kaukasus ist – zum

Glück - noch nicht so erschlossen wie die Alpen und dieser Ursprünglichkeit sollte man Rechnung tragen! Das gilt auch für Touren zu Pferde.

Matschubi-Familienmuseum

Im Ortsteil Lantschwali (Nr. 22) befindet sich das herrliche Museum der Familie *Margiani,* durch das *Larissa Margiani* mit sichtlichem Vergnügen und voller Stolz führt. Es besteht aus dem **Wohnhaus** aus dem 12. Jh., dem **Wehrturm** aus dem 8. Jh. und der vor dem Turm befindlichen kleinen **Familienkapelle** mit eigenem Friedhof. Der Reichtum einer Familie hing traditionell vom Landbesitz (Ackerland) und Viehbestand ab. Die Margianis gehörten ebenso wie die Nigurianis, Chergianis, Goschtelianis oder Nawerianis zu den reichsten Familien im Ort.

In dem Wohnhaus mit quadratischem Grundriss haben alle vier Seiten eine klar umrissene Bestimmung. Auf zwei Seiten fällt eine geschnitzte Holzverkleidung mit Kopföffnungen für die Rinder sowie Futtertrögen davor auf. Bullen und Kühe wurden getrennt aufgestellt und konnten so im Haus überwintern. Zum Teil wurden auch Schafe mit ins Haus genommen, Schweine jedoch hat man ihres strengen Geruches wegen im Herbst geschlachtet. Über dem über Eck angelegten Raum für die Rinder befanden sich auf Brettern Matratzen, auf denen die Familienmitglieder schliefen, wobei die Wärme der Tiere ausgenutzt wurde.

056ge Foto: mk

Ⓜ	1	Alpinismus-Museum Michail Chergiani (600 m), Matschubi-Museum (500 m)
🏠	2	GH Matschubi (500 m)
🍷	3	Kneipe Uschba
Ⓜ	4	Ethnografisches Museum
🏠	5	GH Soja Niguriani
★	6	Tor
🍞	7	Brotladen
🏠	8	GH Nino u. Eka Dshaparidse, Nodar Nakani
🍴	9	Kiosk
🥾	10	Swaneti Trekking (200 m)

In der Mitte des Raumes stehen in quadratischer Aufstellung Bänke, inmitten derer sich die Feuerstelle befindet. Die dem Mestiatschala-Fluss zugewandten Bänke gehörten den Frauen. Dahinter stehen drei unterschiedlich große Truhen. Die größte diente zur Aufbewahrung von Getreide und Mehl, in der mittleren wurde das Geschirr aufbewahrt und in der kleinsten war Kleidung untergebracht. Die Bank auf der Bergseite gehörte den Männern; der größte Stuhl der dem Eingang gegenüberliegenden Seite stand dem Familienältesten oder Ehrengast zu. Bleibt die vierte Seite mit der Kinderbank, hinter der sich ein Eingang zum Vorratskeller und rechts daneben eine Öffnung zu dem nur der Familie bekannten Geheimgang nach draußen befindet. Vor dem Eingang zum Vorratskeller hängt eine Vorrichtung aus Geweihen, an der das gesalzene Schweinefleisch zum Trocknen und Räuchern aufgehängt wurde.

An allen vier Ecken des Hauses hingen Leuchter, die als Brennstoff Tierfett verwendeten, das mit duftenden Kräutern vermischt war. Über dem Raum wurde das Heu aufbewahrt. Da es hin und wieder zu Bränden kam, weil sich der über der Feuerstelle befindliche Balken entzündete, wurde er mit aufgelegten Steinen gesichert.

Zum Matschubi gehört auch der erwähnte, erklimmbare Wehrturm, der sportlichen Besuchern zugänglich ist.

• **Geöffnet:** täglich von früh bis spät, Eintritt 3 GEL, Larissa ist Ukrainerin und spricht Russisch in atemberaubendem Tempo.

Michail-Chergiani-Museum

Dieses Hausmuseum erinnert an den in der gesamten ehemaligen Sowjetunion bekannten, in Mestia geborenen **Alpinisten** *Michail Chergiani*

(1932–69). Man erreicht es, indem man sich in der Nähe des Matschubi-Museums zu dem nach ihm benannten Museum durchfragt.

- **Geöffnet:** täglich, Eintritt: 4 GEL.

Ethnografisches Museum Mestia

Dieses futuristisch anmutende Gebäude erreicht man, wenn man vom Endhaltepunkt der Marschrutki über die Brücke geht und dann weiter über eine zweite Brücke, von der aus es durch seine auffällige Architektur erkennbar ist. Selbst wenn das Museum einen verschlossenen Eindruck macht, sollte man klopfen, der Wachmann wird den Führerinnen Bescheid sagen.

Neben einer sehenswerten Ausstellung von **Fotos** des italienischen Fotografen *Vittorio Sella,* der von 1889 bis 1896 dreimal im Kaukasus unterwegs war und fotografierte, kann man eine sehr wertvolle Büchersammlung besichtigen, darunter **das älteste in Georgien erhaltene Buch** aus dem Jahre 897, das sich ab dem 14. Jh. in der Kirche von Adischi befand und seit 1936 im Museum bzw. dessen Vorgängerbau aufbewahrt wird. Weiterhin sehr interessant sind persisch anmutender Schmuck und Geschirr, darunter Geschenke der legendären Königin *Tamar* und ihres Vaters, König *Giorgi III.,* sowie Gemälde von *Teodore,* dem Hofmaler von König *Dawit Agmaschenebeli.* Duftlampen aus dem 6. und 7. Jh. ziehen ebenso die Aufmerksamkeit des Betrachters auf sich wie die Kopien von Fresken aus verschiedenen Kirchen sowie eine Ikone der 40 Märtyrer aus dem 12. Jh.

- **Geöffnet:** Di–So 10–17 Uhr, Eintritt 10 GEL inkl. englischer oder russischer Führung.

Service

- Es gibt in Mestia keine **Tankstelle,** jedoch verkauft eine Familie Benzin aus Fässern (vor Ort erfragen); über die Qualität (Oktanzahl, bleifrei) sind keine Aussagen möglich.

Unterkunft

- Am preisgünstigsten kommt man unter über die neu gegründete Organisation **Svaneti Trekking,** eine Nichtregierungs-Organisation, die mithilfe der deutschen Friedrich-Ebert-Stiftung und der schweizerischen Direktion für Entwicklung und Zusammenarbeit (DEZA) sowie dem Zentrum für Bergtourismus (Mountain-Tourism Center in Upper Svaneti, SMTC) 2006 gegründet wurde. Hierbei handelt es sich um eine Non-Profit-Organisation: **Unterkünfte, Führer oder Transport** werden vom Kunden direkt an den jeweiligen Dienstleister bezahlt. An die 30 Familien in den oberswanetischen Gemeinden Betscho, Mestia, Mulachi, Ipari, Kala und Ushguli wurden geschult, man hat lokale **Wanderwege** markiert und einen **Reitweg** eingerichtet.

Entweder nimmt man über die Homepage Kontakt auf oder reist nach Mestia, wo man das Neue Büro *(Nowij Office)* aufsucht. Dafür entweder dem Marschrutka-Fahrer Bescheid sagen oder vom Endhalteplatz wieder an die 200 m zurückgehen. Rechter Hand (falls wieder zurückgegangen wird) sieht man ein mit einem Wehrturm verbundenes Haus mit neuem roten Dach, in dem sich das Büro befindet. Im Erdgeschoss sind Karten ausgehängt und im ersten Stock befindet sich das Büro. Der Leiter *Saur Tschartolani* scheint jeden und alles zu kennen.

Svaneti Trekking, www.svanetitrekking.ge, Tel. mobil: 899 419 353 (Russisch), Assistent: *Schorena Gwarliani* (Tel. 832 99 06 66, shgvarliani@yahoo.com) spricht auch Englisch. Unterkünfte bei Familien kosten in der Regel 35–45 GEL (Vollpension) bzw. 35 GEL außerhalb Mestias. Jeep-Fahrten von Mestia nach Ushguli kosten 100 GEL.

● **Larissa Margiani,** Lantschwali 22, Tel. mobil: 899 28 63 96 (Russisch), Sohn *Wacho* mobil: 855 53 35 23 spricht Englisch. Larissa führt nicht nur durch das Matschubi (s.o.), sondern vermietet auch geräumige Zimmer mit Halbpension für 20 US$, Vollpension nach Vereinbarung. Wanderer und Studenten sind willkommen. Ihr Bruder kann Interessenten auch vom Tbilisier Flughafen abholen und direkt nach Mestia transportieren. Man erreicht sie, wenn man den Weg zu Soja Niguriani weitergeht, dann rechts einbiegt und ca. 500 m den Trampelpfad weiterläuft.

● **Soja Niguriani,** Tel. mobil: 855 35 50 54 (Russ.) bzw. Tochter *Chatuna,* mobil: 899 10 09 79 (Russ.), oder *Tamuna,* mobil: 893 26 44 14 (Engl.), vermietet mehrere geräumige Zimmer, einige davon mit Balkon. Die supernette Soja hat ihren eigenen Wehrturm! Dieser ist durch einen Geheimgang zu erreichen, in einem Raum können Partys gefeiert werden. Toller Blick von der Veranda des Hauses. Ab Hauptplatz in der der kleinen Grünfläche entgegengesetzten Richtung nach ca. 80 m links einbiegen, Eckhaus auf der rechten Seite hinter dem Tor mit Wehrturm, am Eisentor rufen oder klopfen. 25 US$ mit Halbpension, 30 US$ mit Vollpension (Verhandlungssache).

● **Nino und Eka Dshaparidse,** Tel. mobil: 899 57 28 50, vermieten in einem Haus am Hauptplatz drei zweckmäßig eingerichtete DZ mit drei Mahlzeiten für 22 US$ pro Person; im EG befinden sich zwei Duschbäder und der Speiseraum. Nino ist eine sehr gute Köchin, behauptet aber bescheiden, ihre im Sommer anwesende Schwester Eka sei eine noch bessere.

Nodar Nakani, (Tel. mobil: 899 38 03 00, Engl., Russ.), der Mann von Nino Dshaparidse, dem Äußeren nach eine Mischung aus Yul Brynner und Bruce Willis und gelegentlich recht temperamentvoll, laut Visitenkarte Tourismus-Koordinator Swanetiens, ist nicht nur ein sehr guter Fahrer, sondern organisiert Unterkünfte und zuverlässige Fahrer, z.B. für Ausflüge nach Ushguli. Für die Fahrt von Sugdidi nach Mestia nimmt er 70 US$ pro Fahrzeug, von Mestia nach Ushguli 40 US$ pro Person inkl. Begleitung durch ein Polizeifahrzeug.

An- und Weiterreise

● **Von Tbilisi** aus (Wagslis Moedani / Bahnhofsvorplatz, unterer Bereich, teilweise auch Didube), fahren um 7 Uhr Marschrutki direkt nach Mestia (bis zu 12 Std. Fahrt!) für 25 GEL. In **Sugdidi** (Swanenturm) um 7 Uhr am Awtowoksal einfinden und nach Jeeps Ausschau halten, 15–20 GEL, ca. 4 Std. Fahrt. Eine Marschrutka fährt ab Awtowoksal gegen Mittag, sie kommt aus Tbilisi oder Kutaisi dort an, daher keine genaue Zeitangabe, 15 GEL.

● Kontaktaufnahme zu **Marschrutka-Fahrern** aus Mestia (in Russisch): *Beschan,* mobil: 899 10 15 36; *Tschero,* mobil: 899 77 48 33.

● **Nach Ushguli** ist kein öffentlicher Verkehr möglich (Straßensituation), daher entweder am Hauptplatz Jeep organisieren (Richtpreis um die 100 GEL), alternativ über Svaneti Trekking oder über Nodar Nakani. Nach **Sugdidi bzw. Tbilisi:** jeweils um 7 Uhr ab Hauptplatz (besser 6.30 Uhr vor Ort sein) mit der Marschrutka (Sugdidi 15 GEL, Kutaisi 20 GEL, Tbilisi 25 GEL).

● **Flug:** in Mestia gibt es ein kleines Flugfeld, das zum Recherchezeitpunkt nicht in Betrieb war. Es soll aber etwa ab 2008 wieder Flüge von und nach Tbilisi geben. Man kontaktiere daher entweder Svaneti Trekking, das Tbilisi Tourist Center oder Timur Ratiani (mobil 877 41 41 81). Ein Flugticket (one way) wird voraussichtlich 100 GEL kosten.

Von Mestia nach Ushguli

Die unbefestigte Straße von Mestia nach Ushguli ist noch einmal deutlich rustikaler als die von Sugdidi nach Mestia. Knöcheltiefer Schlamm, Geröll unterschiedlichster Größe, abbrechende Seitenhänge, die zum Teil aus Schiefer bestehen, über die Ufer tretende Bäche, abgrundtiefe Schluchten und auf der Fahrbahn spazierende Tiere wechseln einander ab. Es gibt daher keine öffentlichen Verkehrsmittel, man

057ge Foto: mk

Tauwetter im Mai

ist auf ein **Allradfahrzeug** angewiesen. Die etwa zwei- bis zweieinhalbstündige Fahrt führt über die Dörfer Mulachi, das wiederum aus mehreren Ortsteilen besteht (Artscheli, Murschcheti, Trabiani), Ipari, Kala und Chalde.

In **Mulachi** findet man verschiedene Quellen, deren eisenhaltiges Wasser rotbraune Ablagerungen um die Öffnungen hinterlässt. Auf dem Weg nach oben bietet sich ein **grandioser Ausblick** auf die Gipfel des Tetnuld (4974 m) und des Schchara, dem mit 5068 m höchsten Berg Georgiens, sowie auf den oft mit einem Schleier aus Wolken geschmückten Uschba (4737 m).

In **Ipari,** wo sich Übernachtungsmöglichkeiten befinden, kann die **Nakipari-Kirche** des heiligen Georg aus dem Jahre 1130 besichtigt werden. Hier sind Fresken aus dem gleichen Jahr zu bewundern, die vom Hofmaler König *Dawits* gemalt wurden.

Der Weg führt weiter bergan und auch hier spazieren Kühe, aber auch Schweine und Pferde in aller Ruhe über die Straße oder liegen völlig unbeeindruckt vom „Straßenverkehr" herum. Sie stehen meist auch nicht auf, sondern müssen umfahren werden. War die Straße von Sugdidi nach Mestia noch zu beiden Seiten mit imposanten Bäumen bewachsen, so ist ungefähr ab Mestia die Baumgrenze erreicht und es kommt nur noch zu sporadischem Bewuchs.

Nach Ipari erreicht man **Kala.** Hier ist die Besichtigung der **Lagurka-Kirche** des heiligen Kwirike aus dem Jahre 1112 ein Muss. Jährlich findet am 28. Juli die Kwirikoba statt, das heiligste Fest Swanetiens. Es geht auf den Heidengott Kwiria zurück, den Schutzheiligen der Fruchtbarkeit des Bodens, der Menschen und der Tiere.

In **Chalde** (engl. Khalde) steht die Lalhor-Kirche. Der Ort wurde 1876 infolge einer Strafexpedition durch zaristische Truppen vollständig zerstört. Schließlich erreicht man Ushguli.

Ushguli

↗ VII/C2

Ushguli liegt etwa 48 km von Mestia entfernt in 2200 m Höhe und gilt als das **höchste dauerhaft bewohnte Dorf Europas.** Die archaische Ortschaft wurde von der UNESCO zum Weltkulturerbe erklärt. In den drei Ortsteilen gibt es **sieben Kirchen,** die zwischen dem 7. und 12. Jh. erbaut und mit Fresken bemalt wurden. In Ushguli leben die Leute weitgehend autark von der Landwirtschaft. Seit 1985 soll es hier keinen Arzt mehr geben. Viele der Häuser sind verlassen und verfallen langsam.

Der erste Ortsteil, den man erreicht, ist das inzwischen halb verlassene Murkmeli, danach kommt man nach Tschaßchaschi. Hier ging 1987 eine Schneelawine nieder und begrub viele Schulkinder unter sich. In Tschaßchaschi zweigt die Straße zum Sagar-Pass ab (2600 m, geöffnet Juni bis Oktober), der nach 30 Minuten erreicht ist und der die Grenze zu Unter-Swanetien darstellt.

Vom dritten Ortsteil Dshwibiani aus sieht man hoch auf dem Gipfel die **Schlossruine des Sommersitzes von Königin Tamar.** Nach der Schneeschmelze kann man hinaufwandern. Unweit befindet sich zu Füßen des imposanten Schchara-Massivs die **Inguri-Quelle,** die relativ leicht zu erwandern ist (250 m Höhenunterschied).

Ethnografisches Museum

Ein **Wehrturm** aus dem 18. Jh. bot den Einwohnern Schutz vor den Moslems aus Kabardino-Balkarien (Nordkaukasus), die damals wieder und wieder marodierend durch Swanetien zogen. Auf zwei mit Schießscharten versehenen Etagen wird eine kleine, aber sehr liebevoll zusammengestellte Ausstellung oberswanetischer Kostbarkeiten gezeigt, nämlich Schmuck und Kreuze sowie Ikonen aus dem 11. Jh., der Zeit der Regentschaft Königin *Tamars.* Die Menschen hier sind berechtigterweise sehr stolz auf ihre Schätze. An der Außenwand des Turms ist eine Gedenktafel für den am 1. August 2005 durch eine Schneelawine am Schchara tödlich verunglückten kana-

059ge Foto: mk

Jedem Haus sein eigener Wehrturm im halb verlassenen Ushguli

dischen Bergsteiger *Peter Everett* angebracht.

● Wer den Wehrturm besichtigen möchte, wende sich an Frau *Nanuli Dschelidse* (mobil: 899 91 22 56) oder schicke ein Kind zu ihr. Geöffnet: nach Bedarf, Eintritt 10 GEL.

Den Schlüssel zur kleinen **Lamaria-Kirche** aus dem 12. Jh. kann man ebenfalls bei Frau Dschelidse erhalten.

Unterkunft

Die Unterkunft sollte in jedem Fall vorher gebucht werden (siehe Mestia oder über *Nanuli Dschelidse,* mobil: 899 91 22 56).

● Eine sehr gute Unterkunft mit sensationell gutem und reichlichem Essen findet man bei **Dato Ratiani und Nanuli Dschelidse** (s.o.). Die Zimmer sind vollständig aus Holz gebaut, es gibt eine Dusche, Herzhäuschen und einen sauberen Innenhof. Die Herzlichkeit der Familie ist überwältigend.

Unter-Swanetien

Obwohl das Untere Swanetien (Kwemo Swaneti) nicht über die spektakulären Bauwerke von Ober-Swanetien verfügt, zieht es alljährlich vor allem **Bergsteiger und Wanderer** an, die in den Sommermonaten (Juni bis Oktober) hier unterwegs sind. Es soll nicht verschwiegen werden, dass nach dem Ende der Sowjetunion der Tourismus zum Erliegen kam. Auch hier mussten Flüchtlinge aus Abchasien untergebracht werden, zum Beispiel im Hotel in Lentechi.

Am 29.4.1991 fanden bei einem Erdbeben der Stärke 9 der Richterskala 270 Menschen den Tod, 60.000 wurden obdachlos. Viele mittelalterliche

058ge Foto: mk

Bauten von großem kulturellen Wert wurden entweder beschädigt oder vollständig zerstört. Die sintflutartigen Regenfälle des Jahres 2005 brachten erneut großes Leid mit sich.

Anreise nach Unter-Swanetien

Busse und Marschrutki fahren in **Kutaisi** vom kleinen Busbahnhof in der Mcheidse-Straße unterhalb der Bagrati-Kathedrale ab, mit ziemlich sporadischen Abfahrtszeiten. Daher wird die Anmietung eines **allradgetriebenen Fahrzeugs** empfohlen. Man passiert den zurzeit etwas verwahrlosten Botanischen Garten Kutaisis und den Staudamm von Gumat. Nach ca. zwei Stunden erreicht man den Staudamm von Latschanauri. Danach führt die Straße über einen Pass und mündet in die Straße von Zqaltubo nach **Lentechi,** die das Zcheniszkali-Tal hinaufführt.

Eine interessante Route ist die Weiterfahrt über Lentechi zum **Sagar-Pass,** der Grenze zu Ober-Swanetien, und von dort aus weiter über Ushguli und Mestia nach Sugdidi. Diese anstrengende, aber sehr schöne Tour ist auch für Motorradfahrer geeignet, sofern sie über eine geländegängige Maschine verfügen, die auch Benzin toleriert, das nicht ganz bleifrei ist. Die Tour sei aber nur wirklich erfahrenen Kradfahrern empfohlen! Wer Benzin benötigt, muss Einheimische fragen, wer es aus Fässern verkauft, Tankstellen gibt es nicht.

Wanderungen und Bergtouren

Wanderern und Bergsteigern sei empfohlen, Kontakt zu dem **Reiseveranstalter Zeskho** aufzunehmen. Das Unternehmen bringt Bergsteiger im **Alpinistenlager Seßcho** in 1800 m Höhe unter. Das 1978 von *Dshokia Gugawa* gegründete Unternehmen hat sich nicht nur auf professionelle Alpinisten, sondern auch auf Hobbykletterer und Wanderer spezialisiert.

Das Lager befindet sich etwa zwei Kilometer von der Ortschaft Seßcho entfernt. Die Route ist etwas für wirkliche Individualisten, Seßcho ist auf kaum einer Karte eingezeichnet. Ab Lentechi führt die Straße am Zcheniszkali-Fluss entlang über die Ortschaften Sakdari und Tekali nach Sasasli. Am Ortsausgang geht es weiter zum Touristendorf Moaschi, danach zur Siedlung Mele und immer weiter entlang dem Zcheniszkali bis zum Lager. Auch hier gilt für Wanderer und Kletterer: nicht ohne Führer unterwegs sein!

- Man kontaktiert das Unternehmen am besten in Tbilisi in der Dawit Agmaschenebeli-Allee 95, Tel. 32 95 36 01, mobil: 93 26 30 03, www.zeskho.ge, info@zeskho.ge. Es bietet preisgünstige Touren an, z.B. 12 Tage ab 288 US$ inkl. Transport ab Tbilisi über Lentechi, Unterbringung mit Vollverpflegung. Ausgebildete Bergführer sowie Freizeitaktivitäten wie Kino, Disco, Fußballspiele usw.

Lentechi

↗ VI/B2

Lentechi ist ein Dorf, aber dennoch das **Verwaltungszentrum von Unter-Swanetien.** Es liegt etwa 950 m über dem Meeresspiegel. Am Ortseingang steht ein Wehrturm, in dem das **Ethnologische Museum** untergebracht ist. Wer ohne Vorbuchung hierherkommt, sollte einfach nach einer Unterkunft fragen. Irgendwer weiß immer Rat, die angebotenen Zimmer sind auch hier überraschend groß und mit Bädern versehen.

An- und Weiterreise

- Anfahrt von Kutaisi siehe oben. Von Lentechi nach Melle fährt eine **Marschrutka** auf einem teilweise weggespülten Weg, von Melle nach Ushguli muss man dann ein **Allradfahrzeug** (Niwa, UAZ) auftreiben. Alleinreisenden Frauen sei von dieser Tour abgeraten!
- Es soll wieder der **Flugverkehr** mit Kleinflugzeugen von Tbilisi nach Lentechi aufgenommen werden. Ticketpreis (one way) für Inländer 25 GEL, Ausländer 80 GEL. Als Flugtag war der Donnerstag im Gespräch. Interessenten kontaktieren bitte *Manana* (mobil: 899 46 33 83).

Ratscha-Letschchumi

Die Verwaltungsregion Ratscha-Letschchumi umfasst Unter-Swanetien und das Bergland weiter östlich nahe der russischen Grenze. Die Gegend gehört zu den am dünnsten besiedelten Gebieten im Nordwesten Georgiens. Auf knapp 5000 km^2 leben ca. 51.000 Menschen.

Im Sommer ist es hier so warm, dass Wein und Tee angebaut werden können, im Winter jedoch so rau und unwirtlich, dass es viele Menschen dann vorziehen, anderswo zu leben. Neben Kachetien ist Ratscha-Letschchumi eine Adresse für guten georgischen **Wein.** Der Chwanschkara aus Ratscha und der Odschaleschi oder Zwischi aus der Region Letschchumi sind in ganz Georgien bekannt.

Die Hauptstraße führt ab Kutaisi über Tkibuli nach **Ambrolauri** und folgt in ihrem Verlauf dem Rioni-Fluss. Ambrolauri ist das Verwaltungszentrum von Ratscha-Letschchumi. Von dort verläuft die Straße weiter nach Oni und schließlich nach Zchinwali in Südossetien, was momentan aus den bekannten politischen Gründen jedoch nicht bereist werden kann.

Nikorzminda

↗ VII/C3

Die bei Weitem wichtigste Sehenswürdigkeit von Ratscha-Letschchumi ist die **Bischofskirche** von Nikorzminda. Sie steht auf einem kleinen Hügel über dem gleichnamigen Dorf. König *Bagrat III.* ließ sie in den Jahren 1010–14 erbauen, etwa zeitgleich mit der Bagrati-Kathedrale in Kutaisi. Der ehemals sechseckige Grundriss wurde etwa Mitte des 11. Jh. durch Anbauten an der westlichen und östlichen Seite des Gebäudes aufgelöst. Im 16. und 17. Jh. wurde die Kirche innen mit Fresken ausgemalt, die das Leben Christi darstellen. Der separat stehende Glockenturm stammt aus der zweiten Hälfte des 19. Jh. Zu ihm gehören ein Kamin und eine Wendeltreppe.

Falls die Kirche verschlossen ist, empfiehlt es sich, im ersten Haus mit der großen Fensterfront nach dem Schlüssel zu fragen. Eine kleine Spende ist hoch willkommen.

Anfahrt

Wer die Kirche nicht mit dem eigenen Fahrzeug aufsucht, kann dem Marschrutka-Fahrer Bescheid sagen, sodass er dort anhält. Die letzten 15 km bis Ambrolauri sind dann mit der nächsten, hoffentlich kommenden **Marschrutka** zu bewältigen. Es fahren auch **Busse** von Kutaisi nach Ambrolauri. Am günstigsten ist aber die Anmietung eines **Taxis** von Ambrolauri aus, ab 20 GEL inkl. Wartezeit.

Ambrolauri

↗ VII/C3

Etwa nach drei Fahrtstunden ab Kutaisi erreicht man Ambrolauri, eine Kreisstadt in Nieder-Ratscha, die an der Mündung des Flusses Krichula in den Rioni liegt. Der Ort, in dem laut der Volkszählung von 2002 über 2500 Einwohner leben, war im 17. Jh. eine der Residenzen der imeretischen Könige. Man kann einen kleinen **Wehrturm** und die Reste der **königlichen Residenz** besichtigen. Das Dorf erhielt 1966 das Stadtrecht.

Der Busbahnhof *(Awtowoksal)* grenzt an einen kleinen Markt. Geht man die Seitenstraße weiter, so sieht man den Wehrturm, der an oberswanetische Türme erinnert. Nach etwa fünf weiteren Gehminuten erreicht man eine Kreuzung mit dem Hauptplatz. Hier befinden sich das Rathaus und die Bank.

Fährt man weiter in Richtung Oni, kommt man nach ca. 5 km zu dem winzigen Ort **Barakoni,** wo ein Kloster besichtigt werden kann.

Unterkunft

- **Nana und Murman Donadse,** Puschkin 15, Tel. 23 92 14 61. Geräumige Zimmer, 30 GEL pro Person mit Vollpension, der Sohn spricht etwas Englisch. Empfehlung von Travellern!

Oni

↗ VII/D3

Oni liegt etwa 30 km nordöstlich von Ambrolauri. Es ist die Kreisstadt von Ober-Ratscha am linken Ufer des Rioni, der im weiteren Verlauf über Kutaisi ins Schwarze Meer fließt. Wer sich mal ein paar Tage ausruhen möchte, ist hier genau richtig: keine Hektik und eine liebliche, fast an deutsche Mittelgebirge erinnernde Landschaft.

Etwa 45 % der Einwohner leben von ihrer kärglichen Rente und von Gelegenheitsarbeiten. Früher wohnten im Ort viele Juden, die jedoch fast alle aus wirtschaftlicher Not das Land verlassen haben.

Ein kleiner Rundgang macht recht schnell mit den wesentlichen Sehenswürdigkeiten des Ortes bekannt. In der Baasowi-Straße 94 gibt es eine kleine **Synagoge** aus grauen Steinen mit einem halbrunden Kuppelturm. Wer sie besichtigen möchte, sollte fragen, wer den Schlüssel (russ. *Kljutsch*) für sie und für den kleinen jüdischen Friedhof hat. Gegen eine kleine Spende und einen Schwatz wird man gern helfen. In der gleichen Straße (Nr. 25 und 31) kann man **Holzwohnhäuser** vom Beginn des vorigen Jahrhunderts besichtigen.

Auf dem Friedhof findet man noch die Ruine eines **Wehrturms** aus dem späten Mittelalter und auf dem Friedhof am linken Ufer der Dshedshori thront eine mittelalterliche **Burg.** Da wo die Dshedshori in den Rioni mündet, steht auf einem Berg ein weiterer Wehrturm. Bei einem Stadtrundgang sollte man den Fotoapparat nicht vergessen. Dienstag und Samstag sind in Oni **Markttage.**

Gleich am Ortsausgang von Oni gabelt sich die Straße. Östlich führt sie nach Südossetien, eine Reise dahin ist zurzeit nicht zu empfehlen. In nordöstlicher Richtung geht es weiter in Richtung Schowi. Etwa 7 km vor Schowi kommt man nach Utsera. Das kleine Sanatorium mit eigener Thermalquelle ist ein gutes Wanderziel von Schowi aus.

Unterkunft

Es ist auf jeden Fall eine Unterkunft mit Vollverpflegung zu bevorzugen, da man andernfalls mit etwas Glück an einem Kiosk ein paar Kekse oder Schokoriegel erstehen kann bzw. muss. Es gibt zurzeit keine Gaststätten.

- **Guesthouse Paata Maisuradse,** Dawit Agmaschenebeli 29 (kein Tel.), 30 GEL mit Vollpension. In unmittelbarer Nähe zur Bushaltestelle kann man nach der Familie mit den drei

060ge Foto: mk

Töchtern *Nana, Nino* und *Nona* fragen. Eine der Töchter studiert in Deutschland, aber auch die beiden anderen sprechen etwas Deutsch, da sie dasselbe vorhaben.

An- und Weiterreise

- Im Sommer fährt ab Tbilisi (Didube) ein **Bus** nach Oni über Tkibuli, Nikorzminda, Ambrolauri und Barakoni für 13 GEL. Es fährt auch ein Bus ab Kutaisi für 5 GEL. Am besten einen Tag vor der geplanten Abreise Erkundigungen einziehen, ob und wann der Bus fährt.

  Ab Oni fährt morgens um 8 Uhr ein Bus nach Kutaisi und von dort weiter nach Tbilisi, ggf. mit Umsteigen.
- Nach **Schowi** kann man donnerstags und sonntags mit der **Marschrutka** fahren, an anderen Tagen muss man sich um ein Fahrzeug kümmern.

Schowi

↗ VII/D3

Wer den abenteuerlichen Weg bis nach Schowi geschafft hat, wird von einer **grandiosen Bergwelt** mit Blick auf schneebedeckte Gipfel belohnt. In nordöstlicher Richtung liegt der 2800 m hohe Mamisioni-Pass an der russischen Grenze, zu dem einige Wanderwege führen, der aber nicht erreichbar oder gar passierbar ist.

Im **heilklimatischen Kurort** Schowi mit seinen 16 Mineralquellen herrscht ein angenehmes Sommerklima mit Durchschnittstemperaturen von 16 °C. Bei um die -6 °C im Winter ist es zu dieser Zeit eher rau. Der Ort liegt etwa in 1500 m Höhe. Hier wurden Patienten mit Asthma, chronischer Bronchitis, gastroenterologischen Erkrankungen sowie Blutarmut (Anämie) behandelt. In Schowi gab es daher einmal an die 15 bis 20 **Sanatorien,** in denen sich bis zu 1000 Feriengäste gleichzeitig erholen konnten. Von diesen Sanatorien dienen noch drei oder vier teilweise als Hotels, d.h. von Juni bis September werden einige Zimmer vermietet.

Der Verfall und die Abwanderung großer Teile der Bevölkerung des sowieso schon dünn besiedelten Gebietes prägen das Ortsbild. Paradox: Auf dem zentralen Platz steht auf einem Sockel noch immer eine silberfarbene **Stalin-Büste** (Stalin auf dem Sessel sitzend), die versonnen auf die Gletscher zu blicken scheint. Das Denkmal wird zuweilen von grasenden Kühen umrundet. Dennoch sieht man dem ehemaligen Kurort seine glanzvolle Vergangenheit an. Ein immer noch ganz gutes Wegenetz, ein kleiner Kurpark, einige Wanderwege (bitte keine mitteleuropäischen Maßstäbe anlegen) werden heute zwar vernachlässigt, sind aber noch vorhanden. Eine **kurze Wanderung** zur Einstimmung ist der etwa 3 km lange Weg nach Glola. Das Dorf passiert man schon auf dem Weg von Oni.

Unterkunft

Es empfiehlt sich, Quartier bei Familien zu suchen, so geht man sicher, dass das Geld unmittelbar der örtlichen Bevölkerung zugute kommt. Für eine Unterkunft mit Halb- oder Vollpension rechne man mit 15 bis 30 GEL. Vollpension ist zu bevorzugen.

Autonome Region Südossetien

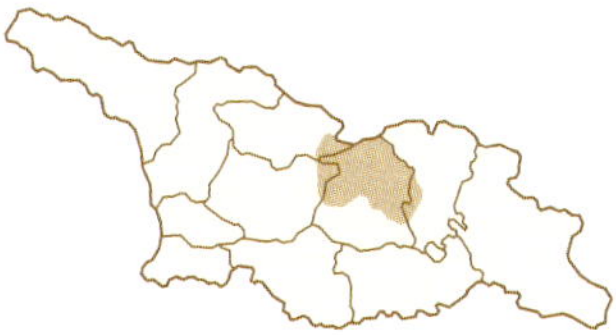

Die Autonome Region Südossetien ist die zweite georgische Region neben Abchasien, die nicht unter der Kontrolle der Tbilisier Zentralgewalt steht und einseitig die **Unabhängigkeit von Georgien** erklärt hat. Ursache dieses Konfliktes ist die Nationalitätenpolitik der ehemaligen Sowjetunion.

Osseten leben nördlich und südlich des Großen Kaukasus, Ossetien ist ein geteiltes Land. Die Hauptstadt Südossetiens ist Zchinwali, die Hauptstadt des zu Russland gehörenden **Nordossetien** ist Wladikawkas, das in alten Landkarten noch als Ordshonnikidse eingetragen sein kann.

1922 wurde Südossetien innerhalb Georgiens zu einem Autonomen Gebiet erklärt, Nordossetien, territorial größer, wurde im Jahre 1936 zu einer Autonomen Republik innerhalb Russlands (damals RSFSR) ernannt.

Die Osseten sind ein **iranischsprachiges Volk** und mehrheitlich **christlich.** Schon 1989 gründeten die Südosseten die „Volksfront", deren erklärtes Ziel die Wiedervereinigung Südossetiens mit Nordossetien ist.

Am 20. September 1990 erklärte sich Südossetien zu einem unabhängigen Staat, der „Südossetischen Sowjetrepublik". Dieser von keinem anderen Staat anerkannte Autonomiestatus wurde schon Ende 1990 von *Swiad Gamsachurdia* für nichtig erklärt, was seitdem zu zahlreichen Konflikten führt. **Geiselnahmen, Brandstiftungen, Massaker** waren in den 1990er Jahren an der Tagesordnung und auch heute ist die Lage keineswegs als ruhig zu bezeichnen.

Im Mai 1992 vereinbarten Schewardnadse und der südossetische Parlamentspräsident einen **Waffenstillstandsvertrag.** Die bis dahin andauernden blutigen Konflikte hatten über 450 Menschenleben gekostet und zahlreiche **Vertreibungen** auf beiden Seiten zur Folge, d.h. Georgier flohen nach Süden, Südosseten über die Berge nach Nordossetien.

Die georgische Regierung will nach vertrauensbildenden Maßnahmen die Konfliktzonen demilitarisieren und danach größtmögliche Autonomie gewähren. Diesen Plan lehnen die Südosseten ab. Es kommt immer wieder zu bewaffneten Scharmützeln, wobei jede Seite der anderen die Schuld zuschiebt. So wurde zwar am 11. Juli 2004 eine Verständigung über einen Waffenstillstand erzielt und im November die Entmilitarisierung vertraglich vereinbart, aber schon im September 2005 wurde die südossetische Hauptstadt mit Mörsern beschossen. Dies geschah erneut im Juni 2007. Die USA drängen Russland zur Beendigung seiner Unterstützung für Südossetien, aber bisher ohne Erfolg. Georgien selbst bemüht sich, die EU in die Lösung des Konfliktes einzubinden.

Südossetien ist zurzeit **nicht für den internationalen Tourismus zugänglich.** Man beachte die Veröffentlichungen des Auswärtigen Amtes. Hier gilt, was auch für Abchasien gilt: Es bestehen keinerlei diplomatische Beziehungen zwischen Südossetien und anderen Ländern, wodurch auch Hilfestellungen nicht möglich sind.

061ge Foto: mk

Die Georgische Heerstraße und Chewsuretien

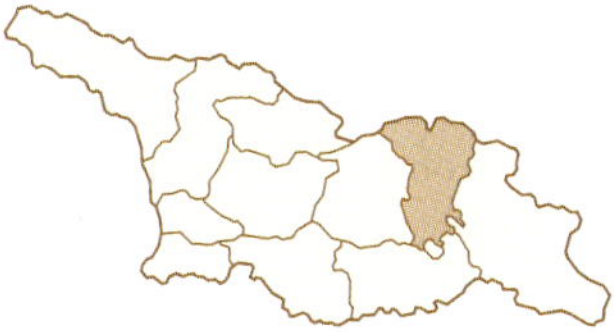

Die historische Heerstraße über den Großen Kaukasus verbindet heute Georgien mit dem zu Russland gehörenden Nordossetien. Wegen der politischen Spannungen ist die Grenze jedoch gesperrt

Die Geschichte der Georgischen Heerstraße

Schriftliche Überlieferungen des griechischen Geografen Strabon berichten von einer **Karawanenstraße** schon im Jahr 100 v. Chr. Die kürzeste und zugleich gefährlichste und beschwerlichste Route über den Großen Kaukasus wurde nicht selten von Räubern heimgesucht; Lawinen und andere Wetterunbilden taten ein Übriges. Während der Zeit der römischen Besatzung wurde der Karawanenweg von römischen Legionen beschützt.

Im Verlauf der Heerstraße befindet sich auch die Stelle, wo am 24. Juli 1783 georgische bevollmächtigte Vertreter des Herrschers des Vereinigten Kartlien und Kachetien *Irakli II.* trafen. Sie unterzeichneten das Traktat von Georgijewsk mit dem zaristischen Russland. Das war gleichbedeutend mit dem **Anschluss Georgiens an Russland,** und so war es nur folgerichtig, dass der Ausbau des Karawanenweges zu einer **für das Heer nutzbaren Straße** nicht lange auf sich warten ließ. Der Weg wurde 1799 offiziell zur Heerstraße ernannt.

Jeder, der heute die Route zumindest bis nach Kasbegi bereist, stellt zu Recht die Frage, unter wie viel Mühsal und Opfern angesichts der damaligen technischen Möglichkeiten diese Straße unter der Leitung russischer Ingenieure wohl erbaut wurde. Die Arbeiten dauerten bis 1863 an. Ironie der Geschichte: Mit der Fertigstellung der Eisenbahnverbindung von Baku nach

Tbilisi 20 Jahre später verlor die Heerstraße viel von ihrer wirtschaftlichen Bedeutung.

Die Heerstraße war immer auch ein Platz des Austausches von Ideen und ein Ort romantischer Schwärmereien. So reiste nicht nur *Alexander Puschkin* 1829 ohne Erlaubnis von Wladikawkas nach Tbilisi, sondern seine Gedichte („Der Kaukasus", „Auf den Bergen Georgiens liegt finstre Nacht", „Die Lawine") und seine Reiseaufzeichnungen („Die Reise nach Arsrum während des Feldzuges im Jahre 1929") lösten einen wahren **Kaukasusboom** aus. Schon bald folgten *Leo Tolstoi* („Hadschi Murat"), *Michail Lermontow, Nikolai Ostrowski, Anton Tschechow, Maxim Gorki, Wladimir Majakowski* und der Maler *Ilja Repin.* Nach dem Anschluss Georgiens und der Fertigstellung des Reiseweges war es für junge Georgier aus gehobenen Kreisen opportun, in St. Petersburg oder Moskau zu studieren. Diese Männer nannte man „Tergdaleulni", d.h. „die vom Wasser des Tergi tranken" (der Tergi, russisch Terek, ist ein Fluss auf der Nordseite des Großen Kaukasus). Ausgerechnet das Studium der jungen Männer in Russland hatte zur Folge, dass viele neue Ideen zur Bildung eines georgischen Nationalstaates mitgebracht wurden.

Aber auch westeuropäische **Abenteurer und Schriftsteller** bereisten die Georgische Heerstraße, allen voran der französische Romancier *Alexandre Dumas der Ältere* mit seinem Begleiter *Moynet* („Gefährliche Reise durch den wilden Kaukasus 1858–1859"), der Norweger *Knut Hamsun* („Im Märchenland") oder *Ernst Haeckel* (Reisebriefe).

Der Verlauf der Straße

Die 207 km lange Heerstraße verläuft von Digomi, dem nordwestlichen Randbezirk von **Tbilisi,** bis zur nordossetischen, zu Russland gehörenden Stadt **Wladikawkas** (in alten Landkarten oft noch als Ordshonikidse bezeichnet). Sie folgt dem Flusslauf der Aragwi und des Terek. Unterwegs gibt es interessante Orte zu besichtigen.

Reisende ab Tbilisi passieren **Mzcheta,** die alte Hauptstadt Kartliens und des antiken Iberiens, die Festung **Ananuri** und **Passanauri.** Etwa ab hier macht die gut ausgebaute Straße eine große Biegung in nordwestlicher Richtung und man erreicht den Wintersportort **Gudauri.** Weiter nach Norden passiert man den **Kreuzpass** (Dschwari-Pass). Von hier sind es noch wenige Kilometer über Chobi (engl. Khobi) und Zioni nach **Kasbegi,** dem ehemaligen Stepanzminda (St. Stefan), Sitz der Verwaltung des Gebietes Kasbegi. Nördlich von Kasbegi befindet sich die Darjal-Schlucht, in der im 11. Jh. auf Veranlassung von König *Dawit dem Erbauer* die Festung Darjal zum Schutz des Weges erbaut wurde. Kasbegi ist heute wieder als „Stepanzminda" (engl. Stepantsminda) ausgeschildert. Zurzeit ist aus politischen Gründen der etwa zehn Kilometer nördlich von Kasbegi gelegene **Grenz-**

übergang sowohl für Ausländer als auch für Georgier und Russen geschlossen, sodass der Rest der Heerstraße bis Wladikawkas (weitere ca. 30 km) nicht bereist werden kann.

Die Georgische Heerstraße gehört zu den **am besten ausgebauten Straßen Georgiens.** Sie ist asphaltiert, allerdings wird man Leitplanken und Mittellinie vergeblich suchen. Lediglich im oberen Teil, etwa nördlich des Kreuzpasses und der Tunnel, ist der Asphalt im Winter von Schneematsch, Schneegries und Schmutz so bedeckt, dass es zu Straßensperrungen kommen kann. Die Straße ist auch gut geeignet für **Mountainbiker,** die zwar von Mzcheta bis Kasbegi fast nur bergauf fahren müssen, dafür aber mit wenig Verkehr zu rechnen haben (umso bequemer der Rückweg).

Wer im Winter nach Kasbegi möchte, sollte sich vorher erkundigen, ob die Straße überhaupt frei ist. Auch *Alexandre Dumas* musste damals umkehren, da Lawinen den Weg unpassierbar gemacht hatten.

Festung Ananuri

X/B3

Etwa 37 km hinter Tbilisi fällt am nordwestlichen Ufer des **Stausees von Shinwali** die Festung Ananuri ins Auge. Da sich nördlich davon das Tal der Aragwi befindet, war es nur natürlich, dass die Fürsten von Aragwi dieses Tal von der Burg aus kontrollierten. Sie wurde mehrfach belagert und keiner der Fürsten ist eines natürlichen Todes gestorben.

Die Festung bestand einmal aus zwei Baukomplexen, aber nur die **Oberburg** ist erhalten, da der untere Teil und das gleichnamige Dorf im Stausee versanken. Sie beherbergt zwei Kirchen, einen Glockenturm und ein Badehaus. Das Tor befindet sich im Wehrturm an der Seite Richtung Tbilisi. Die Kirche gleich beim Eingang ist die **Himmelfahrtskirche,** eines der

062ge Foto: mk

Festung Ananuri im Frühling

063ge Foto: mk

bedeutendsten Denkmale der nachfeudalen Epoche Georgiens. Sie wurde 1689 durch *Mdinwanbeg*, den Sohn des Eristaws von Aragwi, erbaut und ist innen weiß gekalkt, jedoch sind Reste von Fresken auf den Innenpfeilern erhalten.

Von der älteren, in Richtung Straße gelegenen **Erlöserkirche** sind nur noch Mauern aus unverputzten Steinen erhalten. Innen befindet sich ein gemauerter Baldachin, darunter liegt die Grabplatte für Mdinwanbeg und seine Frau *Anachanum Abaschidse*.

Impressionen aus Ananuri

Passanauri

↗ X/B2

Etwa 30 km nördlich der Festung Ananuri stößt man auf den ehemals sehr beliebten **Kurort** Passanauri. Heute erinnert kaum noch etwas an alte Zeiten, der Ort ist fast entvölkert und Touristen oder Kurgäste verirren sich kaum mehr hierher. Viele Gebäude sind verlassen.

Das Dorf ist der einzige Ort an der Heerstraße, der neben der Durchgangsstraße eine zweite Straße hat. Die Siedlung liegt malerisch eingebettet zwischen den Bergrücken des östlich gelegenen Gudamakari und des Lomissi im Westen. Hier vereinigen sich die Schwarze und die Weiße Aragwi. Eine reizvolle Landschaft, zahl-

065ge Foto: mk

066ge Foto: mk

reiche Mineralquellen und die klare Gebirgsluft waren und sind gute Voraussetzungen für einen erholsamen Urlaub. Viele Wandermöglichkeiten, etwa zum Wasserfall in der Schlucht des Tschabaruchi oder zur Puschkin-Quelle, laden zum mehrtägigen Aufenthalt ein.

Unterkunft

- **Hotel Kachaberi,** am Ortseingang aus Richtung Tbilisi kommend, grünes Schild in georgischer Schrift, mit Blechdach, Kiosk und kleiner Terrasse. Drei Zimmer mit Bad zu 40 GEL pro Person, einfach aber gemütlich. Die Eigentümerin *Lili Sakaridse* (Tel. 893 25 86 94, russ.) ist supernett. Im Restaurant (10–23 Uhr) unbedingt *Tschinkali* bestellen, schmecken super hier!
- **Hotel Intourist,** im Ortszentrum, Kostawa 60, Tel 444, Übernachtung mit Frühstück 8–15 US$.

Gudauri

↗ X/A-B2

Auf den nächsten 30 interessanten Kilometern sieht man zu beiden Seiten, jeweils versetzt, Zeugen der Vergangenheit: historische **Wachtürme.** Sie hatten die Aufgabe, im Gefahrenfalle Signale weiterzuleiten. Einige Dörfer werden passiert; am Straßenrand bieten Frauen Selbstgestricktes, Fellmützen, gegerbte Schaffelle oder einen kleinen Imbiss an. Im weiteren Verlauf erblickt man massive Bergrücken, etwa 17 km hinter Passanauri führt die Straße an der ehemaligen **Festung von Georgijewsk** vorbei.

Schließlich kommt man nach **Mleti,** wo einer der spektakulärsten Abschnitte der Trasse beginnt. Zwischen

Mleti und Gudauri sind 1000 Höhenmeter zu überwinden, wozu **18 Serpentinenkurven** angelegt wurden.

Gudauri liegt in 2196 m Höhe und ist der wichtigste **Wintersportort** Georgiens. Der mehrheitlich von Osseten bewohnte Ort war Anfang des 19. Jh. eine Poststation. Aufgrund der hier vorherrschenden Wetterunbilden, besonders im Winter, mussten immer wieder von Lawinen verschüttete oder vom Weg abgeschnittene Reisende gerettet werden. Gegen Ende der 1970er Jahre wurde hier der erste **Sessellift** aufgestellt, aber erst 1982, als eine österreichische Firma ein Hotel und einen modernen Sessellift errichtete, wurde Gudauri zu einem richtigen Wintersportort. Auf einer Hochebene liegen zahlreiche Hotels verstreut. Nach Jahren der Stagnation will Gudauri nun durch **Hotelneubauten** wieder verstärkt Touristen anziehen. Anders als in den Alpenkurorten gibt es keine Straße mit Restaurants und Geschäften.

Im Durchschnitt fallen hier 1,50 m Schnee, es können aber auch schon mal 5 m werden, wie im Winter 2004/05. Skifahrer werden von drei Viersitzer-Sesselliften der österreichischen Firma Doppelmeyer und einem Dreisitzer nach oben transportiert. Schlangen an den Liften kommen praktisch nicht vor. Es gibt acht markierte und präparierte **Abfahrtstrecken** mit einer Gesamtlänge von 15 km, die längste Abfahrt ist 5 km lang. Freerider erfreuen sich breiter **Pulverschneeabfahrten** ohne Felsen im Untergrund. Gudauri ist auch ideal für Heliskiing und -boarding ab Höhenlagen um die 4400 m, was in den Alpen aus Gründen des Umwelt- und Naturschutzes inzwischen verboten ist.

Die Skisaison dauert von Dezember bis April, in höheren Lagen von Ende November bis Anfang Mai. Skipässe sind für 20 GEL (Tagespass) zu haben, die Einzelkarte kostet 4 GEL. Skiausrüstung kann noch nicht ausgeliehen werden.

Informationen

- Informationen gibt es über die Homepages **www.tourism.gov.ge** und **www.berika.ge.**
- **Pistenplan:** www.gudauri.info/graphics/gudauri_map.jpg

Unterkunft

- **Hotel Sno 1 & 2 Inn,** Tel. 899 57 53 87, 55 73 09, mit Vollpension 35 US$. Befindet sich neben dem Parkplatz des Sporthotels **Daisy Guesthouse,** Tel. 899 50 76 06, mit Vollpension 35 US$, kleine Pension mit zwei DZ und zwei Vierbettzimmern.
- **Kreuzpasshotel** (Cross Pass Hotel, kein georg. Name), Tel. 032 94 34 46, auf einer Anhöhe am Ortseingang. EZ/DZ 40/75 US$ mit Frühstück, Zimmer mit Bad, Sat-TV, Klimaanlage, zwei Restaurants, Schwimmbad, Sauna, Jacuzzi, Fitnesscenter und Billardzimmer.
- **Sport Hotel,** Tel. 899 57 92 22, 899 55 92 22, www.georgia.net.ge/Gudauri. Viersternehotel einer österreichischen Firma mit Pool, Sauna, Tennishalle, Sommerpreise: EZ/DZ 162/267 GEL inkl. Vollpension und Nutzung aller Freizeitangebote. Skilifte gleich hinter dem Gebäude, Buchung auch möglich über Alpin Travel (siehe Kapitel „Vor der Reise: Reiseveranstalter").

Kreuzpass (Dshwari-Pass)

↗ X/A1-2

Der 2995 m hohe Dshwari-Pass ist ein Hochsattel zwischen dem Brutsabdsela-Berg (3010 m) im Osten und dem Charissari (3773m) im Westen und gleichzeitig die Wasserscheide für die Aragwi und den Tergi (russ. Terek). Alle Flüsschen und Bäche südlich des Passes fließen der Weißen Aragwi zu, nördlich davon dem Tergi.

Der Pass fällt sofort auf durch einen riesigen Sockel, der ein **Steinkreuz** hält. Dieses Kreuz wurde 1824 durch den Major *Kanonow*, damals Gouverneur der Bergregion, errichtet. Es war allerdings schon das dritte Kreuz, das an gleicher Stelle aufgestellt wurde, das erste soll 1803 errichtet worden sein. In der Nähe des Kreuzes wurde vor Kurzem ein kleiner **Friedhof für deutsche Kriegsgefangene** restauriert, die entlang der Heerstraße vor allem im Straßen- und Tunnelbau eingesetzt waren. Die Grabsteine wurden aus Darjal-Granit gefertigt.

Am Kreuzpass beginnt die kleine Provinz Chewsuretien (georg. Chewi).

Schlucht von Truso

↗ X/A1

Die Straße führt weiter in die Siedlung Almasiani, von wo aus ein Weg nach Westen zur Schlucht von Truso abzweigt, die gute Wandermöglichkeiten bietet und schließlich in **Resi** endet. Der Weg verläuft entlang der Windungen des Tergi (Terek) durch die Siedlungen Nogkau, Schewardeni, Okrokana, Ketrisi und Abano. Die Fahrt durch die Schlucht erfordert wiederum ein Allradfahrzeug. In den drei letztgenannten Orten gibt es eine Vielzahl von **Mineralquellen.** Abano heißt „Bad“ auf Georgisch, in diesem Ort befindet sich ein Mineralwassersee. Das Hochtal, das man hinter der Schlucht auf gewundenen Pfaden erreicht, ist ein **Gletschertal.** Diese Tour sollte unbedingt mit einem ortskundigen Führer gemacht werden!

Sno-Tal

↗ X/B1

Verlässt man die Heerstraße nicht in Richtung Truso-Schlucht, sondern fährt weiter über Chobi und Zioni, kommt man bald zur Siedlung **Arscha,** von wo aus ein Weg nach Osten abzweigt in Richtung des Dorfes **Sno.** Hier blühen im Sommer herrliche Blumen und es bieten sich sehr gute **Wander- und Klettermöglichkeiten.** In Sno findet der Wanderer einen **Wehrturm** aus dem 16. Jh. Der Ort erstreckt sich kilometerweit und ist der Geburtsort des Katholikos' *Ilja von Georgien.*

Nach weiteren 18 km erreicht man die Siedlung **Djuta,** wo in 2200 m Höhe nur etwa 20 Familien leben. Gleich hinter Djuta befindet sich der Berg Tschauchi (3842 m), an dessen Nordflanke 800 m hohe Felsen eine Herausforderung für Kletterer sind. Während Wanderer ab etwa Mitte Juli innerhalb von vier bis fünf Tagen vom Tschauchi nach Osten zum Roschka-

Kiosk an der Heerstraße

064ge Foto: mk

Pass (3056 m) wandern können, ist die beste Zeit für vorgenannte Kletterpartien etwa im September/Oktober.

Hinter dem Roschka-Pass erreicht man auf einem sehr steilen Weg abwärts die Siedlung **Roschka,** die sich in 2050 m Höhe befindet. Roschka liegt bereits in Chewsuretien. Hat man die Siedlung erreicht, kann man weiter bis Gudani und Chachmati und zum **Bärenkreuzpass** (Datwi Dshwari, 2676 m) und weiter bis Schatili fahren (s.u.: „Chewsuretien"). Auch diese Tour sollte nur mit einem ortskundigen Führer und einem Allradfahrzeug unternommen werden!

Kasbegi

↗ X/B1

Im 19. Jh. hieß Kasbegi noch Stepanzminda, auf Deutsch St. Stefan. Der Wegweiser kurz hinter Tbilisi weist nach „Stepantsminda" (engl.). Der Ort wurde nach dem hier geborenen Adeligen *Alexander Kasbegi* (1848–93) benannt, dessen Denkmal auf dem Dorfplatz steht. In Kasbegi lebten vor einigen Jahren etwa 4000 Menschen, von denen viele inzwischen abgewandert sind.

Der Ort liegt in etwa 1797 m Höhe, bis nach Tbilisi sind es 155 km. Vor der Schließung des Grenzübergangs nach Russland durch die russische Seite gab es noch etwas Durchgangsverkehr. Heute ist Kasbegi einer der wenigen

Orte in Georgien, wo man auf Touristen trifft, der Georgischen Heerstraße sei Dank. Er bietet einerseits grandiose Ausblicke, andererseits wird der Besucher mit großer Armut konfrontiert.

Eine persönliche Empfehlung: Wer sowohl nach Kasbegi als auch nach Ober-Swanetien reisen möchte, sollte das auch in der oben genannten Reihenfolge tun. Ich fand Ober-Swanetien überwältigender.

Die Marschrutki halten auf dem kleinen Platz vor dem Hotel Kasbegi, das von der gleichnamigen Brauerei unterhalten wird. Steht man vor dem Hotel und blickt nach links, so schaut man auf das Denkmal von Alexander Kasbegi und dahinter auf das kleine Hotel Lomi. Links neben dem Denkmal geht es zum Ortsteil Gergeti. Schaut man geradeaus, so fällt der Blick auf zahlreiche bescheidene Kioske. Weiter rechts führt eine kurze Straße leicht nach oben, wo man gute Unterkünfte findet. Ganz rechts, praktisch im rechten Winkel zum Hotel Kasbegi, findet sich ein kleiner Brotladen.

Zminda-Sameba-Kirche

Fällt bei der Ankunft auf dem Hauptplatz der Blick hinter das Hotel Kasbegi, wird man sofort durch die hoch auf dem Berg thronende Zminda-Sameba-Kirche (Heilige-Dreifaltigkeitskirche, auch als „Gergeti-Kirche" bezeichnet) aus dem 14. Jh. in den Bann gezogen. Sie ist heute wieder ein **Wallfahrtsort** und ihr Besuch ist sicher einer der Höhepunkte der Fahrt entlang der Georgischen Heerstraße. Der Berg ist nicht bewaldet, er liegt oberhalb der Baumgrenze.

Es gibt mehrere Möglichkeiten, zu dieser schönen Kirche zu gelangen. Vom Hauptplatz vor dem Hotel Kasbegi geht man in Richtung Gergeti über den Tergi-Fluss und den Weg immer geradeaus bergan. Zur Rechten sieht man einen kleinen Turm, später einen Laden. Hier sollte man sich nach *Genrich Ziklauri* erkundigen, der den Schlüssel für die Kirche hat (im Sommer am besten schon am Vorabend). Man hält sich weiterhin rechts, bis man den Friedhof sieht, den man hinter sich lässt. Dann geht es etwa zwei bis drei Stunden ziemlich steil nach oben.

Ein nicht so steiler Aufstieg wäre die zweite Möglichkeit: Hinter dem Haus von Genrich Ziklauri biegt man links ein und folgt dem mäandernden Weg nach oben. Dieser Weg (etwa drei bis vier Stunden Gehzeit) führt rechts an einem Turm vorbei und kann auch mit dem Taxi ab dem Hauptplatz, der dritten Möglichkeit, gefahren werden. Wer die Tour mit dem Taxi bewältigen will, sollte mit etwa 15–20 GEL hin und zurück rechnen, inklusive Wartezeit (gern wird viel mehr verlangt, bis zu 50 GEL!). Das Auto kann nicht ganz bis zur Kirchentür fahren, aber die wenigen restlichen Meter stellen dann keine Anstrengung mehr dar.

Die Zminda-Sameba-Kirche wurde im 14. Jh. erbaut, etwa hundert Jahre später errichtete man den Turm. Sie steht in 2170 m Höhe auf dem Plateau des Kwemi Ma, das dem Kasbek vorgelagert ist. Am 28. August eines je-

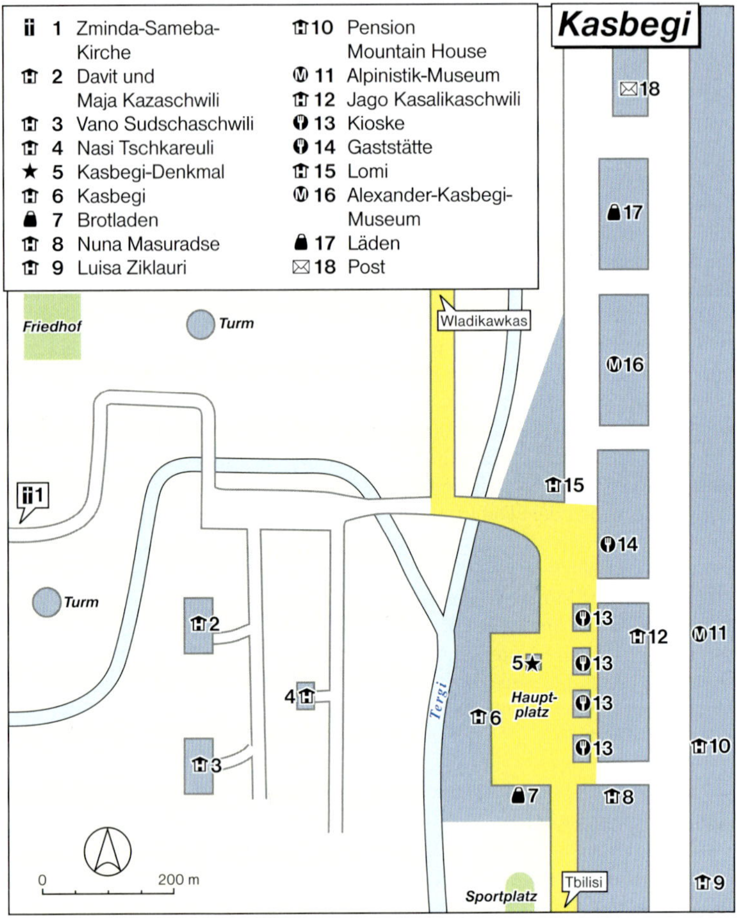

den Jahres findet das Kirchenfest statt, bei dem heidnische Tieropfer zelebriert werden.

Alexander-Kasbegi-Museum

Das Museum zu Ehren des **Schriftstellers Alexander Kasbegi** befindet sich in der Straße in Richtung Post auf der rechten Seite. Daneben steht eine kleine Kirche aus dem beginnenden 19. Jh. (1809–11), das Grundstück ist eingezäunt.

Der Vater des Schriftstellers, *Kasibeg Tschopikaschwili,* war als Verwalter dieses Abschnitts der Georgischen Heerstraße eingesetzt. Er engagierte sich sehr für den Brückenbau in der Darjal-Schlucht und wurde dafür mit dem Adelstitel belohnt. Dies nahm er zum Anlass (wie auch die Vorfahren von *Alexander Tschawtschawadse* aus Zinandali), den Familiennamen zu ändern. Die Familie nannte sich fortan *Kasbegi*. Sein Sohn Alexander Kasbegi (1848–93) studierte zunächst in Tbilisi, St. Petersburg und Moskau, danach arbeitete er als Journalist und schrieb Romane und Theaterstücke (einige davon sind ins Deutsche übersetzt worden). Sehr zur Überraschung seiner Familie und Freunde beschloss Alexander Kasbegi jedoch später, seinen Lebensunterhalt als Schafhirte zu verdienen. Er verstarb psychisch krank. Sein Leichnam wurde von Tbilisi hierher verbracht, das **Grab** findet der Besucher im Garten des Grundstücks. Kasbegi wollte dort begraben werden, wo er die Berge hätte sehen können.

Das Museum zeigt einige seiner **Originalmanuskripte** und persönliche Dinge, daneben auch Gegenstände aus Silber und Bronze aus dem 4. und 5. Jh. v. Chr. und eine **ethnologische Ausstellung** über das Leben der Menschen in der Provinz Chewsuretien. Im ersten Stock befinden sich Originalmöbel der Familie Kasbegi.

- **Geöffnet:** Di–So 10–17 Uhr, 1 GEL.

Service

- **Vorwahl:** 345/8245
- **www.kazbegi.info:** diese nagelneue Homepage der Stadt mit Infos über Quartiere und einer Landkarte wurde während eines Praktikums im Sommer 2007 von drei jungen Frauen aus Deutschland, Lettland und Estland gestaltet. Der in der Karte irrtümlich als „Jutta" bezeichnete Ort müsste richtig Dschuta (engl. Djuta) heißen.
- **Post:** am Kasbegi-Museum vorbei die erste Querstraße nach rechts, das Gebäude hat ein paar Stufen vor dem Haus. Postkarten von hier nach Frankfurt benötigen nur zwei Wochen!

Unterkunft

Es ist vor allem in der Saison üblich, dass Frauen auf dem Hauptplatz auf Gäste warten. Das kann ein guter Service sein. Wenn allerdings stur behauptet wird, dass alle Betten belegt seien oder dass ein Trauerfall vorliege, darf man getrost skeptisch sein! Es ist besser, sich selbst davon zu überzeugen. Überfüllung ist in Georgien noch ein Fremdwort, zurückkehren kann man immer noch.

Privatzimmer:

- **Luisa Ziklauri,** Wascha-Pschawela 34, Tel. mobil: 899 92 85 54, Sohn *Kacha* (spricht etwas Deutsch) Tel. 523 53. Ab der Bäckerei am Hauptplatz bergan bis zum Ende der Straße, dann nach rechts und gleich links. Frau Ziklauri spricht sehr gut Deutsch. Sehr geräumige Wohnung, mehrere Mehrbettzimmer, eins durch Vorhang abgetrennt, sehr sauber, mit Bad, WC und Warmwasser, Aufenthaltszimmer mit Kamin. 20 Euro mit Halbpension. Das Gästebuch ist voll des Lobes von Gästen aus Österreich, Deutschland und der Schweiz über Unterkunft, Verpflegung und die herzliche kaukasische Gastfreundschaft. Auch *Fritz Pleitgen* hat hier übernachtet während der Dreharbeiten zu seiner Kaukasusreportage; wer Glück hat, bekommt sogar sein Zimmer.
- **Pension Mountain House,** Tel. 899 16 00 12, Sohn *Vako* (spricht Englisch und etwas Deutsch) Tel. 522 49, vakodundua@yahoo.com. Das Mountain House befindet sich am Ende der kurzen, leicht bergan führenden Straße, die am Brotladen beginnt (Schild). Dieses Haus mit 3 DZ und einem Gemeinschaftsbad mit Blick auf die Zminda-Sameba-Kirche ist eine Neueröffnung; 20 Euro mit

Vollpension (Mittagessen als Lunchbox möglich), außerdem Küchenbenutzung (Mikrowelle) und Aufenthaltsraum mit Flachbildschirm. Der sympathische Vako bietet seine Dienste als Bergführer an und organisiert Trekkingtouren.

- **Jago Kasalikaschwili,** Tel. mobil: 899 95 89 93, Tel. 524 01 (Russisch), schräg gegenüber dem Mountain House gelegen. 20 Euro mit Vollpension, 2 DZ und ein Durchgangszimmer (bis zu 7 Personen), Balkon mit Bergblick, Sat-TV, einfaches Bad mit Dusche und Boiler, Küchenbenutzung möglich. Gegenüber befindet sich ein kleines **Museum für Alpinistik,** das der Besitzer führt. Sein Vater war einer der ersten Fremdenführer. Herr *Jago* spricht etwas Englisch und ist eine gute Anlaufstelle für Vogelfreunde und Ökotourismus-Interessierte.
- **Nuna Masuradse,** Tel. 525 93, zweistöckiges Haus, ab der Bäckerei bergan, nach etwa 50 m auf der rechten Seite. Man spricht nur Russisch und Georgisch. Übernachtung 10 GEL, Frühstück und Abendessen je 5 GEL extra. Sehr gute Kritiken unter Travellern.
- **Vano Sudschaschwili,** Tel. 524 18, Ortsteil Gergeti, etwa 15 Gehminuten, über die Brücke in nördlicher Richtung, die zweite Gasse nach links. Herr Sujaschwili spricht gut Englisch; im Sommer ist es ratsam, vorher anzurufen. 10 US$ inkl. Verpflegung.
- **Nasi Tschkareuli,** Tel. mobil: 895 50 09 89, mehrere Zimmer im Ortsteil Gergeti, Haus in der Nähe von Vano. 10 GEL.
- **Davit und Maja Kazaschwili,** Tel. mobil: 899 27 92 01 (Georgisch und Russisch, Davit etwas Englisch), Ortsteil Gergeti, über die Brücke, die erste Abzweigung nach links (evtl. nochmal fragen). Drei sehr einfache Zimmer, einfachste Dusche und Außentoilette, mit Halbpension 20 GEL, bis zu 7 Pers.

Hotels:

- **Hotel Lomi,** Tel. 520 29, mobil: 899 54 09 25 *(Tamar Sudschaschwili),* gleich am Hauptplatz hinter dem Kasbegi-Denkmal. Fünf nette DZ, Dusche und WC auf dem Korridor (sauber), 15 GEL ohne Frühstück.
- **Hotel Kasbegi (Stepanzminda),** Tel. 18 22 96, am Hauptplatz. 2002 eröffnet, 21 überraschend schöne Zimmer mit Bad und Blick auf

067ge Foto: mk

In Kasbegi

den Kasbek und die Zminda-Sameba-Kirche, teilweise von Gruppen genutzt. Abendessen als gutes Büfett, Service sehr freundlich, wenn auch etwas umständlich. EZ 50 GEL, mit Frühstück 70 GEL, Halbpension 90 GEL, DZ mit Halbpension 100 GEL. Hinter dem Hotel fließt der Tergi, dessen Rauschen für Romantiker das Richtige sein könnte.

Essen und Trinken

- Eine kleine, ganz einfache **Gaststätte** (9–19 Uhr) befindet sich gegenüber dem Hotel Lomi in Richtung Läden und bietet einfache, preisgünstige Gerichte an.

An- und Weiterreise

- **Marschrutki** nach Tbilisi ab Hauptplatz alle zwei Stunden von 9 Uhr bis gegen 17 Uhr, 10 GEL.
- **Taxis** nach Tbilisi ab 60 GEL pro Taxi (unbedingt handeln!).

Umgebung von Kasbegi

Vulkan Kasbek ⇗ X/B1

Wenige Kilometer westlich von Kasbegi erhebt sich der 5047 m hohe, erloschene Vulkan Kasbek, nach dem Schchara der **zweithöchste Berg** Georgiens und der siebthöchste des Kaukasus. Sein georgischer Name lautet Mqinwarzweri (Eisgipfel). *Douglas W. Freshfield, Adolphus Waburton Moore, Charles T. Tucker* und ihr Schweizer Bergführer gingen 1868 als Erstbesteiger des Kasbek in die Bergsteigerannalen ein. Einen sehr guten Bericht über die Besteigung des Kasbek mit Karten und Fotos (auch von anderen Gebieten des Kaukasus) findet man auf der Homepage www.stadler-markus.de.

An den Felsen des Kasbek soll der Sage nach **Prometheus** angekettet gewesen sein, um dort 30.000 Jahre lang dafür bestraft zu werden, dass er den von ihm geschaffenen Menschen das Feuer brachte (siehe Exkurs).

Darjal-Schlucht ⇗ X/B1

Die tiefe, dunkle Darjal-Schlucht, die schon *Alexandre Dumas* auf seinem Weg nach Tbilisi beeindruckt hatte, ist 11 km lang und führt in Richtung Tschertow Most (etwa 20 km von Kasbegi entfernt) zu dem gesperrten **Grenzübergang** nach Russland. Sie erstreckt sich entlang des Tergi-Flusses. Bis hierher kamen die Truppen des römischen Konsuls *Pompejus Magnus.* Hoch auf einem Felsen steht die Ruine der **Festung Tamars.** (Diese *Tamar* ist nicht mit der populären Königin *Tamar* zu verwechseln.)

Chewsuretien

Eine der abgelegensten und am schwersten erreichbaren Bergregionen im Norden Georgiens ist Chewsuretien. Bis Ende Mai oder sogar Ende Juni ist die Gegend nicht zugänglich, da die Wege nicht passierbar sind. Erdrutsche oder Schneelawinen sind keine Seltenheit. Chewsuretien erstreckt sich östlich der Heerstraße bis zur tschetschenischen Grenze. Die schwache Besiedlung lässt nur eine **organisierte Tour** mit zuverlässigen Fahrern und Allradfahrzeugen sowie erfahrenen Bergführern zu.

Die Chewsuren

Der Lebensstil der Chewsuren unterscheidet sich erheblich von dem der anderen kaukasischen Völker. Sie leben nach wie vor in **Clans,** in sogenannten Talschaften. Jeder Clan beherrschte früher eine bestimmte Kampftechnik und daher galten die Chewsuren lange Zeit als gute Leibwächter der georgischen Könige. Aber auch ihre **Mythologie** und Auffassung von der Entstehung der Welt ist einzigartig. Die Legende sagt, dass die Götter auf einer Funken sprühenden Säule auf die Erde hinabstiegen und die Chewsuren bestimmte Kampfkünste lehrten. Feinde besiegten sie mit Feuerpfeilen. Da sich die Chewsuren als Abkömmlinge dieser Götter betrachten, werden noch heute heilige Plätze aufgesucht, an denen einmal im Jahr zu ihnen gebetet wird. Nur Männer dürfen hier Kerzen anzünden, niemand sonst darf sich diesen Plätzen

Prometheus am Felsen des Kasbek

Prometheus formte Menschen aus Lehm. Sie waren jedoch unwissend und lebten ohne Ziel und Sinn in den Tag hinein. Seine himmlische Gönnerin Athene, die Göttin der Weisheit, hauchte den Menschen Leben ein. Zeus, der vor Kurzem im Himmel die Macht an sich gerissen hatte, wurde auf die Menschen aufmerksam und verlangte von ihnen Verehrung. Als Gegenleistung bot er ihnen Schutz an.

Prometheus wachte darüber, dass die Menschen von den Göttern nicht allzu sehr übers Ohr gehauen wurden und beschloss, die Götter auszutricksen. Er ließ einen Opferstier schlachten und teilte diesen in zwei Teile, und zwar so, dass auf dem größeren Haufen der wertlose Teil des Stiers lag und das Fleisch den kleineren Teil des Opfers bildete. Zeus stellte sich unwissend und griff nach dem größeren Haufen. Dann ließ er Prometheus wissen, dass er ihn durchschaut habe, und war wütend auf ihn. Als Strafe verweigerte er ihm das Feuer für seine Menschen. Aber Prometheus nahm einen Stängel des Riesenfenchels und entzündete diesen am vorüberfahrenden Sonnenwagen - und schon hatten die Menschen Feuer.

Das war des Guten zu viel für Zeus! Er befahl Hephaistos, dem Feuergott, das Trugbild eines wunderschönen Mädchens zu schaffen. Athene, eben noch Gönnerin des Prometheus, war inzwischen neidisch auf seine Erfolge. Sie entwarf ein wunderschönes Kleid für das Mädchen. Der Götterbote Hermes musste ihm die Sprache verleihen und Aphrodite einen schönen Körper. Zeus nannte das Mädchen **Pandora,** die Allbeschenkte. Doch die Götter sollten dem Mädchen vor seinem Abstieg auf die Erde auch ein Unheil oder Übel mitgegeben. Diese Gaben schloss Zeus in eine Büchse ein.

Epimetheus, Prometheus' Bruder, kam Pandora entgegen und nahm wider besseres Wissen die Geschenkbüchse an, und als er sie öffnete, entflohen alle Übel, mit denen die Menschen bis heute geplagt sind: Krankheiten, Leiden und beschwerliche Arbeit. Nur die Hoffnung, die auf dem Boden des Gefäßes lag, ließ Pandora nicht entkommen, da sie die Büchse für immer verschloss. Seitdem ist die Erde unwiderruflich mit Übeln, Bosheiten und Leid übersät und die Menschen wurden sterblich.

Nachdem Zeus die Menschen gestraft hatte, sann er auf **Rache gegen Prometheus.** Seine Diener Hephaistos, Kratos (der Zwang) und die Dienerin Bia (die Gewalt) mussten Prometheus gefangennehmen und **an einen hohen Felsen im Kaukasus ketten.** Zeus war unsäglich wütend, Prometheus musste am Felsen hängen, durfte weder schlafen noch die Knie beugen. Doch diese Folter war Zeus noch nicht genug: Ein Adler fraß täglich von Prometheus' Leber, die sofort nachwuchs. Das sollte so lange dauern, bis sich ein Ersatzmann gefunden hätte, der diese Qualen an Prometheus' Stelle ertragen wollte.

Wenn schon die Welt der Götter so grausam war, dann sollte Prometheus wenigstens Glück haben: Herakles kam vorbei und erschoss aus Mitleid den Adler mit Pfeil und Bogen. Der Zentaur Chiron ließ sich an Prometheus' Stelle an den Felsen ketten. Da Prometheus aber wenigstens 30.000 Jahre angekettet bleiben sollte, musste er von nun an einen eisernen Ring mit einem Felsstück des Kaukasusberges tragen. So wurde der Befehl des Zeus erfüllt.

nähern. Auch die **Tracht** der Chewsuren ist einzigartig, die Kleidung ist über und über mit Kreuzornamenten bestickt.

Entlang der Hauptstraße

Die Straße nach Chewsuretien von Tbilisi aus führt zunächst zum **Staudamm von Shinwali,** dann geht es an der Ostseite des Stausees vorbei und durch das Aragwi-Tal nach **Barisacho** (nicht zu verwechseln mit Bachmaro in Gurien), dem Verwaltungszentrum von Pschawi und Chewsuretien. Weiter fährt man über Gudani nach Chachmati (engl. Khakhmati). In beiden Orten kann man bereits die ersten Wehrtürme bestaunen. Von hier aus gelangt man nur noch mit Allradfahrzeugen über den **Bärenkreuzpass** (Datwi Dshwari), der 2676 m hoch und nur von Juni bis September geöffnet ist.

Schatili XI/C1

Vom Bärenkreuzpass geht es weiter nach Schatili, dem interessantesten Ort Chewsuretiens. Das Dorf liegt nahe der tschetschenischen Grenze, weshalb dort georgische Armee stationiert ist. Schatili liegt in einer Höhe von 1395 m und besteht aus einer Ansammlung von **Wehrtürmen,** die als Ensemble eine Festung bilden. Es ist wohl nicht übertrieben, von einem **Festungsdorf** zu sprechen. Nur noch wenige Familien wohnen in den alten, zum Teil noch aus dem 6. Jh. stammenden Wehrtürmen und Häusern. Die meisten von ihnen stammen jedoch aus dem 10. bis 12. Jh. und wurden aus Schieferplatten aufgeschichtet. Die Siedlung ist eines der ältesten und interessantesten Kulturdenkmäler Georgiens.

Reisende finden in Schatili unter anderem eine einfache, aber zweckmäßige **Unterkunft** (http://hotelinshatili.iatp.ge). *Wascha Tschintscharauli* führt das Hotel.

Touren

Hier bieten sich ausgiebige **Wandermöglichkeiten** oder **Touren zu Pferde** an. Falls es das Wetter und damit die Wegesituation zulässt, kann man eine Tour mit der **Weiterreise** nach Tuschetien (im Osten) oder zur Georgischen Heerstraße (im Westen) kombinieren. Von Barisacho sind es zwar keine 50 km bis zur Heerstraße, aber die Straßenverhältnisse erlauben kaum mehr als 10 km/h zu fahren, sodass sich eine Fahrtzeit von vier bis fünf Stunden ergibt.

Anreise

Theoretisch bestünde die Möglichkeit, ab Tbilisi (Awtowoksal Didube) mit der **Marschrutka** nach Barisacho zu gelangen (dort fragen, ob möglich). Falls dies möglich ist (meist nur einmal täglich gegen 10 Uhr), muss man in Barisacho warten, bis man eine Mitfahrgelegenheit für die Weiterfahrt findet. Davon ist erstens abzuraten (Frauen ohne männliche Begleitung auf jeden Fall!) und es kann zweitens tagelang dauern.

Besser ist die Kontaktaufnahme mit einem **Reiseunternehmen.** Spezialisiert auf Chewsuretien haben sich bei-

067ge Foto: mk

spielsweise Alionitour mit Sitz in Tbilisi (Kasbegi-Allee 12a, Tel. 32 38 06 66, alionitour@gol.ge, www.alionitour.ge) und das deutsche Unternehmen Kaukasus-Reisen (s. Kap. „Vor der Reise: Reiseveranstalter"). Ein weiteres Unternehmen ist Iridium Travel, ebenfalls mit Sitz in Tbilisi (www.iridium-travel.com). Diese Anbieter haben sich auf Wanderungen mit Unterbringung in Familien oder in Zelten sowie Bergsteigen spezialisiert.

Die Fahrt von Tbilisi nach Schatili dauert mindestens fünf bis sieben Stunden.

Von Hektik keine Spur in Chewsuretien

Wanderung nach Tuschetien

Von der aufgegebenen Siedlung **Muzo** südöstlich von Schatili in 1590 m Höhe ist eine Wanderung über Chone (engl. Khone) oder Ardoti nach **Omalo** in Tuschetien möglich. Sie führt über den Azunta-Pass (3431m) und sollte auf keinen Fall ohne Führer gemacht werden!

Kachetien Das Land des Weines

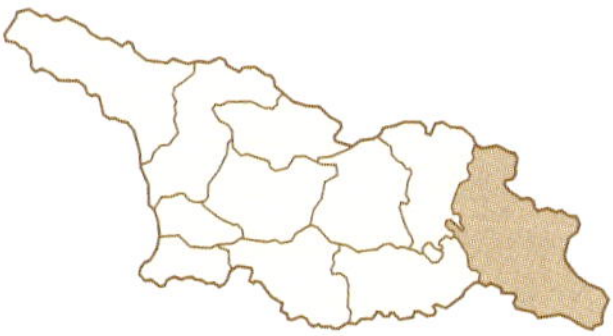

Kachetien (georg. Kacheti) bildet den äußersten östlichen Zipfel Georgiens und grenzt an Aserbaidschan sowie an die russische Teilrepublik Dagestan. Bis ins 6. Jahrtausend v.u.Z. lassen sich Spuren des Weinbaus im heutigen Kachetien zurückverfolgen. Einbände mittelalterlicher Handschriften, Wandmalereien in Kirchen aus der Zeit Königin *Tamars* und sogar das Staatswappen der ehemaligen Grusinischen Sowjetrepublik zeigen Reben. In Kachetien werden an die zwei Dutzend verschiedener Rebsorten kultiviert, darunter so klangvolle Sorten wie Zinandali, Gurdshaani oder Kindzmarauli. Da die Sorten jeweils den Namen ihres Anbaugebietes tragen, wo ihnen ganz spezifische Bodenverhältnisse das jeweils typische Bukett verleihen, ist es absurd, Weine aus anderen Anbaugebieten oder sogar von außerhalb Georgiens unter gleichem Namen zu verkaufen.

Reisende, die etwa Ende September in Georgien unterwegs sind, sollten unbedingt Kachetien besuchen. Die Rtweli, **Feste anlässlich der Weinlese,** können einen Höhepunkt einer Georgienreise darstellen.

Kachetien im Internet

- **www.partnerschaftsverein-biberach.de,** Berichte über die Arbeit des Vereins in der Partnerstadt von Telawi.
- **www.fib-eberstadt.de/de/projekte_georgien,** Homepage in deutscher Sprache des Fördervereins für internationale Beziehungen (FIB) im CVJM e.V., Büro in 74246 Eberstadt, Lindenstr. 4, Tel. 07134/13 40 51. Der Verein

engagiert sich in Telawi und Kutaisi sowie Kodorji bei Tbilisi, wo man sich um Waisenkinder und sozial Benachteiligte kümmert.

- **http://kakheti.net/telavi/telavi.html,** englischsprachige Homepage mit touristischen Infos über Orte in Kachetien, z.B. Telawi, Signagi, Lagodechi, offenbar noch im Aufbau begriffen, aber ein Anfang ist gemacht.
- **http://twinsoldcellar.ge,** englischsprachige Homepage von The Twins Old Cellar über Wein- und Wodkaherstellung mit schönen Fotos; die Firma ist in Telawi und Napareuli angesiedelt.
- **www.tewincel.com,** Webseite einer Weinkellerei bei Telawi (s.u.) mit englischsprachigem Link.

Telawi

↗ XII/B2

Telawi, das 300 Jahre älter ist als Tbilisi, wird erstmals als Residenz des Kachetinisch-Heretischen Reiches erwähnt, das vom 8. bis 10. Jh. existierte. Als König *Davit der Erbauer* die beiden georgischen Reiche Kartlien und Kachetien vereinigte, wurde Tbilisi Hauptstadt und Telawi von den Mongolen eingenommen. Mitte des 17. Jh. verlegte der kachetinische König *Artschil II.* den Hof von Gremi zurück nach Telawi.

Der Name der ca. 30.000 Einwohner zählenden Stadt leitet sich ab vom georgischen Wort *Tela* (Ulme), obwohl man Ulmen hier suchen muss. Telawi ist die größte Stadt Kachetiens und liegt im Tal des Flusses Alasani. Obwohl die Stadt wenig von touristischem Interesse zu bieten hat, ist sie ein sehr guter Ausgangspunkt für die Erkundung der zahlreichen Sehenswürdigkeiten in der Umgebung.

Telawi und Biberach an der Riß sind Partnerstädte. So kann es passieren, dass ein begeisterter Telawier, der das Glück hatte, in Biberach gewesen zu sein, mitten auf der Straße „Auf der schwäbschen Eisenbahne" anstimmt.

In Telawi geht man stets bergauf oder bergab. Wer mit der Marschrutka ankommt, begibt sich am besten die kurze, wenig attraktive Kavkasioni-Straße hinauf, die recht bald in die Wardoschwili-Straße und danach in die Ketevan-Zamebuli-Straße übergeht. Man biegt links in die Erekle-II.-Straße ein und geht diese wiederum bergan bis zum Springbrunnen vor dem an der Mauer erkennbaren Schloss Batonisziche. Die Erekle II. ist die Hauptstraße in Telawi.

Vom Schloss Batonisziche sind die meisten Privatunterkünfte fußläufig zu erreichen. Allerdings kostet ein Taxi in Telawi selten mehr als 1 GEL, so gibt es kaum einen Grund, mit Gepäck 20 bis 25 Minuten bergauf zu laufen.

Schloss Batonisziche

Das nicht zu übersehende Schloss ist die Hauptsehenswürdigkeit von Telawi. Eine Mauer umschließt den Palast sowie die Überreste zweier Kirchen und persischer Bäder. Eine der Kirchen ist bezeichnenderweise mit Schießscharten versehen. Im 16. und 17. Jh. residierten hier die kachetinischen Könige, das überlebensgroße **Reiterstandbild** König *Erekles' II.* steht vor dem Schloss. Der Eingang zum Gelände befindet sich auf der Seite des Reiterstandbildes, der bewaffnete Soldat vor dem Eingang sollte von einem Besuch nicht abschrecken.

Der kleine **Palast im persischen Stil,** in dem nur drei Räume besichtigt werden können, wurde um 1660 erbaut. Er beherbergt unter anderem das Geburtszimmer König Erekles II. und den ehemaligen Empfangssaal.

Die Eintrittskarte berechtigt auch zum Besuch des **Museums für Geschichte und Ethnografie** und der **Gemäldegalerie Ketewan Jaschwili.** Diese kleine, aber feine Galerie zeigt an die 200 Werke, die die in Telawi geborene Ärztin *Ketewan Jaschwili* der Stadt schenkte. Sehenswert sind besonders die Bilder, die historische Stadtansichten und Szenen des ländlichen Lebens aus dem 18. und 19. Jh. zeigen. Ausgestellt werden auch russische Malereien mit Jagd- und Dorfszenen und zwei deutsche Maler namens *Sommer* („Zigeunerlager", „Teestube") und *Baumgartner* („Kavallerie") aus dem 19. Jh. Die kleinen Messingschilder neben den Bildern in georgischer und russischer Sprache sind leider kaum noch lesbar, was aber dem Genuss beim Betrachten keinen Abbruch tun sollte. Wer Russisch versteht, bekommt eine Erklärung durch eine Führerin (im Ticketpreis enthalten).

- **Museen:** Di–So 10–14 Uhr, Eintritt 5 GEL. Eintrittskarten gibt es an der kleinen Tür auf der rechten Seite des Palastes. Falls sie geschlossen ist, klopfen und geduldig warten, die Damen sind hin und wieder in intensive Gespräche vertieft.

Information

- Seit Kurzem gibt es ein kleines **Touristeninformationszentrum** in einem etwas nach hinten versetzten Haus am Platz Erekle II. (1. Stock) mit weißem Holzbalkon. Hier kann man Prospekte in englischer und z.T. deutscher Sprache erhalten, *Meri* spricht etwas Englisch und Russisch, Tel. 8 (250) 763 38.

Service

- **Vorwahl:** 350/250
- **Reisebüro:** Elgitour, Erekle-II.-Straße, www.elgitour.ge, nur im Sommer geöffnet.
- **Bank:** Geldwechselkioske gegenüber der Busstation; Pro Credit Bank: Ketevan-Zamebuli-Straße / Ecke Tschawtschawadse-Allee (Marktnähe); Geldautomat: Erekle II., am oberen Straßenende linksseitig nahe Internetcafé.
- **Post:** Erekle II. 10 (Eckgebäude, 9–18 Uhr), mit viel Glück Briefmarkenverkauf und internationale Gespräche möglich.
- **Internetcafé:** Erekle II., am oberen Straßenende linksseitig.

Kachetien

069ge Foto: mk

Reiterstandbild von König Erekle II.

Unterkunft

In Telawi gibt es zurzeit nur ein einziges, wenig zentral gelegenes Hotel. Da es auch keine Restaurants gibt, auf die man sich verlassen könnte, sind die Halb- oder Vollpension anbietenden Unterkünfte erste Wahl.

- Privatzimmer bei **Swetlana Tuschischwili,** Nadikwari 15, Tel. 719 09, mobil: 899 79 50 93 bzw. 877 75 66 25. Die sympathische Ukrainerin bietet mehrere Zimmer mit separatem Eingang an, die sich zwei Aufenthaltsräume (einer davon mit Sat-TV) sowie ein Wannenbad und ein separates WC teilen, mit Halbpension 30 GEL. Swetlana ist eine sehr gute Köchin. Sie verkauft außerdem einen Stadtplan von Telawi, hat Kontakt zu einem zuverlässigen Taxifahrer und spricht etwas Englisch und ganz wenig Deutsch. Im Sommer gibt es im Garten einen kleinen Pool.
- **Fam. Nana Schawerdaschwili,** Nadikwari 9, Tel. 721 85, mobil: 899 60 74 07. Nicht vom Eingang zu Nr. 9 irritieren lassen, durchgehen, im Hinterhaus im 1. Stock mit weinlaubumranktem, riesigem Balkon. Schlafzimmer für zwei Personen und Wohnzimmer mit Sofa (Aufbettung möglich) und Schwarzweiß-TV sowie Schreibtisch. Mit Frühstück 20 GEL, Abendessen nach Vereinbarung.
- **Guesthouse Milorava,** Merab und Natela Milorava, Elene-Achwlediani 67, Tel. 712 57, mobil: 899 73 73 71, smilorava@yahoo.com. Ab Nadikwari-Straße bis zum „Juwelier" an der Ecke bergan gehen, linker Hand ordentliches Eckhaus mit weißem Eisentor. Nach dem Klingeln etwas warten. Gäste wohnen in massivem Gartenhaus auf zwei Etagen, Kaminzimmer, Duschbäder (sehr sauber), im Winter Heizung, kleiner Aufenthaltsraum mit Bar, oben Balkon. Die Wasserversorgung ist durch eine eigene Zisterne gesichert. 35 GEL mit Halbpension, bei längerem Aufenthalt billiger, für Studenten 20 GEL.
- **Hotel Alazani Valley,** Alazani 75, Tel. 741 44, mobil: 899 57 18 75, www.elgitour.ge. 16 Zimmer von 25 bis 60 Euro inkl. Frühstück, Kabel-TV, Klimaanlage, Restaurant, Internet, Wäscherei, Parkplatz.

Essen und Trinken

Die nicht vorhandenen Restaurants spiegeln die schwache Kaufkraft der örtlichen Bevölkerung wider. Für kaum mehr als einen Snack geeignet sind die unten aufgeführten Einrichtungen. Ob als Selbstversorger oder für zwischendurch, an den Ständen auf dem **Markt,** hinter dem die Marschrutki in die Umgebung abfahren, kann man sich sehr preisgünstig und schmackhaft eindecken.

- **Kafe-Pizzeria,** Erekle-II.-Straße, linker Hand bergan am oberen Ende der Straße; wird von der örtlichen Jugend stark frequentiert, Kaffee, Bier, Gebäck, sehr preisgünstig.
- **Café Lucky Strike,** Erekle-II.-Platz, beim Touristeninformationszentrum, meist leere Bierstube, Essen Glückssache; wird vorwiegend von männlichen Jugendlichen aus Telawi aufgesucht.

An- und Weiterreise

- **Marschrutki in die Umgebung** fahren vom Platz hinter dem Markt ab, Busse und Marschrutki nach Tbilisi vom *Tbilisi Awtowoksal* etwas weiter bergab (linke Straßenseite). **Marschrutki nach Tbilisi** fahren ganztägig alle 40 Minuten, 6 GEL.

Marschrutki in die Umgebung: Alawerdi 6.30–18.30 Uhr alle 20 Minuten, 1 GEL; Magrani, Achmeta, Alawerdi, Kwareli 6.30–18.30 Uhr; Lagodechi (Grenze zu Aserbaidschan) 15 Uhr, 6 GEL; Signagi 15.15 Uhr, 4 GEL; Znori ganztägig alle 20–30 Minuten, 1 GEL (in Znori gute Anschlussmöglichkeiten für mehr Busse nach Signagi); gelber Bus nach Omalo 12.45 Uhr, 3 GEL; Birkiani 14 Uhr, 3 GEL.

Umgebung von Telawi

Telawi ist der ideale Ausgangspunkt zur Erkundung einiger Hauptsehenswürdigkeiten von Kachetien. Die folgenden Orte kann man teilweise mit der Marschrutka, noch besser aber mit einem **ganztags angemieteten Taxi** besichtigen. Dies kostet etwa 60 GEL (pro Taxi, nicht pro Person). Für die folgende Tour sind einschließlich Kwareli etwa zehn bis zwölf Stunden zu veranschlagen. Es ist daher zu überlegen, ob man sie auf zwei Tage verteilt.

Weinkelterei Telawi

Die Weinkelterei Telawi (Telawi Wine Cellar) wurde schon 1915 gegründet. Nach Jahren der Stagnation nach den gesellschaftlichen Umbrüchen in Zusammenhang mit der Unabhängigkeit Georgiens sorgte ein neues Management 1997 dafür, dass neue Traubenpressen und moderne Weintanks angeschafft wurden. Die Trauben bezog man zunächst von gepachteten Weinhängen im Alasani-Tal, die man inzwischen gekauft hat. Die Weinkellerei stellt Rot- und Weißweine her, die sowohl in einigen ehemaligen Sowjetrepubliken als auch in Holland und der Schweiz gekauft werden können.

Die Weinkelterei befindet sich etwa 3,5 km außerhalb Telawis in Richtung Kwareli. Bei Besichtigungswunsch sollte man sich vorher telefonisch anmelden (Tel. 35 07 37 07, www.tewincel.com, mit englischsprachigem Link).

Zinandali

↗ XII/B2

Der **Landsitz des Fürsten Alexander Tschawtschawadse** befindet sich etwa zehn Kilometer östlich von Telawi in einem großen Park, dessen Gestaltung an einen **englischen Landschaftsgarten** angelehnt ist. Seltene Gehölze spenden Schatten, am Eingang steht sogar Bambus.

Der Eingang in das als **Museum** gestaltete Haus befindet sich auf der rechten Seite. Die Exponate sind nur auf Georgisch beschriftet. Von den 22 Räumen des Sommersitzes sind neun zu besichtigen. Neben Bildern werden Originalmöbel und Geschirr gezeigt.

Fürst *Alexander Tschawtschawadse* (1786–1847) entstammte einer der vornehmsten und reichsten Familien Georgiens. Sein Vater war bevollmächtigter Botschafter am Hofe König *Iraklis II.* am russischen Hof und unterzeichnete das Traktat von Georgijewsk (siehe „Geschichte"). *Katharina die Große* war Taufpatin für Alexander, der 1812/13 in der russischen Armee gegen die Armee Napoleons und 1828 gegen die Türken kämpfte. Seine Generalsuniform ist in Zinandali zu besichtigen. Die Familie Tschawtschawadse besaß riesige Ländereien in Kachetien und ca. 1500 Leibeigene für ihre Bewirtschaftung.

Das Hausmuseum zeigt eine Reihe interessanter **Gemälde** mit Beziehung zum Leben der Familie Tschawtschawadse. Ein Bild stellt die „Literarischen Abende in Tbilisi" dar, mit *A.S. Puschkin* und *A. Gribojedow,* vor dem die jüngere Tochter Tschawtschawadses *Nino* und spätere Frau *Gribojedows* sitzt, weiterhin sind Tschawtschawadses Frau *Salome Orbeliani,* der Dichter *Nikolos Barataschwili* und *Gigo Orbeliani* abgebildet. Die beiden Letztgenannten gelten zusammen mit Fürst Alexander als Begründer der georgischen Romantik in der Literatur. Der verarmte Adlige Nikolos Barataschwili (1817–45) schrieb unter anderem das Gedicht „Schicksal Georgiens".

Interessant ist auch das Gemälde, das den **tödlichen Unfall** des Fürsten in Tbilisi darstellt. Er war mit seiner Kutsche auf dem Weg zu Fürst *Woronzow,* um ihm zum Namenstag zu gratulieren, als eine Frau Wasser aus dem Fenster schüttete, woraufhin das Pferd scheute. Tschawtschawadse wollte dem Kutscher helfen, wobei sich sein Mantel im Rad verfing und er so unglücklich aus der Kutsche auf den Kopf fiel, dass er wenige Stunden nach dem Sturz verstarb. Der Unfall ereignete sich in der heutigen Tschawtschawadse-Straße, einer Querstraße zum Rustaweli-Boulevard. Das Stadtpalais des Fürsten beherbergt heute das Justizministerium auf dem Rustaweli-Boulevard, sein Grab befindet sich im Kloster Achali Schuamta (s.u.).

Weitere Bilder zeigen die Entführung der Prinzessin 1854 durch die Lesghier, beschrieben von *Alexandre Dumas* in seiner „Reise durch den wilden Kaukasus". Von dem österreichischen Maler *Winterhalter* stammt die Kopie eines Porträts der älteren Tochter Tschawtschawadses *Jekaterina,* verheiratete Fürstin *Dadiani,* im Alter von 50 Jahren. Das Original hängt im Dadianipalais in Sugdidi.

Die meisten Möbel sind **Originalmöbel.** Die nach heutigen Maßstäben eher bescheidene Einrichtung der Räumlichkeiten für die einzelnen Familienmitglieder ist auf ihre Weise beein-

070ge Foto: mk

druckend. Besonders stolz ist das Museum auf den **Stürzwage-Flügel** und das aufklappbare Alphonse-Blondel-Piano aus Frankreich sowie das **Meißner Porzellan.**

Hinter dem Museum befindet sich ein **Weinkeller,** der Verköstigungen anbietet. Im Jahre 1881 gründete Fürst Alexander Tschawtschawadse das Weingut Zinandali. Welch enge Verbindungen zwischen Europa und Georgien vor der Zeit der stalinistischen Abschottung bestanden, wird auch dadurch ersichtlich, dass der Fürst den französischen Kellermeister *Antoine Massaneau* nach Zinandali rief. Mit Massaneau hatte er einen guten Griff getan, denn schon 1885 wurde der Wein aus Zinandali auf einer Ausstellung in Chicago mit einer Goldmedaille prämiert.

In den Kellergewölben des Weingutes kann man zahlreiche sehr alte und wertvolle Weine besichtigen, darunter einige Flaschen aus dem Jahre 1814.

● **Museum:** Di–So 10–18 Uhr, 14–15 Uhr Mittagspause, Eintritt 5 GEL, mit sehr guter deutschsprachiger Führung 11 GEL. Anstatt mit dem Taxi zu fahren, kann man auch die Marschrutka nach Znori oder Gurdshaani nehmen.

Sommerresidenz der Fürsten Tschawtschawadse in Zinandali

Kloster Achali Schuamta ↗ XII/B2

An der Straße nach Gombori, südwestlich von Telawi, führt ein gut sichtbarer Wegweiser zur Achali Schuamta, heute wieder ein **Frauenkloster.** Schuamta heißt „zwischen den Bergen", Achali bedeutet „neu".

Das Kloster wurde *Chachuli Theotokos* geweiht. Um seine Gründung rankt sich eine Legende: Das frisch vermählte Königspaar kehrte aus Gurien zurück und legte unter einem Kirschbaum die Ikone der Heiligen Jungfrau von Chachuli ab. Am nächsten Morgen konnten die beiden so lange ihren Weg nicht fortsetzen, bis die Königin das Gelübde ablegte, an dieser Stelle eine Kirche zu errichten und das Kloster Dzweli Schuamta (s.u.) hierher zu verlegen. Die Neue Schuamta wurde um 1550 von Königin *Tinatin* (1520–74) und ihrem Mann, König *Lewan I.,* gegründet. Königin Tinatin wurde später selbst Nonne.

Die Kirche im Stil einer **Kreuzkuppelkirche** zeigt einige Fresken, die Königin Tinatin, ihren Mann und ihren Sohn *Alexander* darstellen. Die Stifterin wurde in dieser Kirche begraben, daneben befindet sich das Grab der Familie des Fürsten *Alexander Tschawtschawadse,* leicht zu erkennen am Familienwappen und der Beschriftung in Georgisch und Russisch.

Die Nonnen beschäftigen sich hier mit Ikonenmalerei, Handarbeit, Übersetzungen und Landwirtschaft. Vom 8. bis 21. September werden zahlreiche Messen gelesen, um den Geburtstag der Heiligen Jungfrau zu feiern. Beeindruckend sind die Ruhe des abgeschiedenen Klosters sowie die Würde der jungen Nonnen.

Ab dem Wegweiser fährt oder geht man etwa zwei Kilometer bergan und erblickt dann auf der linken Seite das Kloster. Besucher läuten am Tor und warten auf die Schwester, die die Tür öffnet. Am Eingang erhalten Frauen in Hosen oder kurzen Röcken ein graues Hüfttuch. Der Eintritt ist frei.

Kloster Dzweli Schuamta ↗ XII/B2

Das Kloster Dzweli Schuamta (Alte Schuamta) befindet sich weitere drei Kilometer bergan auf der linken Seite des Waldweges. Mitten im Wald hält man an und genießt zunächst den Blick über das Tal auf die gegenüberliegenden, verschneiten Berge des Großen Kaukasus. Das zum Recherchezeitpunkt von umfangreichen Baumaßnahmen gekennzeichnete Ensemble, zu dem man ab dem Eingang bergab auf einem Trampelpfad geht, besteht aus **drei Kirchen,** die im 16. Jh. mit der Gründung der Neuen Schuamta aufgegeben wurden. Die Gründung der Alten Schuamta geht auf einen der 13 syrischen Missionare zurück, dessen Name heute ebenso unbekannt ist wie der Zeitpunkt der Umwandlung des Klosters in ein Nonnenkloster. Die Alte Schuamta wurde im 6. Jh., also 1000 Jahre vor der Neuen Schuamta gegründet. Sie bot vielen Frauen Schutz während der zahlreichen Invasionen, dennoch wurde das Kloster von den Persern und Osmanen mehrfach eingenommen. Die Dzweli Schuamta ist immer geöffnet, was aber auf die Bauarbeiten zurückzuführen sein kann. Der Eintritt ist frei.

Kloster Ikalto ↗ XII/B2

Etwa zwölf Kilometer nordwestlich von Telawi an der Straße nach Shinwali liegt ein weiteres sehenswertes Kloster. *Senon,* einer der 13 syrischen Missionare, soll im 6. Jh. das Kloster Ikalto gegründet haben, weswegen es erst als Senonskloster bezeichnet wurde. Im 12. Jh. wurde durch König *Davit den Erbauer* eine **Akademie** angeschlossen. Damit sollte auch in Ostgeorgien ein geistiges Zentrum geschaffen werden, das der Akademie von Gelati bei Kutaisi nicht nachstand. *Arsen von Ikaltoeli,* nach dem das Kloster benannt ist, wurde von König Dawit als Wissenschaftler nach Ikalto berufen. Auch *Schota Rustaweli* soll hier studiert haben.

Im Wesentlichen sind drei Kirchen zu besichtigen: Die **Hauptkirche Periszwaleba,** die Christi-Verklärungskirche aus dem 8./9. Jh., die über dem Grab des heiligen Senon erbaut worden sein soll, die kleinere **Sameba-Kirche** (Dreifaltigkeitskirche) und die **Allerheiligenkapelle** aus dem 12./13. Jh. Das Gelände ist von einer Mauer umschlossen, dahinter liegt ein buschbewachsener Hügel, von dem aus gut Fotos gemacht werden können.

Die Akademie wurde 1616 aufgegeben, nachdem Schah *Abbas* mit seiner Armee über Kachetien hergefallen war. Sie hatte jedoch schon vorher an Bedeutung verloren, da sich Arsen von Ikaltoeli und der damalige Rektor der Akademie *Johann Petrizi* nicht über die grundlegende Richtung der Lehre einigen konnten. Ikaltoeli verteidigte vor allem die Weltabgewandtheit der Kirche und widersetzte sich dem von Petrizi vertretenen Neoplatonismus.

Alawerdi-Kirche

↗ XII/B2

Nordwestlich von Telawi findet sich das **religiöse Zentrum Kachetiens.** Der imposante Komplex überrascht nicht nur durch seine Ausmaße, sondern auch durch die Lage zu ebener Erde, also nicht auf einem Berg oder Hügel. Die Anlage ist von einer hohen Mauer umgeben. Frauen in Hosen oder kurzen Röcken erhalten am Eingang ein graues Tuch, das sie sich um die Hüften wickeln müssen.

Die 56 m hohe **Georgskathedrale** war zum Zeitpunkt ihrer Erbauung im 11. Jh. das höchste Gebäude Georgiens und blieb dies bis zum Bau der Zminda-Sameba-Kirche in Tbilisi. Im 19. Jh. wurden die Fresken mit weißer Farbe übertüncht, erst ab 1966 hat man einige von ihnen restauriert. Alawerdi war bis zum 16. Jh. ein **Mönchskloster,** später ein Frauenkloster. Die Kirche hat nicht nur in Kachetien, sondern in ganz Georgien eine herausragende Bedeutung.

Jeweils am 14. September findet die sehenswerte **Alawerdoba** statt. Wer im Herbst zur Weinlese nach Kachetien reist, sollte sich dieses **Fest** nicht entgehen lassen.

Wehrkirche Gremi

↗ XIII/C2

Die Wehrkirche Gremi gehört seit 2007 zum **UNESCO-Weltkulturerbe** und befindet sich beim gleichnamigen Dorf auf dem Weg von Telawi nach Kwareli. König *Georg XII.* wurde nach der Trennung von Kachetien und Kartlien zu König *Georg II. von Kachetien* ernannt und machte Gremi 1466 zur Hauptstadt Kachetiens. Im Ort Gremi befanden sich damals eine Karawanserei, öffentliche Bäder, ein Palast und andere Gebäude. Alles wurde 1615 durch die anrückende Armee von Schah *Abbas I. von Persien* dem Erdboden gleichgemacht und nur wenig ist heute noch von den Gebäuden zu erkennen.

Die Festungsanlage thront imposant auf einem kleinen, aber **weithin sichtbaren Felsen** und hat vor Kurzem eine gründliche Restaurierung erfahren. Nach kurzem, aber steilen Anstieg über eine baumgesäumte Treppe erreicht man die kleine Festung, die aus dem mehrstöckigen Königspalast aus dem 15. Jh., einem separat stehenden Glockenturm, der heute ein Aussichtsturm ohne Glocken ist, und der Erzengelkirche aus dem 16. Jh. besteht. Weiterhin kann man die Reste eines Weinkellers (georg. *Marani*) besichtigen.

König *Lewan I.* (1520–74) ließ die **Erzengelkirche** im Jahre 1565 erbauen. Bis 1577 wurde sie innen mit Fresken ausgemalt. Ein Fresko rechts des Eingangs zeigt König Lewan mit einem Modell der Kirche in der linken Hand als deren Stifter. Es handelt sich um eine Kreuzkuppelkirche, deren Kuppel auf einem mit Säulen versehenen Zy-

020ge Foto: mk

linder ruht, der rundherum von acht Fenstern unterbrochen wird. Die Ähnlichkeit mit der Kirche von Achali Schuamta ist unverkennbar.

Neben der Erzengelkirche steht ein dreigeschossiger **Glockenturm,** dessen beide unteren Etagen noch vor der Kirche erbaut wurden. Im Erdgeschoss befindet sich heute ein kleines **Museum** mit Artefakten, die teilweise auf die Bronzezeit zurückgehen. Die Besteigung des kaminartigen Turms ist eine Angelegenheit für Schwindelfreie, Geländer gibt es nicht, also besser nicht nach unten blicken. Der grandiose Ausblick auf das Alasani-Tal entschädigt für einen Aufstieg mit viel

Weltkulturerbe: Festung Gremi

Herzklopfen. Im rückwärtigen Bereich des Museums geht es zum Schloss, in dessen Untergeschoss ein Modell der gesamten Anlage zu bewundern ist. Im Obergeschoss kann man u.a. eine Toilette aus dem 16. Jh. besichtigen, die über zwei sich gegenüberliegende Gucklöcher nach außen verfügt, im Winter sicher eine sehr zugige Angelegenheit.

Der mit Gras überwucherte Innenhof führt zu den Resten eines **Weinkellers,** in dessen Boden unterschiedlich große Gefäße für Wein oder Most, die *Kwemi,* eingelassen sind. Zu diesem Weinkeller sollen zahlreiche Geheimgänge führen, die jedoch noch nicht freigelegt sind. Vor dem Abstieg empfiehlt sich noch ein **Blick**

übers Tal. In der Ferne sind die Reste der im 16. Jh. von Schah *Abbas* zerstörten Karawansereien zu erahnen.

Der gesamte Komplex ist von einer hohen **Mauer** umgeben, die einst von Zinnen, Türmchen und Türmen gekrönt war. Die Truppen des Schahs haben beim Sturm auf Gremi zwar auch die Festung in Mitleidenschaft gezogen, zerstören konnten sie sie aber nicht.

● **Geöffnet:** Di–So 10–18 Uhr, Kirche und Palast 2 GEL, Hof kostenlos, mit deutschsprachiger Führung 5 GEL. Ein deutschsprachiger Fremdenführer neigte bei meinem letzten Besuch dazu, weibliche Besucher unter dem Vorwand der Hilfeleistung zu betatschen. Schlagen Sie ihm notfalls auf die Finger!

Kloster Nekresi

↗ XIII/C2

Auf dem weiteren Weg nach Kwareli kommt das Taxi oder die Marschrutka an einem nicht zu übersehenden Wegweiser nach Nekresi vorbei. Biegt man links ein, kommt man nach ca. 3,5 bis 4 km zum Waldrand, von wo ein steiler Aufstieg von etwa anderthalb Kilometern (festes Schuhwerk!) zum Kloster Nekresi führt. Hier steht **eine der ersten Kirchen,** die in Georgien gebaut wurden. Im 6. Jh. wirkte hier *Abibos,* ein weiterer der 13 syrischen Missionare. In seinem Eifer ging er so weit, das Feuer von Zoroastriern zu löschen, wofür man ihn tötete. Im 16. Jh. wurde ähnlich wie in Gremi auch in diesem kleinen Kloster ein **Wehrturm** gebaut, von dem ein herrlicher Ausblick für die Mühen des Aufstiegs entschädigt.

● **Geöffnet:** ganztägig, Eintritt frei.

Kwareli

↗ XIII/C2

In der Kleinstadt Kwareli, in der es zurzeit weder ein Hotel noch ein Restaurant gibt, befinden sich das sehenswerte Ilja-Tschawtschawadse-Museum, das Vaterhaus des Journalisten und Schriftstellers sowie die Weinkelterei Kindzmarauli. Alle Sehenswürdigkeiten liegen zentral. Kwareli ist auch der Geburtsort des Theaterregisseurs *Kote Mardshanaschwili,* nach dem das Schauspielhaus in Tbilisi sowie die gleichnamige Metrostation benannt wurden.

Ilja-Tschawtschawadse-Museum

Ilja Tschawtschawadse (1837–1907), der dem verarmten Adel entstammte, war nicht verwandt mit Fürst *Alexander Tschawtschawadse.* Das futuristisch anmutende Museum, das man in dieser Form wohl nicht in Kwareli vermuten würde, zeigt vorwiegend Fotos aus dem Leben des Schriftstellers. Dahinter befindet sich das aus nur drei Zimmern bestehende **Wohnhaus** der Familie, in dem noch Originalmöbel besichtigt werden können. Daneben schließt sich der **Weinkeller** der Familie an, in dem sich zwei riesige Kelterbecken und 40 in den Boden eingelassene Kwemi, Behälter für Most und Wein, mit einem Fassungsvermögen von 30 bis 3700 Litern befinden.

Im Garten fällt neben dem hundertjährigen Nussbaum ein **Wehrturm** aus dem 17. Jh. auf. Im Erdgeschoss dieses nicht zu besichtigenden Turms befand sich damals eine Vorratskammer. Im ersten Stock verbarrikadierten sich die

Frauen und Kinder, so auch 1837, als Lesghier marodierend durch Kwareli zogen und Tschawtschawadses Mutter just zu diesem Zeitpunkt mit ihm niederkam.

Ilja Tschawtschawadses Leitspruch „Vaterland-Sprache-Glauben" ist charakteristisch für seinen Einsatz für die georgische Nation und Sprache. Die erste von ihm 1852 mit herausgegebene Zeitung hieß „Ziskari" (Morgenstern), 1863 folgte „Sakartwelos moambe" (Bote Georgiens) und 1877 die „Iweria", die er 25 Jahre lang leitete. Er setzte sich für die Gründung georgischsprachiger Schulen für die Kinder Adeliger ein und engagierte sich 1906 gegen die Todesstrafe, weiterhin beteiligte er sich an der Gründung der Adelsbank. Am 30.8.1907 wurde er bei Zizamuri erschossen.

- **Geöffnet:** täglich 10–17 Uhr, Eintritt 2 GEL, mit guter deutschsprachiger Führung 7 GEL.

Weinkelterei Kindzmarauli

Die sympathische *Marina Kartschoschwili* (Tel. 95 22 52 19), die dank eines längeren Deutschlandaufenthaltes sehr gut Deutsch spricht, führt Gäste durch die Lagerhallen und Abfüllanlagen der Weinkelterei Kindzmarauli. Das Abfüllen erfolgt noch im Handbetrieb, die Weine werden unter verschiedenen Namen bis in die USA versandt. Der Kelterei ist eine gut sortierte Weinhandlung angeschlossen (geöffnet 10–17 Uhr).

Service

- **Vorwahl:** 353/252
- **Geldautomat:** Mardshanaschwili-Straße, westlich des winzigen Stadtparks.

Essen und Trinken

- **Stolowaja** (Kantine), Tschawtschawadse-Straße (östlich des Parks), in einem etwas zurückversetzten Verwaltungsgebäude ohne nähere Kennzeichnung befindet sich im Keller an der Stirnseite eine schmuddelige Kantine. Besser als nichts.

Signagi

↗ XIII/C3

„Wenn Du nicht Signagi, die alte Stadt auf dem Berg, gesehen hast, sage nicht, Du kenntest den Glanz Kachetiens."

Ioseb Noneschwili

Die kleine Stadt Signagi (engl. Sighnaghi, sprich Signachi) liegt etwa 120 km östlich von Tbilisi und ist einer der **interessantesten Orte Georgiens.** Obwohl Signagi erst gegen Ende des 18. Jh. als Stadt angelegt wurde, belegen archäologische Funde aus Paläolithikum, Neolithikum und Bronzezeit, dass die Gegend schon früher besiedelt war. König *Irakli II.* (in anderen Quellen als *Erekle II.* bezeichnet) ließ hier um 1722 eine **Festung** errichten, deren Mauern 23 Türme einschlossen, die jeweils einer Gemeinde zur Verfügung standen. Innerhalb dieser Festung und darum herum entwickelte sich Signagi.

Der ca. 2000 Einwohner zählende Ort liegt auf einem Hügel. Der Besucher ist zunächst von dem **süditalienischen Flair** der Häuser aus dem 17. bis 19. Jh. überrascht und schnell total be-

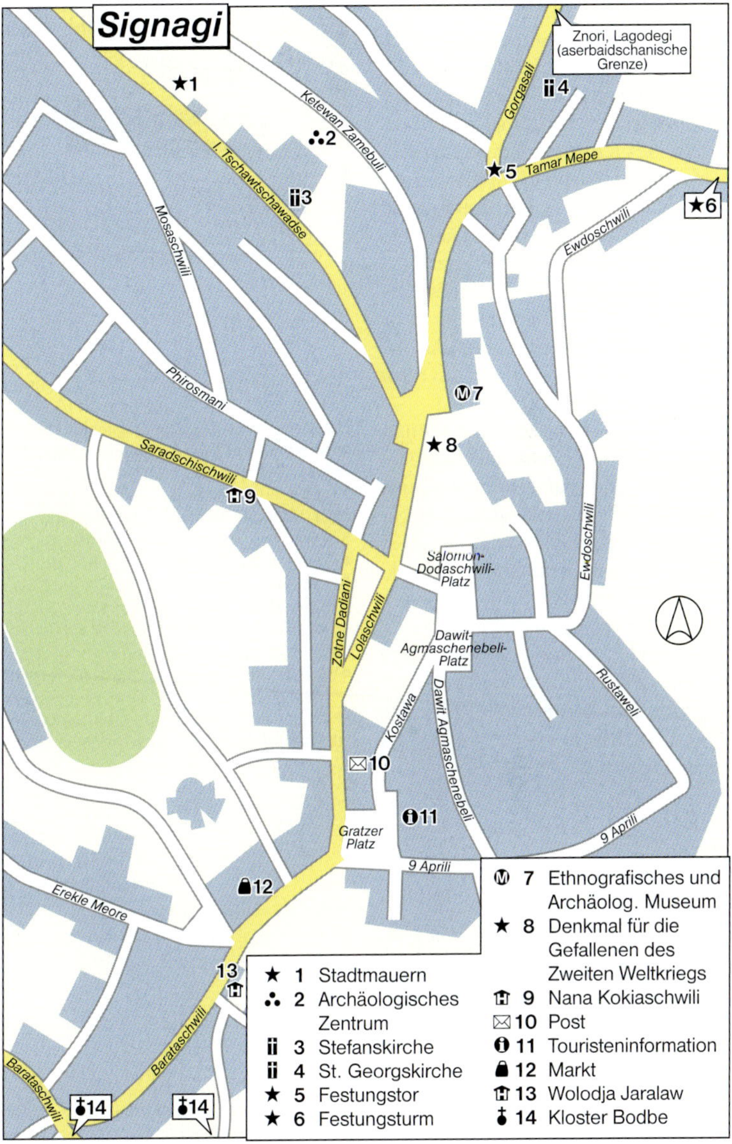
Signagi
Znori, Lagodegi (aserbaidschanische Grenze)
Gorgasali
Ketewan Zamebuli
I. Tschawtschawadse
Tamar Mepe
Ewdoschwili
Mosaschwili
Phirosmani
Saradschischwili
Salomon-Dodaschwili-Platz
Zotne Dadiani
Lolaschwili
Dawit-Agmaschenebeli-Platz
Kostawa
Dawit Agmaschenebeli
Rustaweli
9 Aprili
Gratzer Platz
Erekle Meore
Barataschwili
★ 1 Stadtmauern
∴ 2 Archäologisches Zentrum
3 Stefanskirche
4 St. Georgskirche
★ 5 Festungstor
★ 6 Festungsturm
7 Ethnografisches und Archäolog. Museum
★ 8 Denkmal für die Gefallenen des Zweiten Weltkriegs
9 Nana Kokiaschwili
10 Post
11 Touristeninformation
12 Markt
13 Wolodja Jaralaw
14 Kloster Bodbe

geistert. Enge Gassen, geschnitzte Holzbalkone und ein herrlicher Blick über das Alasani-Tal und die schneebedeckten Gipfel des Großen Kaukasus in östlicher Richtung lassen das Herz eines jeden Romantikers höher schlagen. 75 % der Häuser sind aus dem 17. und 18. Jh., viele stehen unter Denkmalschutz. Sehenswert sind neben der imposanten **Stadtmauer** auch die **St. Georgskirche** mit ihrem Glockenturm, zahlreiche Künstlerwerkstätten, das **Ethnografische und Archäologische Museum** und das nahe gelegene Kloster Bodbe.

Das Städtchen auf dem Berg erfuhr im Jahr 2007 eine umfangreiche Renovierung und Restaurierung, was auch Grund für Eifersüchteleien anderer Orte war. Alle Straßen wurden aufgerissen, neue Wasserleitungen sowie Elektro- und Telefonkabel verlegt, zahlreiche Häuser völlig entkernt und modernisiert und – von den Einheimischen mit allergrößtem Misstrauen beäugt – vereinzelt mit den Schildern einer bis dato völlig unbekannten Berufsgruppe versehen: Immobilienmaklern.

Service

- **Vorwahl:** 355/255
- **Touristeninformation:** Kostawa 10 (im Hochzeitspalast), Tel. 99 55 43 71, www.sighnaghi.org.ge, gia_ina@yahoo.com.

Unterkunft

Alle Quartiere waren zum Recherchezeitpunkt mit Bauarbeitern belegt, weshalb eine Besichtigung nur sehr eingeschränkt möglich war.

- **Nana Kokiaschwili,** Saradschischwili 2, Tel. 318 29, mobil: 899 79 50 93, Tochter *Nino* (engl.): 877 72 37 04, kkshvl@yahoo.om.

072ge Foto: mk

Nana ist eine sehr leidenschaftliche Vermieterin und exzellente Köchin. Das Haus ihrer Familie aus dem 18. Jh. ist von einem Tonnengewölbe unterkellert. Sie bietet mehrere Zimmer im 1. Stock mit Bad an, 30 GEL inkl. Halbpension. Ganz große Empfehlung!

- **Familienhotel David Zandaraschwili,** Giorgi 11, Tel. 310 29, mobil: 899 75 05 10, gemütliches Guesthouse.
- **Iza Kikolow,** Ketewan-Zamebuli-Str., Tel. 321 34, bevorzugt weibliche Gäste.
- **Rusudan Rostiaschwili,** genannt „Ruso", Bezanishwili 15, Tel. 61 64 42.
- **Tomo Dodo,** Ketewan Zamebuli 3, Tel. 45 41 03, 323 85, kann bis zu 10 Gäste aufnehmen, einfachste Unterkunft.
- **Wolodja Jaralaw,** Barataschwili 20, Tel. 319 11. Der ehemalige Koch bietet einige ganz einfache Durchgangszimmer mit Badbenutzung an, 10 GEL, Essen nach Vereinbarung.

Immobilienmakler interessieren sich für die denkmalgeschützten Gebäude Signagis

Umgebung von Signagi

Bodbißchewi

Ungefähr 15 Taximinuten (1,50 bis 2 GEL) von Signagi entfernt liegt Bodbißchewi, ein **Markt,** wo von Eselskarren aus gestrickte Socken und anderes verkauft wird. Lecker sind die kachetinischen Brote (3 Stück 1 GEL).

Kloster Bodbe ⇗ XIII/C3

In ca. zwei Kilometern Entfernung von Signagi befindet sich eine der heiligsten Stätten Georgiens, nämlich das Frauenkloster Bodbe mit dem **Grab der heiligen Nino** (siehe Exkurs im Kapitel „Tbilisi und Umgebung"). Die kurze Strecke ist fußläufig erreichbar. Man geht die Barataschwili-Straße bis zur Rechtskurve entlang und biegt dann links ein. Nach etwa einem Kilometer sieht man eine Bushaltestelle, von der aus man nach rechts wieder bergan bis zum Kloster läuft. Das restaurierte Grab befindet sich in der kleinen, unscheinbaren Kapelle hinter der Kirchenruine.

Die **dreischiffige Kirche** wurde im 9. Jh. errichtet und im 17. Jh. erweitert. Zwei Jahrhunderte später ließen *Johanne Makaschwili,* Bischof von Bodbe, und Zar *Alexander I. von Russland* einen separat stehenden Glockenturm und Räumlichkeiten zur Unterbringung von Nonnen errichten. Die Innenwände der Kirche wurden mit Fresken ausgemalt, die leider die antireligiöse Kampagne in den 1930er Jahren nur teilweise überstanden haben. Auf dem Ikonostas erkennt man noch die Darstellung der 13 syrischen Väter, die Ostgeorgien missionierten.

- **Geöffnet:** ganztägig, Eintritt frei.

Mirzaani ⇗ XIII/D3

Südöstlich von Signagi befindet sich das Dörfchen Mirzaani mit einem Museum für den **Maler Nikolos Pirosmanischwili.** Der 21. Oktober wird als Pirismanoba begangen, obwohl sein Geburtstag nicht eindeutig belegt werden kann. Pirosmanischwili (geb. 1862 in Mirzaani, gest. 9.4.1918 an Unterernährung in Tbilisi) entstammte einer armen Bauernfamilie, die es aber immerhin vermochte, ihn zur Dorfschule zu schicken, wo er Georgisch und Russisch schreiben lernte. Nach einigen Jahren als Eisenbahnschaffner eröffnete er mit einem Freund in Tbilisi einen Milchladen. Nach kurzer Zeit beendete er diese Partnerschaft und vegetierte im Bahnhofsviertel von Tbilisi als Obdachloser vor sich hin, lebte von Gelegenheitsarbeiten und dem Malen von Wirtshausschildern. 1913 nahm ein Bekannter vier seiner Bilder, die er mit *Niko Pirosmani* signiert hatte, mit nach Moskau, was aber ohne Resonanz blieb. Erst nach seinem Tod wurde seine Malerei anerkannt, Kunstkritiker sehen in ihm neben dem französischen Maler *Henri Rousseau* einen der wichtigsten Vertreter der naiven Malerei.

Das **Museum** in Mirzaani steht auf einem Hügel und zeigt einige Gegenstände aus der Zeit, jedoch keine Originalmöbel. Pirosmanischwilis kurzes, eigentlich verpfuschtes Leben wird anhand von Bildtafeln dargestellt. Die Mehrzahl seiner Bilder hängt in der Gemäldegalerie in Tbilisi. Sein Grab ist nicht mehr auffindbar (Armengrab).

Mirzaani ist keine 30 Taximinuten von Signagi entfernt (4–5 GEL pro Fahrt mit Wartezeit) und kann auch per Marschrutka mit Umsteigen in Znori erreicht werden (jeweils 1 GEL).

Kloster Dawit Garedscha

↗ XIV/A2

In der ersten Hälfte des 6. Jh. kamen 13 syrische Missionare nach Georgien. Sie wurden von dem heiligen *Johannes* geführt, der sie vor allem nach Ostgeorgien aussandte, um die Christianisierung voranzubringen. Einer der Missionare, der heilige *Dawit,* predigte zunächst in Tbilisi (siehe Geschichte von Tbilisi), zog sich aber dann in die **Halbwüste** im Südosten Georgiens zurück. Dem heiligen Dawit werden zahlreiche Wunder zugeschrieben. So soll er mehrere Tage gebetet haben, als plötzlich westlich des Klosters Trinkwasser floss, die „Tränen Dawits". Nach seinem Tod wurde sein Grab zu einer **Wallfahrtsstätte.**

Seit seiner Gründung erfuhr das nahe der aserbaidschanischen Grenze im Süden Kachetiens gelegene Kloster mehrere Um- und Ausbauten. Im 9. Jh. wurde die **Christi-Verklärungskirche** (georg.: Periszwaleba) ausgebaut und modernisiert und das **Grab Dawits** verschönert, **Höhlenkapellen** wurden

071ge Foto: mk

angelegt. In dieser Zeit begann man mit der Ausgestaltung der Wände mit Fresken. Ab dem 11. Jh. standen alle Klöster unter Aufsicht des königlichen Hofes.

Mehrfach wurde Dawit Garedscha durch unterschiedliche Invasionen schwer beschädigt. So fielen 1265 die Mongolen ein, im 14. Jh. *Tamerlan* und 1615 Schah *Abbas*. Die Osternacht des Jahres 1615 war einer der schwersten Schläge für das Kloster, als die Truppen von Abbas 6000 Mönche niedermetzelten. Dabei hatte man gerade im 16. Jh. damit begonnen, dem Kloster eine Schule für Literatur anzuschließen. Gleichzeitig wurden in dieser Epoche die Nikolaikirche, die Entschlafenskirche Unserer Lieben Frau und die Marienkirche erbaut, womit der Ausbau des Klosters im Wesentlichen abgeschlossen war. Nach dem Märtyrertod der 6000 Mönche und der Verwüstung vieler Kirchen konnten bis 1675 hier keine Gottesdienste mehr abgehalten werden.

In der 1920er Jahren wurde das Kloster aufgelassen, später wurden Truppen der Roten Armee hier untergebracht. Trotz massiver Proteste Anfang der 1990er Jahre in Tbilisi zog zunächst die georgische Armee ein, 1990 wurde Dawit Garedscha wieder als Kloster geweiht.

Zurzeit stellt das muslimische Aserbaidschan Gebietsansprüche an Georgien und zwar ausgerechnet Dawit Garedscha betreffend. Als Begründung führt man allen Ernstes an, dass dieses Fleckchen Halbwüste in der frühalbanischen Zeit (das Königreich Albania, nicht zu verwechseln mit dem heutigen Albanien, bestand etwa vom 4. Jh. v. Chr. bis Mitte des 9. Jh.) zu Aserbaidschan gehört haben soll. Bleibt die Frage, was ein muslimischer Staat mit einem christlichen Kloster anfangen will und auf welche Grenzen Aserbaidschans aus welchem Jahr man sich eigentlich beruft.

Anfahrt

- Es gibt keine öffentlichen Verkehrsmittel nach Dawit Garedscha. Am teuersten ist die Anmietung eines **Fahrzeugs mit Fahrer** in einem Reisebüro in Tbilisi. Hierfür muss man mit Kosten ab 120 US$ pro Fahrzeug rechnen, wobei meist das Mittagessen und ein Reiseführer eingeschlossen sind.
- Eine Alternative ist das Anmieten eines **Taxis** von der Straße, wobei man unbedingt handeln muss. Generell ist die Anreise ab Tbilisi teurer als von Telawi oder Signagi aus. Von Tbilisi muss man mit Kosten ab 60 US$ pro Fahrzeug rechnen, von Telawi aus mit etwa 90 GEL.
- Umständlich ist die Fahrt mit der **Marschrutka** ab Tbilisi (Station Didube) nach Gardabani und das Anmieten eines **Taxis** von dort aus für etwa 50 GEL inklusive Wartezeit und Rückfahrt.

Im Grenzgebiet zu Aserbaidschan:
Kloster Dawit Garedscha

Unter-Kartlien

Deutsche Besiedlung und archäologische Fundstätten

Südwestlich von Tbilisi, an der Grenze zu Armenien, befindet sich die eher kleine Verwaltungsregion Unter-Kartlien (Kwemo Kartli). Die heute weitestgehend aserbaidschanische Bevölkerung lässt nicht mehr auf die früheren **deutschen Siedler** schließen, die zu Beginn des 19. Jh. ihr Glück im Kaukasus suchten. Als **Separatisten** (Abtrünnige) wurden diese Vertreter einer Strömung innerhalb des Protestantismus bezeichnet, die damals als Pietisten (frz. *piété:* Frömmigkeit) eine andere Ausprägung der Religion verfolgten. Sie praktizierten ihren Glauben vornehmlich in Hauskreisen mit Gebeten und Bibelstudien. Radikale Pietisten lehnten sogar Taufe, Gottesdienste und Abendmahl ab. Da es zur damaligen Zeit keine Kriegsdienstverweigerung gab, kamen sie auch wegen ihrer Verweigerung des Militärdienstes in Konflikt. Aber nicht nur ihr Religionsverständnis, auch Missernten führten dazu, dass viele von ihnen ihre angestammte Heimat verließen und entweder nach Transkaukasien oder in die USA auswanderten (siehe dazu auch den Exkurs „Deutsche Siedler im Kaukasus").

Die heutige Bevölkerung bestreitet ihren Lebensunterhalt vor allem mit Landwirtschaft, was in dem eher trockenen Gebiet sehr mühsam ist. Aus touristischer Sicht ist eine Tagestour zu den Ausgrabungsstätten nach Dmanisi und zu einer der ältesten Kirchen Georgiens, der Sioni-Kirche in Bolnisi, von Interesse.

Bolnisi

↗ XVI/B2-3

Ein interessanter Tagesausflug von Tbilisi ist eine Fahrt nach Bolnisi und Dmanisi. Bolnisi erreicht man am besten mit dem Auto (Taxi). Die Straße nach Armenien wurde von 1834 bis 1875 von Ingenieuren der russischen Streitkräfte erbaut. Man nimmt den Abzweig nach Marneuli und weiter nach Bolnisi. Die Straße ist in einem desolaten Zustand. Die etwa 50 km lange Fahrt nach Bolnisi dauert eine bis anderthalb Stunden. Das Städtchen erstreckt sich längs der Straße.

Bolnisi wurde im Jahre 1818 durch Deutsche Siedler unter dem Namen **Katharinenfeld** gegründet (siehe dazu auch Exkurs „Deutsche Siedler im Kaukasus"). Als im Februar 1921 die 11. Rote Arbeiter- und Bauernarmee Georgien besetzte, wurde der Ort in Luxemburg (nach *Rosa Luxemburg*) umbenannt. Deutsche findet man hier heute nicht mehr. Nur wenige massive Steinhäuser erinnern noch an sie.

Sioni-Kirche

↗ XVI/B3

Um zu der etwa acht Kilometer entfernten Sioni-Kirche zu gelangen, kann man vom Zentrum des Ortes mit dem Fahrzeug bis in die kleine Siedlung Sioni fahren oder den bequemen Fußweg (sicherheitshalber nochmals fragen) dorthin nehmen. Nach Verlassen des Zentrums überquert man einen Fluss und nach einigen Minuten eine Eisenbahnlinie. Nach Überqueren der Schienen geht es dann stetig bergan, bis man nach ca. einer Stunde **Kwemo Bolnisi** erreicht. Hier biegt man sofort rechts ab und geht nicht in den sehr weitläufigen Ort hinein. In der Ferne (geschätzte zweieinhalb Kilometer) sieht man schon die nicht mehr genutzte Kirche von Sugrugascheni. Auf dem weiteren Weg passiert man einige kleine Kapellen aus Tuff, was daran erinnert, dass man sehr nah an Armenien ist. Hat man Kwemo Bolnisi umgangen, kommt man nach weiteren 10–15 Minuten in die Siedlung **Sioni.** Auf der linken Seite sieht man die Sioni-Kirche.

Sie gilt als die **erste echte Basilika** auf georgischem Territorium und ist ein hervorragendes Beispiel für den frühchristlichen Kirchenbau. Nach Erreichen der Kirche geht es ein paar Stufen hinab in das sehr dunkle Innere, die einzige Lichtquelle ist das durch die Tür und wenige Spitzbogenfenster einfallende Tageslicht.

Obwohl lang und dreischiffig, wirkt die Sioni-Kirche von außen recht gedrungen. Sie wurde von 476 bis 493 erbaut. Auf dem Türsturz über der nördlichen Tür befindet sich die wahrscheinlich älteste **Inschrift** auf georgischem Territorium in der frühgeorgischen Assomtawruli-Schrift (etwa von 430 n. Chr. bis zum 9. Jh. in Gebrauch). Sie gibt den Zeitraum des Baus der Kirche an. Allerdings wurde der Türsturz durch eine Kopie ersetzt. Ein noch älteres Beispiel für eine erhaltene Inschrift in Assomtawruli soll nur in

Palästina zu finden sein. Charakteristisch für diese Epoche sind auch die Tierfiguren, die hier als **Stierköpfe** auf dem Relief über der Apsis angebracht wurden. Sie sind betont flächig und sehr dekorativ, auch das ein Indiz für den frühchristlichen Kirchenbau, einer Übergangsphase vom Palast- zum Sakralbau. Die wenigen **Fresken** in der Apsis sind stark verblasst und kaum noch erkennbar.

Am nordöstlichen Ende des Gotteshauses wurde im 8. Jh. eine kleine **Kapelle** angebaut. Der separat stehende **Glockenturm** entstand 1678 bis 1688.

Kirchenruine Sugrugascheni ↗ XVI/B3

Diese Kirche aus dem 11. Jh. kann man schon auf der Wanderung zur Sioni-Kirche sehen. Es bietet sich an, die Kirche von Sugrugascheni in die Besichtigung einzubeziehen, auch wenn sie heute geschlossen und nur von außen zu besichtigen ist. Man läuft zurück nach Kwemo Bolnisi und biegt innerhalb des Ortes links ab, dann gleich wieder links. Der Pfad ist ein Trampelpfad, der bei Regen schlammig sein kann. Nach Passieren der kleinen Brücke führt er einen kurzen Anstieg hinauf, nach einer Viertelstunde ist die Ruine erreicht. Sie ist durch Stützen und eine Metallklammer vor dem weiteren Verfall geschützt. Ein Portal ist arg ramponiert. Die zweischiffige Kirche hat eine imposante **Zylinderkuppel.** An den Außenwänden sind schöne **Steinmetzarbeiten** zu erkennen. Auch die Kuppel ist mit einem Band aus in Stein geschnitzten Ornamenten geschmückt.

Anfahrt

- Die bequemste, aber zugleich teuerste Art, die Kirche von Sioni bei Bolnisi zu besichtigen, ist das **Taxi.** Man kann für Hin- und Rückfahrt inkl. Wartezeit um die 160 GEL oder 80 US$ rechnen. Der Preis versteht sich pro Taxi, nicht pro Person. Da lohnt sich fast schon die Anreise mit einem Veranstalter, da hier noch ein deutschsprachiger Guide dabei ist und evtl. ein Mittagessen.
- Alternative Nr. 1 ist eine **Marschrutka** ab Tbilisi nach Marneuli (Sadgori) für 2 GEL und dann von Marneuli aus eine Marschrutka nach Bolnisi (2 GEL), von dort aus nach Sioni (nur morgens und abends, 0,50–1 GEL).
- Alternative Nr. 2: **Marschrutka** bis Marneuli und von dort aus mit dem **Taxi** nach Bolnisi bzw. Sioni für etwa 80 GEL inkl. Wartezeit.

Ausgrabungsstätte von Dmanisi ↗ XVI/A3

Schon vor 1,75 Millionen Jahren lebte auf dem Gebiet des heutigen Unter-Kartlien eine frühe Menschheitsform, was **Schädelfunde** belegen. Bisher ging man davon aus, dass das älteste Skelett eines Homo erectus in Afrika gefunden wurde. Als jedoch georgische und deutsche Archäologen im Jahr 2001 bei Dmanisi in einer Fundstätte nahe der Siedlung Patara den Schädel eines 1,75 Millionen Jahre alten Hominiden ausgruben, war die Sensation perfekt! Wissenschaftler des Georgischen Nationalmuseums Tbilisi und des Römisch-Germanischen Nationalmuseums Mainz arbeiteten damals gemeinsam daran, eine Siedlung aus der Bronzezeit freizulegen. Es ist noch nicht endgültig entschieden, ob der Schädelfund einem Homo erectus, einem Homo habilis oder einer ganz neuen Form, dem Homo georgicus, zuzuordnen ist.

Schon vor 1991 wurden in der Nähe der kleinen Siedlung Patara **Tierfossilien** gefunden, die man auf ein Alter von 1,3 bis 2,5 Millionen Jahre datiert. Sie dienen als sogenannte Leitfossilien für die Epoche des „Oberen Villanium" in Mitteleuropa. Nach 1991 konnten über 50 Körperskelette, aber auch Artefakte aus Stein und Gebrauchsgegenstände aus der **Epoche von vor 1,75 Millionen Jahren** freigelegt werden. Der Direktor des Georgischen Nationalmuseums, *Professor Dawit Lordkipanidse,* war der Grabungsleiter, *Dr. Antje Justus* vom Römisch-Germanischen Nationalmuseum in Mainz nahm an den Ausgrabungen teil.

Im Jahr 2005 wurde auf dem Gelände ein **Unterkieferknochen** ausgegraben, dessen Untersuchung ergab, dass derjenige, dem dieser Unterkiefer gehörte, schon zu Lebzeiten alle Zähne verloren hatte und krank war. Das kam in jener Epoche normalerweise einem Todesurteil gleich. Offenbar wurde dieser Mensch aber von seiner Sippe versorgt. Sollte sich diese Theorie erhärten, wäre der Beweis erbracht, dass nicht die Neandertaler die ältesten Hominiden waren, die Angehörige versorgten und pflegten, sondern eben jene Menschen aus dem Raum des heutigen Kartlien.

Schon 1989, also vor den bedeutsamen Schädelfunden, wurde auf dem bisher nur zu einem Bruchteil erforschten Gelände eine **Filiale des Georgischen Nationalmuseums** errichtet. In diesem kleinen Gebäude werden jedoch nur Funde mittelalterlicher Keramik, Münzen und Metallarbeiten sowie einige Gläser ausgestellt. Wer den Schädel sowie einige prähistorische Skelette von Tieren und Menschen sehen möchte, kann dies im Dschanaschia-Museum auf dem Rustaweli-Boulevard in Tbilisi tun. Allerdings ist der Schädel ab und zu auf Reisen, so etwa 2006, als er in Bonn gezeigt wurde.

Die Ausgrabungsstätte birgt weiterhin **Ruinen einer mittelalterlichen Stadt,** die sich etwa im 12. Jh. hier befand, eine Festung gab es bereits im 5. Jh. Dmanisi lag an einer Route der historischen Seidenstraße, die damals als Verbindung zwischen dem Persischen und dem Byzantinischen Reich diente.

- **Geöffnet:** 10–17 Uhr außer montags, Eintritt 10 GEL.

Anfahrt

- Entweder ab Tbilisi mit einem **Veranstalter** oder einem **Taxi.** Letzteres kostet ab 120 US$ inkl. Wartezeit. Veranstalter kombinieren die Besichtigung der Sioni-Kirche von Bolnisi mit den Ausgrabungsstätten von Dmanisi. Eine zuverlässige Agentur für diese Ganztagestour ist das Tbilisi Tourist Center (siehe Tbilisi).
- Alternativ kann man bis nach Bolnisi mit der **Marschrutka** fahren (s.o.) und dort versuchen, ein **Taxi** zu bekommen. Da es aber wenige gibt, nehmen die Fahrer mindestens 100 GEL, eher mehr. Der Preis versteht sich wieder pro Taxi, nicht pro Person.

Samtsche-Dschawachetien

Die Heilquellen der Zaren

Die Region Samtsche-Dschawachetien im Süden Georgiens hat diverse Sehenswürdigkeiten zu bieten. Neben der Besichtigung zahlreicher hochkarätiger Sakralbauten sollte man sich auch ein paar Tage Erholung in einer der landschaftlich reizvollsten Gegenden des Landes im **Kleinen Kaukasus** gönnen. Der Kurort Bordshomi mit seinen berühmten Mineralquellen lädt dazu genauso ein wie der berühmte Kur- und Wintersportort Bakuriani und Europas größter Naturschutzpark Bordshomi-Charagauli, wo schöne Wanderwege angelegt wurden. Aber auch Eisenbahnfreunde kommen hier auf ihre Kosten, sind die beiden Orte doch durch eine Schmalspurbahn miteinander verbunden. Ein weiterer Vorteil ist die Nähe zu Tbilisi und damit die gute Erreichbarkeit mit öffentlichen Verkehrsmitteln. Über Bordshomi gelangt man zum spektakulärsten Höhlenkloster Georgiens in Wardzia.

Der Kursaal von Bordshomi

Bordshomi

↗ XVIII/B1

Bordshomi (engl.: Borjomi) ist nicht nur im Juli/August, wenn es in Tbilisi unerträglich heiß ist, eine Reise wert. Der berühmte **Kurort** kann von der Hauptstadt aus auch als Tagesausflug erkundet werden.

1829 sollen russische Soldaten eine Quelle entdeckt haben, deren Wasser bald eine wohltuende Wirkung bei Magenschmerzen zugeschrieben wurde. Daraufhin wurde das Wasser chemisch analysiert und sein kohlensäure-, natrium- und hydrokarbonathaltiger Inhalt gab den Vermutungen Recht. Fürst *Michail Woronzow,* Gouverneur von Transkaukasien, ließ hier daraufhin ab ca. 1850 standesgemäße Unterkünfte errichten und die Quelle einfassen. Die **Jekaterinenquelle** ist noch heute nach seiner Tochter benannt, zu besichtigen im Mineralwasserpark.

Schon bald erholte sich die russische Aristokratie in Bordshomi, darunter Großfürst *Michail Nikolajewitsch Romanow,* der Sohn von Zar *Nikolaus I.* Es reisten aber auch bekannte Künstler wie *Pjotr Tschaikowski* (1840–93), *Maxim Gorki* (1868–1936) oder *Anton Tschechow* (1860–1904) nach Bordshomi. Nachdem die Zaren 1917 von den Bolschewisten abgelöst worden waren, die Russen aber in Georgien blieben, erholten sich auch ihre Nomenklaturkader in Bordshomi. Aus der gesamten Sowjetunion strömten Kurgäste hierher, um sich von ihren Magen- und Darmkrankheiten, aber auch

073ge Foto: mk

Das Heilwasser als Politikum

Schon 1890 wurde in Bordshomi Wasser fabrikmäßig in Flaschen abgefüllt. 1907 erhielt das Bordshomi-Wasser auf einer Ausstellung im belgischen Spa einen Grand Prix und 1911 in Dresden ein Ehrendiplom. Etwa 200.000 Flaschen wurden zu Sowjetzeiten jährlich abgefüllt und bis zum Jahr 2005 überall in der ehemaligen Sowjetunion verkauft und sehr geschätzt. Im Mai 2007 ließ **Präsident Putin** öffentlich, d.h. übertragen vom russischen Fernsehen, den **Verkauf von Bordshomi-Wasser verbieten.** Soldaten mussten vor den Fernsehkameras das Wasser in den Gully gießen, Begründung: es sei hygienisch nicht einwandfrei. Das gleiche Schicksal ereilte den in Russland seit jeher außerordentlich beliebten Wein aus Kachetien.

Eine unglückliche Hand hatte man in den 1990er Jahren mit der Vergabe des Markenrechtes, was viele **Markenpiraten** ausnutzten. Das zog Prozesse nach sich. So gewann die Georgian Glass and Mineral Water Company (GG&MW Co. N.V.) in Moskau einen Prozess gegen eine russische Firma, die unter der Bezeichnung „Russisches Borjomi" Mineralwasser vertrieb. Nach Berichten georgischer Medien musste diese russische Firma Schadenersatz in Höhe von 192.000 US-Dollar an die GG&MW zahlen.

Herz- und Gefäßleiden sowie Erkrankungen des Bewegungsapparates zu kurieren. Die schöne Landschaft und die reine Luft halfen und helfen auch bei nervöser Erschöpfung.

In der Nachsowjetära traf Bordshomi das gleiche Schicksal wie viele andere Kurorte Georgiens: Flüchtlinge mussten in den Hotels und Sanatorien aufgenommen werden, der Kurbetrieb kam zum Erliegen und erst langsam wird wieder eine zeitgemäße Infrastruktur aufgebaut. Es war ein Ziel der georgischen Regierung, sich mit Bordshomi und Bakuriani als Ausrichter der Olympischen Winterspiele 2014 zu bewerben. Seit Juli 2007 ist allerdings klar, dass die Spiele an das russische Sotschi vergeben wurden, möglicherweise ein Glücksfall für das wirtschaftlich geschwächte Georgien.

Der wirtschaftliche Zusammenbruch der 1990er Jahre ist am Stadtbild klar auszumachen, viele Sanatorien sind geschlossen und dem Verfall anheim gestellt, die zahlreichen Angestellten arbeitslos. Der aufmerksame Besucher sieht aus den Fenstern vieler Häuser noch immer Rohre herausragen. Das sind Ofenrohre von kleinen Holzöfen, die aufgestellt wurden, da die Fernwärmeversorgung zusammengebrochen war. Besonders hart traf es die Frauen der Familien, die in den bunt gestrichenen Acht- bis Zehngeschossern wohnen. Sie mussten jahrelang nicht nur sämtliche Einkäufe nach oben schleppen (die Fahrstühle funktionierten nicht mangels Energieversorgung), sondern auch alles benötigte Wasser und das Holz zum Heizen.

Zwar hat sich die Stromversorgung inzwischen erheblich stabilisiert, aber die Ofenrohre kann man noch aus vielen Fenstern ragen sehen. Dennoch, Bordshomi ist der Kurort Georgiens, der sich am ehesten von der wirtschaftlich prekären Situation erholt hat, trotz unübersehbarer Spuren. Renovierungsarbeiten sind aller Orten im Gange. Die Quartierfrage stellt sich hier heute nicht mehr.

Orientierung

Der Ort wird vom **Mtkwari-Fluss** (russ.: Kura) in zwei Hälften geteilt, an den Hängen zu beiden Seiten verteilen sich die Häuser und Villen. Marschrutki kommen am zentralen **Busbahnhof** über die Rustaweli-Straße an. Der Halteplatz befindet sich unmittelbar hinter der Hochbrücke. Geht man die Rustaweli-Straße etwas zurück bis zur zweiten Brücke über die Mtkwari, so erreicht man den kleinen **Bordshomi-Park** mit dem gleichnamigen, frisch renovierten Bahnhof. Zur Rechten sieht man eine kleine Kirche. Links entlang der Mtkwari (entgegen der Fließrichtung) verläuft die Kostawa-Straße. Sie führt schließlich vorbei an einer Investruine in einen sehr ländlich wirkenden Teil Bordshomis, von wo aus man über eine Hängebrücke wieder zurückkommt und in der Nähe des Busbahnhofs die Rustaweli-Straße erreicht.

Zu beachten ist, dass es in Bordshomi **zwei Bahnhöfe** gibt, nämlich den im Zentrum befindlichen Bahnhof Bordshomi-Park und den am Stadtrand liegenden Tschornaja Retschka (Schwarzbach). In der Nähe des Letzteren befindet sich der **Markt.** Drei **Brücken** über die Mtkwari prägen im Wesentlichen das Stadtbild. Außer der zum Park führenden und der Hochbrücke beim Busbahnhof gibt es noch eine dritte Brücke hinter der Hochbrücke, und zwar die schon erwähnte Hängebrücke (in der Flussbiegung in Richtung Ortsausgang und Wasserkraftwerk). Sie macht zwar einen wackeligen Eindruck, trotzdem wandern sogar Kühe über sie hinweg.

Kurpark

Am Ende des Bordshomi-Parks zweigt man links in die 9. Aprilis Kutscha ab (über das Brücklein), die zum Mineralwasserpark mit der Jekaterinenquelle führt. Die Straße verläuft entlang des rauschenden Flüsschens Bordshomka, das in der Nähe der Bahnstation in die Mtkwari fließt.

In Höhe der 9. Aprilis Kutscha Nr. 9 führt ein fünf Kilometer langer Weg zum **Sadgeri-Kloster** (Wegweiser). Bei der Wanderung (nur bei trockenem Wetter zu empfehlen) passiert man das ehemalige **Haus des Komponisten Pjotr Tschaikowski.** Etwa gegenüber der Abzweigung auf der anderen Seite der Bordshomka sieht man auf der rechten Flussseite das Sanatorium Firuza und daneben das „Blaue Haus", ebenfalls ein Saisonhotel.

Das letzte, halb verfallene Haus zur Linken (Nr. 48) gehörte einst dem Großfürsten *Michail Nikolajewitsch Romanow.* Der obere Balkon mit den im persischen Stil gestalteten Spiegelmosaiken und die Schnitzereien am Haus können ob des Zustandes nur Bedauern aufkommen lassen. Auch hier mussten Flüchtlinge untergebracht werden. Das Gebäude innerhalb des mit einem prächtigen schmiedeeisernen Tor abgezäunten Quellengeländes gehörte einst auch den Romanows, jetzt ist es der **Kursaal.** Darin findet man eine sehenswerte Brunnenanlage.

Die **Jekaterinenquelle,** die sich weiter hinten im Park befindet, wurde zu Sowjetzeiten umgestaltet. Rechts neben dem kleinen Quellengelände fährt eine **Kabinenseilbahn** auf ein Plateau (1 GEL, 2 Minuten). Dort steht ein **Riesenrad,** ein Geschenk des ukrainischen Präsidenten *Viktor Juschtschenko* anlässlich der Wiedereinweihung des Brunnengeländes am 12. August 2005 (Gedenkstein vor dem Kursaal).

Man kann von dem Plateau aus einen schmalen Fußweg zurücklaufen oder oben im Park spazieren gehen. Es kann übrigens nicht schaden, das Wasser der Jekaterinenquelle zu probieren. Während der Saison ist am Eingang zum Quellengelände eine geringe Eintrittsgebühr zu entrichten.

Wasserkraftwerk

In der Nähe von Bordshomi befindet sich das **Tschitachewskij GES** (Gidro-Elektrostanzija), das Wasserkraftwerk von Tschitachewsk. Dieses kleine Kraftwerk wurde nach dem Krieg von **deutschen Kriegsgefangenen** konzipiert und gebaut und ist seither nicht verändert worden, d.h. die Turbinen sind noch die Originale von damals. Ein Blick auf die Mtkwari zeigt außerdem, dass zu seiner Wasserversorgung ein Kanal ausgehoben wurde, der längs des Flusses verläuft und den Turbinen das nötige Wasser zuführt. Ein unter der heutigen Straße verlaufendes Rohr leitet das Wasser schließlich zurück in die Mtkwari. Links neben dem Kraftwerk befindet sich das Umspannwerk. Fährt man noch ein paar Kilometer weiter, sieht man auf einem Hügel zur Rechten einen kleinen **Soldatenfriedhof.**

Grünes Kloster

Auf dem Rückweg bietet sich ein Abstecher zum Seljonij Monastyr an. Ein Wegweiser zum „Green Monastery“ macht darauf aufmerksam. Allein der kurze Weg dahin durch einen regelrechten **Zauberwald in einer engen Schlucht** mit hohen Felsen zu beiden Seiten ist die Anfahrt wert. Früher wurden bei Angriffen der Osmanen Frauen und Kinder in dieses abgeschiedene Männerkloster gebracht.

- **Anfahrt:** am bequemsten mit dem Taxi (bis zum Kraftwerk 15 GEL, zum Friedhof inkl. Grünem Kloster 20 GEL inkl. kurzer Fotopause und Rückfahrt, Preis pro Taxi). Alternativ: mit der Marschrutka nach Achalziche, Preis 0,50–1 GEL.

Service

- **Vorwahl:** 367/267
- **Post:** Kiosk in der Nähe des Marschrutka-Halteplatzes.
- **Bank:** Peoples Bank of Georgia, Rustaweli-Straße, rechts von der Zminda-Nino-Straße, mit Geldwechsel, besser ist man am Geldautomaten außerhalb bedient.
- **Aversi-Apotheke:** rechts neben der Peoples Bank of Georgia in der Rustaweli-Straße.
- **Supermarkt:** rechts vom Denkmal auf der Rustaweli-Straße, gut sortiert.

Unterkunft

Es stellt kein Problem dar, in Bordshomi eine Unterkunft zu finden, es gibt Hotels unterschiedlicher Ausstattung, Sanatorien und – besonders preisgünstig – Privatunterkünfte. Letztere findet man leicht, wenn man am Bahnhof oder Busbahnhof Leute anspricht.

Das Wasserkraftwerk bei Bordshomi wurde von deutschen Kriegsgefangenen erbaut, es ist noch in Betrieb

• **GH Saodschako,** Kostawa 2, beim Bahnhof Bordshomi-Park, Tel. 207 80. Sieben Zimmer für 15 Gäste, DZ 60 GEL, DZ zur Einzelnutzung 50 GEL, TV mit georgischen Programmen, Heizkörper, Bad mit Wasserboiler, nette Wirtin. Keine Verpflegung, aber sowohl im Bahnhof als auch gegenüber dem Bahnhof sind gute Restaurants.

• **Hotel Victoria,** Kostawa 31, Tel. 893 12 02 83. Im Winter drei Zimmer, im Sommer sieben, alle mit Bad und einfacher Küche (also eigentlich Apartments), Heizung, Erweiterung geplant, nette Wirtin.

• **Hotel Tbilisi,** Gorki 2, Tel. 899 18 09 19. Weißgraues Hochhaus, im Zentrum weithin sichtbar, einfache Zimmer mit Bad für 20–50 GEL mit Frühstück.

• **Hotel Borjomi,** Zminda Nino 3, Tel. 222 12 und 214 87. Schöne Holzvilla aus der Romanow-Zeit zwischen Musikschule und Heimatmuseum, sehr schöne Zimmer, wovon die meisten ein eignes Bad haben, das sich jedoch außerhalb der Zimmer befindet (jedes hat einen separaten Schlüssel), TV, moderne Möbel, 60–70 GEL mit Frühstück. Man ist regelrecht erpicht auf sofortige Bezahlung.

• **Sanatorium Firuza,** Barataschwili 3, Tel. 226 78. Saisonbetrieb, Zimmer mit und ohne Bad und Vollpension 25–30 GEL.

Essen und Trinken

In der Saison ist die gesamte Rustaweli-Straße praktisch ein einziger Grill, außerhalb der Saison bieten sich unter anderem folgende Restaurants an:

• **Merabiko,** gegenüber dem Bahnhof Bordshomi-Park, das Restaurant ist am rot-weißen Logo eines amerikanischen Getränkeherstellers in georgischer Sprache leicht zu erkennen. An nur sechs Tischen werden gute und preisgünstige Gerichte serviert; neu, sauber, englische Speisekarte, 9–21 Uhr. Tipp: *Odschachuri* (Schweinefleisch in einem Topf gegart) mit Pommes für 6 GEL, dazu Tomaten-Gurkensalat für 3 GEL.

• **Schemoichede Ginatswale** (etwa: „Schauen Sie doch bitte herein"), neues Restaurant

Samtsche-Dschawachetien

074ge Foto: mk

im Bahnhof Bordschomi-Park, der ehemalige „herrschaftliche" Wartesaal, Tel. mobil: 893 23 69 45 *(Valerie)*, 9–23 Uhr. Das Restaurant bietet sehr günstiges Frühstück an (2–4 GEL), darüber hinaus Salate und andere georgische Gerichte, Weinkarte, englischsprachige Speisekarte, supernette Bedienung.

- **Orchidea,** Kostawa 1, Vorsicht: Stufe am Eingang! Das kleine Restaurant bietet dank der beiden sehr netten Angestellten eine gute, preisgünstige Küche und freundliche Bedienung. Gelegentlich kommt die Katze zur Inspektion.

An- und Weiterreise

- Mit der **Marschrutka** stündliche Verbindungen mit Tbilisi (Didube), Fahrtzeit zwei Stunden, 7 GEL, alle zwei Stunden nach Bakuriani, 40 Minuten, 1 GEL, alle 30–40 Minuten nach Achalziche (teilweise ab Tbilisi), eine Stunde, 3 GEL. Um 14 Uhr fährt ein **Bus** nach Bakuriani.
- **Taxi nach Achalziche:** 45 Minuten im Höllentempo über eine ganz akzeptable Straße, 30 GEL.
- **Schmalspurbahn nach Bakuriani:** 6.50 und 12.40 Uhr, Fahrtzeit 2 Std. 20 Minuten, 0,80 GEL (Fahrkarte beim Schaffner); zurück 9.40 und 15.40 Uhr.

Nationalpark Bordshomi-Charagauli

↗ XVIII/A-B1

Mit Hilfe des WWF und der Bundesregierung wurde der größte Naturschutzpark Georgiens eingerichtet, der mit 76.000 Hektar ein Prozent des georgischen Territoriums einnimmt. Die Arbeiten begannen 1995, die offizielle Eröffnung erfolgte im Jahr 2001. Es handelt sich um den **ersten Nationalpark im Kaukasus.** Etwa ab Mai bis Ende Oktober sind **acht Wanderrouten** geöffnet, die unterschiedlich lang und schwierig sind. Nähere Informationen bietet die Website www.borjomi-kharagauli-np.ge in englischer Sprache. Die Wanderwege führen in Höhenlagen von etwa 800 bis 2642 m durch Wald sowie subalpine und alpine Wiesen. Bitte im Nationalpark auf adäquates Verhalten achten: keine Pflanzen herausreißen, Tiere nicht stören und Müll wieder mitnehmen!

Bakuriani

↗ XVIII/B1

Bakuriani liegt ungefähr 40 Bahnkilometer von Bordshomi entfernt im Trialetischen Gebirge in etwa 1600 m Höhe. Die Strecke per Bus ist etwa 10 km kürzer. Bakuriani, einst einer der bekanntesten **Wintersportorte** der Sowjetunion, grenzt durch seine Höhenlage schon an die subalpine Vegetationszone. Inzwischen erhielt der Ort zwar Konkurrenz durch den Wintersportort Gudauri an der Georgischen Heerstraße, er ist jedoch authentischer und preisgünstiger als Gudauri.

Das **Skiresort** wurde in den 1930er Jahren angelegt. Vor allem in den letzten Jahrzehnten kamen Hotelneubauten hinzu. Als Skihänge empfehlen sich der Berg Imerki (2500 m) und der Zchara-Zcharo (2711 m). Östlich von Bakuriani liegen am Kochta Gora Sprungschanzen.

Etwa von Dezember bis März liegt Schnee, im Dezember fallen die größten Schneemengen. Die Durchschnittstemperatur im Januar beträgt -7 °C, im August 15 °C. Wie auch in Bordshomi ist hier die UV-Strahlung außerordentlich stark. Die Tauperiode dauert oft bis Mai an, was bei teilweise unbefestigten Straßen sehr unangenehm werden kann.

Bakuriani ist um eine mehrere Kilometer lange Ringstraße angelegt. Bei der Anreise aus Bordshomi biegt die Marschrutka oder Schmalspurbahn auf den rechten Flügel dieser Ringstraße ein, wo man schon viele Hotels und Gaststätten erblickt. Skihänge, Schanzen und Seilbahn befinden sich auf dem linken Abzweig. In der Nähe des Marschrutka-Platzes wurde zum Recherchezeitpunkt ein Touristeninformationszentrum eingerichtet.

An der Straße nach Bordshomi (Tor Nr. 50) befindet sich ein 17 ha großer **Botanischer Garten.** Hier werden etwa 800 verschiedene Pflanzenarten aus der subalpinen Vegetationszone sowie um die 100 verschiedene Bäume und Sträucher gezogen. Der Botanische Garten ist auch Sitz des **Ökozentrums des WWF** und ein Zentrum für Umwelterziehung.

Service

- **Vorwahl:** 367/267

Unterkunft

Die meisten Unterkünfte befinden sich in einer einzigen, etwa 3 km langen Straße, die in einer Schleifenform verläuft. Nicht alle Häuser sind ganzjährig geöffnet, einige haben nur Saisonbetrieb. Hier zwei Empfehlungen mit Ganzjahresbetrieb:

- **Hotel Tbilisi,** Agmaschenebeli-Straße (rechts einbiegen), Tel. 401 40, 401 44, Fax 401 45, www.hoteltbilisi.com.ge, bakuriani@hoteltbilisi.com.ge. EZ/DZ 90/140 GEL, im Erdgeschoss 70/110 GEL, da ohne Balkon. Die Preise verstehen sich inkl. Vollpension. Das neue Hotel verfügt über Zimmer mit Bad, ab 2. Stock mit Balkon, Sat-TV, Tel. für Hausgespräche, einige Zimmer mit Kühlschrank. Kleine Kellerbar, Restaurant mit Büfett, Billardkeller mit sechs Tischen.
- **Hotel Vere Palace,** Zakadse 12 (links einbiegen), Tel. mobil: 899 16 20 16, Festnetz über Tbilisi: 32 22 17 79, www.hotelverepalace.com.ge, hotelvp@verepalace.com.ge. EZ/DZ 60/80 US$. Das vierstöckige Gebäude ist etwas zurückversetzt von der Straße, mit Wachdienst, die Rezeption spricht etwas Englisch. Sehr angenehme, warme Zimmer mit Sat-TV (Euronews in Englisch), saubere, moderne Bäder, sehr schöner Pool mit Außenblick, kleiner Fitnessraum. Nette Bar, Restaurant Bakuriani mit Büfett (russ. *Schwedskij Stol*), Karte nur in Georgisch. Wenn man das Hotel direkt bucht, ist es günstiger als über die Tbilisier Agentur.
- Es lohnt sich auch, ab dem neuen, kleinen Bahnhof bzw. dem in Sichtweite befindlichen *Awtowoksal* (Marschrutka-Platz) die Ringstraße nach rechts entlangzugehen, wo man recht bald zu eingezäunten Wohnhäusern kommt. Fast alle vermieten **Zimmer.** Bei Interesse nach einem Zimmer (russ. *Komnata*) fragen, es gibt keinerlei Kennzeichnung.

An- und Weiterreise

- **Marschrutki** über Bordshomi (siehe dort).
- **Schmalspurbahn** nach Bordshomi: 9.40 und 15.40 Uhr (Fahrkarte beim Schaffner), Fahrtzeit 2 Std. 20 Minuten, 0,80 GEL.

Achalziche

↗ XVIII/A2

Die Straße von Bordshomi nach Achalziche gehört zweifelsfrei zu den besseren in Georgien. Die Kleinstadt Achalziche ist, obwohl sie nur um die 20.000 Einwohner hat, die größte Stadt im Umkreis. Wer nach Wardzia fahren und nicht in Bordshomi übernachten möchte, kann es hier tun.

Achalziche heißt auf Deutsch „neues Schloss" und in der Tat zeigt sich ein Schloss auf einem Hügel, allerdings schon aus dem 12. Jh. Achalziche liegt am Pozchowi-Fluss. Die hier vorhandenen Schwefelquellen werden in **Schwefelbädern** genutzt.

Vom 13. bis 17. Jh. herrschte hier der Dschakeli-Clan. Zwischendurch kamen die Osmanen und eroberten die Stadt im Jahre 1578, von 1688 bis 1828 war sie Verwaltungszentrum und damit Sitz eines Paschas. 1828 eroberten die Russen unter General *Paskewitsch* die Stadt. Die Bevölkerungsmehrheit in und um Achalziche ist armenischer Abstammung. Das führte im April 2007 zu Demonstrationen von **Armeniern,** die die Anerkennung der armenischen Sprache als Amtssprache verlangten, weil sie aufgrund mangelnder georgischer Sprachkenntnisse Nachteile im Umgang mit Ämtern und Behörden haben.

Die wirtschaftliche Lage Achalziches ist prekär, nach dem Abzug der russischen Soldaten aus den inzwischen verfallenen Kasernen am Stadtrand gingen fast alle Arbeitsplätze verloren. So darf es nicht verwundern, dass die

075ge Foto: mk

Leute den guten alten Zeiten hinterhertrauern.

Nach Ankunft am Busbahnhof *(Awtowoksal)*, der sich neben dem stillgelegten Bahnhof befindet, wendet man sich nach rechts und sieht bald ein großes Transparent an einem Überweg hängen, das auf den Weg in die Altstadt (Rabati) hinweist. Der Weg nach links oben führt zu einem kleinen Platz, auf dem sich Denkmäler für Königin *Tamar* und den in der Nähe geborenen *Schota Rustaweli* befinden. Geht man rechts an den Denkmälern vorbei, kommt man nach ca. fünf Minuten zum Hotel Meßcheti in der Kostawa-Straße.

Die **Altstadt** von Achalziche, Rabati genannt, ist der interessanteste Teil der Stadt. Hier findet man noch die Darbasebi, traditionelle Häuser im georgischen Stil. Die Altstadt erstreckt sich rund um das Schloss, jenseits des Bahndammes gelangt man hinter einer Unterführung dorthin. Im **Schloss** befinden sich eine Moschee, erbaut 1752, und die Ruinen einer Medrese (Koranschule). Am interessantesten ist jedoch das **Museum für Geschichte und Kunst** der Region Samtsche-Dschawachetien (Di–So 10–17 Uhr, 3 GEL). Dieses Museum sollte man unbedingt gesehen haben, beherbergt es doch ein Manuskript des Nationalepos „Der Recke im Tigerfell" von *Schota Rustaweli,* allerdings ein Exemplar aus dem 16. Jh., also nicht das von ihm selbst geschriebene Original aus dem frühen 13. Jh.

Blick auf die Altstadt Rabati

Service

- **Vorwahl:** 365/265
- **Bank:** Kostawa 21, inkl. Western Union.

Unterkunft

- **Hotel Meßcheti** (engl. Meskheti), Kostawa 10, Tel. 204 20, EZ/DZ ohne/mit warmem Wasser 20/30 GEL ohne Frühstück. Das ehemalige Intouristhotel liegt günstig, da zentral, etwa 15 Minuten Fußweg ab Busbahnhof. Die Rezeption unten ist geschlossen, was den positiven Nebeneffekt hat, dass sich hier keine Männer zum Schwatz aufhalten. Im 1. Stock links sitzen zwei Frauen in einem winzigen Kabuff, die sehr nett sind. Einfache, oberflächlich renovierte Zimmer mit Bad entlang eines unbeleuchteten Korridors. Zimmer 205 hat einen kleinen Balkon.

Essen und Trinken

Die wirtschaftlich schwere Lage Achalziches spiegelt sich auch in den nicht vorhandenen Restaurants wider.

- Am Busbahnhof befindet sich etwas zurückversetzt ein bescheidener **Imbiss.**
- Gegenüber dem Hotel Meßcheti ist ein kleiner **Laden** für Getränke und Snacks.

An- und Weiterreise

- **Marschrutki** nach Tbilisi von 7 bis 19 Uhr stündlich, Fahrtzeit 3 Std., 10 GEL; Batumi 8.30, 11.30 Uhr, 5½ Std., 18 GEL; Bordshomi alle 40 Minuten, 1 Std., 3 GEL; Achalkalaki 7, 8, 9.30, 13.30, 15 Uhr, 2 Std., 5 GEL.

Umgebung von Achalziche

Kloster Sapara ↗ XVIII/A2

Östlich von Achalziche liegt auf einer Anhöhe das Kloster Sapara. Man sollte sich vor dem Busbahnhof in Achalziche ein Taxi mieten (10 GEL inkl. Wartezeit), da sich der Weg über eine unsägliche Strecke durch ein Dorf schlängelt, um dahinter serpentinenartig weiterzuführen. Er geht dann wieder bergab, wodurch man schon lange vor Erreichen des Klosters einen guten Blick darauf hat. Die Lage des Klosters kann als spektakulär bezeichnet werden, trotzdem verirren sich nur selten Touristen hierher, was eigentlich schade ist.

Das Kloster besteht mindestens seit dem 9. Jh. Gegen Ende des 13. Jh. ging es in das Eigentum des Dschakeli-Clans über, der ein gutes Verhältnis zu den Mongolen suchte. Besonders *Sargis Dschakeli* gelang es, einen relativ langen und für die damalige Zeit unüblichen Frieden zu halten. Im Alter änderte er seinen Namen in *Saba* und trat in das Kloster ein. Sein Sohn *Beka* ließ an dieser Stelle die **St.-Saba-Kirche** erbauen, deren Fresken aus dem 14. Jh. noch sehr gut erhalten sind. Diese Kirche ist die größte des Klosters, die andere beim Eingang ist die St. Stefanskirche.

Weiterfahrt zum Grenzübergang Posof ↗ XXI/D3

Von Achalziche aus führt eine Straße zum Grenzübergang zur **Türkei,** der auf türkischer Seite Posof heißt und zurzeit vorwiegend von LKW benutzt wird. Zwischen beiden Übergängen besteht ein Niemandsland, das mehrere Kilometer breit ist. Es kann Stunden oder Tage dauern, bis ein LKW kommt, öffentliche Verkehrsmittel gibt es nicht!

076ge Foto: mk

Aufgang zum Kloster Wardzia mit den in Höhlen angelegten Mönchszellen

077ge Foto: mk

Höhlenkloster Wardzia

↗ XVIII/A2-3

Die Fahrt von Achalziche nach Wardzia dauert etwas mehr als zwei Stunden und führt über eine unbefestigte Piste, die höchste Anforderungen an Fahrer und Fahrzeug stellt. Hitze und Staub, aber auch Stopps an allen möglichen Stellen fordern auch den Fahrgästen viel Gelassenheit ab, geben aber dem aufmerksamen Beobachter einen guten Einblick in das ländliche Leben in dieser Region. Immer wieder beeindruckt die selbstverständliche Hilfe, die sich die Menschen gegenseitig leisten.

Die Strecke schlängelt sich an Bergen entlang, die bei Chertwisi in Tuffgestein übergehen. Die **Festung Chertwisi** thront hoch oben auf einer Bergspitze zur Linken. Man zögere nicht, den Marschrutka-Fahrer um eine kurze Fotopause zu bitten! Alternativ kann man aussteigen und mit der nächsten Marschrutka weiterfahren. Der Weg windet sich und zeitweise hat man die Befürchtung, dass die Piste abbricht. Zur Rechten tut sich schließlich ein tiefes Canyon auf, durch das tief unten die Mtkwari fließt. Endlich überquert die Marschrutka eine Brücke, an der man aussteigt und nach rechts einige Meter zum Eingang des Komplexes geht.

Die Höhlenklöster von Wardzia beeindrucken wirklich jeden Besucher. Die Anlage liegt auf dem linken

Mtkwari-Ufer, hoch oben in den Fels gehauen. Die wohl am meisten fotografierte Felswand ist etwa 500 m hoch und das Erklettern der Höhlen auf in Stein gehauenen Treppen erfordert eine gute Kondition. Man sollte unbedingt eine **Flasche Wasser** mitnehmen, die Schuhe müssen zum **Klettern** geeignet sein! Sehr steile, asphaltierte Serpentinenwege führen durch ein Labyrinth von Kammern.

Die ersten Ursprünge des Klosters sind nicht bekannt. Dennoch ist wohl belegt, dass König *Georgi III.* und seine in Georgien wie eine Heilige verehrte Tochter **Königin Tamar** die Anlagen erheblich erweitern und befestigen ließen, da die Grenzen des Landes mit allen damals zu Gebote stehenden Mitteln gegen feindliche Mächte geschützt werden mussten. Die Höhlen waren nicht nur die Lebensstätte von in besten Zeiten bis zu 800 Mönchen, sondern zugleich Zufluchtsort für bis zu 50.000 Menschen aus den umliegenden Orten. Die damals existierenden 2000 Säle, die auf 13 Etagen verteilt waren, existieren heute nicht mehr. Das Zentrum der Anlage bildet die **Kirche zur Himmelfahrt,** deren Fresken zwischen 1184 und 1186 gemalt wurden. In diese Zeit fällt auch die Gründung der Kirche. Die noch gut erhaltenen **Fresken** zeigen unter anderem Königin Tamar als noch unverheiratete Frau. Vor dem Eingang sitzen oft Mönche, die die Fresken gern erklären (auf Georgisch oder Russisch).

Obwohl nur noch wenige Säle erhalten sind, ist die Anlage unglaublich beeindruckend. Die unteren Räume und Säle waren über Leitern zu erreichen, die im Ernstfall eingezogen wurden. Ein Glücksfall ist die Mineralquelle, deren Wasser in einem Bassin gespeichert wurde und so den Zuflucht Suchenden zur Verfügung stand. Ein ausgeklügeltes System von Windkanälen durch die Höhlen erinnert an arabische Windtürme; die Kanäle sorgten immer für Frischluft.

- **Geöffnet:** täglich 10–17 Uhr, Eintritt 5 GEL, mit russischsprachigem Führer 10 GEL.

Unterkunft

- In Wardzia gibt es zwei kleine, einfache **B&Bs** an der Hängebrücke mit einer eigenen kleinen Thermalquelle. Essen und Getränke müssen mitgebracht werden!

An- und Weiterreise

- **Marschrutka** ab Achalziche: 10.40, 12.30, 16, 17.30 Uhr, Fahrtzeit über 2 Std., 4 GEL, zurück 8.30, 9.30, 13 und 15 Uhr.

Adscharien und die Schwarzmeerküste

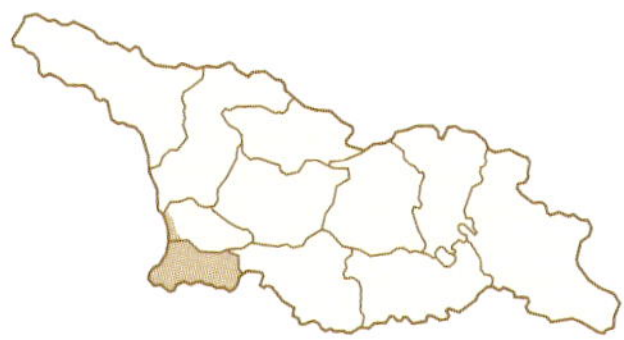

Geschichte Adschariens

Adscharien wurde im 11. Jh. von den seldschukischen Türken, im 13. Jh. von den Mongolen besetzt und fiel 1635 ganz an das Osmanische Reich. Auf dem Berliner Kongress wurde 1878 beschlossen, dass Adscharien an Russland übergeht. Im Friedensvertrag von Brest-Litowsk musste die Sowjetunion Adscharien wieder an die Türkei abtreten. 1921 schlossen die Sowjetunion und die Türkei im türkischen Kars einen Vertrag über die Eingliederung Adschariens in die Sowjetunion. Es folgte die Gründung der **Adscharischen Autonomen Sozialistischen Sowjetrepublik** innerhalb Georgiens. Die Adscharer sind ethnische Georgier, aber infolge der langjährigen muslimischen Geschichte **sunnitische Muslime.**

Am 22. April 1990 fanden in Batumi Demonstrationen statt mit dem Ziel der **Abspaltung von Georgien.** Im April 1991 übernahm der ehemalige stellvertretende Minister für Versorgungsbetriebe, *Aslan Abaschidse,* kommissarisch das Amt des adscharischen Parlamentspräsidenten. Er entließ das Parlament und errichtete ein **autokratisches Regime,** das er wie ein Mafiapate regierte. Die Grenzen zu Georgien wurden vermittels einer eigenen Armee dicht gemacht, Steuern wurden nicht gezahlt, Grenzkontrollen eingeführt, sein Sohn wurde zum Bürgermeister von Batumi ernannt.

Eduard Schewardnadse versuchte während seiner Amtszeit mehrfach zu vermitteln, allerdings erfolglos. Abaschidse ließ politische Gegner beseitigen, notfalls durch Mord. Seine eigene Partei, die „Union für demokratische Wiedergeburt“, erlangte bei den georgischen Parlamentswahlen 1999 30 Sitze, widersetzte sich aber Saakaschwilis Rosenrevolution im Jahr 2003. Die neu gewählte georgische Regierung bestand darauf, dass Abaschidse auch in Adscharien georgisches Recht einführe und die Anordnungen der Zentralregierung in Tbilisi befolge.

Am 27. Dezember 2003 wurde das **Oppositionsbündnis** „Unser Adscharien“ gegründet, das sich vor allem aus Mitgliedern georgischer Parteien zusammensetzte. Am 27. Januar 2004 gründete sich die Oppositionspartei „Demokratisches Adscharien“ mit *Eduard Surmanidse* als Vorsitzendem und am 3. Februar 2004 trat das Studentenbündnis „Kmara!“ („genug!“) auf die politische Bühne. Dem sah Abaschidse nicht tatenlos zu. Oppositionelle wurden nach altem Muster eingeschüchtert und bedroht. Er stellte dafür eine **paramilitärische Privattruppe** auf, die bei der Bevölkerung ihrer schwarzen Uniformen wegen „Men in Black“ genannt wurde.

Im Jahr 2004 sollte sich die Situation zuspitzen. Präsident *Michail Saakaschwili* forderte von Abaschidse die unmittelbare Kontrolle über den Hafen von Batumi und dessen Zollbehörden. Er reiste am 14. März nach Adscharien, wurde aber an der „Grenze“ an der Einreise gehindert, ein unerhörter Vorgang. Als Resultat dessen verhängte er eine Teilblockade gegenüber Adscharien. Am 18. März 2004 schließlich gab Abaschidse nach und erfüllte die Forderungen der Zentralregierung, die darüber hinaus noch die Entwaffnung der Milizen sowie freie und demokratische Wahlen und Meinungsfreiheit vorsahen. Trotz des scheinbaren Einlenkens Abaschidses verstärkte er seine „Men in Black“ sogar noch und bei den georgischen Parlamentswahlen am 28.3.2004 wurden in Adscharien Wahllokale überfallen, Wahlhelfer bedroht und Stimmen „gestohlen“. So verhängte die georgische Zentralregierung am 24.4.2004 zum dritten Mal den **Ausnahmezustand** über Adscharien.

Anfang Mai 2004 kam es zu Demonstrationen in Batumi und große Teile der Polizei verweigerten Abaschidse den Gehorsam. Saakaschwili traf sich zu Unterredungen mit *Putin* und schließlich stellte Russland seine Unterstützung für Abaschidse ein. *Igor Iwanow,* der Vorsitzende des russischen Sicherheitsrates, flog nach Batumi, um Abaschidse zum Aufgeben zu bewegen. Am 6. Mai 2004 trat dieser von seinem Amt zurück und floh mit seiner Familie nach Moskau. Nach einer Meldung von Radio Imedi hat das Bezirksgericht Batumi Abaschidse in Abwesenheit zu 15 Jahren Haft und einer Geldstrafe in Höhe von 98 Mio. GEL verurteilt, zahlbar an die Ministerien für Finanzen und Wirtschaft. Das Gericht befand ihn des Machtmissbrauchs und finanzieller Unregelmäßigkeiten für schuldig.

Am 20. Juni 2004 fanden Wahlen zum adscharischen Regionalparlament statt, die die Partei „Saakaschwili -Siegreiches Adscharien" mit 72,1 % gewann. Vier Wochen später wurde der Direktor der Staatlichen Eisenbahn Georgiens *Lewan Warschalomidse* zum Premierminister der Autonomen Republik Adscharien gewählt. Die Autonomie wurde per 1.7.2004 dahingehend eingeschränkt, dass der adscharische Premierminister vom georgischen Präsidenten vorgeschlagen wird, der das adscharische Regionalparlament auch jederzeit auflösen lassen kann. Weiterhin kann das zentralgeorgische Parlament in Tbilisi die Beschlüsse des adscharischen jederzeit suspendieren.

Adscharien im Internet

- **www.tourismadjara.ge/en/**, englischsprachige Homepage mit Infos über Adscharien, z.B. erste Anfänge des Ökotourismus.

078ge Foto: mk

An der Strandpromenade von Batumi

Batumi

↗ XX/A3

Batumi liegt im Südwesten Adschariens am **Schwarzen Meer** in der subtropischen Klimazone. Die wärmsten Monate sind Juli und August, die von 22 °C Durchschnittstemperatur und einer hohen Luftfeuchtigkeit gekennzeichnet sind. Die meisten Niederschläge fallen im Januar, die wenigsten im Mai. Die Saison dauert etwa von Mitte Juni bis Mitte September, dann werden oft auch die Preise für Hotels beträchtlich angehoben.

Eine der momentan bekanntesten Batumierinnen ist die Popsängerin *Ketewan Melua,* die 1984 in Tbilisi geboren wurde und in Batumi aufwuchs. 1990 wanderte ihre Familie nach Belfast aus, da ihr Vater dort eine Stellung als Herzchirurg bekam. Nach der Erlangung der britischen Staatsbürgerschaft nennt sie sich **Kati Melua.**

Plinius, Xenophon und *Apollonius* geben durch ihre Aufzeichnungen erste Informationen über die Existenz eines Ortes mit dem Namen *Batius Liman,* was so viel wie „tiefe Bucht" bedeutet. Gelehrte nehmen an, dass diese **griechische Kolonie** der Ort war, wo sich

Batumi
Hafen
Gogebaschwili
Schawscheti
Zereteli
Puschkin
Tschawtschawadse
Chulo
Kutaisi
Dschordania
Kostawa
Melaschwili
Z. Gamsachurdia
Mazniaschwili
K. Gamsachurdia
Tbilisis Moedani
Beridse
Besiki
Brtskinvale
9 Marti
M. Abaschidse
Barataschwili
ERA
Parnawas Mepe
Wachtang Gorgasali
Zubalaschwili
Rustaweli
Demetre
Tawdadebuli
Luka Asatiani
Giorgi
Wascha Pschawela
26 Maisi
Kasbegi
Melikischwili
H. Abaschidse
Chimschiaschwili
Takaischwili
Lermontow
Gribojedowa
Dshawachischwili
Tbel-Abuseridse
Ninoschwili
Strandpromenade
Giorgi Brtskinvale
200 m
1 2 3 4 5 6 7 8 9 10 11 12 13 14 15 16 17 18 19 20 21 22 23 24 25 26 27 28 29 30 31 32 33 34 35 36 37 38 39 40 41 42 43 44

1 Slim	16 Produkty	32 Priwyet iz Batuma
2 Moschee	17 Post	33 Kunstmuseum
3 Salome	18 Voiage	34 Synagoge
4 Bereg und chinesisches Restaurant	19 Metropol	35 Piramida
	20 David	36 Adscharisches Museum
	21 Tiko	
5 Awtowoksal	• 22 Reinigung	37 Jessenin-Haus
6 Sputnik	23 Beso	38 Lighthouse
7 Intourist Palace	24 Lawro	39 Tsereteli
8 Süßwarenladen	25 Elada	40 Singende Fontäne
9 Alik	26 Stalin-Museum	• 41 Reiseagentur Greentour
• 10 Bahnfahrkarten	27 Marani	
11 Ritsa	28 römisch-katholische Kirche	42 Aquarium
12 Oscar		43 Rio
13 Solotoj Kljutsch	29 Bebo	44 L-Bakuri
14 Montpellier	• 30 Rathaus	
15 Merci	31 Kappadokia	@ Internetcafé

die Kultur der hellenistischen Welt mit der kolchischen Kultur vermischte.

Im 17. Jh. wurde die Stadt von den Osmanen erobert und ihre Bedeutung sank. 1873 wurde sie dem zaristischen Russland angegliedert. Nach dem Friedensvertrag von Brest-Litowsk fiel sie 1918 zurück an die Türkei. Im Dezember desselben Jahres wurde sie für 19 Monate von englischen Truppen besetzt, die sich aber nach dem Abschluss des Vertrages zwischen der Türkei und der Sowjetunion zurückzogen, da sich England nicht in Streitigkeiten mit der Sowjetunion einlassen wollte. Am 18. März fiel Batumi mit Adscharien an die Sowjetunion und wurde zur **Hauptstadt Adschariens.**

Im Jahre 1902 organisierte *Josef Stalin* einen Streik unter den Ölarbeitern von Batumi, bei dem russische Truppen das Feuer eröffneten und 15 Tote zu beklagen waren. Seit dem Anschluss an die **Transkaukasische Eisenbahn** 1883 und dem späteren Bau einer Pipeline wurde Batumi zu einem wichtigen **Umschlagplatz für Erdöl** aus Baku am Kaspischen Meer. Aber schon in den Jahren um 1870 gehörte der Hafen zu den wichtigsten Exportzentren von Baumwolle, Holz und Manganerz.

Heute ist Batumi der **Haupthafen Georgiens,** was das große Engagement Präsident *Saakaschwilis* im Jahre 2004 erklärt. Dort können Tanker mit bis zu 80.000 BRT abgefertigt werden. Das Erdöl aus Aserbaidschan wird in Hafennähe raffiniert. Wer mit dem Fahrzeug aus Machindschauri (engl. Makhindjauri) kommt, wird die riesigen grünen Tanks bemerken. Außerdem werden auch Tee und Zitrusfrüchte exportiert.

Seit dem Machtwechsel im Jahr 2004 kommen zahlreiche Investoren aus der Türkei, Kasachstan und Aserbaidschan hierher, die vor allem an der **Verbesserung der Verkehrsinfrastruktur** mitwirken, aber auch unzählige **neue Hotels** bauen. Beispielhaft dafür kann der neue Batumier **Flughafen** genannt werden, der von einer türkischen Investorengruppe erbaut und am 26. Mai 2007 eingeweiht wurde. Dem aufmerksamen Beobachter entgeht nicht, dass zahlreiche Grundstücke verkauft wurden und einer neuen Bestimmung zugeführt werden sollen.

Das Gebiet südlich von Batumi einschließlich der Festungsruine Gonio war zu Sowjetzeiten militärisches Sperrgebiet, heute erinnert nichts mehr daran und man kann völlig problemlos bis zur etwa **16 km entfernten türkischen Grenze** reisen und sich umschauen.

Neue Straßennamen

In Batumi wurden unzählige Straßen umbenannt. Die Gamsachurdia hieß früher *uliza Lenina,* die Memet Abaschidse *uliza Stalina.* Die ehemalige *uliza Gorkowo* heißt jetzt ERA (European Regions Association). Oftmals gebrauchen die Menschen noch die alten Namen oder kennen die Bezeichnung überhaupt nicht. Soweit dies in Erfahrung gebracht werden konnte, sind bei den Adressangaben die alten Namen in Klammern eingefügt. Die Nummerierung der Straßen beginnt jeweils an der Seeseite.

Sehenswertes

Batumi ist schachbrettartig auf einer **Halbinsel** angelegt. Die Stadt liegt nur drei Meter über dem Meeresspiegel. Die Gebäude sind mehrheitlich nur zwei bis drei Stockwerke hoch, vor allem im alten Stadtteil, der dadurch einen besonderen Charme erhält. Batumi unternimmt große Anstrengungen, um die **schönen alten Häuser** renovieren zu lassen, sodass ihre hübschen Dekorationen mit Stucklöwen und Fabelwesen die Schönheit dieser Gebäude wieder voll zur Geltung kommen lassen. Interessant dürfte sein, dass die Fenster sich nach außen hin öffnen.

Strand und Promenade

Die Strandpromenade verläuft parallel zur Ninoschwili-Straße. Diese wunderschöne Promenade wurde in den vergangenen Jahren auch mit Sponsoring von ausländischen Kapitalgebern zu einem äußerst **angenehmen Spazierweg** hergerichtet. Man läuft auf neu verlegten Gehwegplatten an un-

079ge Foto: mk

zähligen Bänken vorbei, eine endlos lange Reihe von **Palmen** vermittelt südliches Flair.

Der **Stadtstrand** von Batumi wird nur während der Saison bewirtschaftet, es werden zahlreiche Buden und Restaurants aufgebaut. Diese Aktivitäten beginnen Anfang Mai, der Rückbau findet Ende September statt. Dann ist mit geschäftigem Treiben und lautem Hämmern zu rechnen.

Die Strände der gesamten Ost- und Nordküste des Schwarzen Meeres bestehen aus **Kieselsteinen.** Freunde feiner Sandstrände müssen also Abstriche machen. Am Batumier Strand hat man unzählige LKW-Ladungen mit Sand aufgebracht, aber die Kieselsteine sind dennoch nicht zu übersehen. Eine gute Unterlage unter dem Badelaken kann nicht schaden.

Obwohl das Wetter im Mai schon sehr heiß werden kann, geht dann noch kaum ein wärmeverwöhnter Georgier ins Wasser, das sich langsam erwärmt. Bis in den September ist das Meer noch angenehm warm.

Im Zentrum von Batumi

Aquarium

Das Aquarium in der Rustaweli-Straße Nr. 5 leidet unter der ökonomischen Situation Georgiens, zum Recherchezeitpunkt warteten die Angestellten seit sechs Monaten vergeblich auf ihren Lohn! Trotzdem fütterten sie die Fische und waren von großer Freundlichkeit. Das Delfinarium existiert nicht mehr, da es infolge der Sprengung des ehemaligen Hotels Meskheti stark beschädigt und daher geschlossen wurde. Es soll aber wieder aufgebaut werden. Der Stolz des Aquariums sind Piranhas.

- **Geöffnet:** Di–So 11–18 Uhr, 1 GEL, Kinder 0,50 GEL.

Singende Fontäne

In der Chimschischwili-Straße, quasi der verlängerten Ninoschwili, befindet sich eine schöne **Springbrunnenanlage,** die mit musikalischer Untermalung besonders abends ein beliebter Treffpunkt ist.

080ge Foto: mk

Geschäfte

Zwei Geschäfte sind besonders sehenswert in Batumi: In einem **orientalischen Süßwarenladen** (Gamsachurdia / Ecke Rustaweli) vermittelt vergoldeter Stuck orientalisches Flair. Hier kann man Waldmeisterlimonade *(Tarragona)* probieren, die aus den in Georgien verwendeten kegelförmigen Glastrichtern abgefüllt wird.

Das **Lebensmittelgeschäft Produkty** (russ. „Lebensmittel") liegt nur eine Querstraße weiter in der Gamsachurdia / Ecke Memet Abaschidse. Auch hier ist das Interieur die eigentliche Attraktion.

Römisch-katholische Kirche

Die Kirche Unserer Heiligen Jungfrau findet sich in der Zubalaschwili-Straße (ehemals Kalinina). Das Gebäude im Stil der **Baltischen Gotik** fällt regelrecht auf im Stadtbild. Die Kirche wurde Anfang des 20. Jh. als römisch-katholisches Gotteshaus erbaut, ist heute aber eine orthodoxe Kirche. Ihr Inneres wurde kaum verändert. Vor der Kirche sitzen fast immer Bettler.

Moschee

In der Tschkalow-Straße Nr. 6, unweit der Gogebaschwili-Straße, ist die kleine Moschee, deren Minarett gut sichtbar ist, sehenswert. In einem Innenhof sitzen meist alte Männer, die

Aquarium

den Besucher (auch die Besucherin) mit Wohlwollen betrachten. Frauen müssen ein Kopftuch aufsetzen und jeder sollte bitte die Schuhe ausziehen.

Stalin-Museum

Stalin lebte von November 1901 bis Ende Januar 1902 in der Puschkin-Straße Nr. 10. Hier fanden damals Versammlungen des Batumier Komitees der Sozialdemokratischen Arbeiterpartei statt. Die drei kleinen Zimmer zeigen u.a. das Bett (im mittleren Zimmer), in dem Stalin geschlafen haben soll, sowie zahlreiche Fotos von ihm, vornehmlich in Siegerpose. Die Gestaltung erinnert an das wesentlich größere Museum in Gori, der Inhalt ist dringend überarbeitungswürdig. Das Museum wurde 1983 aus Anlass von Stalins 30. Todestag eröffnet.

Seine damalige Batumier Parteigenossin *F. Tschunjanis* berichtete, dass Stalin von der Statur her klein und mager war und sie eher an einen kleinen Dieb erinnerte. Er nannte sich damals schon *Koba* (siehe Exkurs zu Stalin im Kap. „Tbilisi und Umgebung") und trug einen dunkelblauen Bauernkittel, eine enge Jacke und eine schwarze türkische Mütze. In den Parteiversammlungen behandelte er nicht nur sie mit Argwohn und Misstrauen. Bei Sitzungen kam er regelmäßig absichtlich ein klein wenig zu spät, trug dabei ein Buch unter seinem linken verwachsenen Arm und die Atmosphäre wurde plötzlich angespannt. Er ließ erst alle anderen sprechen, um dann selbst mit großer Ruhe und Bedeutsamkeit das Wort zu ergreifen, wobei er die vorgetragenen Argumente gegeneinander abwog und stets den Eindruck vermittelte, dass das von ihm Vorgetragene von großer Wichtigkeit sei.

- **Geöffnet:** täglich 10–17 Uhr, Eintritt 1 GEL.

Kunstmuseum

Das Gebäude in der ERA-Straße Nr. 8 aus den 1930er Jahren, früher Museum des Kommunismus, ist seit 1998 ein Kunstmuseum. Es zeigt im Obergeschoss Gemälde früherer Meister, u.a. von *Pirosmani,* aber auch von *Achwlediani, Kakabadse* und *Gudiaschwili.* Im Erdgeschoss werden zeitgenössische Gemälde ausgestellt.

- **Geöffnet:** Di–So 11–18 Uhr.

Staatliches Adscharisches Museum

Das Museum in der Tschintscharadse-Straße Nr. 4 hat etwas Skurriles an sich, ein Sammelsurium von **Tierpräparaten** (soll heißen: ausgestopfte Tiere), **arabischem Geschirr** und einigen archäologischen Exponaten. Im Obergeschoss werden **Waffen** ausgestellt.

- **Geöffnet:** täglich 9–19 Uhr.

Jessenin-Gedenktafel

An dem Haus Melikischwili-Straße Nr. 11 (ehemalige uliza Engelsa) befindet sich eine Gedenktafel, die an den **russischen Dichter Sergej Jessenin** erinnert. Er wohnte von Dezember 1924 bis Januar 1925 in diesem Haus. Das war die Zeit zwischen seiner vierten und fünften Ehe. Jessenin wurde 1895 geboren, hatte neben zahlreichen Ehen auch homosexuelle Beziehungen und war einer der begeistertsten Anhänger der Bolschewiki. Allerdings wurde er nie als Mitglied der Partei aufgenommen, mutmaßlich wegen seiner homosexuellen Neigungen. Er war in erster und zweiter Ehe mit *Sinaida Reich* verheiratet, mit der er zwei Kinder hatte. 1922 heiratete er die amerikanische Tänzerin *Isadora Duncan* und reiste mit ihr durch Europa und die USA. Nach einem Nervenzusammenbruch verfiel er dem Alkoholismus. Symptomatisch waren seine Vandalismusanfälle in den Tourneehotels. Nach der Eheschließung mit *Galina Benislawskaja* reiste er nach Batumi und Baku. 1925 heiratete er die Enkelin *Leo Tolstois, Sofia Tolstaja.*

Am 28. Dezember 1925 schrieb Jessenin in Leningrad ein Selbstmordgedicht mit seinem eigenen Blut und erhängte sich danach. Seit den 1990er Jahren kursieren Gerüchte, dass er vom russischen Geheimdienst umgebracht worden sein könnte. Sein Grab befindet sich auf dem Wagankowo-Friedhof in Moskau.

Isadora Duncan erdrosselte sich unbeabsichtigt selbst, als sie im September 1927 mit ihrem Sportwagen durch Nizza fuhr und dabei ihr langer Seidenschal in die Speichen des Wagenrades kam. Beim ruckartigen Anhalten brach sie sich das Genick.

Praktische Tipps

Service

- **Vorwahl:** 222
- **Geldautomaten**: in der Altstadt zahlreiche, z.B. Gogebaschwili / Ecke Tschawtschawadse (Taobank), Tschawtschawadse beim Hotel Mercury, ERA 35.
- **Internetcafés:** Melikischwili 23 (frühere uliza Engelsa), 26 Maisi 58, Rustaweli-Straße nahe dem Haus der Pioniere (kleine Sackgasse rechts neben dem Zirkus), Wascha Pschawela 30, Netcafé in der Gamsachurdia gegenüber Nr. 40, Netclub in der Kutaisi 27.
- **Bahnfahrkarten:** General-Masniaschwili-Straße, schräg gegenüber vom Hotel Alik, zwischen M. Abaschidse und Melaschwili-Straße, grüne, unscheinbare Tür. Erspart die Fahrt nach Machindschauri!
- **Post:** Barataschwili / Ecke Abaschidse, unterteilt nach Briefpost und Telegrafenamt.
- **XEROX:** Kopien, Filme, Batterien mit nettem Service neben der Post.
- **Georgian National EMS,** Barataschwili 33, in der Nähe der Post, Kurierdienst für wichtige Dokumente und Päckchen.
- **Reinigung:** Tschawtschawadse 19.
- **Reiseagentur:** Greentour Tour Company, Lermontow 2, Tel. 758 98, www.greentourgeo.com; info@greentourgeo.com, Exkursionen zu verschiedenen Sehenswürdigkeiten in Batumi, aber auch in der Umgebung inkl. Türkei.

Unterkunft

In Batumi findet der Reisende auf jeden Fall eine Unterkunft, wenngleich sich das auf den ersten Blick schwierig zu gestalten scheint, da viele Unterkünfte von außen nicht als solche gekennzeichnet sind oder nur mit georgischer Schrift. Hier ist aber Besserung erkennbar. Gegenwärtig werden 20 neue Hotels unterschiedlichster Größe in und um Batumi herum gebaut.

Backpackerunterkünfte:

- **Hotel Bebo,** Zubalaschwili 31 (ehemalige uliza Kalinina), Tel. mobil: 899 58 44 15 (Frau *Daredschan,* russ.). Diese Backpackerunterkunft befindet sich neben der Kirche Unserer Heiligen Jungfrau in einem Garten (Grillmöglichkeit) mit blauem Holztor, mehrere DZ und Dreibettzimmer zu 10 GEL pro Person, zwei Personen im DZ 15 GEL, jeweils nur Übernachtung. Schöner Aufenthaltsraum mit TV. Frau Daredschan kann auch preisgünstige Unterkünfte in umliegenden Häusern vermitteln. Das Grundstück wurde verkauft, daher ist die Zukunft ungewiss.

• **Hotel Beso,** Surab Beridse Seschakweri 15, Tel. 766 69, nahe dem Tbilisis Moedani (Tbilisier Platz), schon von Weitem zu erkennen an der lateinischen Beschriftung. Der Eingang ist etwas dunkel, die Zimmer sind gut. EZ 30 GEL, DZ 40–50 GEL ohne Frühstück, Innenhof mit Galerie, von der aus die Zimmer erreichbar sind.

• **Hotel Lawro,** Puschkin 29 (gegenüber ist Nr. 56), Tel. mobil: 877 46 51 67. Zwölf sehr einfache Zimmer mit Dusche, 10 GEL pro Person bei Belegung mit drei Personen, 25 GEL als DZ bzw. 20 GEL mit Bad auf dem Korridor ohne Frühstück.

• **Hotel Elada,** Puschkin 29, links neben dem Lawro, Tel. 899 71 58 62. EZ 20 GEL, DZ 25 GEL, 20 GEL mit Bad auf dem Korridor, Zimmer Nr. 1 Lux 30 GEL, da mit Polstergarnitur, Dreibettzimmer 10 GEL pro Person inkl. Bad jeweils ohne Frühstück.

• **GH Rio,** Gribojedowa 8 / Ecke ERA (ehemals Gorkowo), Tel. mobil: *Tamara* 893 13 82 86, 752 28. Drei DZ 25–50 GEL mit Bad und TV, im Sommer etwas mehr, ein Zimmer ohne Fenster. Hier schien Verhandlungsspielraum bezüglich des Preises gegeben.

• **Hotel Oscar,** Wachtang Gorgasali 6, Tel. 762 67. Acht DZ ohne Frühstück Nachsaison/Saison 50/70 GEL, Zimmer 9 (Fenster auf Korridor) 40/60 GEL, kein Restaurant, jedoch Kaffee oder Tee ganztägig frei. Tipp für alleinreisende Frauen, da die nette Rezeptionistin *Anna* auf die Gästestruktur achtet.

• **Hotel Solotoj Kljutsch** (Goldener Schlüssel), Wachtang Gorgasali 3 (gegenüber Hotel Oscar), Tel. 221 22, 707 98. Drei Zimmer Standard/Lux 30/40 GEL ohne Frühstück, alle mit Bad und TV.

• **Hotel Tiko,** Zubalaschwili 18 (ehemalige uliza Kalinina). Vier Zimmer mit Bad, pro Person 30–40 GEL ohne Frühstück, z.T. sehr geräumige Zimmer mit Sitzgruppe. Wer warm Duschen will, sagt unten Bescheid (Boiler anschalten lassen).

• **Hotel Piramida,** Wascha Pschawela 43, im 2. Stock, Tel. 322 04, mobil: 893 73 29 23 (Managerin *Almasin*). Zehn DZ, alle mit Bad und TV, Ventilator, pro Zimmer 30 GEL, Einzelbelegung 10 GEL, 10 GEL extra für Halbpension, ein Dreibettzimmer für 15 GEL/Person. Neben dem Piramida ist die gleichnamige Café-Bar.

Mittelklassehotels:

• **Hotel Light House,** Kasbegi 3 (geht von der Tschawtschawadse ab), Tel. 336 10, Fax 339 17, www.hotellighthouse.ge, hotel@lighthouse.ge. EZ 70 GEL, DZ 80 GEL, Semilux 110 GEL, Deluxe 140 GEL (Kamin, Flachbildschirm-TV, Spiegel überm Bett, super Bad mit Trockengestell für Wäsche, antibakterielle Ausstattung), Zimmer 303: Maisonette auf zwei Ebenen mit Riesenbalkon, TV, Doppelbett, im unteren Bereich Ledergarnitur mit TV. Preise ohne Frühstück, in der Saison etwas höher (z.B. Deluxe 180 GEL). Jedes Zimmer unter einem anderen Motto, sehr geschmackvoll eingerichtet, alle mit Klimaanlage, Minibar, Föhn, kostenlosem WLAN. Eigentümer spricht Deutsch (falls anwesend), der „Leuchtturm" ist eigentlich ein Boutique-Hotel. Im Keller nettes Restaurant mit Bar (Heineken und Tuborg). Videoüberwachter Parkplatz, kein Lift. Organisiert auch Transport und Picknicks. Empfehlung!

• **Hotel Marani,** Giorgi Brtskinvale 24, Tel. 325 06, mobil: 899 18 23 38, www.hotelmarani.ge. 17 Zimmer inkl. Hochzeitssuite mit Baldachinbett, DZ 15–20 US$, Lux 30–40 US$, Apartment 40–50 US$, jeweils nur Übernachtung. Das dreistöckige Hotel, das von einem ehemaligen Theaterintendanten geleitet wird, ist mit allem ausgestattet, was man benötigt. Eröffnung 2000.

• **Hotel Tsereteli,** ERA 33, Standardzimmer mit Kühlschrank, Sat-TV (engl.), internationalem Telefon, schönem Bad und Möbeln im Antiquitätenstil, 35–50 US$ mit Frühstück pro Zimmer, Lux-Zimmer (eigentlich Apartments) mit Wohn- und Schlafzimmer, Bad, Balkon, gehobene traditionelle Ausstattung,

70–100 US$. Im 5. Stock Restaurant; Wäscheservice, Parkplatz, sehr zentrale Lage.

●**Hotel Voiage,** Barataschwili 3 (Sackgasse Ecke ERA), Tel. 712 29, 99 45 44 55. Luxus-DZ 120/180 GEL Nachsaison/Saison; Pollux-Dreibettzimmer 80/100 GEL, jeweils inkl. Frühstück, Einzelnutzung gleicher Preis. Insgesamt fünf sehr schöne Zimmer mit TV, Schreibtisch, Klimaanlage, kein Lift. Exkursionen und Transport möglich.

●**Hotel Metropol,** Nodar-Imnadse 7 / Ecke Barataschwili, Tel. 737 94, mobil: 599 16 18 15. Sieben Zimmer, Apartment 201 mit Balkon und zwei Wohnzimmern, TV mit 40 Programmen, Telefon, Klimaanlage, Schlafzimmer mit Balkon, 200 GEL bei 3 Personen, ab 4–5 Personen 220 GEL inkl. Frühstück; Vierbettzimmer (2x2), Duschbad, 120 GEL bei 3 Personen, ab 4. Person +20 GEL; DZ mit Balkon und Duschbad 100 GEL. Kein Lift, schöne Möbel und gute Lage. Empfehlung!

●**Hotel Montpellier,** Mazniaschwili 18, Tel. 769 51, 769 52. Nagelneues Hotel, sechs komfortable Zimmer mit Duschbad, Klimaanlage, Minibar, TV, EZ / Dreibettzimmer 80–120 US$.

●**Hotel L-Bakuri,** Tschawtschawadse 121/ Ecke Gribojedowa, Tel. 769 23, 769 30, 313 10, mobil: 893 40 28 44. 34 Zimmer: First class (anderthalb Zimmer) 120 GEL, DZ 100/ 120 GEL, anderthalb Zimmer (mit/ohne Klimaanlage) 90/80 GEL, EZ/DZ ohne Klimaanlage 40/90 GEL, Dreibettzimmer 60 GEL, Frühstück 8 GEL, Mittagessen 15 GEL, Abendessen 10 GEL. Sehr gepflegtes Hotel, Restaurant im 5. Stock sehr gepflegt, Speisekarte engl./russ./türkisch, Rezeption englisch, viele Geschäftsleute, Maestro-, Mastercard und Visacard.

●**Hotel Ritsa,** Gamsachurdia 16, Tel. 732 92, info@hotelritsa.com. Standard: DZ 80–100 GEL, Pol-Lux: 120 GEL, Lux 180 GEL, mit 4-Säulen-Bett (Zi. 101), Kinder 70 GEL. Zentral gelegenes, neues Hotel mit zehn sehr gut ausgestatteten Zimmern mit Föhn in super Bädern, Klimaanlage, Minibar, Restaurant, 24 Stunden Roomservice, Sauna, Kabel-TV mit engl. Programmen, WLAN. Rezeption spricht etwas Englisch. Empfehlung!

●**Hotel Salome,** Kutaisi 30, Tel. 339 16, mobil: 895 38 59 43. 2007 eröffnet, 4 Zimmer, EZ/DZ 60 GEL, 80/90 GEL Pollux-Zimmer, 120 GEL Lux (Wohn-, Schlafzimmer, herrliche Dusche), jeweils ohne Frühstück. Tee oder Kaffee ganztags möglich, Essen kann außer Haus bestellt werden. Im Foyer kleine Bar. Vorsicht: nach Öffnen der Haustür geht es sofort sechs Stufen hinunter!

●**Hotel Sputnik,** Batumskie Gori (Batumiberge), Tel. 760 63, 760 66, mobil: 899 93 89 79, www.hotelsputnik.com, info@hotelsputnik.com. Das auf dem Batumi-Berg gelegene Hotel bietet abends einen guten Blick über die Stadt, zu erreichen mit Taxi oder Marschrutka 26/126 (alle 7–8 Minuten bis 20 Uhr). Insgesamt 53 Zimmer, davon 34 DZ und 5 EZ, 8 Lux-Zimmer, 5 Business-Lux. Ganz ordentliche Standard-EZ/DZ 50/70 GEL, Business-Lux-Zimmer 120/150 GEL ohne Frühstück, inkl. Schreibtisch, TV, Telefon und Kühlschrank. Sachlich eingerichtetes Frühstücksrestaurant, in der Saison Swimmingpool geöffnet, Dachgartenrestaurant, Nachtbar ab 19 Uhr. Neben dem Haus befinden sich ein kleiner Sportplatz (Nutzung inkl.) und ein Parkplatz. Das Sputnik ist ein gutes Hotel, leider sehr weit weg vom Strand; alleinreisende Frauen sollten ein zentraleres Hotel wählen.

Luxushotels:

●**Hotel Alik,** General Mazniaschwili 2 / Ecke Memet Abaschidse, Tel. 758 02, Fax 758 03, http://hotelalik.gol.ge (zukünftig evtl. www.hotelalik.com), alik@gol.ge. Viersternehaus, gehobene europäische Ausstattung, Personal teilweise in Las Vegas und San Francisco ausgebildet, Rezeption englisch-, teilweise deutschsprachig. Standardzimmer 70–90 US$, Luxuszimmer 100–120 US$, Dreibettzimmer 120–150 US$, jeweils mit Frühstück und WLAN, Sauna, Swimmingpool, Fitnessraum bis 12 Uhr inklusive; Kosmetiksalon, Souvenirshop, Restaurant, Bar, Kasino, Mittagessen 10–15 US$, Abendessen 15–25 US$. Buchung von Flugtickets über Amadeus möglich. Empfehlung!

●**Hotel Intourist Palace,** Ninoschwili 11, Tel. 22 23 21 23, www.intouristpalace.com, Buchung (russ. *Bronirowanije*): reservation@intouristpalace.com, Guest Relations Manager

081ge Foto: mk

Irma Kalandadze: irma.kalandadze@inourist palace.com, Homepage seit Jahren unvollständig, zum englischen Link klicken. Besser E-Mailadresse statt Buchungsmaske nutzen. 146 Zimmer mit Klimaanlage, gestaffelter Zimmerpreis in Abhängigkeit vom Wochentag (So/Di–Do/Fr-Sa): Standardzimmer ab 77/100/110 US$, Deluxe ab 88/115/126 US$, Superior ab 117/152/167 US$, Suiten 201–1439 US$; Belegung als EZ/DZ mit Frühstück inkl. MwSt. In der Sommersaison vom 15.6. bis 14.9. sind die Preise höher. Mehrere Restaurants mit englischer Speisekarte, im italienischen Restaurant Koch aus Italien (sehr gute Küche); Nachtbar und Disco, mehrere Konferenzräume, Pool (auch für Nichtgäste nutzbar, 20 GEL/Tag), sehr schön gestalteter türkischer Hamam, Thai-Massage mit indonesischen Masseuren, Fitnessraum, Solarium, Sat-TV, WLAN, Boutique, Reinigung und Wäscherei, Friseur, Babysitter, Gepäckraum, eigener Hotelstrand, bewachtes Gelände, Parkplatz, Wagenwäsche, täglich druckfrische Zeitung aufs Zimmer.

Interessant ist die **Geschichte** dieses 1939 errichteten und nach einer gründlichen Generalüberholung 2005/2006 neu eröffneten Hauses, auf dessen jetzigem Standort vorher die am 25. September 1888 geweihte, orthodoxe **Alexander-Newskij-Kathedrale** stand. Zar *Alexander III.* und seine Familie waren bei Grundsteinlegung und Weihe zugegen. 1936 wurde die Kathedrale im Rahmen der damaligen Atheismuskampagne abgerissen und ihr Fundament für den Neubau des Hotels **Intourist** verwendet. Architekt war der in den 1930er Jahren bekannte *Aleksej W. Schtschussew,* der u.a. auch das Hotel Moskwa und das Lenin-Stalin-Mausoleum am Roten Platz in Moskau, den Kasaner Bahnhof und die Lomonossow-Universität in Moskau, aber auch das Taschkenter Opernhaus und das vormalige Institut für Marxismus-Leninismus in Tbilisi (heute Parlamentsgebäude) entworfen hat. Das Hotel war sogar als Tagungsstätte der Konferenz der „Großen Drei", d.h. *Roosevelt, Stalin* und *Churchill,* vorgesehen. Die Konferenz wurde aber kurzfristig nach Jalta verlegt.

- **Hotel David,** Barataschwili 33, Tel. 717 18, www.hoteldavid.ge. Zentral gelegenes Hotel mit sehr gut ausgestatteten Zimmern, EZ/DZ 120 US$, Suiten 220 US$, Restaurant. Wird viel von Langzeitgästen in Anspruch genommen. Keine Kreditkarten.

Essen und Trinken

In Batumi ist die Auswahl an Restaurants außerhalb der Saison eher gering, da die Kaufkraft der einheimischen Bevölkerung einfach nicht ausreicht. Hinzu kommt, dass im muslimisch geprägten Adscharien nur die Männer ausgehen. Die früher zahlreich hier wohnenden Russen und Angehörige anderer Nationalitäten der ehemaligen Sowjetunion haben Batumi verlassen, sodass auch diese Klientel weggefallen ist. In der Saison schießen jedoch Schaschlikstände wie Pilze aus dem Boden und an der Strandpromenade werden Restaurants aufgebaut.

- **Restaurant Bereg** (Ufer), Gogebaschwili-Straße, Hafenpromenade, Plätze im Freien; die Bedienung versucht, Englisch zu sprechen, gefälliges Preisniveau. Hier kann man am Nachmittag und Abend gut sitzen und aufs Hafenbecken schauen! Am Seiteneingang ist ein **chinesisches Restaurant,** zu dem zwei überlebensgroße Nachbildungen der Tonfiguren der berühmten chinesischen Terrakottaarmee führen. Gehobenes Ambiente, Preise im mittleren Segment, 10 % Servicegebühr. Zuweilen ist viel Geduld erforderlich.
- **Café Merci,** Noe Dschordania 24, winziges Restaurant mit zwei sehr netten Russinnen als Bedienung. Supergefällige Preise und sehr schmackhaftes Essen. Es stehen meist zwei Stühle vor dem Haus, im Obergeschoss ist das in Georgien allgegenwärtige Separée für private Feiern. Ideal auch für Gäste des Hotels Oscar, da fußläufig erreichbar.
- **Kaffee Kappadokia,** ERA 2, gepflegtes türkisches Restaurant mit gefälligen Preisen.
- **Café Slim,** Memet Abaschidse 2, mit Straßencafé.
- **Priwyet iz Batuma** (Gruss aus Batumi), M. Abaschidse 39, eher ein Jugendcafé mit zahlreichen preisgünstigen Kuchen, Torten und Eiscremes. Innen Klimaanlage und oft laute Musik, saisonabhängig Plätze im Freien.

An- und Weiterreise

- Der **Bahnhof** befindet sich im 5 km entfernten Machindschauri (engl. Makhindjauri). Zugfahrkarten können außerhalb der Saison am gleichen Tag oder sogar noch vor Abfahrt am Bahnhof gekauft werden, während der Sommersaison sollte man sich mindestens eine Woche vorher um Tickets bemühen.
- Der chaotische **Busbahnhof** *(Awtowoksal)* befindet sich in der Zereteli-Straße / Ecke Schawscheti. Hier fahren u.a. folgende Busse und Marschrutki ab: Kutaisi 7–20 Uhr, 7 GEL; Poti (über Kobuleti) 8–18 Uhr, 5 GEL; Osurgeti 7.30–18 Uhr, 4 GEL. Vorsicht vor Dieben, Taschen zuhalten! Marschrutki mit der Aufschrift „HOPA" fahren nicht ins türkische Hopa, sondern zu einem Markt am Stadtrand.
- Busse, Marschrutki und Taxen **nach Tbilisi** fahren vom Halteplatz nahe der Kirche Unserer Heiligen Jungfrau ab (zwischen Asatiani-Straße und Hospital), stündliche Abfahrten.

Ticketagenturen:

- **Adjara Tour,** 26 Maisi 36 (ehemalige uliza Kirowa), Flug-, Bus- und Bahnfahrkarten, Tickets für Lufthansa, Turkish Airlines, British Airways, Georgian Airways, S7 (Siberian Airlines), englischsprachiges Personal, sehr freundlich.
- **Citytour,** Barataschwili 12, Tel. 732 52, bietet Flugtickets in alle Richtungen.

Weiterreise in die Türkei:

- Täglich fahren mehrere **Marschrutki** (Nr. 142) ab Marktplatz (Tschawtschawadse, Kreuzung Tbilisis Moedani) nach **Sarpi** (1,50 GEL, 15 km) zum türkischen Grenzübergang. Dort aussteigen, die Grenzformalitäten erledigen und zu Fuß über die Grenze gehen. Auf türkischer Seite warten die türkischen „Vettern" der Marschrutki, die Dolmuschs, und garantieren einen Weitertransport nach Trabzon.

Direkt nach Trabzon (georgisch Trebisoni) in die Türkei fahren vom Tbilisis Moedani aus etwa 3 oder 4 Marschrutki täglich. Schneller ist man jedoch mit der Umsteigevariante, da viel mehr Marschrutki nach Sarpi fahren und man nicht gezwungen ist, auf die Abfertigung der anderen Reisenden zu warten.

082ge Foto: mk

Von Batumi ist es nicht weit zum nahe der türkischen Grenze gelegenen Sarpi

- Wer **aus der Türkei nach Sarpi** einreist, kann das kleine Touristenbüro gegenüber dem Grenzübergang kontaktieren, das auch preisgünstige Zimmer in den Wohnhäusern der Familien in Sarpi vermittelt.

Flüge:

- Seit der Eröffnung des **neuen Flughafens von Batumi** (ca. 5 km ab Stadtgrenze) im Jahr 2007 gibt es über Istanbul **Direktverbindungen** mit Batumi (Turkish Airlines, siehe Kapitel „Vor der Reise: Anreise").
- Turkish Airlines bietet drei Flüge pro Woche (Di, Do, Sa) von und nach **Istanbul** (IST) an. Istanbul – Batumi: TK 1388 (Di) ab IST 7.25 Uhr, an BAT 10.25 Uhr, TK 1390 (Do und Sa) ab IST 16.10 Uhr, an BAT 19.10 Uhr. Batumi – Istanbul: TK 1389 ab BAT 11.25 Uhr, an IST 12.20 Uhr, TK 1391 ab BAT 19.55 Uhr, an IST 20.55 Uhr (jeweils Ortszeit). Ab Istanbul Einführungspreis 58 TRY, ab Batumi 48 US$, one way.

Schwarzmeerfähren:

- **Instra-Büro,** Kutaisi 34, Tel. 741 19, Fax 727 24, Vertretung von Ukrferry (www.ukrferry.com), Schiffsfahrkarten nach **Poti** und **Odessa.** Donnerstags fährt die Fähre „Greifswald" nach Poti und weiter nach Odessa. Monatlich kommt ein neuer Fahrplan heraus. Website Hafen: www.batumiport.com, mit englischem Link und Terminalplan.

Umgebung von Batumi

Festungsruine Gonio ⇗ XX/A3

Die Festungsruine Gonio-Apsaros liegt etwa 12 km südlich von Batumi direkt an der Straße zum türkischen Grenzübergang Sarpi und ist leicht per Taxi oder Marschrutka zu erreichen. Die Länge der gut erhaltenen Festungsmauern beträgt 900 m, ihre Höhe 5 m. Von den einst 22 Türmen sind noch 18 erhalten. Man geht davon aus, dass mit dieser Festung die Eingänge zu den Schluchten des Tschorochi und Atscharistskali geschützt werden sollten. Eventuell wurde hier *Apsaros (Absysrtos),* der Sohn des kolchischen Königs *Aietes,* begraben, nachdem er von *Jason* ermordet und ins Meer geworfen worden war. Gesichert ist, dass die Festung Gonio, um die herum eine Siedlung angelegt war, eine der ersten Befestigungsanlagen des Römischen und später des Byzantinischen Reiches war. In den 1960er Jahren begann man mit **archäologischen Ausgrabungen,** 1974 wurde dabei zufällig ein Goldschatz gefunden. Erst seit 1994 laufen systematische Ausgrabungen. *Matthäus,* einer der zwölf Apostel, soll hier begraben sein.

- **Geöffnet:** täglich 10–17 Uhr, Eintritt 10 GEL. Anreise mit der Marschrutka Nr. 142 in Richtung Sarpi oder dem Taxi (10 GEL inkl. Wartezeit).
- **Unterkunft:** Etwas südlich der Festung befindet sich das nagelneue **Hotel Eva,** Tel. 877 45 66 66, 877 52 40 40. DZ 40 GEL, Lux 60 GEL mit Halbpension, Minibar, Klimaanlage, Parkplatz.

Botanischer Garten ⇗ XX/A2-3

Zum 9 km nördlich von Batumi gelegenen Botanischen Garten kommt man entweder mit dem Taxi (10 GEL) oder der Marschrutka (Nr. 1). Der Garten wurde 1912 gegründet und gehört seit 1950 zur Georgischen Akademie der Wissenschaften. Er liegt am **Grünen Kap** (georg. *Mzwane Konzchi,* russ. *Seljonij Mys*).

Der 114 ha große Garten erstreckt sich über zahlreiche Hügelketten und ist in neun Abteilungen untergliedert, die 5000 Arten von Pflanzen zeigen, darunter etwa 3300 Baumarten im **Arboretum.** Obwohl in Adscharien subtropisches Klima herrscht, gedeihen hier auch Pflanzen aus Australien, dem Himalaja, Nord- und Südamerika, Mexiko, dem Mittelmeerraum und Ostasien. Bedeutend sind auch die **Eukalyptussammlung** und die bis zu 20 m hohen **Bambusgewächse.**

Man kann hier gut einen ganzen Tag verbringen und sich an den schönen Pflanzen erfreuen. Für die Besucher wurden **Picknickplätze** eingerichtet, man kann sogar Fußball spielen.

- **Geöffnet:** ganzjährig ganztägig, Eintritt 6 GEL für Ausländer, 2 GEL für Georgier. Im Sommer fahren **Bimmelbahnen** (russ. *Progulotschnije Poesdki*) von und nach Batumi (hin und zurück 5 GEL).

In der Festung Gonio

Kobuleti

⇗ XX/B2

Nur wenige Kilometer nördlich von Batumi befindet sich das Straßendorf Kobuleti mit seinem etwa 10 km langen Kieselstrand. Kobuleti verharrte noch bis etwa 2005 in einer Art Dornröschenschlaf. Da die abchasische Riviera zurzeit für Georgier nicht erreichbar ist, erlangte Kobuleti sozusagen als Ausweichziel einen nicht für möglich gehaltenen Aufschwung und mauserte sich zur **Discomeile am Schwarzen Meer.**

Der Ort besteht aus einer etwa **10 km langen Strandpromenade** (Tamar-Mepe-Straße) und dem landeinwärts parallel dazu verlaufenden Agmaschenebeli-Boulevard mit seinen etwa 70 Restaurants und Cafés und unzähligen Geschäften. Hier entlang fahren auch die Marschrutki von Poti nach Batumi. Der Rustaweli-Boulevard verläuft weiter landeinwärts parallel dazu und ist die zweite Hauptstraße von Kobuleti. Hier befinden sich unzählige preisgünstige und einfache Unterkünfte, in den Plattenbauten hinter dem Rustaweli werden Zimmer vermietet, die noch günstiger sind. Außerhalb der Saison ist der Ort eher verschlafen, aber schon im Mai kann man sich **sonnen und baden** und hat den Kieselstrand für sich allein.

Für Touristen aus Mitteleuropa dürfte es gewöhnungsbedürftig sein, dass fast alle Unterkünfte und Restaurants **keinerlei Beschilderung** aufweisen

084ge Foto: mk

und außerhalb der Saison gar nicht erkennbar sind. Die unten angegebenen Hotels sind aber als solche klar zu erkennen. Die Zählung der Hausnummern beginnt auf der Batumier Seite des Ortes und endet auf der Seite Richtung Poti. Die oben genannten Hauptstraßen sind leicht auszumachen. Schwieriger wird es bei den zahlreichen Querstraßen, die ebenfalls keinerlei Beschilderung aufweisen und deren Namen auch Einheimischen fast immer unbekannt sind.

Zizinatela-Vergnügungspark

Kurz vor Kobuleti in Richtung Tscholoki-Brücke bzw. Poti liegt der neue „Glühwürmchenpark“, der ab 19 Uhr sehr stark frequentiert ist. In der Saison muss man sich auf lange Wartezeiten vor den Fahrgeschäften einrichten. Der Vergnügungspark wurde von dem georgischen Finanzmagnaten *Bidzina Iwanischwili* für 15 Mio. Dollar errichtet. Als zweite große Attraktion wird ein **Aquapark** gebaut. Der große Andrang mag sich auch daher erklären, dass moderne Fahrgeschäfte in Georgien noch ein Novum sind. Außerhalb der Saison bleibt der Park meist geschlossen.

Service

- **Vorwahl:** 236

Unterkunft

Offiziell gibt es in Kobuleti nur wenige Hotels. Man kann aber davon ausgehen, dass mehr als 1000 Familien alle nur möglichen Zimmer vermieten und während der etwa acht Wochen dauernden Hauptsaison von Mitte/Ende Juli bis Anfang/Mitte September mehr als 200.000 Feriengäste am unendlich scheinenden Kieselstrand Erholung suchen. Auch kasachische Investoren sind hier sehr aktiv.

Wer **Privatzimmer** sucht, sollte einfach Leute ansprechen. Irgendwer kennt immer irgendwen. Als Richtwert für die Preisgestaltung in den Privatunterkünften gilt pro Nacht und Person: in den Plattenbauten hinter dem Rustaweli 6 GEL, in den Privathäusern auf dem Rustaweli 15 GEL, in den Privathäusern auf dem Agmaschenebeli 30 GEL, in den Privathäusern an der Strandpromenade bis zu 50 GEL. Stutzig sollte man werden, wenn die erste Frage des potenziellen Vermieters dem Heimatland des Zimmersuchenden gilt, ein Indiz für eine Preisgestaltung entsprechend der –vermuteten – Zahlungsmöglichkeiten.

Hotelzimmer können auch über Exotour oder andere **Veranstalter** gebucht werden (www.exotour.ge mit englischem Link). Außerhalb der Saison ist Vorbuchung nicht erforderlich. Allerdings sind nur wenige Hotels außerhalb der Saison überhaupt geöffnet! Buchungen über Veranstalter sind immer teurer.

Die Hotels Sanapiro und Green House sind in ca. 20 Gehminuten vom Bahnhof aus erreichbar, für die anderen nimmt man besser ein Taxi.

- **Hotel Condori,** Agmaschenebeli 280, Tel. mobil: 877 44 88 82, Tel./Fax 888 23 66 62 44, www.condori.ge, info@condori.ge. Das nur in der Saison geöffnete, 2006 eröffnete Hotel bietet alle Annehmlichkeiten, die man von einem modernen Hotel erwartet. Vier Etagen, herrliches Foyer, Tiefgarage, Lift, alle Zimmer mit Telefon, Kabel-TV, Klimaanlage; Lux-Zi. 204 mit herrlichem Schlaf- und Wohnzimmer mit Balkon und Klimaanlage für beide Zimmer. Standardzimmer für 60/70 US$ (EZ/DZ), mit zusätzlichem Ausziehsessel für die Aufbettung.
- **Hotel Green House,** Tamar Mepe 8, gegenüber vom Sanapiro, Tel./Fax 32 20 50 55, www.greenhousehotel.eu/kobuleti.en, die englischsprachige Homepage vermittelt einen Eindruck von den Zimmern. 30 m von der Küste entfernt. Schöne Zimmer auf drei Etagen mit Bad, Klimaanlage, TV und Mini-

bar, teilweise Balkon; DZ-Standardzimmer 50 US$, Pol-Lux 80 US$, Lux 100 US$, im August mehr. Die Lux-Zimmer mit Ausblick sind im Obergeschoss, kein Lift. Lux-Zimmer 403: Kinder- und Wohnzimmer, Vorraum, Elternschlafzimmer. Nightclub, eigene Yacht (12 Plätze), im Hof Swimmingpool.

- **Hotel Sanapiro,** Tamar Mepe 1, Tel./Fax 23 66 79 77, mobil: 899 50 63 83. Das ganzjährig geöffnete Hotel liegt direkt an der Küste und verfügt über 15 Zimmer und 31 Betten, Preise Vorsaison/Saison (15.7.–5.9.): EZ 35/50 GEL, DZ 45/120–70/170 GEL. Das Restaurant öffnet jeweils am 1. Juni, vorher Essen auf Anfrage, herrlicher Ausblick auf ganzjährig verschneite Berge. Picknicks an einem 6 km entfernten Bergbach möglich. Der Manager Herr *Surab* vermittelt auch Privatzimmer. Freier Parkplatz, riesige Sauna.
- **Hotel L-Kopa,** Tamar Mepe 96, Tel. mobil: 893 28 86 88 *(Nuksar)* bzw. 899 10 79 73 *(Akaki,* engl.). Unmittelbar am Strand gelegen, Saisonbetrieb. Zehn Zimmer zu 20–25 US$ inkl. Halbpension. Zi. 5 Balkonzimmer mit Wohn- und Schlafzimmer und modernem Bad; Restaurant mit Eingang von der Seepromenade.

Essen und Trinken

Es gibt während der Saison **unzählige Restaurants und Cafés** und jeden Abend erschallt aus jeder Ecke eine andere Discomusik. Außerhalb der Saison ist das Angebot eher bescheiden.

An- und Weiterreise

- Der nagelneue, nicht behindertengerechte **Bahnhof** von Kobuleti befindet sich am Ortseingang, von Batumi kommend. (Fahrplan siehe Anhang).
- **Taxifahrer:** Herr *Tomasi* (wirklich gut), Tel. mobil: 899 25 51 38 (Russ.).

Ureki

↗ XX/B1

Ureki ist ein dorfähnlicher **Kurort** im Bezirk Osurgeti und liegt direkt am Schwarzen Meer, 4 km südlich der Mündung des Flüsschens Supsa und 20 km südlich von Poti. Der Winter ist hier außerordentlich mild, es schneit fast nie, der Sommer ist sehr warm. Das milde Küstenklima und das Meer sind entscheidend für die heilklimatische Wirkung des Ganzjahrkurortes. Zusätzlich geht man davon aus, dass der **hohe Magnetitgehalt des Strandes** eine heilende Wirkung hat. Patienten mit Erkrankungen des Herz-Kreislaufsystems, des Nervensystems und der Atmungsorgane (vom Nichttuberkulosetyp), mit Verdauungsproblemen, Lebererkrankungen und Problemen des Stoffwechsels sowie der Harnwege suchen hier Linderung und Heilung.

Unterkunft

- **Hotel Kolchida,** Takaischischwili 77, Tel. mobil: 899 20 54 45 bzw. 899 11 86 62, info@kolkhida.ge, www.kolkhida.ge. 94 Zimmer, davon 3 Apartments, 12 Suiten zu 90 GEL mit Vollpension und 79 DZ zu 50–60 GEL mit Vollpension; Kabelfernsehen, Bad und Balkon. Restaurant mit georgischer und europäischer Küche, Bar, Wasserski, Spielplatz, Parkplatz, Rettungsdienst, Schwimmkurse, Fitnesscenter und Organisation von Ausflügen.
- **Hotel Albatrosi,** Tel. mobil: 899 26 46 85 bzw. 899 55 07 93, 30 m bis zum Strand. 28 Zimmer mit Klimaanlage, TV und Kühlschrank, moderne Einrichtung, zusätzlicher Pool, im Garten Springbrunnen. Es gibt drei verschiedene Zimmerkategorien: Familienzimmer mit Wohn- und Schlafraum 30 US$, ein Poliluxzimmer zu 35 US$, 2 Luxzimmer zu 45 US$. Alle Preise inkl. Frühstück/Mittagessen, außerhalb der Saison 5 US$ billiger.

• **Hotel Riviera,** Tel. mobil: 893 14 81 56 bzw. 899 414 261. Am Strand, umgeben von Eukalyptus- und Fichtenwäldern und kleinen Springbrunnen. Moderne Zimmer mit Sat-TV (inkl. ntv), DZ 50 GEL, Drei- oder Mehrbettzimmer 50 GEL, Lux 70 GEL, keine Rabatte. Restaurant, Bar, zwei Cafés, eins davon für Kinder; Billardzimmer, Sauna und Jacuzzi, Organisation von Motorbootfahrten auf dem Paliostomi-See.

Poti

⇗ XX/A1

Poti liegt nicht mehr in Adscharien, sondern bereits in der sich nördlich anschließenden **Region Mingrelien.** Obwohl die Hafenstadt an der Mündung des Rioni eng mit der Argonautensaga verbunden ist, da *Jason* hier mit seinen Mannen an Land gegangen sein soll, erinnert nicht wirklich etwas daran. Die Stadt hat nichts von touristischem Interesse zu bieten. Wer hierher kommt, will mit der **Fähre nach Odessa** übersetzen.

Im 7. und 6. Jh. v.u.Z. war die Stadt eine griechische Kolonie mit dem Namen *Phasis*, was archäologische Funde aus dem nahegelegenen **Paliostomi-See** beweisen. Als Teil der antiken Seidenstraße wurden hier bereits im 5. Jh. Waren aus Indien, Zentralasien, dem Nahen Osten und dem Mittelmeerraum umgeschlagen. Später wurde der Ort zur türkischen Festung und schließlich 1828 von Russland eingenommen.

Als *Alexandre Dumas* 1859 hier eintraf, um seine „Reise durch den wilden Kaukasus" abzuschließen und mit dem Dampfer „Großfürst Konstantin" nach Trapezunt (heute Trabzon/Türkei) überzusetzen, musste er einige Tage in Poti verbringen. Er beschrieb es als Ort, in dem jede Menge Schweine durch die Straßen liefen und diese so voller Schlamm waren, dass der Ausrufer regelrecht darin versank, als er einem eher desinteressierten Publikum verkündete, dass Zar *Alexander II.* beschlossen hatte, Poti zum 1. Januar 1859 zur Stadt zu erklären.

Ende 1906 wurde in Poti der erste georgische Fußballclub gegründet. Nachdem die Stadt 1872 an die Transkaukasische Eisenbahn angeschlossen worden war, nahm der Handel einen großen Aufschwung, insbesondere als Ausfuhrhafen für Manganerz.

Aus deutscher Sicht ist Poti insofern von Interesse, als hier am 26. Mai 1918 zwischen dem Deutschen Kaiserreich und der Ersten Georgischen Republik ein Abkommen unterzeichnet wurde, in dem Deutschland als erstes Land der Welt die Georgische Republik anerkannte. 1894–1912 war *Niko Nikoladse* hier Bürgermeister, woran ein riesiges Denkmal in der Nähe des Hotels „Anchor" erinnert.

Service

• **Vorwahl:** 393/292
• **Geldautomat:** Pro Creditbank links neben dem Hotel Anchor sowie auf der Agmaschenebeli-Straße.
• **Internet:** Agmaschenebeli-Straße.
• **Webseiten:** www.poti.ge, Infos über die Stadt; www.potiseaport.com mit englischem Link, Infos über die Terminals sowie Fähren.

Hotel Anchor

Unterkunft

- **Hotel Anchor,** Gegidse 90, Tel. 260 00 bzw. 253 08, Fax 240 08. Gutes Hotel, Rezeption englischsprachig und sehr nett, EZ/DZ/Suite 100/120/200 GEL mit Frühstück im Vorderhaus, im Hinterhaus etwas preisgünstigere Räume. Restaurant sehr gut eingerichtet und schmackhafte, gar nicht mal teure Küche, Verständigung jedoch mit wackligem Englisch.

An- und Weiterreise

- **Marschrutki** kommen auf einem heruntergekommenen Markt (russ. *Rynok*) an, auf dem viele Flüchtlinge aus Abchasien versuchen, ihren Lebensunterhalt zu bestreiten. Rechts neben einem relativ gut aussehenden Restaurant, in dem Männer sich die Zeit vertreiben, führt eine kleine Gasse mit Lädchen entlang. Hier erspähe man die Marschrutka Nr. 2, die nach 5–10 Minuten Fahrt via Agmaschenebeli-Straße zum Hotel Anchor bzw. zur Instra-Vertretung fährt. Marschrutki nach Batumi 8–18 Uhr, jede Stunde, 5 GEL.
- Der **Bahnhof** ist in Marktnähe, über die Rioni-Brücke gehen (Fahrplan s. Anhang).
- **Fähre nach Odessa:** Instra-Vertretung (Ukrferry, www.ukrferry.com), Gegidse 20, InstraPoti@access.sanet.ge, Tel. 39 32 10 60 (nur Russisch oder Georgisch), Fax 39 32 03 20. Das Ticketbüro liegt nur einige Häuser rechts neben dem Hotel Anchor. Zu beachten ist, dass das Ticket im Sommer mindestens eine Woche vorher gekauft werden muss (russ. *Bronirowat Bilet*), auch wer z.B. in Odessa bereits ein Rückfahrticket erworben hat, muss es hier bestätigen (russ. *Podtwerschdat Bilet*) lassen, da sich die Abfahrtzeiten sporadisch ändern.

Man braucht jedoch Geduld! Der Servicegedanke ist noch kaum ausgeprägt und viele Einheimische wollen in der Ukraine arbeiten, wofür sie viel Papierkram erledigen müssen (neuer Pass, Nachweis englischer oder russischer Sprachkenntnisse). Tipp: wer nur Englisch kann (also weder Russisch noch Georgisch), sollte die Rezeptionistin aus dem Hotel Anchor bitten zu helfen und anschließend ein paar Lari als Dankeschön nicht vergessen.

083ge Foto: mk

Abchasien

Das Land der Seele und der Minen

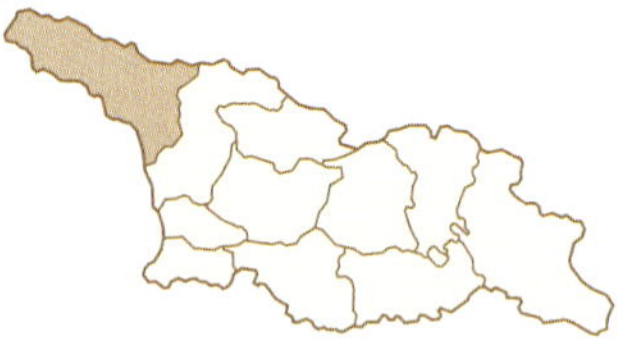

Abchasien (Abchaseti, russ. Abchasia), die abtrünnige Teilrepublik im Nordwesten Georgiens, nennt sich selbst Apsny, „Land der Seele". Bezeichnungen wie Kaukasische Riviera oder Garten Eden wären sicher auch angebracht, wirken aber unpassend angesichts der jüngsten Geschichte dieser **selbsternannten Republik.** Der Abchasienkonflikt, von unseren Medien weitgehend totgeschwiegen, schwelt langsam vor sich hin und eine Lösung scheint in weiter Ferne. Aus diesem Grund ist es für Reisende zurzeit **nicht möglich, nach Abchasien zu fahren!** Von illegalem Grenzübertritt ist dringend abzuraten. Das **Auswärtige Amt** (www.auswaertiges-amt.de) gibt dazu im März 2008 Folgendes bekannt:

„Die Sicherheitslage in diesem Landesteil ist prekär. In mehreren Teilen des Landes liegen teils nicht gekennzeichnete **Minenfelder.** Abchasien ist grundsätzlich für den internationalen Reiseverkehr gesperrt; die Ein- und Ausreise ist weder über die russische Nordgrenze noch über die Waffenstillstandslinie entlang des Enguri-Flusses möglich. Insbesondere wird darauf hingewiesen, dass die Einreise über die russisch-abchasisch/georgische Grenze (z.B. Grenzübergang Psou) nach Georgien von den georgischen Behörden als **illegaler Grenzübertritt** behandelt wird. Bei anschließender Weiterreise über die Waffenstillstandslinie am Enguri-Fluss in benachbarte georgische Landesteile bzw. beim Ausreiseversuch über reguläre georgische Grenzübergänge drohen daher **Festnahme und Strafverfahren.** Auch bei späteren Reisen nach Georgien droht die Verweigerung der Einreise, sollte sich aus dem Pass ergeben, dass zuvor auf illegalem Wege nach Abchasien/Georgien eingereist wurde."

Da die selbst proklamierte Republik von keinem Staat der Welt diplomatisch anerkannt wird, gibt es auch keine diplomatischen Beziehungen. Weder wird der abchasische Pass im Ausland anerkannt, weshalb viele Einheimische inzwischen einen russischen Pass beantragt und bekommen haben (ein Paradoxon als solches!), noch haben ausländische Botschaften die Möglichkeit, ihren Bürgern im Notfall beizustehen. **Raub und Entführungen** kommen leider immer wieder vor.

Dass die illegale Einreise über den von Georgien nicht anerkannten Grenzübergang bei Sotschi (Flüsschen Psou) zu Problemen in Georgien bis hin zur **Verhaftung** führen kann, hat ein niederländischer Traveller erlebt und auf seiner Homepage veröffentlicht: www.wilbertgatochfietsen.nl. Er reiste illegal über den Grenzübergang am Psou von Russland nach Abchasien ein und zunächst unbehelligt via Brücke über den Inguri nach Georgien weiter. Beim Ausreiseversuch über die Grenze zur Türkei in Sarpi wurde er festgenommen und musste schließlich 4000 GEL Strafe plus 1000 GEL für den ihm zur Seite gestellten Rechtsanwalt zahlen. Die Homepage ist zwar in Niederländisch, aber das Wesentliche versteht man auch als Deutschsprachiger.

Abchasien im Internet

- **www.apsny.ru,** in russischer Sprache, man kann sich zu schönen Fotos durchklicken.
- **www.kapba.de,** eine informative Homepage eines in Deutschland lebenden Abchasen in deutscher Sprache.
- **www.mfaabkhazia.org/Eng/Consular%20Service.htm,** Website der selbst ernannten Regierung in Sochumi.

Bevölkerung

Die letzte sowjetische Volkszählung von 1989 hat eine Einwohnerzahl von 500.000 ermittelt, davon 48 % Georgier und 17 % Abchasen. Im Verlauf des Krieges und der nachfolgenden ethnischen Säuberungen wurden rund 250.000 Einwohner (darunter ca. 200.000 Georgier) vertrieben. Laut Volkszählung 2005 sind 45 % der Bevölkerung Abchasen, 18 % Armenier, 13 % Georgier, 22.000 Russen und 6000 Esten.

Abchasien wird vorwiegend von **orthodoxen Christen** (ca. 60 %) und sunnitischen Moslems (ca. 16 % der Bevölkerung) bewohnt.

Einige Hunderttausend Abchasier leben seit dem 19. Jh. in der Türkei, viele auch in den USA. In Russland leben über 11.000 Abchasier, davon die meisten in Moskau (ungefähr 4000).

Politische Entwicklung

1921 wurde in Abchasien durch das Eingreifen der Roten Armee nach schweren Kämpfen die Sowjetmacht etabliert und das Land zur gleichberechtigten **Sowjetrepublik Abchasien** erklärt, bevor die Republik dann Georgien angeschlossen und zur „Abchasischen Autonomen Sozialistischen Sowjetrepublik innerhalb der Grusinischen Sozialistischen Sowjetrepublik" wurde. In den 30er Jahren des vergangenen Jahrhunderts begann die großzügige Besiedlung des Landes mit Georgiern, meist Mingrelen, die daraufhin die Mehrheit der Bevölkerung bildeten.

In der Gorbatschow-Ära (ab 1985) begannen viele Abchasen, mehr kulturelle Eigenständigkeit und die Rückdrängung des übermächtigen russischen Einflusses zu fordern. Gleichzeitig wuchs in Georgien der Nationalismus unter *Swiad Gamsachurdia,* der vor allem in Westgeorgien großen Einfluss gewann. Das äußerte sich auch in Aussprüchen wie „Abchasien, Südossetien und Adscharien sind Minen im Körper Georgiens", die damals seitens der Nationalisten gefallen sein sollen. Die Lage wurde immer angespannter. Der Oberste Sowjet Abchasiens forderte die Wiederherstellung der Abchasischen Sowjetrepublik von 1921, was die Gamsachurdisten als Provokation ansahen. *Wladislaw Ardsinba* baute in den Jahren 1992/93 eine separatistische Bewegung auf, wobei er sich der Unterstützung der abchasischen Clans sicher sein konnte.

Einseitig erklärte Unabhängigkeit

Am 21. Februar 1992 erklärte der Militärrat Georgiens die Abschaffung der Verfassung aus der Sowjetzeit und die Wiedereinsetzung der Verfassung der Ersten Georgischen Republik aus dem Jahre 1921. Viele Abchasen interpretierten dies als Abschaffung ihres als erniedrigend empfundenen Autonomiestatus und die Wiedereinsetzung ihrer Rechte als gleichberechtigte Sowjetrepublik Abchasien. Daher erklärte man am 23. Juli 1992 die **Unabhängigkeit Abchasiens.** Diese Unabhängigkeitserklärung wurde jedoch weder von Georgien noch einem anderen Land weltweit bis dato anerkannt.

Bürgerkrieg

Am 10. August 1992 traf der Staatsrat der Republik Georgien die Entscheidung, **georgische Truppen** zum Schutz der Hauptverkehrswege und Eisenbahnverbindungen nach Abchasien zu entsenden, ein folgenschwerer Fehler, wie *Eduard Schewardnadse* später eingestand. Dennoch war es weder den georgischen noch den abchasischen Truppen möglich, die Eisenbahnlinie vor blinder Zerstörungswut zu schützen. Die Bahnstrecke von Sotschi über Sochumi nach Tbilisi gehört durch Sprengung der Schienen und Ausschlachten der Zugwagen der Vergangenheit an.

Im Oktober 1992 besuchte eine erste **UN-Beobachtergruppe** Abchasien und kam zu dem Schluss, dass der Einsatz von UN-Blauhelmen in Abchasien nicht erforderlich sei. Im Januar 1993 bat Schewardnadse die UNO offiziell um die sofortige Entsendung einer UN-Friedenstruppe. Stattdessen entsandte die UNO im April 1993 eine zweite Beobachtergruppe.

Im Juni 1993 verlangte Russland von Georgien, Abchasien einen Autonomiestatus zu gewähren, und ermutigte **abchasische Milizen** zur militärischen Übernahme des Landes mit Ausnahme der Hauptstadt Sochumi. Am 27. Juli 1993 unterzeichneten Russland, Georgien und Abchasien in Sotschi ein **Waffenstillstandsabkommen.** Dieses Abkommen beinhaltete den Rückzug der georgischen Truppen aus Abchasien und die Rückkehr des abchasischen Parlaments nach Sochumi unter den Augen von UN-Beobachtern.

Die georgischen Truppen lieferten vereinbarungsgemäß ihre schweren Waffen und Raketen bei den russischen Truppen ab, die abchasische Seite brach jedoch dieses Abkommen schon am 16. September 1993 und eroberte die Hauptstadt Sochumi. Die letzten georgischen Militäreinheiten verließen Abchasien bis zum 30. September 1993. Ihnen mussten **250.000 Vertriebene** folgen, auch einige Tausend Armenier und Griechen, die seit Generationen in Abchasien lebten. Viele Menschen kamen bei der Flucht über die verschneiten Bergkuppen Swanetiens um. Abchasien verlor so innerhalb kürzester Zeit die Hälfte seiner Einwohner! Georgien musste diese Flut von Flüchtlingen in genauso kurzer Zeit aufnehmen und unterbringen, was bei einem Volk von ca. fünf Millionen eine mehr als große Herausforderung war.

Noch im Jahr 1993 kam es in Westgeorgien, etwa in Kutaisi und Sugdidi, zu Kämpfen der Gamsachurdisten, Anhänger Swiad Gamsachurdias. Die Lage des damaligen georgischen Staatspräsidenten Eduard Schewardnadse schien aussichtslos. Russland bot Unterstützung an, wenn Schewardnadse seinerseits bereit wäre, Georgiens Antrag zum Beitritt in die GUS (Gemeinschaft Unabhängiger Staaten) einzubringen. Gleichzeitig musste er der langfristigen Stationierung russischer Truppen in Georgien zustimmen.

Im September 1993 sollte in Genf eine **UN-Konferenz** zur politischen Lösung des Abchasienkonfliktes stattfinden. Die Vertreter Abchasiens erschienen gar nicht erst in Genf, sondern nahmen Sochumi in einem Militärschlag ein, wobei die „Schutzmacht" Russland, die ja die Einhaltung des Waffenstillstandsabkommens garantieren sollte, nicht eingriff. Schewardnadse rief die UNO um Hilfe an, aber das kleine Georgien scheint in den Augen westlicher Politiker eine weit geringere politische Bedeutung zu haben als die Supermacht Russland. Oder wie sonst soll man es sich erklären, dass die territorialen Grenzen des OSZE-Mitgliedsstaates Georgien durch die nationale Minderheit der Abchasen unter Mithilfe des OSZE-Mitgliedsstaates Russland verletzt werden? Dies stellt in gewissem Sinne auch einen Präzedenzfall dar.

Der abchasische Separatistenführer Ardsindba erlaubte nichtgeorgischen Flüchtlingen die **Rückkehr** nach Abchasien, in den Häusern der vertriebenen Georgier siedelte er vor allem Russen, aber auch Tscherkessen und Tschetschenen an. Georgier, die ihr Hab und Gut nicht freiwillig aufgaben, wurden ermordet.

Im April 1994 wurde in Moskau ein Abkommen zwischen Georgien und Abchasien unterzeichnet, in dem Abchasien den 250.000 Flüchtlingen die Rückkehr erlaubte und die Stationierung von 2500 Mann einer GUS-Friedenstruppe vorsah. Abchasien sah es als einen Schritt in Richtung Unabhängigkeit an, dass das Abkommen eine abchasische Verfassung, Hymne und Staatsflagge erlaubte. Es wurde versäumt, die georgische Oberhoheit über Abchasien festzuschreiben.

Stattdessen schuf die russische Seite Fakten durch die Entsendung von drei **Bataillonen** anstelle der 2500 Mann, ausgestattet mit schwerer Artillerie und T-72-Panzern, die sich entlang der 12-km-Sicherheitszone am Inguri-Fluss und im Kodori-Tal stationierten. Es sollte ihre Aufgabe sein, den Flüchtlingen die Rückkehr nach Gali zu ermöglichen. Der UN-Sicherheitsrat billigte dieses Vorgehen. Eine Rückkehr nach ganz Abchasien wollte Russland jedoch nicht begleiten.

Im Februar 1995 ging die UNO davon aus, dass Georgien den Krieg gegen Abchasien verloren habe und der Bildung einer Konföderation zwischen beiden Staaten zustimmen würde. Im März 1995 richteten abchasische Milizen in Gali unter Anwesenheit der UN-Beobachter und russischen Friedenstruppen ein **Blutbad** unter der georgischen Bevölkerung an. Die russischen „Friedenstruppen" stellten dafür Fahrzeuge und Treibstoffe zur Verfügung. Danach konnte von einer absehbaren Rückkehr der Georgier nicht mehr die Rede sein.

Russland begann am 11. Dezember 1995 den **Krieg gegen Tschetschenien** im Nordkaukasus.

Brennpunkt Ost-Abchasien

Der ehemalige Gouverneur des **Oberen Kodori-Tals,** *Emsar Kwitsiani,* hatte am 23. Juli 2006 die Autonomie des Gebietes ausgerufen, woraufhin georgische Truppen dorthin verlegt wurden, um Kwitsiani festzunehmen. Das Obere Kodori-Tal gehört zu Ober-Abchasien, das aus der Oberen Kodori-Schlucht, der Tschachalta-Gebirgskette und dem Maruchi-Pass besteht. Es wird vor allem von Swanen bewohnt und ist dünn besiedelt (weniger als 2000 Menschen im Jahr 2002). Da Sochumi nur 20 km entfernt liegt, ist es von strategischer Bedeutung. Obwohl es zunächst zum abchasischen Bezirk Gulripschi gehörte, fiel es infolge des Waffenstillstandvertrages vom 14. Mai 1994 unter die Kontrolle der georgischen Zentralregierung in Tbilisi. Kwitsiani und seine etwa 200 Mann starke Freischärlertruppe Tkis Mebi (Waldbrüder) konnten sich hier etablieren. Die UNOMIG (United Nations Oberservers Mission in Georgia) hatte das kritisiert, woraufhin mehrere UN-Beobachter entführt wurden. Die

UNOMIG stellte ihre Überwachungstätigkeit der Einhaltung des Waffenstillstandsabkommens danach ein. Kwitsiani und seine paramilitärischen Milizen wurden durch eine Polizeiaktion am 25. und 26. Juli 2006 im Oberen Kodori-Tal aufgerieben.

Am 27. September 2006 ernannte *Michail Saakaschwili* das Gebiet zu Ober-Abchasien und verlegte die abchasische Exilregierung von Tbilisi nach Tschchalta, Ober-Abchasien wurde zum 86. georgischen Wahlkreis ausgerufen.

Besonders die Lage in Ost-Abchasien bleibt gespannt. Der Kodori-Fluss und die umliegenden Felder sind zu großen Teilen vermint! Die **Minen** wurden hauptsächlich von georgischen Truppen unter Schewardnadse verlegt, immer wieder kommt es zu Explosionen, wenn Bauern ihre Felder bearbeiten. Eine besondere Gefahr stellen die Minen dar, die in Flussläufen liegen und durch Sand und Schlick nicht erkennbar sind.

Beziehung zu Russland

Russland sieht in der Anerkennung Abchasiens als unabhängigen Staat die Gefahr weiterer Sezessionsbestrebungen anderer kaukasischer Staaten, **Tschetschenien** sei hier stellvertretend genannt. Andererseits sollen im Jahr 2014 im unmittelbar an der abchasischen Grenze gelegenen **Sotschi** die **Olympischen Winterspiele** stattfinden und Russland hat kein Interesse an weiteren Zwischenfällen. Leider sind die Beziehungen zwischen Russland und Georgien zurzeit total verfahren.

In der Grenzregion

In der Pufferzone zwischen Georgien und Abchasien liegt die Kleinstadt **Gali** (abchasisch Gal) mit geschätzten 7000 Einwohnern. Gali ist **Stützpunkt der UNOMIG** sowie des von Prinzessin *Diana* mitbegründeten Halo Trusts aus England, dessen Mitarbeiter hier Landminen entschärfen. Dafür wurden an die 200 abchasische Fachkräfte ausgebildet, was teilweise auch von Deutschland finanziert wird.

Eine der Hauptkampflinien verlief am Inguri-Fluss, zu dessen beiden Ufern Mingrelen lebten, die nationalistisch eingestellt sind. Als die Abchasen auf den Inguri zurückten, mussten viele Mingrelen über den Fluss nach Georgien fliehen. Sie liefern sich seitdem einen erbitterten Partisanenkrieg gegen die abchasische Bevölkerung in der Grenzregion, wovon auch UN-Beobachter und Soldaten nicht verschont bleiben. Immer wieder kommt es zu Zwischenfällen. So meldete der Sender Rustawi 2 am 2. September 2007, dass mobile russische Kontrollposten gegen die georgischstämmige Bevölkerung in der Region Gali vorgehen und sie bestehlen.

Etwa 60.000 georgische Vertriebene sind in die Region Gali zurückgekehrt und haben es dort nicht leicht. Die georgische Zentralregierung wirft den russischen Truppen seit Jahren vor, dass sie nicht ihrem UN-Mandat nachkommen, sondern stattdessen mit organisierten Kriminellen und Milizen gemeinsame Sache machen.

Die 870 m lange **Brücke über den Inguri** wurde in den Jahren 1944 bis

1948 von deutschen Kriegsgefangenen erbaut. Ihr Bau forderte 13 Todesopfer unter den Gefangenen. Sie ist noch immer in relativ gutem Zustand, was ihr ein positives Urteil über „deutsche Wertarbeit" einträgt und ihr den Namen „Brücke der Deutschen" verschaffte.

Ausblick

Die Abchasen verfolgen aufmerksam das Geschehen im **Kosovo,** das seine Unabhängigkeit von Serbien Anfang 2008 einseitig erklärt hat. Sowohl die OSZE, die EU als auch die UN bestehen weiterhin auf ein **Verbleiben Abchasiens innerhalb Georgiens.** Als Minimalforderung verlangen sie, dass die Vertriebenen nach Abchasien zurückkehren dürfen.

Sprache

Die **abchasische Sprache** gehört zur abchasisch-adygeischen Sprachgruppe der Nordkaukasischen Sprachfamilie und ist weder mit der russischen noch mit der georgischen Sprache verwandt. Die **Aussprache** ist für Nichtabchasen sehr schwer zu erlernen.

Das **abchasische Alphabet** basiert auf dem kyrillischen und hat 40 Zeichen, aus denen 56 Konsonanten und 6 Vokale gebildet werden können. Es besitzt allein neun verschiedene „K" und vier verschiedene „T". Es gibt starke Bestrebungen, das auf dem Lateinischen beruhende abchasische Alphabet durchzusetzen, was schon teilweise geschehen ist.

Alle Abchasen sprechen **Russisch,** wenn auch unterschiedlich gut. Besonders in den Küstenorten, wo viele russische Touristen Urlaub machen, sind die Russischkenntnisse verständlicherweise am besten, weniger gut in abgelegenen Dörfern. Alle Abchasen sprechen auch Georgisch, geben sich jetzt aber alle Mühe, es nicht mehr zu verstehen. Sowohl die abchasische als auch die russische Sprache sind Amtssprachen in Abchasien. Zeitungen werden mehrheitlich in Russisch herausgegeben.

Es gibt abchasische, armenische, russische, georgische und gemischte Schulen. Auf dem Stundenplan stehen die abchasische und russische, hin und wieder auch die englische Sprache.

Georgische Aufschriften oder Schilder sind völlig aus dem Stadtbild verschwunden und durch russische oder lateinische Beschriftung ersetzt worden.

Landschaft und Klima

Abchasien wird im Norden und Nordosten von den eisbedeckten Gipfeln des **Großen Kaukasus** und im Süden von den subtropischen Küsten des **Schwarzen Meeres** begrenzt. Mehrere Gipfel sind höher als 4400 m. Ausläufer des Großen Kaukasus unterteilen das Land in Nord-Süd-Richtung in tiefe Schluchten mit hohem Wasseraufkommen. Die Gebirgsregionen sind trotz ihres fruchtbaren Bodens eher dünn besiedelt. Je näher man der Küste mit ihren Wäldern, Tee- und

Die abchasische Schrift und die Uni von Sochumi

Abchasisch gehört zu den ältesten Sprachen im Kaukasus, hatte jedoch nie eine eigene Schrift. Erst 1862 entwickelte *Peter von Useler* eine auf dem **kyrillischen Alphabet** fußende Schrift mit 37 Buchstaben. Trotzdem wurde ab 1932 eine abchasische Schrift eingeführt, die auf dem **lateinischen Alphabet** basierte. Ab 1938 wurde dann aber die **georgische Schrift** eingeführt. Nach Errichtung der Sowjetmacht begannen die Russen im Jahre 1954, in Abchasien die kyrillische Schrift als verbindlich zu erklären, was die Kommunikation innerhalb der gesamten Sowjetunion ermöglichen sollte. Gleichzeitig wurde wie andernorts auch an Universitäten in **russischer Sprache** gelehrt.

Als Ende der 1980er Jahre an der Universität von Sochumi auch noch die **georgische Sprache** als Unterrichtssprache eingeführt werden sollte, rebellierten die Studenten, denn längst war das Bewusstsein für die kritische Lage der **abchasischen Sprache und Kultur** geschärft. Der georgische Philologe und Chefredakteur der Zeitschrift „Georgische Literatur", Professor *Sasa Absianidse,* stellte einmal fest, dass in den Küstenstädten eine Art „Sommerfrische-Dshigit" entstanden sei, gesprochen von jungen Leuten, die ihre Muttersprache nur radebrechend verwenden, weil sie in der Schule anderssprachig erzogen werden und ansonsten eine Art Pidgin-Russisch sprechen.

Um die Rebellion der Studenten zu beenden, erlaubte Moskau die Gründung einer abchasischen Universität in Sochumi, was wiederum den Georgiern gegen den Strich ging. Sie wollten die Universität von Sochumi zu einer Bildungsanstalt machen, die zur Universität von Tbilisi gehörte. Es kam zum Aufstand der Abchasen, dem 21 Menschen zum Opfer fielen.

Heute findet man in Abchasien kaum ein Straßenschild mit georgischer Beschriftung, dafür aber in kyrillischen Lettern. An einigen Schulen finden alljährlich Wettbewerbe in abchasischer Sprache statt, auf denen die Teilnehmer den Grad der Beherrschung ihrer eigenen Sprache unter Beweis stellen dürfen. Die im Land erscheinenden Zeitungen publizieren mehrheitlich in russischer Sprache.

Obstplantagen, Tabakfeldern, Weinanbaugebieten und Zitronenhainen kommt, umso dichter ist die Besiedlung. Im Westen bildet des Flüsschen Psou die natürliche Grenze zu Russland, im Osten ist der Inguri die Grenze zu Georgien.

Die Lage am Schwarzen Meer und die hohen Berge des Kaukasus, die das Land vor kalten Winden aus dem Norden schützen, verleihen ihm ein einmaliges und **mildes Klima.** An der Küste herrscht subtropisches Klima mit Jahresdurchschnittstemperaturen nicht unter 15 °C, in den Bergregionen variiert es je nach Höhenlage bis zum Hochgebirgsklima. Die reichlich fallenden Niederschläge reichen von etwa 1100 bis 1500 mm an der Küste bis zu 1700 bis 3500 mm in den Höhenlagen, wobei dort auch sehr viel Schnee fällt.

Gagra – der erste Kurort der kaukasischen Schwarzmeerküste

Die Stadt Gagra war der erste Kurort an der kaukasischen Schwarzmeerküste, und dies dank des Prinzen von Oldenburg, **Peter Friedrich Georg von Holstein-Gottorp** (geb. 21.11.1868 in St. Petersburg, gest. 11.3.1924 in Biarritz), einem Schwager des letzten russischen Zaren **Nikolaus II.** Er ließ den wunderschönen Ort ab dem Jahr 1901 umgestalten und gilt als der Begründer des Tourismus in Gagra, hatte er doch die Vision, ein **russisches Monte Carlo** zu schaffen. Auf „allerhöchstes Geheiß" des Zaren ließ er einen Kurpark, einen Palast, mehrere Spielbanken, ein Hotel, ein Luxusrestaurant im Wiener Stil sowie zahlreiche Villen und Pavillons errichten. Der Zar verfolgte damit das Ziel, den Abfluss des russischen Geldes in ausländische Luxuskurorte zu stoppen.

177ge

Dafür erhielt von Holstein-Gottorp drei Millionen Rubel aus der Staatsschatulle und 14.000 Desjatinen Land (Desjatine: altes russisches Flächenmaß, entspricht 1,09 ha). Zahlreiche Anwohner wurden in das Brachland zwangsumgesiedelt, das später als Neu-Gagra bezeichnet wurde, eine Politik, die die Kommunisten später an vielen Küstenorten weiterverfolgten.

Der Prinz verbrachte die Sommer mit seiner Frau *Olga Alexandrowna Romanowa,* der Schwester des letzten russischen Zaren Nikolaus II., in Gagra und ließ Feste und Militärparaden abhalten. Ab 1911 legten **deutsche Kreuzfahrtschiffe** an. Die damalige **High Society Russlands** fand hier alles, was sie für ein standesgemäßes Leben benötigte. Dazu muss man wissen, dass Nikolaus II. (1868–1918) die deutsche Prinzessin **Alice von Hessen-Darmstadt und bei Rhein** (1872–1918) geheiratet hatte. Es war eine Liebesheirat. **Kaiser Wilhelm II.** war ein Cousin von Alice. Die Verlobung erfolgte 1894 in Coburg, am 26.11.1894 fand die Hochzeit in der Eremitage von St. Petersburg statt. Alice nahm den orthodoxen Glauben an und nannte sich fortan *Alexandra Fjodorowna.* Das Zarenpaar hatte zusammen fünf Töchter und einen Sohn, der Bluter war. Die gesamte Familie einschließlich der sechs Kinder wurde 1918 von den Bolschewiki erschossen.

Historisches Foto:
Peter Friedrich Georg von Holstein-Gottorp mit seiner Frau Olga Alexandrowna Romanowa

Tourismus

Der Tourismus war einst die Haupteinnahmequelle Abchasiens. Kein Küstenstreifen am gesamten Schwarzen Meer ist so vom Klima begünstigt, von so herrlicher **subtropischer Vegetation** mit Palmen, Eukalyptus, Bambus, Zypressen, Weinreben, Zitrusplantagen, riesigen Rosengärten und herrlichem Rhododendron an jeder nur denkbaren Ecke gesegnet. Abchasien war einst die mit Abstand **reichste Region der Sowjetunion** und trug damit zum Reichtum Georgiens bei.

Bei einem Bad im warmen Wasser des Schwarzen Meeres hatte man einen traumhaften Blick auf die schneebedeckten Bergkuppen des Großen Kaukasus, bei einer Wanderung in den Höhenlagen der Vorberge eine herrliche Sicht auf üppigste Vegetation und im Meer scheinbar dahinschwebende Schiffe. Das Land war so wunderschön, dass es schon fast etwas Irreales an sich hatte. Abchasien musste jedem Touristen als das Paradies auf Erden erscheinen.

Mit dem florierenden Tourismus ist es spätestens seit den zahlreichen Massakern an der Zivilbevölkerung vorbei. Lediglich **aus Russland** kommen wieder Scharen von Touristen über den nicht offiziellen Grenzübergang am Psou bei Sotschi. Auch die einheimische Bevölkerung, für die die Zimmervermietung ein gutes Einkommen war, vermisst die Touristen.

030ge Foto: mk

Anhang

087ge Foto: mk

088ge Foto: mk

Kaukasischer Hirtenhund

Die Mtkwari (russisch Kura), der längste Fluss Georgiens, mündet in Aserbaidschan ins Kaspische Meer

Bäcker in traditioneller Bäckerei

Reise-Gesundheits-Informationen Georgien

Stand: 17.03.2008
© Centrum für Reisemedizin 2008

Die nachstehenden Angaben dienen der Orientierung, was für eine geplante Reise in das Land an Gesundheitsvorsorgemaßnahmen zu berücksichtigen ist. Die Informationen wurden uns freundlicherweise vom *Centrum für Reisemedizin* zur Verfügung gestellt. Auf der Homepage: **www.travelmed.de** werden diese Informationen stetig aktualisiert. Es lohnt sich, dort noch einmal nachzuschauen.

EINREISE-IMPFVORSCHRIFTEN

Es sind keine Impfungen vorgeschrieben.

EMPFOHLENER IMPFSCHUTZ

Generell: Standardimpfungen nach dem deutschen Impfkalender, spez. **Tetanus, Diphtherie,** außerdem **Hepatitis A**

Je nach Reisestil und Aufenthaltsbedingungen im Lande außerdem zu erwägen:

Impfschutz	Reisebedingung 1	Reisebedingung 2	Reisebedingung 3
Typhus	x		
Hepatitis B (a)	x		
Tollwut (b)	x		

(a) bei Langzeitaufenthalten u. engerem Kontakt mit der einheimischen Bevölkerung
(b) bei vorhersehbarem Umgang mit Tieren

Reisebedingung 1:
Reise durch das Landesinnere unter einfachen Bedingungen (Rucksack-/ Trekking-/Individualreise) mit einfachen Quartieren/Hotels; Camping-Reisen, Langzeitaufenthalte, praktische Tätigkeit im Gesundheits- oder Sozialwesen, enger Kontakt zur einheimischen Bevölkerung wahrscheinlich.

Reisebedingung 2:
Aufenthalt in Städten oder touristischen Zentren mit (organisierten) Ausflügen ins Landesinnere (Pauschalreise, Unterkunft und Verpflegung in Hotels bzw. Restaurants mittleren bis gehobenen Standards).

Reisebedingung 3:
Aufenthalt ausschließlich in Großstädten oder Touristikzentren (Unterkunft und Verpflegung in Hotels bzw. Restaurants gehobenen bzw. europäischen Standards).

Wichtiger Hinweis

Welche Impfungen letztendlich vorzunehmen sind, ist abhängig vom aktuellen Infektionsrisiko vor Ort, von der Art und Dauer der geplanten Reise, vom Gesundheitszustand sowie dem eventuell noch vorhandenen Impfschutz des Reisenden.

Da im Einzelfall unterschiedlichste Aspekte zu berücksichtigen sind, empfiehlt es sich immer, rechtzeitig (etwa 4 bis 6 Wochen) vor der Reise eine persönliche Reise-Gesundheits-Beratung bei einem reisemedizinisch erfahrenen Arzt oder Apotheker in Anspruch zu nehmen.

Unter www.travelmed.de finden Sie Adressen von

- Apotheken mit qualifizierter Reise-Gesundheits-Beratung (nach Postleitzahlgebieten).
- Impfstellen und Ärzten mit Spezialsprechstunde Reisemedizin (nach Postleitzahlgebieten).
- Abruf eines persönlichen Gesundheitsvorsorge-Briefes für die geplante Reise.

MALARIA

Risiko: Sommer-Herbst, geringes Risiko herdförmig im Südosten (Distrikte Signagi und evtl. Marneuli, Grenzgebiete zu Aserbaidschan, alle übrigen Landesteile sind malariafrei.

Vorbeugung: Ein konsequenter Mückenschutz in den Abend- und Nachtstunden verringert das Malariarisiko erheblich (Expositionsprophylaxe). Die wichtigsten Maßnahmen sind:

In der Dämmerung und nachts Aufenthalt in mückengeschützten Räumen (Räume mit aircondition, Mücken fliegen nicht vom Warmen ins Kalte).

Beim Aufenthalt im Freien in Malariagebieten abends und nachts weitgehend körperbedeckende Kleidung (lange Ärmel, lange Hosen).

Anwendung von insektenabwehrenden Mitteln an unbedeckten Hautstellen (Wade, Handgelenke, Nacken). Wirkungsdauer ca. 2–4 Std.

Im Wohnbereich Anwendung von insektenabtötenden Mitteln in Form von Aerosolen, Verdampfern, Kerzen, Räucherspiralen.

Schlafen unter dem Moskitonetz (vor allem in Hochrisikogebieten).

Ergänzend ist die Einnahme von **Anti-Malaria-Medikamenten** (Chemoprophylaxe) evtl. zu empfehlen. Zu Art und Dauer der Chemoprophylaxe fragen Sie Ihren Arzt oder Apotheker, bzw. informieren Sie sich in einer qualifizierten reisemedizinischen Beratungsstelle. Malariamittel sind verschreibungspflichtig.

AKTUELLE MELDUNGEN

Darminfektionen: Risiko für Durchfallerkrankungen landesweit. Milzbrand, eine bakterielle Tierkrankheit, kommt immer wieder bei Einheimischen vor. Die Infektion kann zu bösartigen Geschwüren an Haut oder Darm mit schweren Allgemeinerscheinungen führen. Die Übertragung erfolgt durch Hautverletzungen beim Umgang mit Tieren oder Verzehr von unzureichend erhitztem Fleisch kranker Tiere. Wie in der gesamten Region ist die Tierseuche auch in Georgien im ganzen Land verbreitet. Bei Beachtung der Übertragungswege und adaequater Hygiene ist dar Risiko kalkulierbar.

KURZBESCHREIBUNG DER ERWÄHNTEN ERKRANKUNGEN

Tetanus (Wundstarrkrampf)

Tetanusbakterien können bei Wunden jeder Art, auch bei Bagatellverletzungen, in die Haut gelangen. Besonders gefährdet sind mit Straßenstaub oder Erdreich verschmutzte Wunden und Tierbisse. Die Erreger vermehren sich in der Wunde und sondern ein Gift ab, das nach einer Inkubationszeit, die abhängig von der Menge des produzierten Giftes ist, (die Wunde ist meist schon verheilt) zu schweren, schmerzhaften Muskelkrämpfen und Nervenlähmungen mit Todesfolge führen kann.

Die Diagnose wird klinisch, durch Erregernachweis (schwierig) oder Toxinnachweis (im Tierversuch) gestellt. Schutz: Aktive Impfung.

Diphtherie

Die Erreger der Diphtherie sind Bakterien, die in der Regel durch Tröpfcheninfektion übertragen werden. Es kommt zu Fieber, einer Rachenentzündung mit grau-weißen Belägen und süßlichem Mundgeruch in Zusammenhang mit einem ausgeprägtem Krankheitsgefühl. In schweren Fällen kann die Halsschwellung zu extremer Luftnot führen. Die von den Bakterien produzierten Gifte verursachen eine Herzmuskelentzündung und Nervenlähmungen. Diese führen oft zum Tod. In tropischen Ländern siedeln sich die Diphtherie-Bakterien gelegentlich auf Hautentzündungen an (Wunddiphtherie).

Die Diagnose wird durch den Bakterien-Nachweis aus dem Rachenabstrich oder durch Antikörpernachweis im Blut gestellt. Schutz: Impfung.

Hepatitis A

Diese Virusinfektion der Leber ist weltweit verbreitet, besonders in den Entwicklungsländern. Die Inkubationszeit liegt zwischen 2 und 6 Wochen. Die Erkrankung beginnt mit Grippegefühl, Fieber, Appetitlosigkeit, Übelkeit und Erbrechen. Nach einigen Tagen wird in den meisten Fällen der Urin dunkel und der Stuhl hell, schließlich entwickelt sich eine Gelbfärbung der Haut. Der weitere Verlauf ist unterschiedlich, oft leicht, besonders bei Kindern. Gelegentlich kommt es bei Erwachsenen zu schwereren und länger anhaltenden Krankheitsbildern (bis zu einigen Monaten). Selten kommt es zu einem fulminanten Verlauf mit akutem Leberversagen, das zum Tode führt. Dauerschäden treten nicht auf. Die Übertragung erfolgt über verunreinigte Nahrung und Trinkwasser, besonders häufig über Muscheln, Austern und Krebstiere.

Die Diagnose wird über den Antikörpernachweis im Blut gestellt, das Virus kann auch direkt nachgewiesen werden. Schutz: Aktive Impfung.

Hepatitis B

Diese Viruserkrankung der Leber ist weltweit verbreitet, besonders in tropischen Ländern. Infektiös sind Blut und andere Körperflüssigkeiten von Erkrankten und Virusträgern (in Mitteleuropa 0,1–0,5 %, in einzelnen tropischen Ländern über 20 % der Bevölkerung). Die Übertragung erfolgt über entsprechende Kontakte; Bluttransfusionen, unsterile Spritzen, Nadeln und Instrumente (z.B. bei unqualifizierten medizinischen Eingriffen, Tätowierungen, Spritzentausch von Drogenabhängigen) sowie beim Geschlechtsverkehr. Die Inkubationszeit liegt zwischen 2 Wochen und 6 Monaten. Oft beginnt die Krankheit mit einem allgemeinen Krankheitsgefühl, Fieber, Appetitlosigkeit, Übelkeit und Erbrechen. Nach einigen Tagen wird der Urin dunkel, der Stuhl hell, es kommt zur Gelbfärbung der Haut. Das akute Stadium kann aber auch fehlen. In ca. 10 % der Fälle geht die Krankheit in einen chronischen Verlauf über, es entwickelt sich eine Leberzirrhose und in vielen Fällen ein Leberkrebs.

Die Diagnose wird über den Antikörpernachweis im Blut gestellt, das Virus kann auch direkt nachgewiesen werden. Schutz: Aktive Impfung.

Typhus abdominalis (englische Bezeichnung: typhoid fever)

Typhusbakterien werden mit verunreinigter Nahrung und Trinkwasser aufgenommen. Nach einer Inkubationszeit von 1 bis 2 (3) Wochen entwickelt sich hohes Fieber mit schwerem Krankheitsgefühl, Kopfschmerzen und Verstopfung, im zweiten Stadium treten Hautveränderungen (Roseolen) auf, Leber und Milz vergrößern sich stark, es kann zu erbsbreiartigen Durchfällen kommen. Komplikationen wie Darmdurchbruch und Bauchfellentzündung können tödlich verlaufen. Weitere Komplikationen sind Hirnhaut-Lungen- Herz- und Knochen-Entzündungen. Beim „Paratyphus“ handelt es sich um verwandte Erreger, die ein ähnliches, etwas milderes Krankheitsbild hervorrufen.

Die Diagnose ist aus dem Blut, später aus dem Stuhl zu sichern. Schutz: Aktive Impfung (mit ca. 60-prozentigem Schutz), Nahrungsmittelhygiene.

Fahrplan der georgischen Bahn

Der nachfolgend aufgeführte Fahrplan kann naturgemäß nur als Richtwert gelten, da es auch in Georgien zu Fahrplanwechseln kommt. Hin und wieder kann es auch zu kurzfristigen Fahrplanänderungen kommen. Je mehr Ziffern die Zugnummer hat, umso langsamer der Zug. Siehe auch www.info-tbilisi-com.

Zug Nr.	Strecke	Abf.	Ank.	Rückf.	Ank.	Anmerkungen
Internationale Züge:						
37/38	Tbilisi - Baku	17:15	9:05	20:35	9:55	täglich
371/372	Tbilisi - Jerewan	15:40	7:35	19:00	8:15	an ungeraden Tagen
201/202	Machindschauri - Jerewan	8:50	5:35	21:10	16:20	jeden zweiten Tag vom 1.7. bis 16.9.
Nachtzüge:						
602/601	Tbilisi - Sugdidi	21:30	5:31	23:20	8:00	täglich
622/621	Tbilisi - Batumi	22:30	6:30	23:35	7:30	täglich
644/643	Tbilisi - Kutaisi 1	21:00	2:24	00:40	5:40	täglich, Zug 654/653 nach Rioni
654/653	Tbilisi - Osurgeti	21:00	5:53	20:55	5:40	täglich
672/671	Tbilisi - Wale	21:00	5:45	20:30	5:40	nach Chaschuri Zug 654/653
667/668	Tbilisi - Achalkalaki	19:50	6:55	18:20	6:20	Ab 25.6. jeden zweiten Tag
Schnellzüge:						
12/11	Tbilisi - Osurgeti	9:15	18:01	9:35	18:00	nach Samtredia Zug 24/23
18/17	Tbilisi - Kutaisi-1	9:15	14:32	9:35	18:00	nach Rioni Zug 24/23
24/23	Tbilisi - Sugdidi	9:15	17:20	9:50	18:00	täglich
30/29	Tbilisi - Batumi	8:50	15:30	9:15	16:00	
Elektritschki, Bummelzüge:						
850/849	Tbilisi - Poti	23:40	05:32	08:45	14:50	täglich
864/863	Tbilisi - Poti	14:45	20:47	23:40	5:55	täglich
852/851	Tbilisi - Batumi	08:15	14:01	16:45	22:55	täglich
Elektritschki, Nahverkehr:						
606/605	Tbilisi - Schindisi	19:00	22:00	05:50	09:00	täglich
611/612	Tbilisi - Sadachlo	14:40	17:10	05:00	07:25	täglich
678/677	Tbilisi - Kutaisi-2	16:10	21:43	4:55	10:20	täglich
686/685	Tbilisi - Bordshomi	16:55	21:05	07:00	11:40	täglich
618/617	Tbilisi - Bordshomi	07:15	11:25			täglich
615/616	Kutaisi-2 - Satschchere	06:05	10:03	10:45	14:50	täglich
633/634	Kutaisi-2 - Satschchere	16:00	20:00	20:30	00:28	täglich

Zug Nr.	Strecke	Abf.	Ank.	Rückf.	Ank.	Anmerkungen
698/697	Kutaisi-1 - Sugdidi	12:40	16:15	07:30	10:52	täglich
683/684	Machindschauri (Batumi) - Kutaisi-2	08:00	11:51	17:45	21:40	täglich
Elektritschki, Kurzstrecke:						
6305/6306	Batumi - Osurgeti	17:30	19:30	08:30	10:45	täglich
6314/6315	Kutaisi-2 - Samtredia	05:40	07:47	08:05	09:13	täglich
6320/6311	Kutaisi-2 - Samtredia	15:20	16:27	18:05	20:12	täglich
6372/6371	Kutaisi-2 - Zqaltubo	07:00	07:40	08:00	08:40	täglich
6374/6373	Kutaisi-2 - Zqaltubo	09:00	09:40	10:00	10:00	täglich
6376/6375	Kutaisi-2 - Zqaltubo	15::00	15:40	16:00	16:40	täglich
6378/6377	Kutaisi-2 - Zqaltubo	17:30	18:10	18:30	19:10	täglich
6323/6324	Kutaisi-2 - Tkibuli	18:00	21:11	06:00	09:20	täglich ab 29.05.
6413/6414	Tbilisi - Gardabani	07:05	08:10	08:30	09:35	täglich
6415/6416	Tbilisi - Gardabani	18:30	19:35	20:10	21:15	täglich
6446/6445	Chaschuri - Zestaponi	08:35	10:50	18:30	20:38	täglich
6467/6458	Bordshomi - Bakuriani	06:50	08:50	09:30	11:30	täglich
6469/6470	Bordshomi - Bakuriani	13:00	15:00	15:40	17:40	täglich

Orts- und Straßennamen in unterschiedlicher Schreibweise

Es gibt verschiedene Systeme zur **Übertragung der georgischen Schrift** in lateinische Buchstaben. In Georgien verbreitet ist die englische Transkription, die man auf Orts- und Straßenschildern vorwiegend antrifft. In diesem Buch findet jedoch die ans Deutsche angelehnte Transkription Anwendung, weil sie eine korrekte Aussprache erleichtert und man sich so besser verständlich machen kann, wenn man Einheimische nach dem Weg fragt. Im Folgenden eine Liste von Orts- und Straßennamen, die jeweils die englische und deutsche Transkription gegenüberstellt.

Ortsnamen

Deutsch	Englisch
Achalkalaki	Akhalkalaki
Achalziche	Akhaltsikhe
Alawerdi	Alaverdi
Bodbe	Bodbe
Bordshomi	Borjomi
Bulatschauri	Bulachauri
Chachmati	Khakhmati
Dididshichaschi	Didijikhashi
Duscheti	Dusheti
Gatschiani	Gachiani
Gurdshaani	Gurjaani
Jerewan	Yerevan
Kasbegi (auch Qasbegi)	Kazbegi
Kwareli	Kvareli
Lagodegi	Lagodeghi
Lentechi	Lentekhi
Muzo	Mutso
Mzcheta	Mtskheta
Nikorzminda	Nikortsminda
Ortatschala	Ortachala
Ratscha	Racha
Sagaredscho	Sagarejo
Sestaponi	Zestaponi
Signagi (sprich Signachi)	Sighnaghi
Sochumi/Suchumi	Sokhumi/Sukhumi
Sugdidi	Zugdidi
Telawi	Telavi
Uplisziche (sprich Uplißziche)	Uplistsikhe
Wani	Vani
Wardzia	Vardzia
Zqaltubo	Tskhaltubo
Zchinwali	Tskhinvali
Znori	Tsnori

Englisch	Deutsch
Akhalkalaki	Achalkalaki
Akhaltsikhe	Achalziche
Alaverdi	Alawerdi
Bodbe	Bodbe
Borjomi	Bordshomi
Bulachauri	Bulatschauri
Didijikhashi	Dididshichaschi
Dusheti	Duscheti
Gachiani	Gatschiani
Gurjaani	Gurdshaani
Kazbegi	Kasbegi (auch Qasbegi)
Khakhmati	Chachmati
Kvareli	Kwareli
Lagodeghi	Lagodechi
Lentekhi	Lentechi
Mtskheta	Mzcheta
Mutso	Muzo
Nikortsminda	Nikorzminda
Ortachala	Ortatschala
Racha	Ratscha
Sagarejo	Sagaredscho
Sighnaghi	Signagi (sprich Signachi)
Sokhumi/Sukhumi	Sochumi/Suchumi
Telavi	Telawi
Tskhaltubo	Zqaltubo
Tskhinvali	Zchinwali
Tsnori	Znori
Uplistsikhe	Uplisziche (sprich Uplißziche)

Vani	Wani
Vardzia	Wardzia
Yerevan	Jerewan
Zestaponi	Sestaponi
Zugdidi	Sugdidi

Straßennamen

Deutsch	Englisch
Barataschwili	Baratashvili
Barnow	Barnov
Dawit Agmaschenebeli	Davit Agmashenebeli
Gamsachurdia	Gamsakhurdia
Gogebaschwili	Gogebashvili
Gribojedowa	Griboedova
Kasbegi	Kazbegi
Mardshanaschwili	Marjanashvili
Masniaschwili	Mazniashvili
Melikischwili	Melikishvili
Memet Abaschidse	Memet Abashidze
Ninoschwili	Ninoshvili
Noe Dschordania	Noe Jordania
Petriaschwili	Petriashvili
Schanidse	Shanidze
Schota Rustaweli	Shota Rustaveli
Tschachruchadse	Chakhrukhadze
Tschawtschawadse	Chavchavadze
Tschintscharadse	Chincharadze
Tschkalow	Chkalov
Wachtang Gorgassali	Vakhtang Gorgassali
Wascha Pschawela	Vasha Pshavela
Waschlowani	Vashlovani
Zereteli	Tsereteli
Zubalaschwili	Zubalashvili

Englisch	Deutsch
Baratashvili	Barataschwili
Barnov	Barnow
Chakhrukhadze	Tschachruchadse
Chavchavadze	Tschawtschawadse
Chincharadze	Tschintscharadse
Chkalov	Tschkalow
Davit Agmashenebeli	Dawit Agmaschenebeli
Gamsakhurdia	Gamsachurdia
Gogebashvili	Gogebaschwili
Griboedova	Gribojedowa
Kazbegi	Kasbegi
Marjanashvili	Mardshanaschwili
Mazniashvili	Masniaschwili
Melikishvili	Melikischwili
Memet Abashidze	Memet Abaschidse
Ninoshvili	Ninoschwili
Noe Jordania	Noe Dschordania
Petriashvili	Petriaschwili
Shanidze	Schanidse
Shota Rustaveli	Schota Rustaweli
Tsereteli	Zereteli
Vakhtang Gorgassali	Wachtang Gorgassali
Vasha Pshavela	Wascha Pschawela
Vashlovani	Waschlowani
Zubalashvili	Zubalaschwili

Literaturtipps Georgien und Kaukasus

Belletristik

- *Gustav Schwab:* **Das Goldene Vlies,** Aufbau Taschenbuchverlag. Die antike Sagenwelt der Alten Griechen.
- *Alexandre Dumas der Ältere:* **Gefährliche Reise durch den wilden Kaukasus 1858–1859,** Edition Erdmann. Ein Klassiker, der für spannende und dennoch geschichtlich relevante Unterhaltung sorgt. Mit 23 Abbildungen und einer Karte.
- *Leo Tolstoi:* **Der Gefangene im Kaukasus und andere Erzählungen,** Verlag von J. Habbel, Regensburg. Ein Klassiker, der zum Verständnis der Lage im Kaukasus beiträgt.
- *Leo Tolstoi:* **Hadschi Murat. Eine Erzählung aus dem Land der Tschetschenen,** Insel Taschenbuch. Vor dem historischen Hintergrund der kriegerischen Auseinandersetzung Russlands im Kaukasus schildert Tolstoi die menschlichen Probleme in allen Schichten der Russen und veranschaulicht den Kontrast zum Lebensstil der Kaukasier. Wie viele andere Söhne der reichen russischen Oberschicht, angelockt von den romantischen Werken *Puschkins* und *Lermontows,* reiste der junge Graf Tolstoi 1851–53 in den Kaukasus, da sein älterer Bruder dort als Offizier Dienst tat. Er schloss sich einer Artillerieein-

heit an und erlangte so nach und nach Einblick in das Leid, das auf beiden Seiten entstand. Erschreckend aktuell!

- *Alexander Sergejewitsch Puschkin:* **Die Reise nach Arsrum während des Feldzuges im Jahre 1829,** SWA-Verlag Berlin, mit ausführlichen Erläuterungen.
- *Maria Enichlmair:* **Abenteurerin Bertha von Suttner. Die unbekannten Georgienjahre 1876 bis 1885,** Edition Roesner Wien. Eine gut lesbare Beschreibung der Situation Mingreliens und Imeretiens im 19. Jh.
- *Wend Graf von Kalnein:* **Georgisches Tagebuch,** Fibre Verlag Osnabrück, Edition Zeitbrücke. Ein sehr gut lesbares Buch über die fünf Jahre Kriegsgefangenschaft des deutschstämmigen Offiziers von Kalnein in Georgien.
- *Barbara Bartos-Höppner:* **Sturm über den Kaukasus,** Omnibusverlag. Jugendbuch über die Schlacht um die Festung Achulgo im heutigen Dagestan 1839, mit Karte. Vertieft das Verständnis über die Kaukasusvölker, auch für Erwachsene lesenwert.
- *Fritz F. Pleitgen:* **Durch den wilden Kaukasus,** Fischer Taschenbuch.
- *Kurban Said* und *Leo Noussimbaum:* **Ali und Nino,** List Taschebuch.
- *Fried Nielsen:* **Wind, der weht,** Wieserverlag.
- *Martha Schad:* **Stalins Tochter – Das Leben der Swetlana Allilujewa,** Lübbe Verlag.
- *Hermann von Skerst:* **Der Gralstempel im Kaukasus.** Urchristentum in Armenien und Georgien.
- *Fasil Iskander:* **Onkel Sandro aus Tschegem,** Ein Schelmenroman, Fischer Taschenbuchverlag Frankfurt am Main.
- *Fasil Iskander:* **Der Hüter der Berge oder Das Volk kennt seine Helden,** Neues aus dem Lebendes Sandro von Tschegem, S. Fischer Verlag, Frankfurt am Main.
- *Fasil Iskander:* **Tschik. Geschichten aus dem Kaukasus.** Fischer Taschenbuchverlag Frankfurt am Main.

Diese drei Bücher des in Moskau lebenden abchasischen Autors Fasil Iskander, der mit *Mark Twain* verglichen wird, vermitteln ein reiches Sittengemälde über das so andere Leben in Abchasien. Sicher hat Iskander diese Ausdrucksform auch gewählt, um mögliche Scherereien mit der allgegenwärtigen Zensur zu umgehen.

- *Ingo Petz:* **Kuckucksuhren in Baku,** Droemer Verlag. Petz, der für die Süddeutsche Zeitung schreibt, reiste 2004 nach Baku und gewann dort eine neue Sichtweise auf Deutschland. Humor pur.
- *Vanessa Winship:* **Schwarzes Meer,** mare dreiviertel Verlag. Die Fotografin bereiste mehrmals alle Länder rund ums Schwarze Meer und stellt in diesem Buch sehr aussagekräftige Schwarz-Weiß-Fotos vor.

Politische Bücher

- *Alan Bullock:* **Hitler und Stalin – Parallele Leben,** Siedler Taschenbuch, erschienen im Goldmann Verlag 1999. Ein dickes, aber sehr interessantes Buch über erstaunliche Parallelen im Leben der beiden Diktatoren.
- *Freimut Duve/Heidi Tagliavilini* (Hg.): **Kaukasus der Zukunft,** Folio Verlag Wien-Bozen 2001. Schriftsteller aus der Kaukasusregion einschließlich Russlands legen ihre unterschiedlichen Standpunkte zur Kaukasusproblematik dar.
- *Peter Scholl-Latour:* **Kampf dem Terror – Kampf dem Islam?** Chronik eines unbegrenzten Krieges, Propyläen Verlag 2003. Der Kaukasusraum als Transitland für Erdölpipelines im Fadenkreuz der Interessen der Großmächte.
- *Albert Jeloschek, Friedrich Richter, Ehrenfried Richter:* **Freiwillige vom Kaukasus – Tschetschenen auf deutscher Seite,** Stocker Verlag 2003.
- *Ursula Linnhoff:* **Demokratie fällt nicht vom Himmel,** IKO Verlag für Interkulturelle Kommunikation 2003.
- *Alexander Solschenizyn,* **Ein Tag im Leben des Iwan Denissowitsch,** Knaur Verlag 1999. Handelt zwar in einem unbenannten Straflager, ist aber für an der Geschichte des Stalinismus Interessierte lesenswert. Beschreibt anhand des genauen Tagesablaufs in einem Lager die Absurdität eines unmenschlichen Systems.
- *Alexander Solschenizyn,* **Archipel Gulag,** Scherzverlag Bern 1974. Beschreibt die gesamtgesellschaftliche Dimension des stalinistischen Staatsterrors gegen die eigene Bevöl-

kerung, dem niemand entrinnen konnte. Der Terror wurde von *Lenin* vom viel geschmähten zaristischen System übernommen und von *Stalin* und *Berija* zur „Blüte" weiterentwickelt. Man ist als Leser uneins, ob man von der Fülle der Informationen über die allgegenwärtigen Schikanen oder die räumlichen und/oder zeitlichen Dimensionen des Terrors mehr erschrocken sein soll. Selbst einem nicht Betroffenen wird klar, dass das Buch nur lesbar ist durch die sanfte Ironie Solschenizyns.

- *Simon Sebag Montefiore:* **Stalin. Am Hofe des Roten Zaren,** S. Fischer Verlag Frankfurt am Main 2005. Der englische Historiker und Biograf Stalins untersucht das Privatleben des Diktators, seine Marotten und die seiner Entourage. Er geht der Frage nach, ob der Diktator intelligent war oder nicht und ob er sich ohne den Zweiten Weltkrieg so lange hätte halten können.
- *Herbert R Bauer:* **Medizinmann auf Friedensmission. Erlebnisse eines Bundeswehrsoldaten im Kaukasus,** Engelsdorfer Verlag 2007. Der Sanitätssoldat *Bauer* beschreibt seinen Einsatz im Rahmen der UNOMIG.

Sprache

- *Lascha Bakradse:* **Georgisch – Wort für Wort,** aus der Kauderwelsch-Reihe, Reise Know-How Verlag, Bielefeld. Der handliche Sprechführer bietet eine auf das Wesentliche reduzierte Grammatik und viele Beispielsätze für den Reisealltag; ebenfalls erhältlich: AusspracheTrainer auf Audio-CD.

Landeskunde

- *Ute Friesen/Marcus Würmli:* **KulturSchock Kaukasus,** Reise Know-How Verlag, Bielefeld. Ein unverzichtbares Buch mit Erfahrungsberichten und Tipps insbesondere für längerfristige Aufenthalte, präzise und feinfühlig beobachtet.

Film

- **Jason und der Kampf um das Goldene Vlies,** mit *Jason London* als Jason, *Dennis Hopper* als Pelias, *Natasha Henstridge* als Hypsipyle, *Frank Langella* als Aietes, *Brian Thompson* als Herkules. Die Argonautensaga als Actionfilm.

Veröffentlichungen im Internet

- www.marxistische-bibliothek.de/Proz1.pdf: **„Prozessbericht über die Strafsache des Trotzkistisch-Sinowjewistischen Terroristischen Zentrums",** verhandelt vor dem Militärkollegium des Obersten Gerichtshofes der UdSSR vom 19. bis 24. August 1936. Nicht nur für Historiker und Juristen interessantes Protokoll der Schauprozesse u.a. gegen *Sinowjew, Kamenew* und *Trotzki.* Die Urteile lauteten auf Erschießen und Beschlagnahme all ihres persönlichen Eigentums.
- www.zeitgeschichte-online.de/portals/_ungarn1956/documents/Chrustschows_Geheimrede.pdf: *Chrustschows* erstmals 1989 veröffentlichte Geheimrede **„Über den Personenkult und seine Folgen",** gehalten auf dem 20. Parteitag der KPdSU am 25.2.1956. Für an Stalins Politik und ihren Folgen Interessierte ein Muss.
- //armazi.uni-frankfurt.de/georgienreisen de.de: **Deutsche Reisende in Georgien im 18. und 19. Jh.,** Vortrag von *Gia Gelaschwili* am 2.7.2007 im Institut für Vergleichende Sprachwissenschaft an der Johann Wolfgang Goetheuniversität in Frankfurt am Main.
- www.fhh.hamburg.de/Stadt/aktuell/: *Frank Hansen:* **UNO-Mission in Georgien**. Ein Hamburger Polizeibeamter am Rande des Kaukasus.
- www.grischunclassics.ch: *Capt. Harald Burger,* Schweizer Armee: **Endbericht über die CH Donnation an UNOMIG.**
- In der DDR war Georgien so beliebt, dass die Pop-Gruppe „Kreis" einen Schlager mit dem Titel **„Grusinischer Tee"** herausbrachte, der zum Hit wurde. Die Homepage des Komponisten *Arnold Fritsch* lautet www.arnoldfritzsch.de, der vollständige Text ist ladbar auf www2.lyrix.at.

HILFE!

Dieses Reisehandbuch ist gespickt mit unzähligen Adressen, Preisen, Tipps und Infos. Nur vor Ort kann überprüft werden, was noch stimmt, was sich verändert hat, ob Preise gestiegen oder gefallen sind, ob ein Hotel, ein Restaurant immer noch empfehlenswert ist oder nicht mehr, ob ein Ziel noch oder jetzt erreichbar ist, ob es eine lohnende Alternative gibt usw.

Unsere Autoren sind zwar stetig unterwegs und versuchen, alle zwei Jahre eine komplette Aktualisierung zu erstellen, aber auf die Mithilfe von Reisenden können sie nicht verzichten.

Darum: Schreiben Sie uns, was sich geändert hat, was besser sein könnte, was gestrichen bzw. ergänzt werden soll. Nur so bleibt dieses Buch immer aktuell und zuverlässig. Wenn sich die Infos direkt auf das Buch beziehen, würde die Seitenangabe uns die Arbeit sehr erleichtern. Gut verwertbare Informationen belohnt der Verlag mit einem Sprechführer Ihrer Wahl aus der über 200 Bände umfassenden Reihe „Kauderwelsch" (siehe unten).

Bitte schreiben Sie an:

REISE KNOW-HOW Verlag Peter Rump GmbH, Postfach 140666, D-33626 Bielefeld, oder per E-Mail an: info@reise-know-how.de

Danke!

Kauderwelsch-Sprechführer –
sprechen und verstehen rund um den Globus

Afrikaans • Albanisch • Amerikanisch – *American Slang, More American Slang,* Amerikanisch oder Britisch? • Amharisch • Arabisch – Hocharabisch, für Ägypten, Algerien, Golfstaaten, Irak, Jemen, Marokko, • Palästina & Syrien, Sudan, Tunesien • Armenisch • *Bairisch* • Balinesisch • Baskisch • Bengali • *Berlinerisch* • Brasilianisch • Bulgarisch • Burmesisch • Cebuano • Chinesisch – Hochchinesisch, kulinarisch • Dänisch • Deutsch – *Allemand, Almanca, Duits, German, Nemjetzkii, Tedesco* • *Elsässisch* • Englisch – *British Slang, Australian Slang, Canadian Slang, Neuseeland Slang,* für Australien, für Indien • Färöisch • Esperanto • Estnisch • Finnisch • Französisch – kulinarisch, für den Senegal, für Tunesien, *Französisch Slang, Franko-Kanadisch* • Galicisch • Georgisch • Griechisch • Guarani • Gujarati • Hausa • Hebräisch • Hieroglyphisch • Hindi • Indonesisch • Irisch-Gälisch • Isländisch • Italienisch – *Italienisch Slang,* für Opernfans, kulinarisch • Japanisch • Javanisch • Jiddisch • Kantonesisch • Kasachisch • Katalanisch • Khmer • Kirgisisch • Kisuaheli • Kinyarwanda • *Kölsch* • Koreanisch • Kreol für Trinidad & Tobago • Kroatisch • Kurdisch • Laotisch • Lettisch • Lëtzebuergesch • Lingala • Litauisch • Madagassisch • Mazedonisch • Malaiisch • Mallorquinisch • Maltesisch • Mandinka • Marathi • Modernes Latein • Mongolisch • Nepali • Niederländisch – *Niederländisch Slang,* Flämisch • Norwegisch • Paschto • Patois • Persisch • Pidgin-English • *Plattdüütsch* • Polnisch • Portugiesisch • Punjabi • Quechua • *Ruhrdeutsch* • Rumänisch • Russisch • *Sächsisch* • *Schwäbisch* • Schwedisch • *Schwiizertüütsch* • *Scots* • Serbisch • Singhalesisch • Sizilianisch • Slowakisch • Slowenisch • Spanisch – *Spanisch Slang,* für Lateinamerika, für Argentinien, Chile, Costa Rica, Cuba, Dominikanische Republik, Ecuador, Guatemala, Honduras, Mexiko, Nicaragua, Panama, Peru, Venezuela, kulinarisch • Tadschikisch • Tagalog • Tamil • Tatarisch • Thai • Tibetisch • Tschechisch • Türkisch • Twi • Ukrainisch • Ungarisch • Urdu • Usbekisch • Vietnamesisch • Walisisch • Weißrussisch • *Wienerisch* • Wolof • Xhosa

Kauderwelsch?
Kauderwelsch!

Die **Sprechführer der Reihe Kauderwelsch** helfen dem Reisenden, wirklich zu sprechen und die Leute zu verstehen. Wie wird das gemacht?

- Die **Grammatik** wird in einfacher Sprache so weit erklärt, dass es möglich wird, ohne viel Paukerei mit dem Sprechen zu beginnen, wenn auch nicht gerade druckreif.
- Alle Beispielsätze werden doppelt ins Deutsche übertragen: zum einen **Wort-für-Wort,** zum anderen in „ordentliches" Hochdeutsch. So wird das fremde Sprachsystem sehr gut durchschaubar. Ohne eine Wort-für-Wort-Übersetzung ist es so gut wie unmöglich, einzelne Wörter in einem Satz auszutauschen.
- Die **Autorinnen und Autoren** der Reihe sind Globetrotter, die die Sprache im Lande gelernt haben. Sie wissen daher genau, wie und was die Leute auf der Straße sprechen. Deren Ausdrucksweise ist häufig viel einfacher und direkter als z.B. die Sprache der Literatur. Außer der Sprache vermitteln die Autoren Verhaltenstipps und erklären Besonderheiten des Landes.
- **Jeder Band** hat 96 bis 160 Seiten. Zu jedem Titel ist eine begleitende **Audio-CD** („AusspracheTrainer") oder **Kassette** (60 Min.) erhältlich.
- **Kauderwelsch-Sprechführer** gibt es für über 100 Sprachen in **mehr als 200 Bänden,** z.B.:

Georgisch – Wort für Wort
Band 87

Russisch – Wort für Wort
Band 7

Ukrainisch – Wort für Wort
Band 79

Reise Know-How Verlag,
Bielefeld

Mit Reise Know-How ans Ziel

Die Landkarten des **world mapping project** bieten gute Orientierung – weltweit.

- Moderne Kartengrafik mit Höhenlinien, Höhenangaben und farbigen Höhenschichten
- GPS-Tauglichkeit durch eingezeichnete Längen- und Breitengrade und ab Maßstab 1:300.000 zusätzlich durch UTM-Markierungen
- Einheitlich klassifiziertes Straßennetz mit Entfernungsangaben
- Wichtige Sehenswürdigkeiten, herausragende Orientierungspunkte und Badestrände werden durch einprägsame Symbole dargestellt
- Der ausführliche Ortsindex ermöglicht das schnelle Finden des Zieles
- Wasserabstoßende Imprägnierung
- Kein störender Pappumschlag, der den behindern würde, der die Karte unterwegs individuell falzen möchte oder sie einfach nur griffbereit in die Jackentasche stecken will

Derzeit über 160 Titel lieferbar (siehe unter www.reise-know-how.de), z.B.:

- **Kaukasus** (1:650.000)
- **Krim** (1:340.000)
- **Russland, West** (1:2 Mio.)

world mapping project
Reise Know-How Verlag, Bielefeld

Besser reisen. Mehr erleben.

Osteuropa für Entdecker!

Individual-Reisen und Gruppen-Touren nach Georgien, Armenien, Baltische Staaten, Ukraine oder Tschechien. Flusskreuzfahrten auf Osteuropas Flüssen.

Im Land des "Goldenen Vlieses" Mythen- und geschichtsträchtig ist das Land zwischen Schwarzem Meer und Kaukasus. Und Georgien ist eine der ältesten christlichen Regionen der Welt. Sprichwörtlich ist die Gastfreundschaft. Die Vielfalt der Landschaften, der Sehenswürdigkeiten begeistern Naturfreunde und Kunstkenner. Spannende Reisen zu unseren gastfreundlichen Nachbarn im Osten Europas.

Wir bieten Entdecker-Reisen durch die Länder Osteuropas mit hochqualifizierter Reiseleitung auf sorgfältig geplanten Routen in kleinen Gruppen. Fluss-Kreuzfahrten führen auf der Donau bis zum Schwarzen Meer, auf dem Dnjepr durch die Ukraine und zur Krim, von Moskau nach St. Petersburg, vom Ural auf der Wolga zum Kaspischen Meer und auf Sibiriens Lena bis zum Eismeer. **Wir beraten Sie gerne!**

Fragen Sie doch Karawane, wenn es um Osteuropa geht.

SEIT 1950

Karawane Reisen

Schorndorfer Straße 149 · 71638 Ludwigsburg
Tel. (0 71 41) 28 48-20 · Fax 28 48-25
E-Mail: info@karawane.de · www.karawane.de

Anhang

SIWA TOURS

Wir fahren mit Ihnen nach:

Marokko, Tunesien, Libyen, Baltikum, Irland, Polen, Türkei mit Georgien, Kroatien-Montenegro, Rumänien, Oberschwaben, Sizilien & Griechenland.

SIWA TOURS®

Marktplatz 37
88400 Biberach
Tel. 07351-13023
Fax 07351-13025
info@siwatours.de
www.siwatours.de

Kulturreisen GORDION

Georgien Rundreise

In Georgien ist jeder Gast
"**ein Geschenk des Gottes**".
alte Klöster, vielfältige Landschaft, leckere Küche, edle Weine, eindrucksvoller Kaukasus und freundliche Menschen.

- **Maximal 10 Gäste**
- **Individuell zum Wunschtermin**
- **Termine mit garantierter Durchführung**
- **Auch in Kombination mit Armenien**

Schillerstr. 13
D-71638 Ludwigsburg
Tel.: (+49) 07141-4887230 / 6488605
Fax: (+49) 07141-4887232
www.kulturreisen-gordion.de / info@kulturreisen-gordion.de

Georgien

Ventus

Ventus Reisen GmbH
Spezialist für Gruppen- und Individualreisen

Ventus Reisen organisiert für Sie:
Studien- und Städtereisen, Geschäftsreisen, Flüge, Hotel- oder Familienunterkünfte. Ganz individuell nach Ihren Wünschen. Fragen Sie uns!

www.ventus.com
office@ventus.com
Fon 030-391 00 332/-333, 030-398 49 641
Fax 030-399 55 87, Krefelder Str. 8, D 10555 Berlin

ONE WORLD
Reisen mit Sinnen

Faszination Georgien

Entdecken Sie mit uns bei Wanderungen und Radtouren die Naturschönheiten und die lebendige Kultur Georgiens. Kleingruppenreise in Zusammenarbeit mit dem WWF.

ONE WORLD – der Spezialist für besondere Erlebnisreisen
www.reisenmitsinnen.de · www.kapverdischeinseln.de
T 0231/589 79 20 · oneworld@reisenmitsinnen.de

Die Reiseführer von Reise

Reisehandbücher
Urlaubshandbücher
Reisesachbücher
Edition RKH, Praxis

Algarve, Lissabon
Amrum
Amsterdam
Andalusien
Apulien
Athen
Auvergne, Cévennen

Barcelona
Berlin, Potsdam
Borkum
Bretagne
Budapest
Burgund

City-Trips mit Billigfliegern
City-Trips mit Billigfliegern, Bd.2
Cornwall
Costa Blanca
Costa Brava
Costa de la Luz
Costa del Sol
Costa Dorada
Côte d'Azur, Seealpen, Hochprovence

Dalmatien
Dänemarks Nordseeküste
Disneyland Resort Paris
Dresden

Eifel
El Hierro
Elsass, Vogesen
England, der Süden
Erste Hilfe unterwegs
Estland
Europa BikeBuch

Fahrrad-Weltführer
Fehmarn
Föhr
Formentera
Friaul, Venetien
Fuerteventura

Gardasee, Trentino
Golf von Neapel, Kampanien
Gomera
Gotland
Gran Canaria
Großbritannien

Hamburg
Helgoland
Hollands Nordseeinseln
Hollands Westküste
Holsteinische Schweiz

Ibiza, Formentera
Irland
Island, Faröer
Istanbul
Istrien, Kvarner Bucht

Juist

Kalabrien, Basilikata
Katalonien
Köln
Kopenhagen
Korfu, Ionische Inseln
Korsika
Krakau, Tschenst.
Kreta
Krim, Lemberg, Kiew
Kroatien

Landgang an der Ostsee
Langeoog
La Palma
Lanzarote
Latium mit Rom
Leipzig
Ligurien, Cinque Terre
Litauen
London

Madeira
Madrid
Mallorca
Mallorca, Leben/Arbeiten
Mallorca, Wandern
Malta, Gozo, Comino
Mecklenb./Brandenb.: Wasserwandern
Mecklenburg-Vorp. Binnenland
Menorca
Montenegro
Moskau
Motorradreisen
München

Norderney
Nordseeinseln, Dt.
Nordseeküste Niedersachsens
Nordseeküste Schleswig-Holstein
Nordspanien
Nordzypern
Normandie
Norwegen

Ostseeküste Mecklenburg-Vorp.
Ostseeküste Schleswig-Holstein
Outdoor-Praxis

Paris
Piemont, Aostatal
Polens Norden
Polens Süden
Prag
Provence
Provence, Templer
Pyrenäen

Rhodos
Rom
Rügen, Hiddensee
Ruhrgebiet
Rumänien, Rep. Moldau

Sächsische Schweiz
Salzburg, Salzkammergut
Sardinien
Schottland
Schwarzwald, südl.
Schweiz, Liechtenstein
Sizilien, Lipar. Inseln
Skandinavien, der Norden
Slowakei
Slowenien, Triest
Spaniens Mittelmeerküste
Spiekeroog
St. Tropez und Umgebung
Südnorwegen
Südwestfrankreich
Sylt

Teneriffa
Tessin, Lago Maggiore
Thüringer Wald
Toscana
Tschechien
Türkei, Hotelführer
Türkei: Mittelmeerküste

Umbrien
Usedom

Venedig

Know-How auf einen Blick

Wales
Wangerooge
Warschau
Wien

Zypern, der Süden

Wohnmobil-Tourguides

Kroatien
Provence
Sardinien
Südnorwegen
Südschweden

Edition RKH

Durchgedreht – Sieben Jahre im Sattel
Eine Finca auf Mallorca
Geschichten aus dem anderen Mallorca
Mallorca für Leib und Seele
Rad ab!

Praxis

Aktiv Algarve
Aktiv Andalusien
Aktiv Dalmatien
Aktiv frz. Atlantikküste
Aktiv Gardasee
Aktiv Gran Canaria
Aktiv Istrien
Aktiv Katalonien
Aktiv Polen
Aktiv Slowenien
All inclusive?
Bordbuch Südeuropa
Canyoning
Clever buchen, besser fliegen
Clever kuren
Drogen in Reiseländern
Feste Europas
Fliegen ohne Angst
Frau allein unterwegs
Fun u. Sport im Schnee
Geolog. Erscheinungen
Gesundheitsurlaub in Dtl. Heilthermen
GPS f. Auto, Motorrad
GPS Outdoor-Navigation
Handy global
Höhlen erkunden
Hund, Verreisen mit
Inline Skating
Inline-Skaten Bodensee
Internet für die Reise
Kanu-Handbuch
Kartenlesen
Kommunikation unterw.
Kreuzfahrt-Handbuch
Küstensegeln
Langzeitreisen
Marathon-Guide Deutschland
Mountainbiking
Mushing/ Hundeschlitten
Nordkap Routen
Orientierung mit Kompass und GPS
Paragliding-Handbuch
Pferdetrekking
Radreisen
Reisefotografie
Reisefotografie digital
Reisekochbuch
Reiserecht
Respektvoll reisen
Schutz vor Gewalt und Kriminalität
Schwanger reisen
Selbstdiagnose unterwegs
Sicherheit Meer
Sonne, Wind, Reisewetter
Spaniens Fiestas
Sprachen lernen
Survival-Handbuch Naturkatastrophen
Tauchen Kaltwasser
Tauchen Warmwasser
Trekking-Handbuch
Unterkunft/Mietwagen
Vulkane besteigen
Wandern im Watt
Wann wohin reisen?
Wein-Reiseführer Deutschland
Wein-Reiseführer Italien
Wein-Reiseführer Toskana
Wildnis-Ausrüstung
Wildnis-Backpacking
Wildnis-Küche
Winterwandern
Wohnmobil-Ausrüstung
Wohnmobil-Reisen
Wohnwagen Handbuch
Wracktauchen
Zahnersatz, Reiseziel

KulturSchock

Familienmanagement im Ausland
Finnland
Frankreich
Irland
Leben in fremden Kulturen
Polen
Rumänien
Russland
Spanien
Türkei
Ukraine
Ungarn

Europa

Wo man unsere Reiseliteratur bekommt:
Jede Buchhandlung Deutschlands, der Schweiz, Österreichs und der Benelux-Staaten kann unsere Bücher beziehen. Wer sie dort nicht findet, kann alle Bücher über unsere **Internet-Shops** bestellen.
Auf den Homepages gibt es **Informationen** zu allen Titeln:

www.reise-know-how.de oder **www.reisebuch.de**

Register

G

H

I, J

K

086ge Foto: mk

Die Autorin

Als **Marlies Kriegenherdt** (Jahrgang 1953) im Jahre 1984 das erste Mal nach Tbilisi, damals noch Hauptstadt der Grusinischen Sozialistischen Sowjetrepublik, und 1986 nach Sochumi, damals Hauptstadt der Autonomen Sozialistischen Sowjetrepublik Abchasien, flog, war für sie klar, dass diesen Reisen viele weitere folgen würden. Die außerordentlich sympathischen und warmherzigen Menschen begeisterten sie ebenso wie die unterschiedlichen Landschaften auf engstem Raum.

Obwohl sie mittlerweile mehr als 55 Länder auf allen Kontinenten besucht hat, die meisten davon mehrmals und fast immer als Individualreisende, kehrt Marlies Kriegenherdt regelmäßig nach Georgien zurück. Die dabei gesammelten Erfahrungen und Eindrücke bilden den Grundstock für den vorliegenden Reiseführer.

Fulminantes Gastmahl in Ushguli – die Autorin mit Angehörigen der georgischen Armee

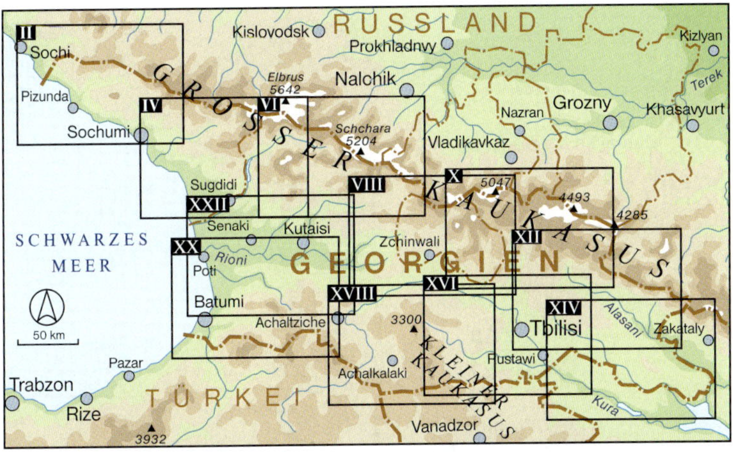

Schnellstraße
Expressway

Fernstraße
Major route

Hauptstraße
Main road

Nebenstraße
Secondary road

Sonstige Straße
Other road

Pfad (unbefestigt, saisonal)
Track (unpaved, seasonal)

27 Entfernung in Kilometern
Distance in kilometres

Eisenbahn - in Bau
Railway - under construction

Seilbahn
Ropeway, cable car

5895 Berg (Höhe in m), Pass
Mountain (height in m), pass

Binnengewässer, Meer - periodisch
Inshore waters, sea - periodical

Sumpf
Swamp

Fluss - periodisch
River - seasonal

Kanal, Staudamm
Canal, dam

Staatsgrenze mit Übergang
International boundary with checkpoint

Verwaltungsgrenze
Administrative boundary

Waffenstillstandslinie (1994)
Ceasefire Line (1994)

Flughafen, Flugplatz
Airport, Airfield

Hafen, Anlegestelle
Harbour, landing stage

Hotel, Unterkunft
Hotel, accommodation

Campingplatz
Camping site

UNESCO Welterbe
UNESCO world heritage

Sehenswürdigkeit
Place of interest

Kirche/Kloster, Moschee
Church/monastery, mosque

Ruinen (historisch)
Ruins (historic)

Burg/Festung, Mausoleum
Castle/fortress, mausoleum

Höhle, heiße Quelle
Cave, hot spring

Strand
Beach

Nationalpark
National park

Die Karten auf den folgenden Seiten sind Ausschnitte aus der Kaukasus-Karte des **world mapping project** von Reise Know-How (s. S. 314).

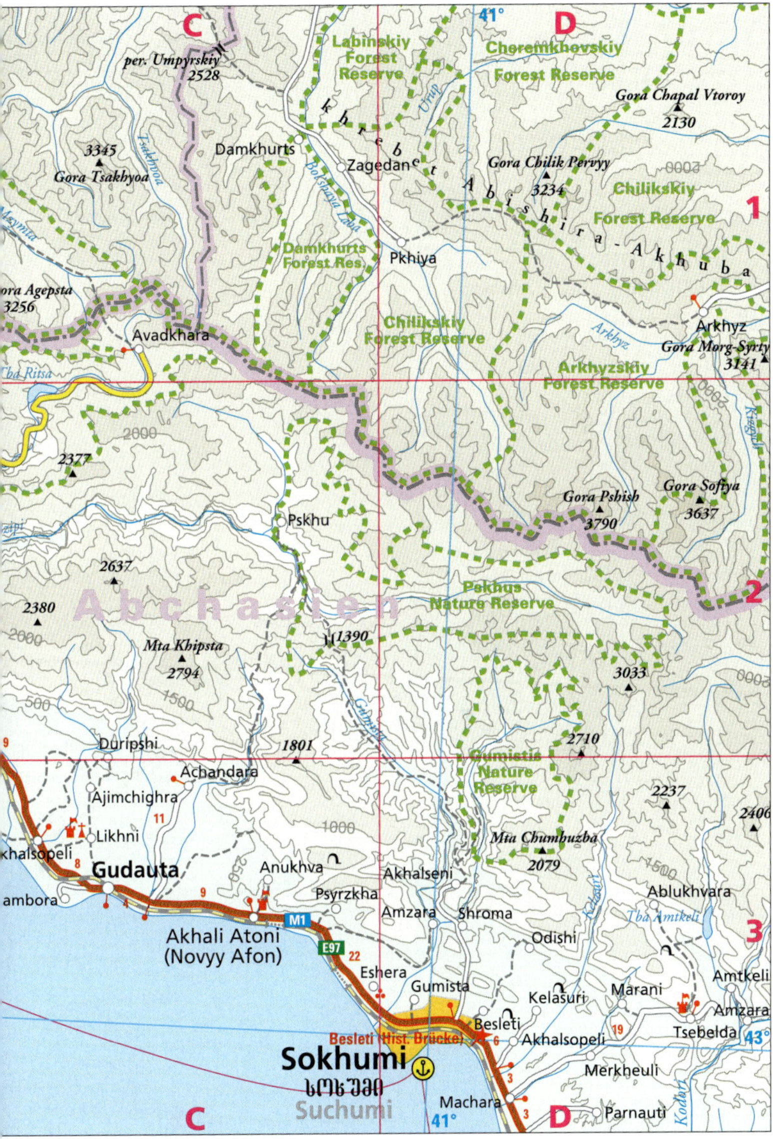

Kartenatlas

Gumistis Nature Reserve
Mta Chumbuzba
2079
2710
2237
2406
3026
Mta Dombay-Ulgen
4046
2742
2336
2630
Abchasien
Sokhumi
Suchumi
Akhalseni
Amzara
Shroma
Odishi
Eshera
Gumista
Besleti
Besleti (Hist. Brücke)
Kelasuri
Akhalsopeli
Merkheuli
Ablukhvara
Tba Amtkeli
Marani
Amtkeli
Tsebelda
Amzara
Lata
Marzkhena Ptishi
Kverno Azhara
Chkhalta
Machara
Parnauti
Gulripshi
Shaumjanovka
Ganakhleba
Akhutsa
Vladimirovka
Igerda
Ghvada
Akidra
Babushara
Dranda
Atara
Chlou
Arasadzykhi
Varcha
Arakich
Kutoli
Kochara
Tkhina
Tkvarcheli
Gupi
Akhaldaba
Kindghi
Labra
Mokvi
Kodoris Konzkhi
Akhali Kindghi
Naochi
Tsagera
Aradu
Pokveshi
Merkula
Agubedia
Beslakhuba
Chkorto
Bedia
Ochamchire
Meore Okhurej
Tsarche
Ilori
Okumi
Achigvara
Mukhuri
Samkvari
Meore Gudava
Repo Etseri
Gali
Zemo-Bargebi
Kvemo-Bargebi
Tagiloni
Nabakevi
Kakhati
Pirveli-Otobaia
Orsantia
Oktomberi
Darcheli
Ganarzhiis Mukhuri
Tsaishi
M1
E97
A
B
1
2
3
41°
43°

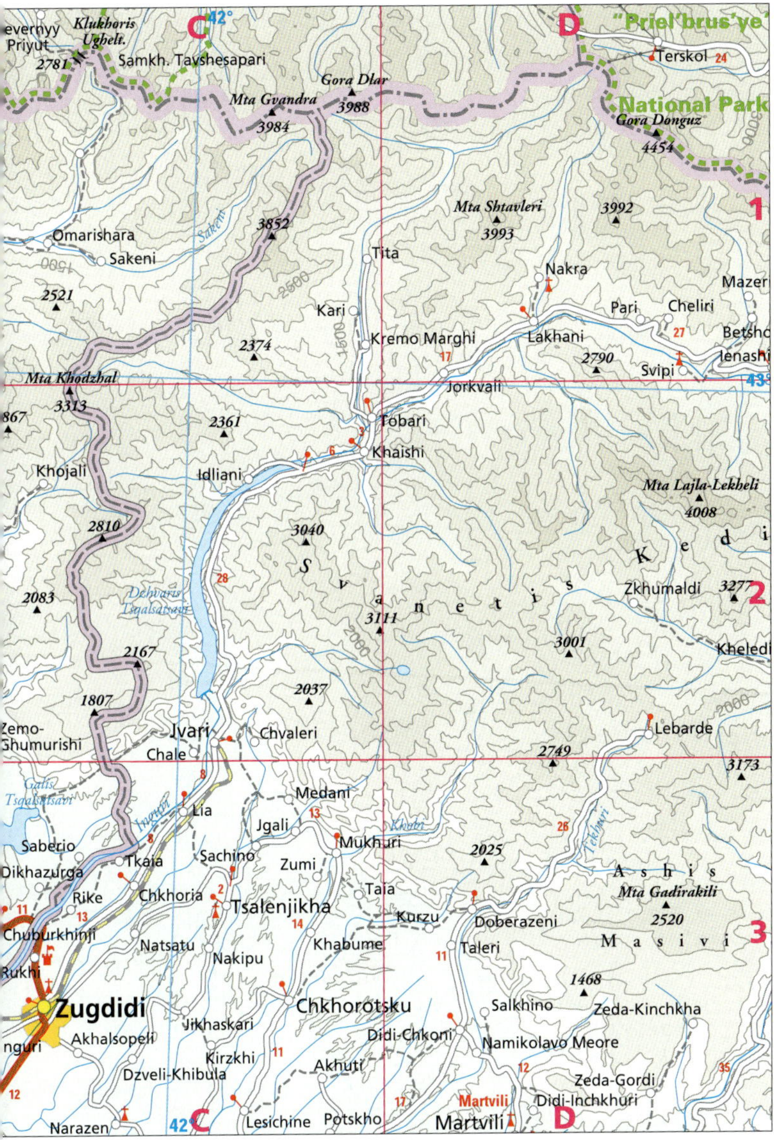
"Priel'brus'ye"
National Park
Klukhoris Ughelt.
Priyut
2781
Samkh. Tavshesapari
Gora Dlar
3988
Mta Gvandra
3984
Terskol
Gora Donguz
4454
Mta Shtavleri
3993
3992
3852
Omarishara
Sakeni
Sakeni
2521
Tita
Nakra
Kari
Kremo Marghi
Lakhani
Pari
Cheliri
Mazeri
Betsho
Ienashi
Svipi
2790
2374
Mta Khodzhal
3313
Jorkvali
Tobari
Khaishi
2361
Khojali
Idliani
Mta Lajla-Lekheli
4008
2810
3040
Svanetis Kedi
Zkhumaldi
3277
3111
3001
Kheledi
Dehvaris Tsqalsatsavi
2083
2167
2037
1807
Zemo-Ghumurishi
Jvari
Chale
Chvaleri
Lebarde
2749
3173
Galis Tsqalsatsavi
Medani
Lia
Inguri
Khobi
Tekhuri
Jgali
Mukhuri
Saberio
Tkaia
Sachino
Zumi
2025
Ashis Masivi
Mta Gadirakili
2520
Dikhazurga
Rike
Chkhoria
Taia
Tsalenjikha
Kurzu
Doberazeni
Chuburkhinji
Natsatu
Khabume
Taleri
Nakipu
Rukhi
1468
Zugdidi
Chkhorotsku
Salkhino
Zeda-Kinchkha
Jikhaskari
Akhalsopeli
Didi-Chkoni
Namikolavo Meore
Inguri
Kirzkhi
Dzveli-Khibula
Akhuti
Zeda-Gordi
Martvili
Didi-Inchkhuri
Narazeni
Lesichine
Potskho
Martvili
C
D
1
2
3
42°
43°

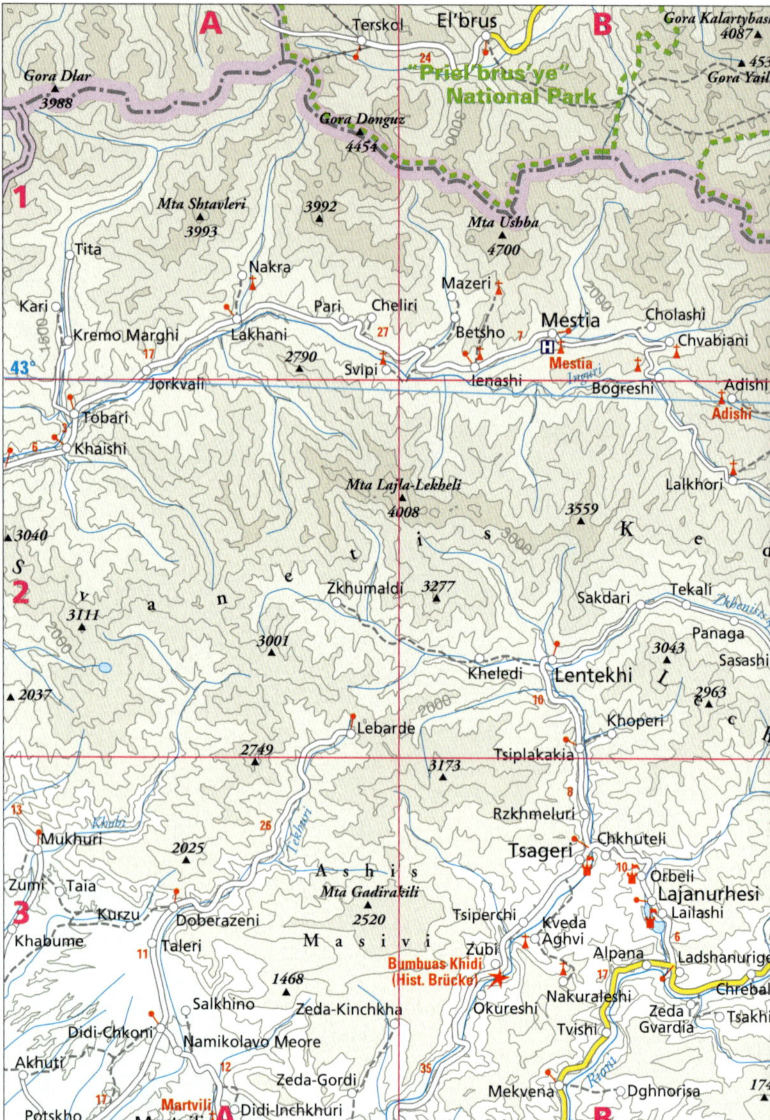
A
B
1
2
3
43°
Terskol
El'brus
Gora Kalartybash
4087
Gora Dlar
3988
"Priel'brus'ye" National Park
Gora Donguz
4454
Mta Shtavleri
3993
3992
Mta Ushba
4700
Tita
Nakra
Mazeri
Kari
Pari
Cheliri
Kremo Marghi
Lakhani
Betsho
Mestia
Cholashi
Chvabiani
Mestia
2790
Svipi
Jorkvali
Ienashi
Inguri
Bogreshi
Adishi
Adishi
Tobari
Khaishi
Mta Lajla-Lekheli
4008
Lalkhori
3559
3040
Svanetis Kedi
3111
Zkhumaldi
3277
Sakdari
Tekali
Panaga
3001
3043
Sasashi
Kheledi
Lentekhi
2037
2963
Lechkhumi
Lebarde
Khoperi
2749
Tsiplakakia
3173
Rzkhmeluri
Khobi
Mukhuri
2025
Tekhuri
Tsageri
Chkhuteli
Ashis Masivi
Orbeli
Zumi
Taia
Mta Gadirakili
Lajanurhesi
Kurzu
2520
Lailashi
Doberazeni
Tsiperchi
Kveda Aghvi
Khabume
Taleri
Zubi
Alpana
Bumbuas Khidi (Hist. Brücke)
Ladshanuriges
1468
Chrebalo
Salkhino
Okureshi
Nakuraleshi
Zeda-Kinchkha
Zeda Gvardia
Tsakhi
Didi-Chkoni
Tvishi
Namikolavo Meore
Akhuti
Zeda-Gordi
Rioni
Mekvena
Dghnorisa
Potskho
Martvili
Didi-Inchkhuri
Martvili

Kartenatlas

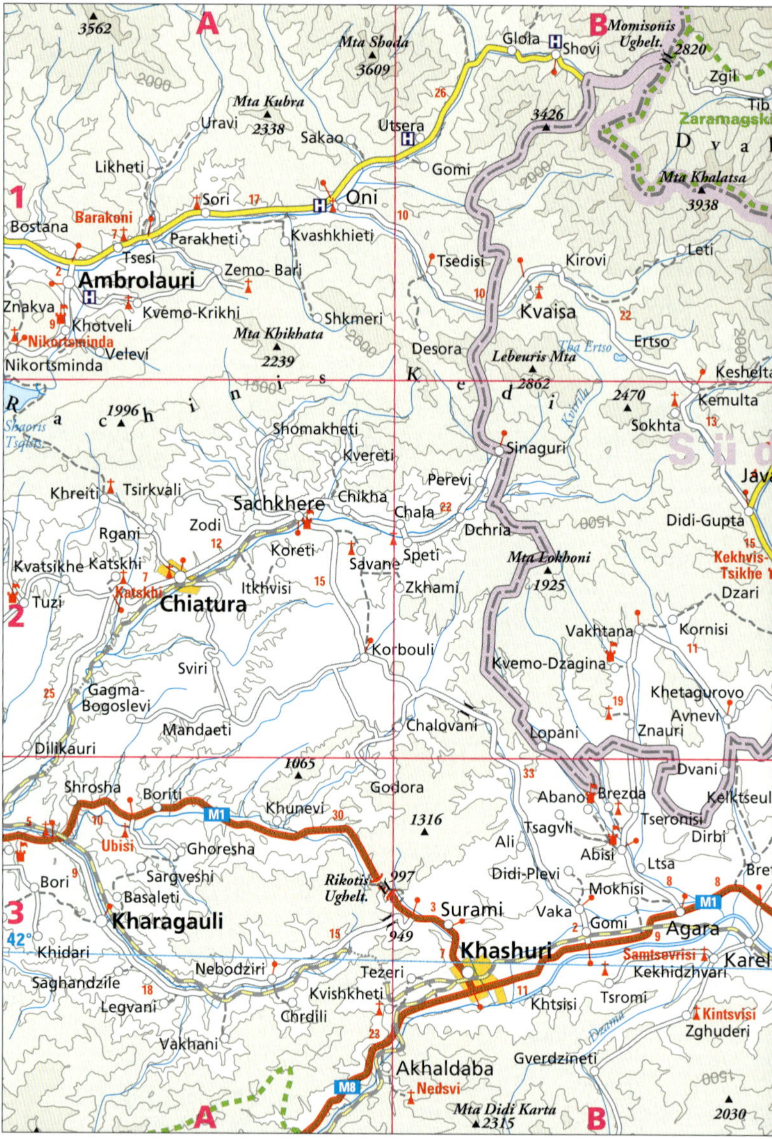
A
B
1
2
3
3562
Mta Shoda
3609
Gloia
Shovi
Momisonis Ughelt.
2820
Zgil
Tib
Zaramagski
D v a l
Mta Khalatsa
3938
Mta Kubra
2338
Uravi
Sakao
Utsera
3426
Gomi
Likheti
Sori
Oni
Barakoni
Bostana
Parakheti
Kvashkhieti
Tsesi
Ambrolauri
Zemo- Bari
Tsedisi
Kirovi
Leti
Znakva
Kvemo-Krikhi
Khotveli
Shkmeri
Kvaisa
Nikortsminda
Velevi
Nikortsminda
Mta Khikhata
2239
Desora
Lebeuris Mta
2862
Tba Ertso
Ertso
Keshelta
R a c h i n i s K e d i
1996
Shaoris Tsqali
2470
Kemulta
Sokhta
Kvirila
Shomakheti
Kvereti
Sinaguri
Süd
Java
Perevi
Khreiti
Tsirkvali
Sachkhere
Chikha
Chala
Dchria
Didi-Gupta
Zodi
Rgani
Koreti
Savane
Speti
Mta Lokhoni
1925
Kekhvis-Tsikhe
Kvatsikhe
Katskhi
Katskhi
Tuzi
Chiatura
Itkhvisi
Zkhami
Dzari
Vakhtana
Kornisi
Korbouli
Sviri
Kvemo-Dzagina
Gagma-Bogoslevi
Khetagurovo
Avnevi
Mandaeti
Chalovani
Lopani
Znauri
Dilikauri
1065
Dvani
Shrosha
Boriti
Godora
Abano
Brezda
Kelktseuli
Khunevi
M1
1316
Tsagvli
Tseronisi
Ubisi
Ghoresha
Ali
Dirbi
Abisi
Sargveshi
Didi-Plevi
Ltsa
Bret
Bori
Rikotis Ughelt.
997
Mokhisi
Basaleti
Surami
Vaka
M1
Kharagauli
Gomi
Agara
42°
949
Khidari
Khashuri
Samtsevrisi
Kareli
Nebodziri
Tezeri
Kekhidzhvari
Saghandzile
Kvishkheti
Khtsisi
Tsromi
Legvani
Chrdili
Kintsvisi
Dzama
Zghuderi
Vakhani
Akhaldaba
Gverdzineti
M8
Nedsvi
Mta Didi Karta
2315
2030

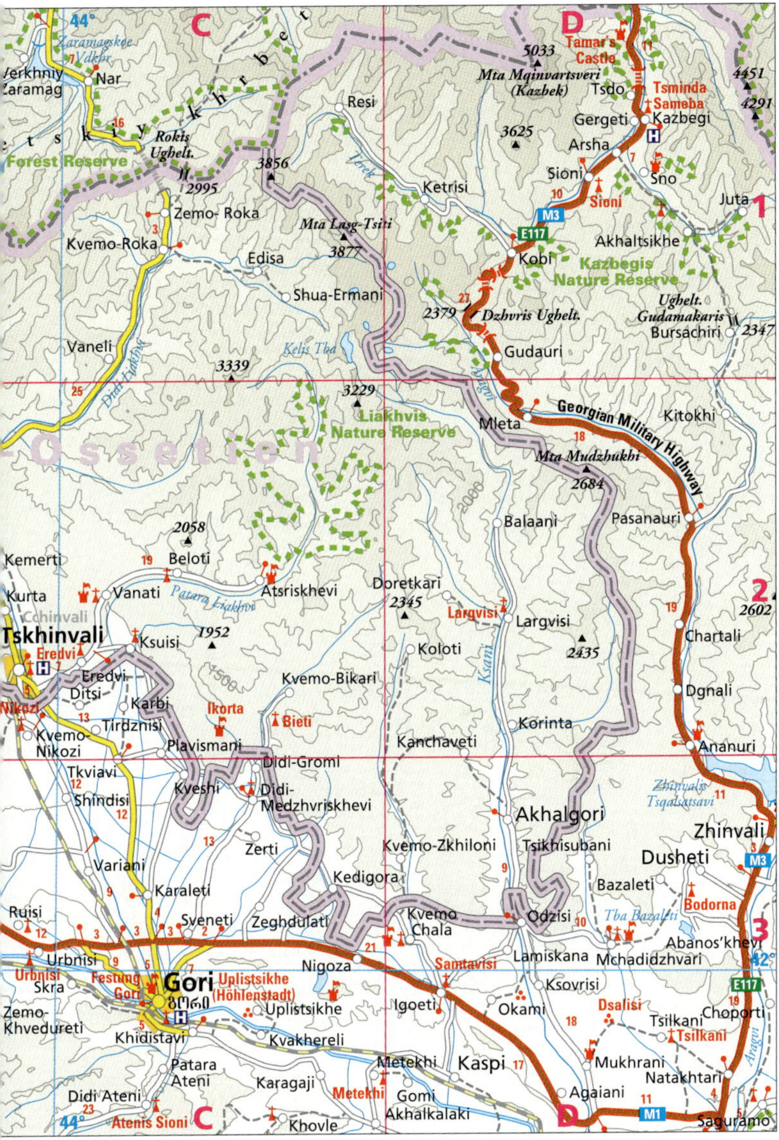

Kartenatlas

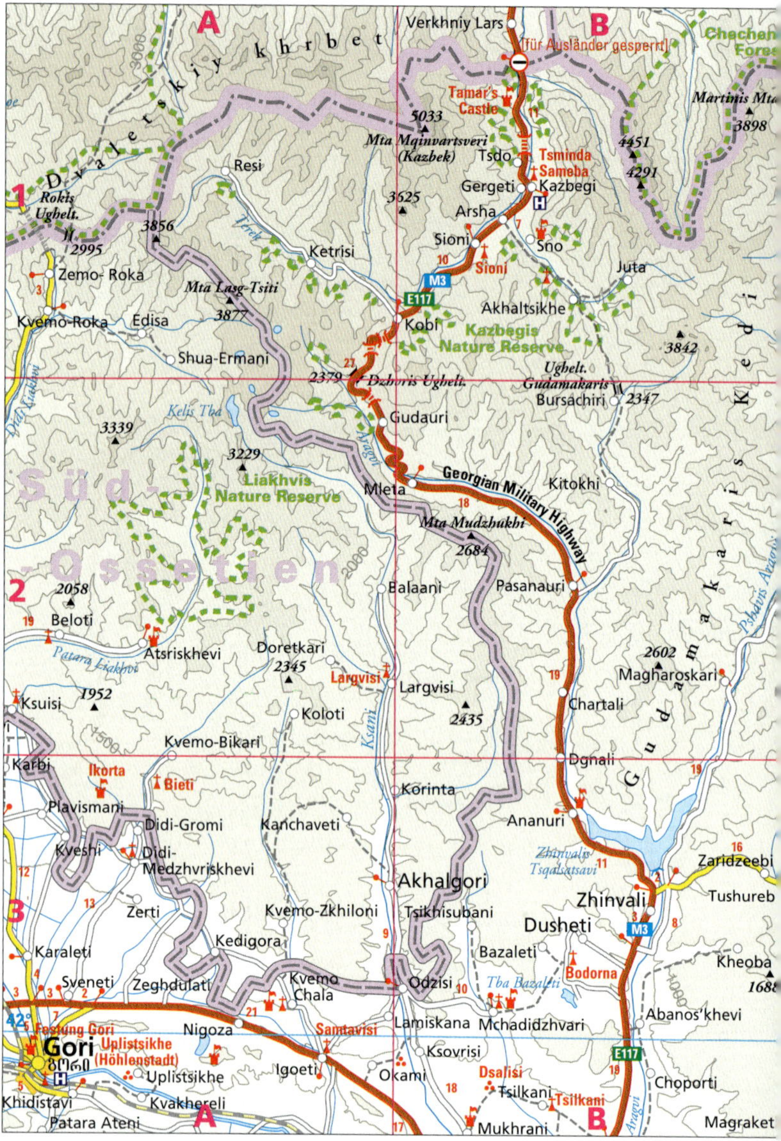

Verkhniy Lars
[für Ausländer gesperrt]
Tamar's Castle
5033
Mta Mqinvartsveri (Kazbek)
Tsdo
Tsminda Sameba
Gergeti
Kazbegi
Arsha
Sioni
Sno
Juta
Akhaltsikhe
Kobi
Kazbegis Nature Reserve
3842
Martinis Mta
3898
4451
4291
Dvaletskiy khrbet
Rokis Ughelt.
2995
3856
Resi
3625
Terek
Ketrisi
Zemo-Roka
Kvemo-Roka
Edisa
Mta Lasg-Tsiti
3877
Shua-Ermani
2379
Dzhvris Ughelt.
Ughelt. Gudamakaris
Bursachiri
2347
Gudauri
Kelis Tba
3339
3229
Liakhvis Nature Reserve
Mleta
Georgian Military Highway
Kitokhi
Mta Mudzhukhi
2684
Süd-Ossetien
2058
Beloti
Atsriskhevi
Patara Liakhvi
Balaani
Pasanauri
Doretkari
2345
Largvisi
2602
Magharoskari
Ksuisi
1952
Koloti
Chartali
2435
Ksani
Kvemo-Bikari
Dgnali
Gudamakaris Kedi
Karbi
Ikorta
Bieti
Korinta
Plavismani
Didi-Gromi
Kanchaveti
Ananuri
Kveshi
Didi-Medzhvriskhevi
Zhinvalis Tsqalsatsavi
Akhalgori
Zaridzeebi
Zhinvali
Tushureb
Zerti
Kvemo-Zkhiloni
Tsikhisubani
Dusheti
Karaleti
Kedigora
Bazaleti
Kheoba
Sveneti
Zeghdulati
Kvemo Chala
Odzisi
Tba Bazaleti
Bodorna
1688
Festung Gori
Nigoza
Samtavisi
Lamiskana
Mchadidzhvari
Abanos'khevi
Gori
გორი
Uplistsikhe (Höhlenstadt)
Uplistsikhe
Igoeti
Ksovrisi
Okami
Dsalisi
Choporti
Khidistavi
Kvakhereli
Tsilkani
Patara Ateni
Mukhrani
Aragvi
Magraket
Pshavis Aragvi
E117
M3
42°
A
B
1
2
3

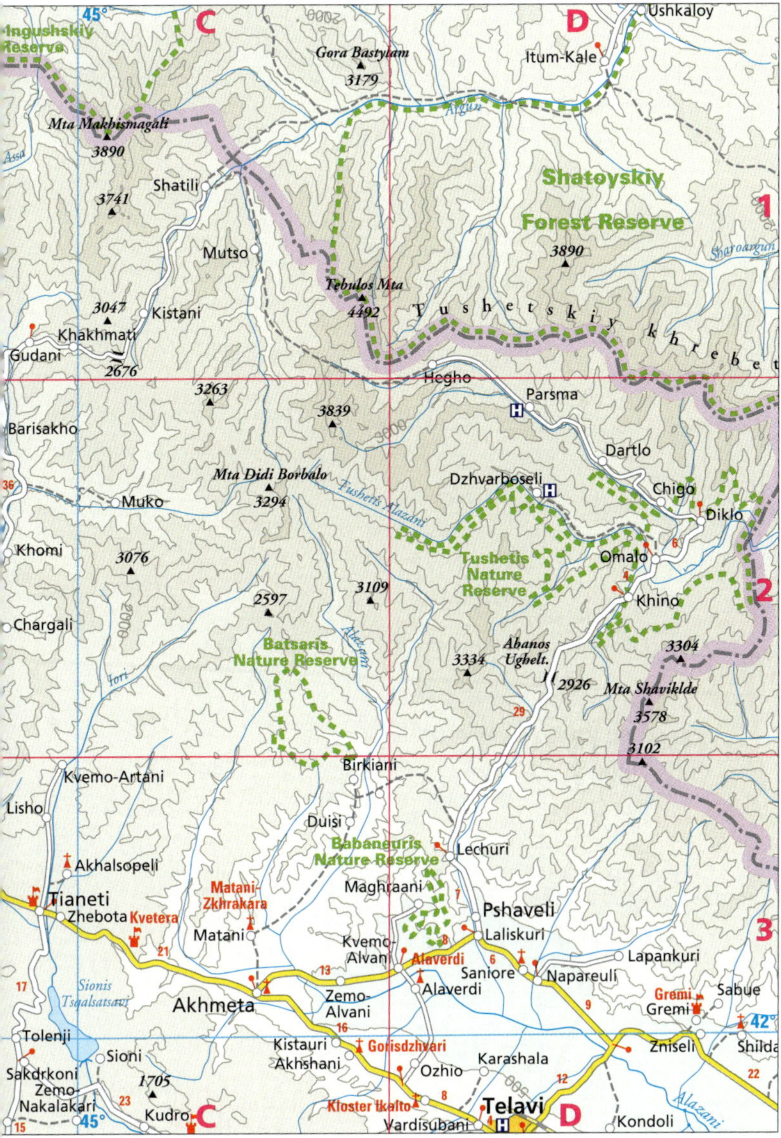
C
D
Ingushskiy Reserve
Gora Bastylam
3179
Ushkaloy
Itum-Kale
Argun
Mta Makhismagali
3890
Assa
Shatili
3741
Shatoyskiy Forest Reserve
1
3890
Sharoargun
Mutso
Tebulos Mta
4492
Tushetskiy khrebet
3047
Kistani
Khakhmati
Gudani
2676
Hegho
Parsma
3263
3839
Barisakho
Dartlo
Mta Didi Borbalo
3294
Dzhvarboseli
Chigo
Diklo
Tushetis Alazani
Muko
Khomi
3076
Omalo
Tushetis Nature Reserve
Khino
2
2597
3109
Chargali
Batsaris Nature Reserve
Alazani
Iori
3304
Abanos Ughelt.
3334
2926
Mta Shavikide
3578
3102
Birkiani
Kvemo-Artani
Lisho
Duisi
Babaneuris Nature Reserve
Lechuri
Akhalsopeli
Maghraani
Tianeti
Zhebota
Kvetera
Matani-Zkhrakara
Matani
Pshaveli
Laliskuri
3
Kvemo-Alvani
Alaverdi
Saniore
Napareuli
Lapankuri
Sionis Tsqalsatsavi
Akhmeta
Zemo-Alvani
Alaverdi
Gremi
Gremi
Sabue
Tolenji
Kistauri
Akhshani
Gorisdzhvari
Zniseli
Shilda
42°
Sakdrkoni
Sioni
Karashala
Ozhio
Zemo-Nakalakari
1705
45°
Kudro
Kloster Ikalto
Telavi
Vardisubani
Kondoli
Alazani

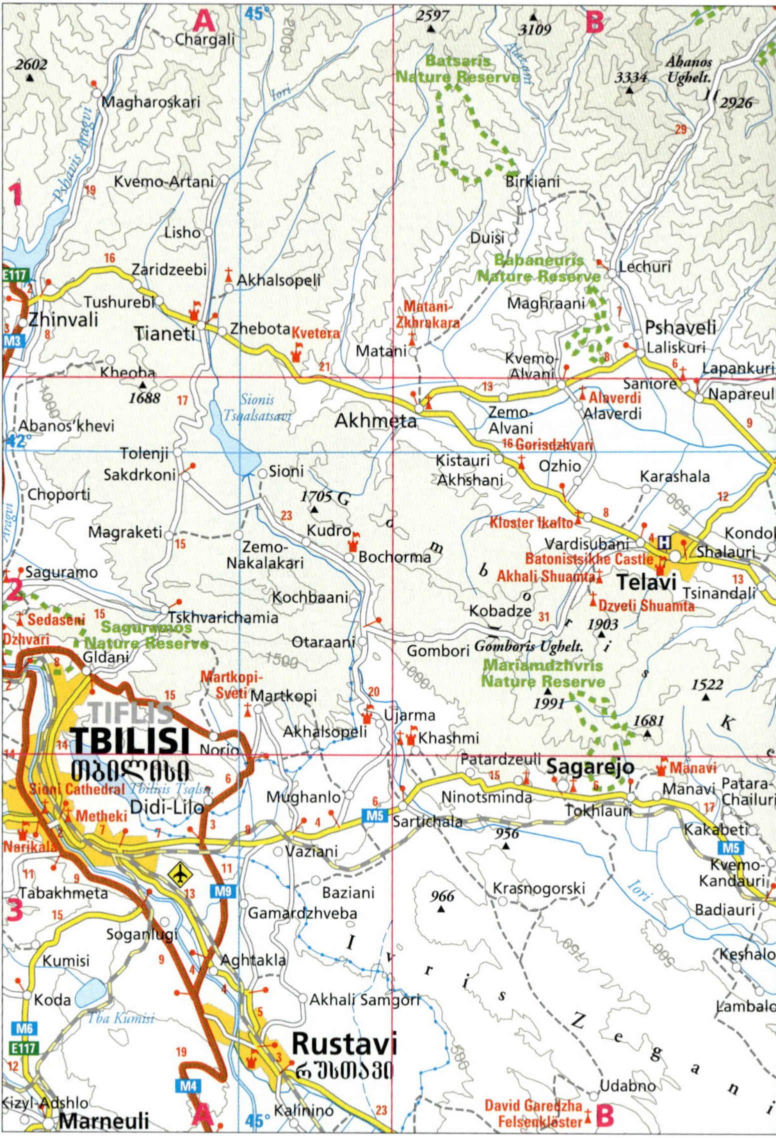
A
B
45°
42°
1
2
3
Chargali
2602
2597
3109
3334
Abanos Ughelt.
2926
Batsaris Nature Reserve
Alazani
Iori
Magharoskari
Pshavis Aragvi
Kvemo-Artani
Birkiani
Lisho
Duisi
Babaneuris Nature Reserve
Lechuri
Zaridzeebi
Akhalsopeli
E117
Tushurebi
Zhinvali
M3
Tianeti
Zhebota
Kvetera
Matani-Zkhrakara
Matani
Maghraani
Pshaveli
Laliskuri
Kvemo-Alvani
Lapankuri
Kheoba
1688
Saniore
Napareuli
Sionis Tsqalsatsavi
Akhmeta
Alaverdi
Zemo-Alvani
Abanos'khevi
Gorisdzhvari
Tolenji
Kistauri
Ozhio
Sakdrkoni
Sioni
Akhshani
Karashala
Choporti
1705
Kudro
Kloster Ikalto
Aragvi
Magraketi
Vardisubani
Kondol
Zemo-Nakalakari
Bochorma
Batonistsikhe Castle
Shalauri
Saguramo
Akhali Shuamta
Telavi
Tsinandali
Kochbaani
Dzveli Shuamta
Sedaseni
Tskhvarichamia
Kobadze
Saguramos Nature Reserve
1903
Dzhvari
Otaraani
Gombori
Gomboris Ughelt.
Gldani
Mariamdzhvris Nature Reserve
Martkopi-Sveti
Martkopi
1522
1991
TIFLIS
Ujarma
1681
TBILISI
Akhalsopeli
Khashmi
Norio
თბილისი
Patardzeuli
Sagarejo
Manavi
Sioni Cathedral
Tbilisis Tsqlsat.
Mughanlo
Ninotsminda
Manavi
Patara-Chailuri
Didi-Lilo
M5
Tokhlauri
Metheki
Sartichala
Narikala
956
Kakabeti
Vaziani
Kvemo-Kandauri
Tabakhmeta
Baziani
M9
966
Krasnogorski
Badiauri
Gamardzhveba
Soganlugi
Iori
Kumisi
Aghtakla
Keshalo
Koda
Akhali Samgori
Lambalo
Tba Kumisi
Iris Zegani
M6
E117
Rustavi
რუსთავი
M4
Udabno
Kizyl-Adshlo
Marneuli
Kalinino
David Garedzha Felsenklöster

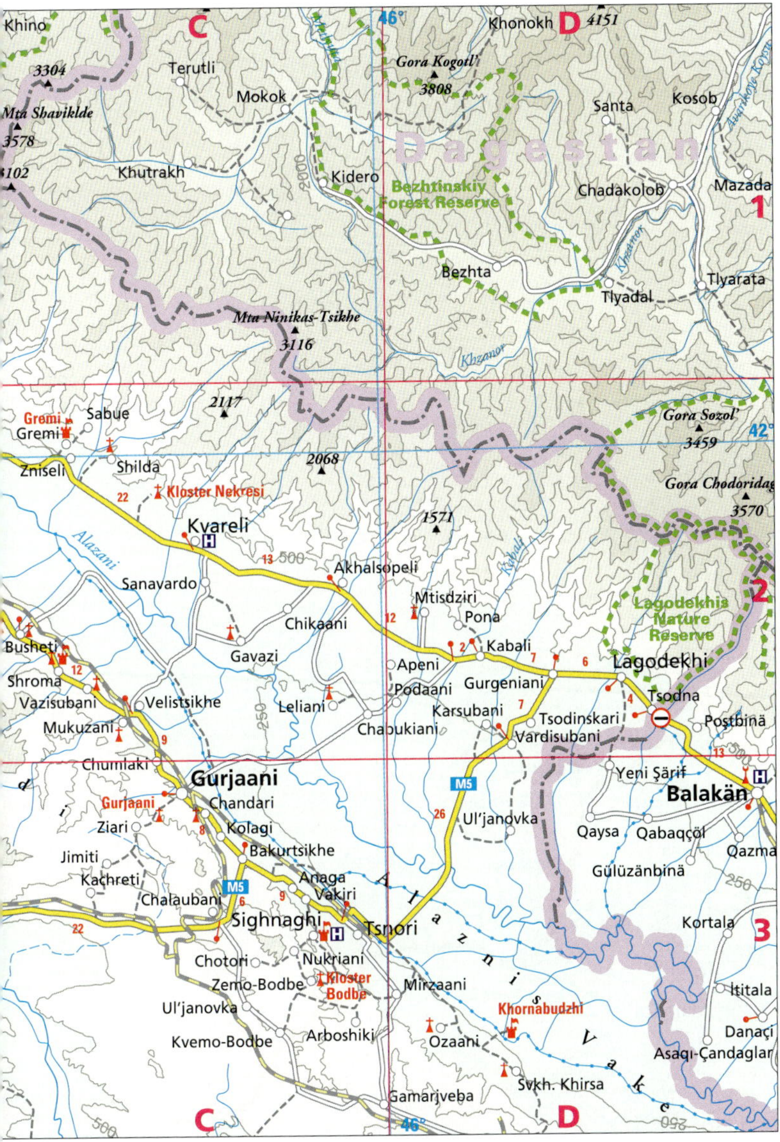

Kartenatlas

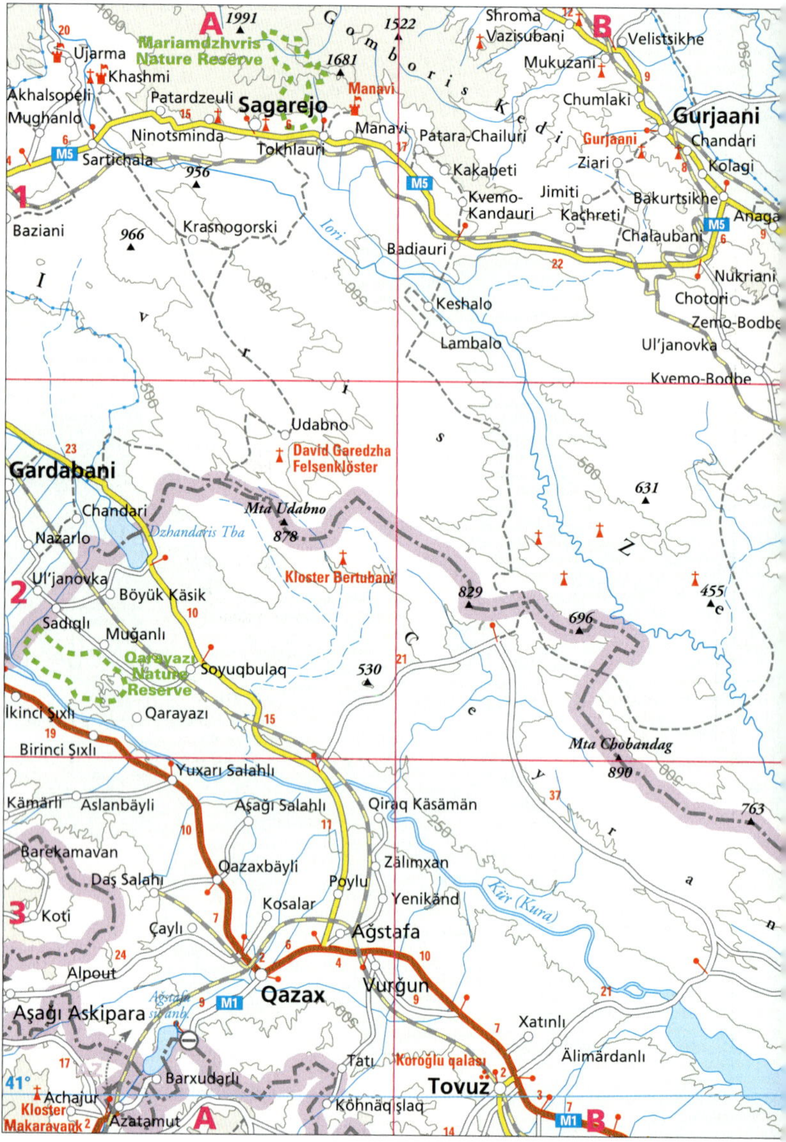
A
B
1
2
3
Ujarma
Khashmi
Akhalsopeli
Mughanlo
Mariamdzhvris Nature Reserve
Patardzeuli
Sagarejo
Manavi
Ninotsminda
Tokhlauri
Sartichala
Gombori s Kedi
Shroma
Vazisubani
Mukuzani
Velistsikhe
Chumlaki
Gurjaani
Chandari
Kolagi
Patara-Chailuri
Kakabeti
Ziari
Jimiti
Kvemo-Kandauri
Kachreti
Bakurtsikhe
Chalaubani
Anaga
Badiauri
Baziani
Krasnogorski
Iori
Nukriani
Chotori
Zemo-Bodbe
Ul'janovka
Kvemo-Bodbe
Keshalo
Lambalo
Ivris Zegani
Udabno
David Garedzha Felsenklöster
Gardabani
Chandari
Nazarlo
Dzhandaris Tba
Mta Udabno
Kloster Bertubani
Ul'janovka
Böyük Käsik
Sadıqlı
Muğanlı
Qarayazı Nature Reserve
Soyuqbulaq
Qarayazı
İkinci Şıxlı
Birinci Şıxlı
Mta Chobandag
Ceyran
Yuxarı Salahlı
Kämärli
Aslanbäyli
Aşağı Salahlı
Qiraq Käsämän
Barekamavan
Qazaxbäyli
Zälimxan
Daş Salahlı
Poylu
Yenikänd
Kür (Kura)
Koti
Kosalar
Çaylı
Ağstafa
Alpout
Qazax
Vurğun
Aşağı Askipara
Ağstafa su anb.
Xatınlı
Älimärdanlı
Tatı
Koroğlu qalası
Barxudarlı
Tovuz
Achajur
Kloster Makaravank
Azatamut
Köhnäq şlaq
M5
M1
41°

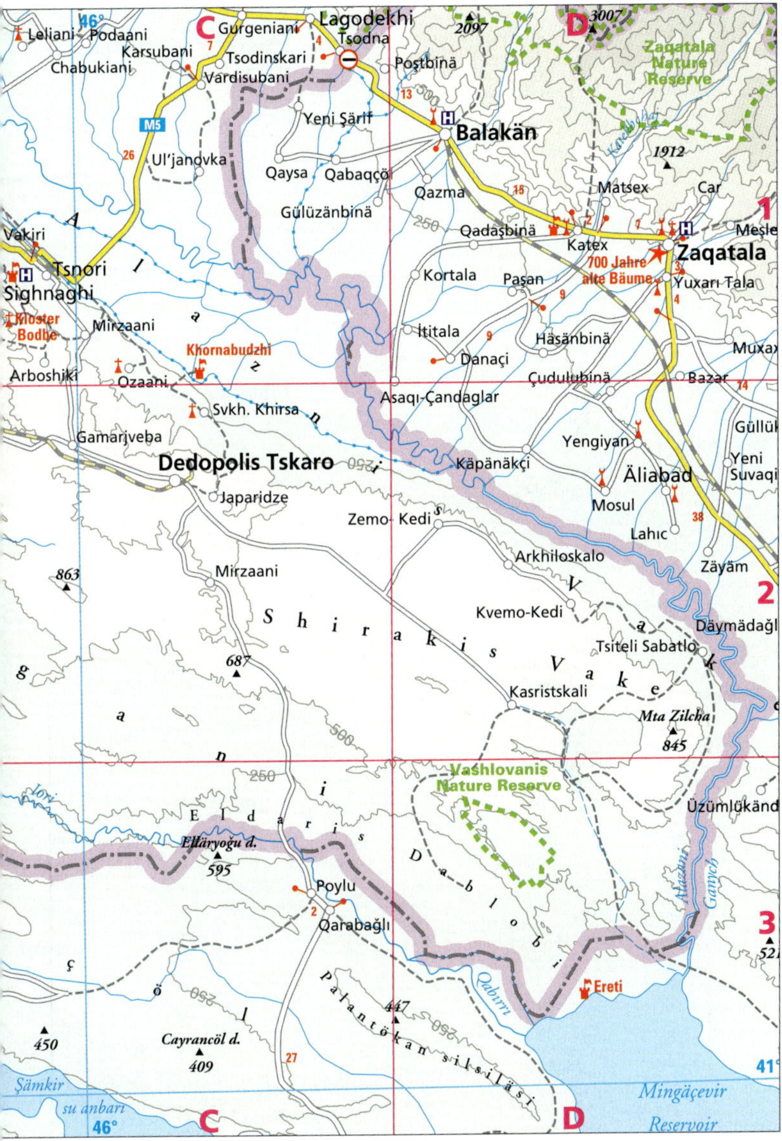

46°
C
D
Leliani
Podaani
Chabukiani
Karsubani
Gurgeniani
Lagodekhi
Tsodna
Tsodinskari
Vardisubani
Poştbinä
2097
3007
Zaqatala Nature Reserve
M5
Yeni Şärif
Balakän
Ul'janovka
Qaysa
Qabaqçöl
Qazma
Gülüzänbinä
1912
Matsex
Car
1
Vakiri
Tsnori
Sighnaghi
Kloster Bodbe
Mirzaani
Khornabudzhi
Arboshiki
Ozaani
Svkh. Khirsa
Gamarjveba
Dedopolis Tskaro
Japaridze
Qadaşbinä
Katex
Zaqatala
Meşle
700 Jahre alte Bäume
Yuxarı Tala
Kortala
Paşan
İtitala
Häsänbinä
Danaçi
Muxax
Çudulubinä
Bazar
Asaqı-Çandaglar
Yengiyan
Güllük
Käpänäkçi
Äliabad
Yeni Suvaqil
Mosul
Zemo-Kedi
Lahıc
Arkhiloskalo
Zäyäm
2
Mirzaani
863
Kvemo-Kedi
Däymädağl
Tsiteli Sabatlo
Shirakis Vake
687
Kasristskali
Mta Zilcha
845
Alazani
Vashlovanis Nature Reserve
Üzümlükänd
Iori
Eldaris Dablobi
Elläryoğu d.
595
Poylu
Qarabağlı
3
521
Ganych
Ereti
Qabırrı
447
Palantökan silsiläsi
450
Cayrancöl d.
409
Çöl
Şämkir su anbari
46°
41°
Mingäçevir Reservoir

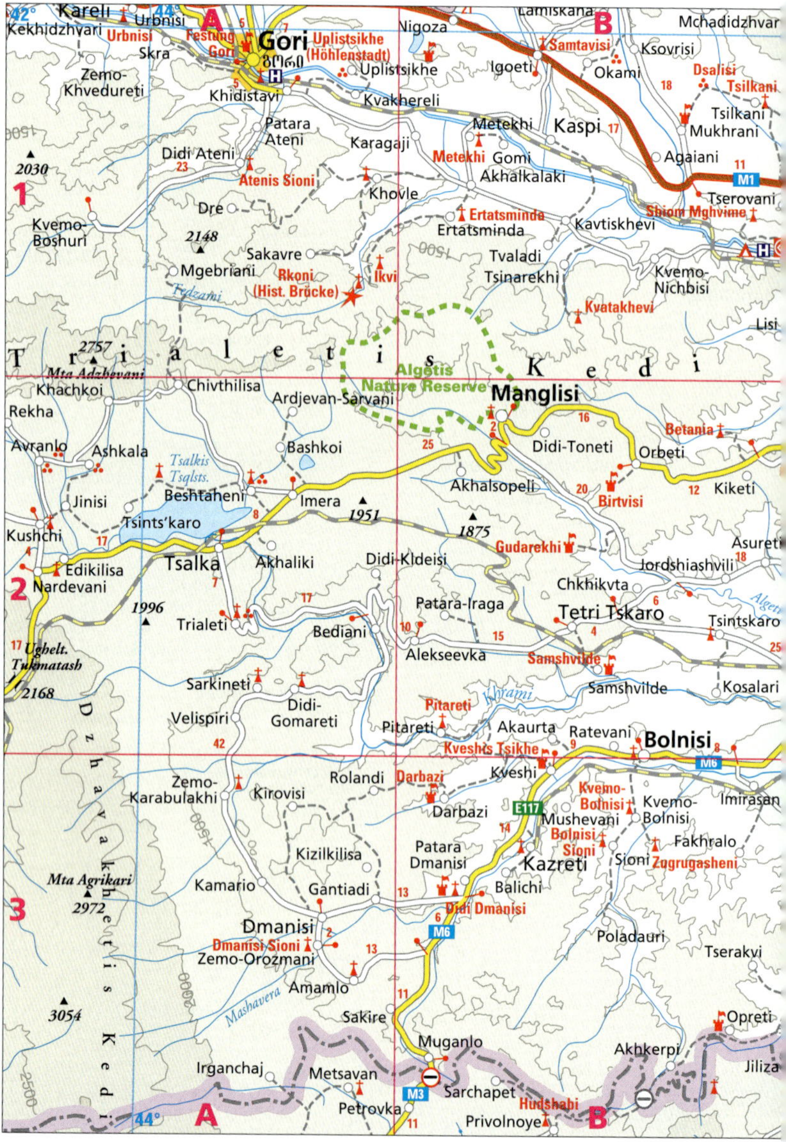
Gori
Kareli
Urbnisi
Kekhidzhvari
Skra
Festung Gori
Uplistsikhe (Höhlenstadt)
Uplistsikhe
Zemo-Khvedureti
Khidistavi
Kvakhereli
Nigoza
Samtavisi
Igoeti
Okami
Ksovrisi
Mchadidzhvar
Dsalisi
Tsilkani
Mukhrani
Metekhi
Kaspi
Gomi
Akhalkalaki
Agaiani
Patara Ateni
Didi Ateni
Karagaji
Atenis Sioni
Khovle
Tserovani
Shiom Mghvime
Dre
Ertatsminda
Kavtiskhevi
Kvemo-Boshuri
Sakavre
Tvaladi
Tsinarekhi
Mgebriani
Rkoni (Hist. Brücke)
Ikvi
Kvemo-Nichbisi
Kvatakhevi
Lisi
Tedzami
Mta Adzhevani
Trialetis Kedi
Algetis Nature Reserve
Manglisi
Khachkoi
Chivthilisa
Ardjevan-Sarvani
Rekha
Didi-Toneti
Betania
Orbeti
Avranlo
Ashkala
Bashkoi
Tsalkis Tsqlsts.
Jinisi
Beshtaheni
Imera
Akhalsopeli
Kiketi
Birtvisi
Kushchi
Tsints'karo
Gudarekhi
Asureti
Edikilisa
Nardevani
Tsalka
Akhaliki
Didi-Kldeisi
Jordshiashvili
Chkhikvta
Trialeti
Patara-Iraga
Tetri Tskaro
Tsintskaro
Ughelt. Tukmatash
Bediani
Alekseevka
Samshvilde
Sarkineti
Didi-Gomareti
Kosalari
Khrami
Pitareti
Velispiri
Akaurta
Ratevani
Bolnisi
Dzhavakhetis Kedi
Kveshis Tsikhe
Kveshi
Zemo-Karabulakhi
Kirovisi
Rolandi
Darbazi
Kvemo-Bolnisi
Imirasan
Mushevani
Bolnisi Sioni
Fakhralo
Kizilkilisa
Patara Dmanisi
Kazreti
Sioni
Zugrugasheni
Mta Agrikari
Kamario
Gantiadi
Balichi
Didi Dmanisi
Dmanisi
Dmanisi Sioni
Zemo-Orozmani
Poladauri
Tserakvi
Amamlo
Mashavera
Sakire
Opreti
Muganlo
Akhkerpi
Jiliza
Irganchaj
Metsavan
Sarchapet
Petrovka
Hudshabi
Privolnoye
M1
M6
M3
E117
A
B
1
2
3
42°
44°
2030
2148
2757
1951
1875
1996
2168
2972
3054

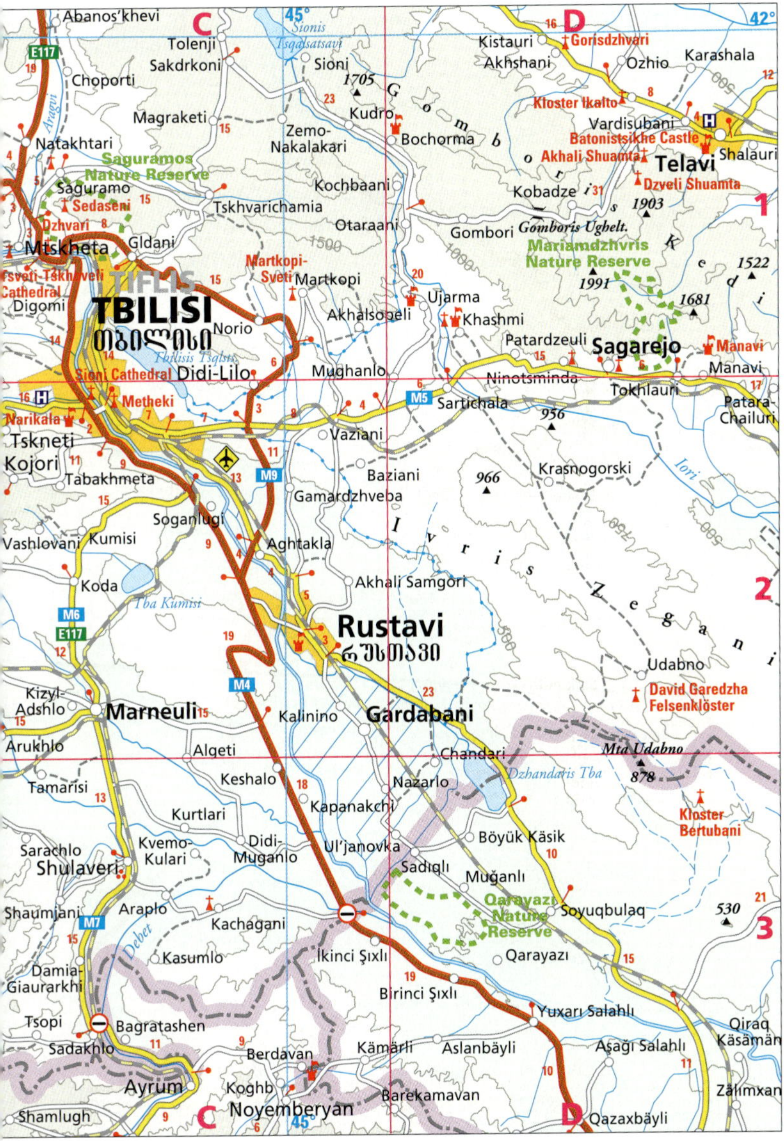
C
D
45°
42°
1
2
3
Abanos'khevi
Tolenji
Sakdrkoni
Sionis Tsqalsatsavi
Sioni
Kistauri
Gorisdzhvari
Akhshani
Ozhio
Karashala
E117
Choporti
1705
Gombori
Kudro
Kloster Ikalto
Vardisubani
Batonistsikhe Castle
Shalauri
Magraketi
Zemo-Nakalakari
Bochorma
Akhali Shuamta
Telavi
Natakhtari
Aragvi
Saguramos Nature Reserve
Saguramo
Sedaseni
Kochbaani
Kobadze
Dzveli Shuamta
Tskhvarichamia
1903
Dzhvari
Otaraani
Gombori
Gomboris Ugbelt.
Kedi
Mtskheta
Gldani
Mariamdzhvris Nature Reserve
1522
TIFLIS
Martkopi-Sveti
Martkopi
1991
Sveti-Tskhoveli Cathedral
Ujarma
1681
Digomi
TBILISI
თბილისი
Norio
Akhalsopeli
Khashmi
Tbilisis Tsqlst.
Patardzeuli
Sagarejo
Manavi
Sioni Cathedral
Didi-Lilo
Mughanlo
Ninotsminda
Manavi
Tokhlauri
Metheki
M5
Sartichala
Patara-Chailuri
Narikala
956
Tskneti
Vaziani
Kojori
Krasnogorski
Tabakhmeta
M9
Baziani
966
Iori
Gamardzhveba
Soganlugi
Vashlovani
Kumisi
Aghtakla
Ivris Zegani
Koda
Akhali Samgori
Tba Kumisi
M6
E117
Rustavi
რუსთავი
Udabno
M4
David Garedzha Felsenklöster
Kizyl-Adshlo
Marneuli
Kalinino
Gardabani
Arukhlo
Algeti
Chandari
Mta Udabno
878
Tamarisi
Keshalo
Nazarlo
Dzhandaris Tba
Kapanakchi
Kloster Bertubani
Kurtlari
Sarachlo
Kvemo-Kulari
Didi-Muganlo
Ul'janovka
Böyük Kəsik
Shulaveri
Sadıqlı
Muğanlı
Shaumjani
Araplo
Qarayazı Nature Reserve
Soyuqbulaq
530
M7
Kachagani
Debet
Kasumlo
İkinci Şıxlı
Qarayazı
Damia-Giaurarkhi
Birinci Şıxlı
Yuxarı Salahlı
Tsopi
Bagratashen
Qiraq Kəsəmən
Sadakhlo
Berdavan
Kəmərli
Aslanbəyli
Aşağı Salahlı
Ayrum
Koghb
Zəlimxan
Barekamavan
Shamlugh
Noyemberyan
Qazaxbəyli

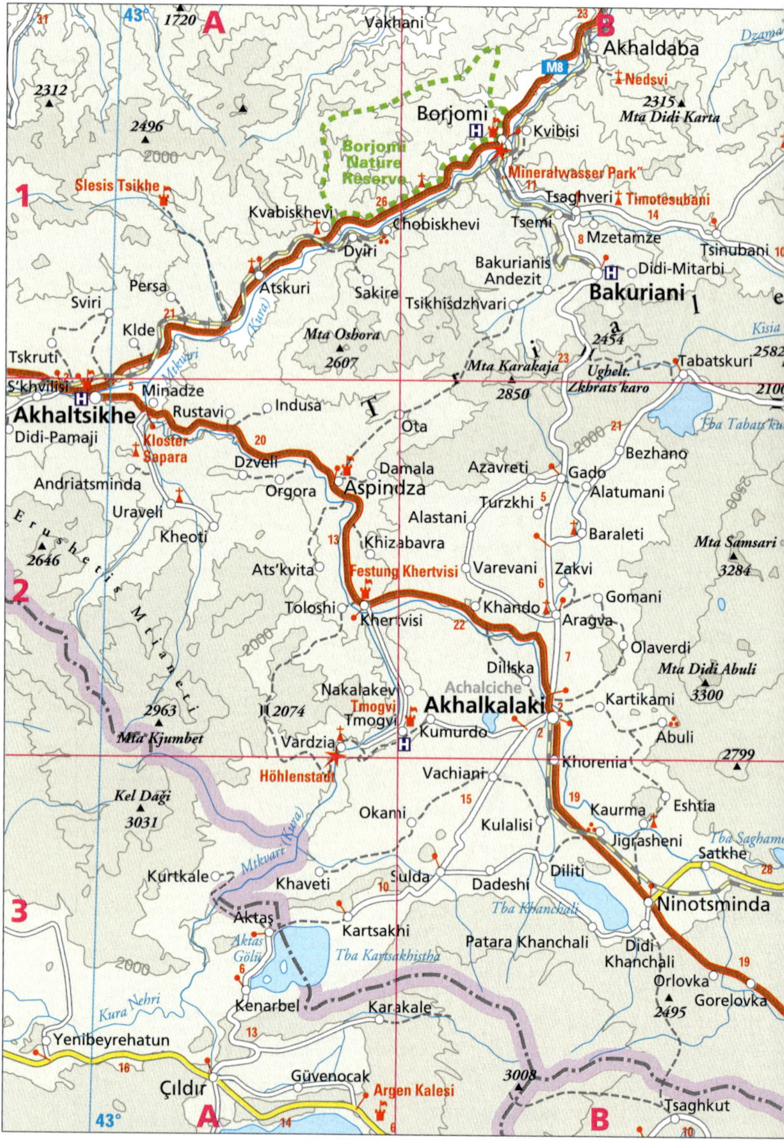
A
B
1
2
3
43°
1720
31
2312
2496
2000
Vakhani
Akhaldaba
Dzama
M8
Nedsvi
2315
Mta Didi Karta
Borjomi
Kvibisi
Borjomi
Nature
Reserve
„Mineralwasser Park"
Slesis Tsikhe
Tsaghveri
Timotesubani
Kvabiskhevi
Chobiskhevi
Tsemi
Mzetamze
Tsinubani
Dviri
Bakurianis
Andezit
Didi-Mitarbi
Persa
Atskuri
Sakire
Bakuriani
Sviri
Tsikhisdzhvari
Kisia
Klde
Mta Oshora
2607
2454
Tskruti
Mtkvari
(Kura)
Mta Karakaja
Ughelt.
Tabatskuri
2582
S'khvilisi
Zkhrats'karo
2850
2100
Minadze
Trialeti
Akhaltsikhe
Rustavi
Indusa
Ota
Tba Tabatskuri
Didi-Pamaji
Kloster
Sapara
Bezhano
Dzveli
Damala
Azavreti
Gado
Andriatsminda
Orgora
Aspindza
Alatumani
Turzkhi
2500
Uraveli
Alastani
Erushetis Mtianeti
Kheoti
Baraleti
Mta Samsari
Khizabavra
2646
Ats'kvita
Festung Khertvisi
Varevani
Zakvi
3284
Gomani
Toloshi
Khertvisi
Khando
Aragva
2000
Olaverdi
Dilliska
Mta Didi Abuli
Nakalakevi
Achalciche
3300
Tmogvi
Akhalkalaki
Kartikami
2963
2074
Tmogvi
Kumurdo
Mta Kjumbet
Abuli
Vardzia
Höhlenstadt
Khorenia
2799
Vachiani
Kel Daği
3031
Okami
Eshtia
Kaurma
Kulalisi
Jigrasheni
Tba Saghamo
Satkhe
Kurtkale
Diliti
Sulda
Khaveti
Dadeshi
Ninotsminda
Tba Khanchali
Aktaş
Kartsakhi
Aktas
Gölü
Tba Kartsakhistba
Patara Khanchali
Didi
Khanchali
2000
Orlovka
Kenarbel
Gorelovka
Karakale
2495
Kura Nehri
Yenibeyrehatun
3008
Güvenocak
Çıldır
Argen Kalesi
Tsaghkut

C
D
44°
Gori
Khidistavi
Kvakhereli
Patara Ateni
Metekhi
Kaspi
Agaiani
Gverdzineti
Didi Ateni
Karagaji
Metekhi
Gomi
Akhalkalaki
2030
Atenis Sioni
Khovle
Kavtiskhevi
Kvemo-Boshuri
Dre
Ertatsminda
Ertatsminda
Kvemo-Nichbisi
Tkemlovana
2148
Sakavre
Tvaladi
Ikvi
Tsinarekhi
2341
Mgebriani
Tedzami
1
Kvatakhevi
Rkoni (Hist. Brücke)
Tsitelisopeli
2757
Mta Adzhevani
K
Algetis Nature Reserve
e
d
i
t
i
s
Khachkoi
Chivthilisa
Ardjevan-Sarvani
Manglisi
Khando
Rekha
Didi-Toneti
Bashkoi
Ashkala
Avranlo
Tsalkis Tsqlsts.
Orbeti
Akhalsopeli
Burnasheti
Beshtaheni
Imera
Birtvisi
Jinisi
1951
1875
Kushchi
Tsints'karo
Gudarekhi
Tsalka
Akhaliki
Didi-Kldeisi
Nardevani
Edikilisa
Chkhikvta
Patara-Iraga
Tetri Tskaro
1996
Trialeti
Bediani
Alekseevka
Ughelt. Tukmatash
Samshvilde
Tambovka
2168
Sarkineti
2
Samshvilde
Tba Paravani
Khrami
Pitareti
Velispiri
Didi-Gomareti
Pitareti
Akaurta
Bolnisi
Paravani (Rodionovka)
Kveshis Tsikhe
Ratevani
Kveshi
Rolandi
Kvemo-Bolnisi
Zemo-Karabulakhi
Kirovisi
Mushevani
Kvemo-Bolnisi
Darbazi
Darbazi
E117
Bolnisi Sioni
Sioni
Poka
Patara Dmanisi
Kazreti
Zugrugasheni
Kizilkilisa
Mta Agrikari
Balichi
Gandzani
Kamario
Gantiadi
2972
Didi Dmanisi
Dmanisi
M6
Dmanisi Sioni
Poladauri
Zemo-Orozmani
Amamlo
Mashavera
2350
3054
Sakire
3
Muganlo
Akhkerpi
Tba Mada
Irganchaj
Metsavan
Sarchapet
Petrovka
Zhdanovi
Kalinino
Hudshabi
Privolnoye
M3
Dashtadem
Lorva sarahart
Bavra
Tashir
Saratovka
Sverdlov
Dzhavakhetis Kedi

A
B
1
2
3
42°
Schwarzes Meer
Gaghma Kariata
Sabazho
Mukhuri
Teklati
Senaki
Gagma-Gamogma
Patara Poti
Poti
ფოთი
Kolkhetis Nature Reserve
Tba Paleostomi
Chibati
Lanchkhuti
Maltaqva beach resort
Maltaqva
Khidmagala
Zemo-Chibati
Nigoiti
Kvemo-Aketi
Atsana
Grigoleti
Supsa
Jumati
Silauri
Ureki
Konchkati
M2
E97
Meria
Gurianta
Kvemo-Natanebi
Nasakiral
Laituri
Ozurgeti
Bagdadi
Naruja
Shemokmedi
Chanieti
Zemo-Makvaneti
Likhauri
Adshi
Ochkhamuri
Mukhaestate
Kobuleti
Gvara
Kintrishi
Chakhati
Tsikhisdziri
Bobokvati
2353
Kintrishis Nature Reserve
Chakvi
Gorgadzeebi
Khino
Khala
Botanische Gärten
Chaisubani
1726
Mta Morvili
Chvana
Batumi
ბათუმი
Sakhalvasrc
Makhinjauri
Tsiskara Nature Reserve
Dandalo (Hist. Brücke)
Akhalsheni
Tskhmorisi
Dandalo
Urekhi
Keda
Pirveli Maisi
Khelvachauri
Hist. Brücke
Chorokhi
Gonio
Tkhilnari
Kibe
Oktomberi
Merisi
Tbeti
Sarpi
Adzharis'kali
Sarp
Acharisagmarti
Kemalpaşa
Kirnati
Camili
Güreşen
Karşıköv
2150
3059
Basköy
Çifteköprü
Hopa
Aralik
Efeler

C
D
1
2
3
Kutaisi
ქუთაისი
Bagrati Cathedral
Motsameta
Didi-Gubi
Ghaniri
Maghlaki
Tsuzkhvati
Dzevri
Simoneti
Etseri
Terjola
Didi-Jikhaishi
Kvitiri
Abasha
Kulashi
Ianeti
Partskhanakave
Mukhiani
Vartsikhis Tsqalsts.
Kvirila
M1
Sujuna
Tkviri
Maran
Ketilari
Samtredia
Rioni
Geguti
Opshkviti
Shua Bashi
Sakulia
Vartsikhe
Tskhentaro
Sviri
Obcha
Meore-Sviri
Dablagomi
Shuamta
Vani
Zeindari
Rokhi
Dimi
Baghdati
Shua-Kvaliti
Kviani
Sajavakhlo
Tolebi
Zemo-Abasha
Didi-Opeti
Salkhino
Amaghleba
Persati
Ajametis Nature Reserve
Sameba
Kvemo-Kheti
Gadidi
Dikhashkho
Kveda-Gora
Ukhuti
Chokhatauri
Kumuri
Sulori
Dzulukhi
Tskaltashua
Buknari
Bukistsikhe
Kvemovani
42°
Khidistavi
Guristne
Khevi
Zemo-Surebi
2208
Khan
Nabeghlavi
Kakidzhvari
Kvabgha
Gubazeula
Zoti
Sairme
Pontos Mukha Nature Reserve
Bakhmaro
2312
Mta Mepists'karo
2850
2182
Zekaris Ughelt.
Ket. Gomista 2755
Mta Sakorma
Dertseli
Nagvarevi
Kvabliani
Adscharien
Abastumani
Agara
2506
Mokhe
Zanavi
Okros-Tsikhe
Tsakhani
Sviri
Mlashe
Adigeni
Varkhani
Didajara
Khulo
Danisparauli
Zarzma
Tskruti
Shuakhevi
Oktomberi
Bodzauri
Lelovani
Ude
S'khvilisi
Zamieti
Purtio (Hist. Brücke)
Ughelt. Goderdzi
2025
Vale
Akhaltsikhe
Didi-Pamaji
Tsabliana
Dghvani
Tskaltbila
Tkhilvana
Khikhadziri
Makhalakidzeebi
Posof
2646
Kedi
2992
Meydancık
Akdamla
Aşıkzülali

A
B
1
2
3
42°
Kvemo-Bargebi
Tagiloni
Rukhi
Natsatu
Nakipu
Khabume
Nabakevi
Zugdidi
Jikhaskari
Chkhorotsku
Kakhati
Akhalsopeli
Pirveli-Otobaia
Inguri
Orsantia
Kirzkhi
Akhuti
Dzveli-Khibula
Oktomberi
Darcheli
Narazeni
Lesichine
Potskho
Ganarzhiis Mukhuri
Tsaishi
Anaklia
Orulu
Zeni
Ushapati
Ergeta
Torsa
469
Shua-Knorshi
Tsikhe Godshi
Jikha
Khamiskuri
Bia
Gakhomela
M1
Eki
Bandza
E97
Khobi
Gamoghma Pirveli Khorga
Dzveli Senaki
Batana
Kulevi
Khobi
Gaghma Kariata
Gvimaroni
Nosiri
Sepieti
Teklati
Senaki
M2
E97
Gagma-Gamogma
Abasha
Sabazho
Mukhuri
Patara Poti
Sujuna
Poti
ფოთი
Kolkhetis Nature Reserve
Tkviri
Maran
Ketilari
Rioni
Tba Paleostomi
Chibati
Lanchkhuti
Sajavakhlo
Maltaqva beach resort
Maltaqva
Khidmagala
Zemo-Chibati
Kviani
Nigoiti
Tolebi
Kvemo-Aketi
Atsana
Sameba
Grigoleti
Supsa
Chokhatauri
Jumati
Silauri
Buknari
Ureki
Schwarzes Meer
Konchkati
Bukistsikhe
Kvemovani
Khidistavi
Nasakirali
Kvemo-Natanebi
Meria
Gurianta
Ozurgeti
Bagdadi
Khevi
Laituri
Naruja
Vakidzhvari
Shemokmedi
Chanieti
Zemo-Makvaneti
Likhauri
Adshi
Ochkhamuri
Mukhaestate
Kobuleti
Gvara
Kobuleti
Let. Gomista
2755
Mta Sakorme
Kintrishi
Chakhati
2353
2598
Tsikhisdziri
Bobokvati
Nagvarevi
Kintrishis Nature Reserve
Adscharien
Chakvi
Gorgadzeebi
Khala
Khino

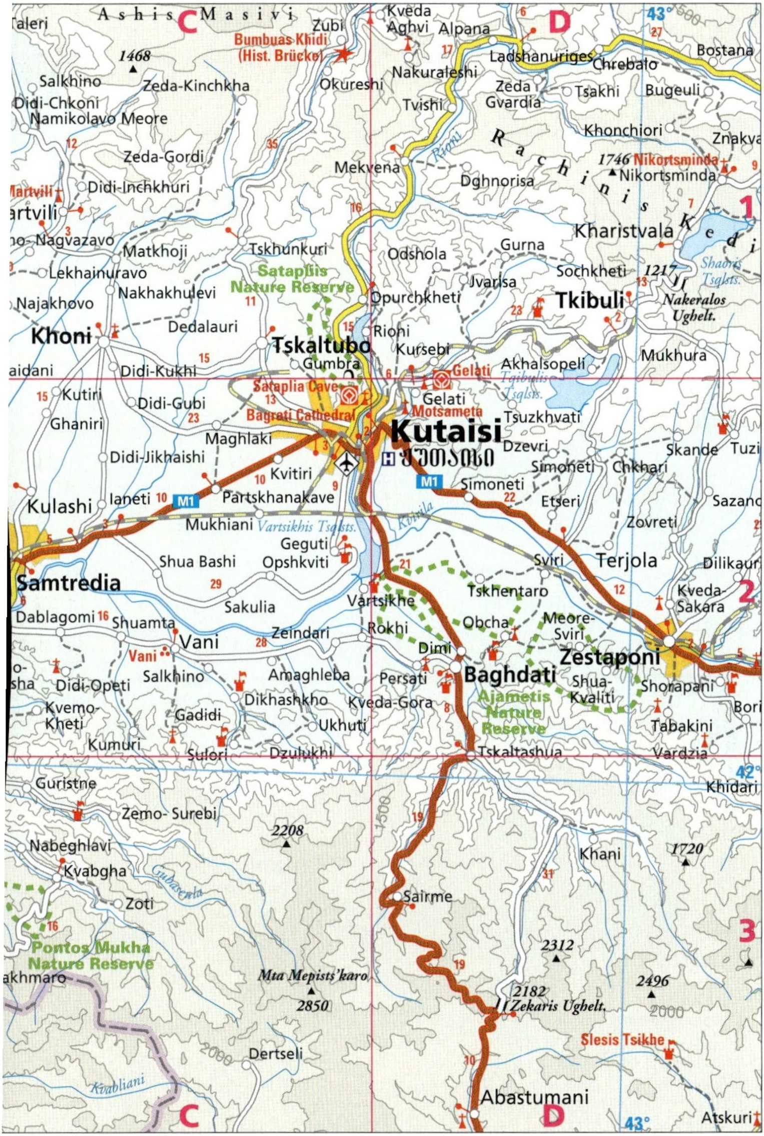
Ashis Masivi
C
D
43°
Zubi
Kveda Aghvi
Alpana
Bumbuas Khidi (Hist. Brücke)
1468
Ladshanuriges
Chrebalo
Bostana
Salkhino
Zeda-Kinchkha
Okureshi
Nakuraleshi
Zeda Gvardia
Tsakhi
Bugeuli
Didi-Chkoni
Namikolavo Meore
Tvishi
Khonchiori
Znakva
Rioni
Rachinis Kedi
Zeda-Gordi
Mekvena
1746 Nikortsminda
Nikortsminda
Martvili
Didi-Inchkhuri
Dghnorisa
Martvili
1
Nagvazavo
Kharistvala
Matkhoji
Tskhunkuri
Odshola
Gurna
Lekhainuravo
Sataplis Nature Reserve
Sochkheti
1217
Shaoris Tsqlsts.
Nakhakhulevi
Jvarisa
Najakhovo
Opurchkheti
Tkibuli
Nakeralos Ughelt.
Khoni
Dedalauri
Rioni
Tskaltubo
Kursebi
Mukhura
Gumbra
Gelati
Akhalsopeli
aidani
Didi-Kukhi
Tqibulis Tsqlsts.
Kutiri
Sataplia Cave
Gelati
Didi-Gubi
Bagrati Cathedral
Motsameta
Tsuzkhvati
Ghaniri
Maghlaki
Kutaisi
Dzevri
Skande
Tuzi
Didi-Jikhaishi
ქუთაისი
Simoneti
Chkhari
Kvitiri
M1
Simoneti
Kulashi
Ianeti
M1
Partskhanakave
Etseri
Sazano
Mukhiani
Vartsikhis Tsqlsts.
Kvirila
Zovreti
Geguti
Shua Bashi
Opshkviti
Sviri
Terjola
Dilikauri
Samtredia
Sakulia
Vartsikhe
Tskhentaro
Kveda-Sakara
2
Dablagomi
Shuamta
Obcha
Meore-Sviri
Vani
Zeindari
Rokhi
Dimi
Zestaponi
Vani
Salkhino
Amaghleba
Persati
Baghdati
Shua-Kvaliti
Shorapani
Didi-Opeti
Dikhashkho
Kveda-Gora
Ajametis Nature Reserve
Bori
Kvemo-Kheti
Gadidi
Ukhuti
Tabakini
Kumuri
Sulori
Dzulukhi
Tskaltashua
Vardzia
42°
Guristne
Khidari
Zemo-Surebi
2208
Nabeghlavi
Khani
1720
Kvabgha
Gubaszeula
Zoti
Sairme
3
Pontos Mukha Nature Reserve
2312
akhmaro
Mta Mepists'karo
2850
2182
Zekaris Ughelt.
2496
Slesis Tsikhe
Dertseli
Kvabliani
Abastumani
C
D
43°
Atskuri

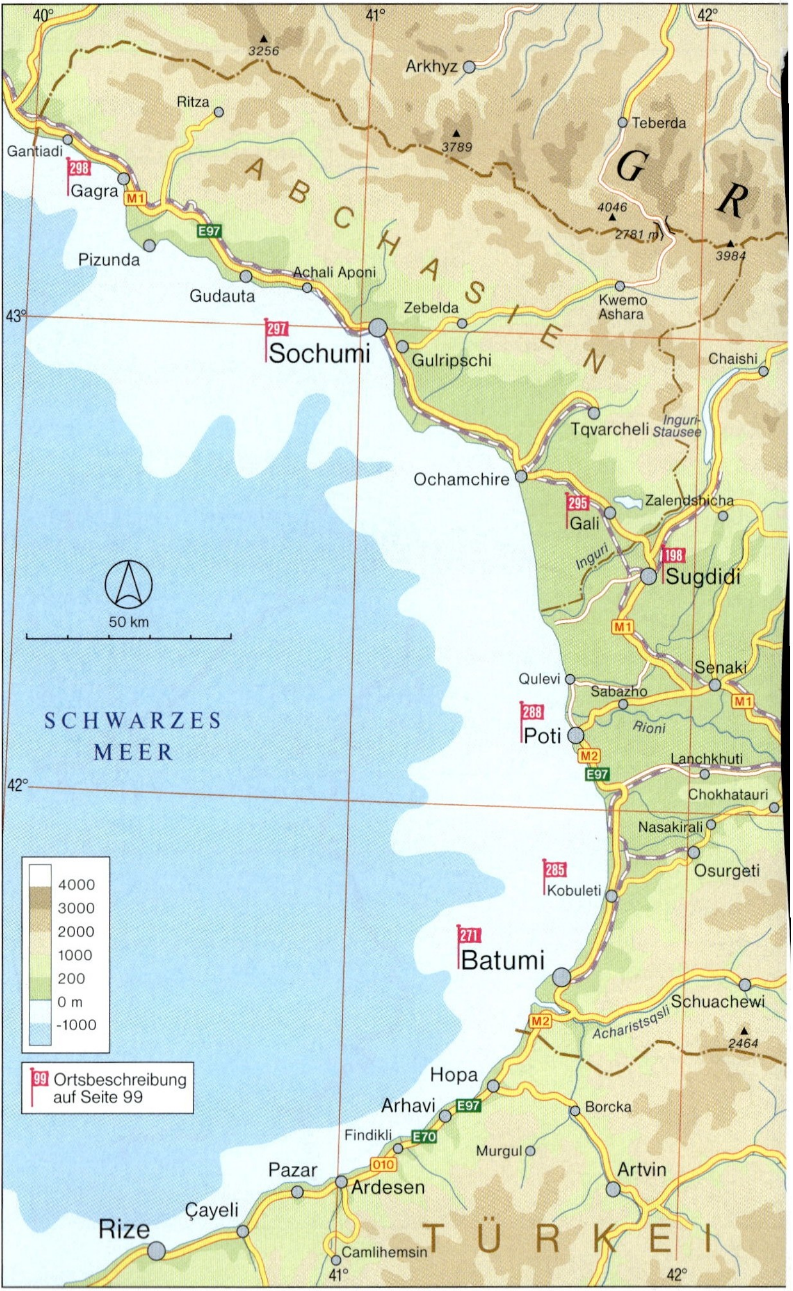

40°
41°
42°
43°
3256
Arkhyz
Ritza
Teberda
3789
Gantiadi
298
Gagra
M1
A B C H A S I E N
G R
4046
2781 m
3984
E97
Pizunda
Gudauta
Achali Aponi
Zebelda
Kwemo Ashara
297
Sochumi
Gulripschi
Chaishi
Tqvarcheli
Inguri-Stausee
Ochamchire
295
Gali
Zalendshicha
Inguri
198
Sugdidi
50 km
M1
Qulevi
Sabazho
Senaki
M1
SCHWARZES MEER
288
Poti
Rioni
M2
Lanchkhuti
E97
Chokhatauri
Nasakirali
Osurgeti
4000
3000
2000
1000
200
0 m
-1000
285
Kobuleti
271
Batumi
Schuachewi
M2
Acharistsqali
2464
Hopa
99 Ortsbeschreibung auf Seite 99
Arhavi
E97
Borcka
Findikli
E70
Murgul
010
Pazar
Artvin
Ardesen
Çayeli
Rize
T Ü R K E I
Camlihemsin